Entre partículas e buracos negros

Jayme Tiomno e a implantação da física no Brasil

CB051264

LF
EDITORIAL

William Dean Brewer
Alfredo Tiomno Tolmasquim

Entre partículas e buracos negros

Jayme Tiomno e a implantação da física no Brasil

2024

Copyright © 2024 os autores
1ª Edição

Direção editorial: Victor Pereira Marinho e José Roberto Marinho

Capa: Fabrício Ribeiro
Projeto gráfico e diagramação: Fabrício Ribeiro

Traduzido, complementado e adaptado da versão original em inglês Jayme Tiomno: A Life for Science, a Life for Brazil, dos mesmos autores, publicada pela Springer, Springer Biographies, 2020.

Edição revisada segundo o Novo Acordo Ortográfico da Língua Portuguesa

Dados Internacionais de Catalogação na publicação (CIP)
(Câmara Brasileira do Livro, SP, Brasil)

Brewer, William Dean
Entre partículas e buracos negros: Jayme Tiomno e a implantação da física no Brasil / William Dean Brewer, Alfredo Tiomno Tolmasquim. – São Paulo: LF Editorial, 2024.

Bibliografia
ISBN 978-65-5563-465-5

1. Cientistas - Biografia 2. Educação científica 3. Física - Brasil - História 4. Físicos - Brasil - Biografia I. Tolmasquim, Alfredo Tiomno. II. Título.

24-213254   CDD-530.092

Índices para catálogo sistemático:
1. Físicos: Biografia 530.092

Eliane de Freitas Leite - Bibliotecária - CRB 8/8415

LF Editorial
www.livrariadafisica.com.br
www.lfeditorial.com.br
(11) 2648-6666 | Loja do Instituto de Física da USP
(11) 3936-3413 | Editora

Prefácio

Este livro conta a história da vida e obra de Jayme Tiomno, um dos mais eminentes físicos brasileiros do século XX. Além disso, é a história de um longo e contínuo esforço para estabelecer instituições e condições necessárias para promover a pesquisa e a educação científicas de excelência no Brasil, apesar das dificuldades impostas pela política, das crises econômicas e dos antigos hábitos e preconceitos cristalizados no meio acadêmico brasileiro. Juntamente com sua esposa – a física Elisa Frota-Pessôa, tiveram um importante papel nessa luta que envolveu vários nomes de sua geração. Sua vida foi voltada para a ciência – em especial a física teórica – mas também para a implantação de ensino e pesquisa de qualidade no Brasil.

Muitas dificuldades foram interpostas no seu caminho por um regime político autoritário que via o livre pensar como ameaça. Apesar de não ter uma atuação política partidária, Tiomno foi perseguido e precisou se exilar por um tempo no exterior. Ele teve inúmeras oportunidades de deixar o Brasil e se estabelecer em algum ambiente com melhores condições de trabalho em outros países, onde poderia ter obtido maior reconhecimento pessoal e sucesso, mas preferiu permanecer no país, acreditando que ainda seria possível desenvolver ciência no Brasil sem precisar estar submetido a um ambiente de controle e repressão.

Em um obituário publicado logo após sua morte, foi proposta uma Tríade dos Físicos, inspirada no famoso "triângulo de Tiomno", onde ele representou os elementos da Interação Universal de Fermi. Os vértices desta tríade seriam três ilustres físicos brasileiros do século XX: César Lattes, José Leite Lopes e Jayme Tiomno. O artigo termina com a observação de que é particularmente triste que muitos físicos brasileiros mais jovens não saibam mais quem foram esses predecessores e o que eles realizaram.[1]

Existem alguns relatos sobre a vida e o trabalho de Jayme Tiomno, principalmente na forma de entrevistas e artigos, mas não abarcam a história completa de sua vida, carreira e trabalho científico. Esperamos que este livro também dê uma pequena contribuição para remediar essa situação.

A versão original deste livro recebeu o nome **Jayme Tiomno – a Life for Science, a Life for Brazil** e foi publicada em inglês no ano de 2020 pela Editora Springer, na série Biografias Científicas. Esta nova edição, em português, suprime alguns dados e informações gerais sobre o Brasil, importantes para o leitor estrangeiro, mas bem conhecidas do público brasileiro. Por outro lado, foram aprofundadas as pesquisas sobre a trajetória de Jayme Tiomno, o contexto científico no país e o impacto da ditadura civil-militar no meio acadêmico. Essas novas informações provêm, principalmente, de entrevistas adicionais feitas com diversos físicos, do acesso a partes do acervo de Jayme Tiomno e de Elisa Frota-Pessôa, doados ao MAST, mas que ainda não estavam acessíveis, bem como documentos de outros centros de documentação, como o Arquivo Nacional.

Ao final do livro incluímos um anexo com um resumo cronológico dos eventos importantes na vida e na carreira de Tiomno, bem como uma lista de suas publicações e contribuições científicas e sobre aspectos gerais das ciências.

No final de cada capítulo há notas com referências às fontes e à literatura utilizada, algumas das quais fornecendo informações suplementares ao texto principal. Os arquivos consultados são indicados por abreviações relacionadas após este Prefácio. As referências aos itens da lista bibliográfica são indicadas pelo nome do primeiro autor (ou editor) com o ano de publicação entre parênteses. Também é fornecido ao final do livro um índice de nomes e assuntos.

Artigos científicos e publicações em geral de Jayme Tiomno estão listados na segunda parte do Anexo, e denotados como (JT5), (JT12) etc., quando referidos no texto ou nas notas. Elas são citadas como (JTN), sem a data, de forma a evitar confusão com artigos e livros da Bibliografia, conforme citado no texto ou nas notas.

Citações são encontradas ao longo do texto indicadas por aspas, enquanto que as mais longas vêm destacadas do texto. Complementações dos autores nas citações aparecem entre colchetes.

Gostaríamos também de esclarecer o uso dos nomes [Jayme] Tiomno e Elisa [Frota-Pessôa]. Em contraste com Tiomno e a maioria dos cientistas, que são geralmente referidos pelos seus sobrenomes, Elisa Frota-Pessôa era conhecida no meio acadêmico brasileiro simplesmente como Elisa (ou Lili para os amigos íntimos). Isso pode ser devido ao fato de seu primeiro marido, Oswaldo Frota-Pessôa, ser também um conhecido cientista e ser identificado como Frota-Pessôa; ou consequência de uma característica marcante de Elisa de ser muito comunicativa e se dirigir às pessoas de forma familiar, rompendo as barreiras usuais da formalidade; ou, finalmente, ao seu *status* de mulher pioneira na ciência, enfatizado pelo seu primeiro nome, claramente feminino. Seja qual for o motivo, optamos por manter o costume e referimo-nos aqui à Elisa Frota-Pessôa simplesmente pelo seu primeiro nome.

Preparar este livro foi uma viagem no tempo e espaço, trazendo nós dois de volta a alguns lugares familiares. Tentamos explicar a ciência em um nível que seja acessível à maioria dos leitores, incluindo aqueles que não são cientistas. O capítulo 4 apresenta e resume muitas das ideias científicas e terminologias que aparecem nos demais capítulos.

Gostaríamos de agradecer a todos que nos ajudaram das mais variadas formas, na escrita e produção deste livro, em especial a Antônio Augusto Passos Videira, Cássio Leite Vieira, Olival Freire Jr. e Suely Braga, que nos forneceram importantes materiais e informações; a Antonio Cesar Olinto, Carlos Alberto da Silva Lima e Miriná Barbosa de Souza Lima, Henrique Lins de Barros, Ívano Damião Soares, José Goldemberg, Marcelo Otávio Caminha Gomes, Mario Novello e Nicim Zagury, que gentilmente concordaram em compartilhar conosco suas memórias através de entrevistas. Também foram de especial auxílio os arquivistas e responsáveis por diversos centros de documentação: Museu de Astronomia e Ciências Afins, CPDOC/Fundação Getúlio Vargas, Casa de Oswaldo Cruz/Fiocruz, Arquivo Público do Estado do Rio de Janeiro (APERJ), Arquivo Nacional, Arquivo da American Physical Society, Biblioteca da American Philosophical Society, Centro Brasileiro de Pesquisas Física, Arquivo Central da Unicamp (Siarq), Arquivo Central da UnB, Projeto Memória do Instituto de Física da USP, Biblioteca do Instituto de Física da UFRJ e Arquivo Mário Peixoto.

Gostaríamos de agradecer especialmente aos membros da família de Jayme Tiomno: sua irmã Silvia Tiomno Tolmasquim (*in memoriam*) e seus enteados Sonia Frota-Pessôa e Roberto Frota-Pessôa, por fornecerem informações, entrevistas e fotografias, pelo auxílio na transcrição de parte da correspondência e por suas leituras críticas, que tornaram esse livro possível. Agradecemos também a Springer-Verlag, em particular Angela Lahee, pelo apoio e suporte à ideia de realização desse livro e pela autorização para a publicação em português.

Esperamos que a leitura deste livro seja tão absorvente e interessante para você como foi escrevê-lo para nós.

Notas:

1 Vieira (2011).

Sumário

Siglas dos arquivos consultados

AN - Arquivo Nacional

APhS - Arquivo da American Philosophical Society

APP - Arquivo da Polícia Política (DOPS - Departamento da Ordem Política e Social), localizado no Arquivo Público do Estado do Rio de Janeiro (APERJ)

APS - Arquivo da American Physical Society

JCR - Arquivo Joaquim da Costa-Ribeiro, localizado no Museu de Astronomia e Ciências Afins (MAST)

EFP - Arquivo Elisa Frota-Pessôa, localizado no MAST

GB - Arquivo Guido Beck, localizado no Centro Brasileiro de Pesquisas Físicas (CBPF)

HM - Arquivo Haity Moussatché, localizado na Casa de Oswaldo Cruz (COC) / Fiocruz

IF/USP - Arquivo do Instituto de Física da Universidade de São Paulo (USP)

JD - Arquivo Jacques Abulafia Danon, localizado no MAST

JLL - Arquivo José Leite Lopes, localizado no Centro de Pesquisa e Documentação Contemporânea (CPDOC) da Fundação Getulio Vargas (FGV)

JT - Arquivo Jayme Tiomno, localizado no MAST

JWA - Arquivo John Wheeler, localizado na Library of the American Philosophical Society (APhS)

STT - Arquivo privado de Silvia Tiomno Tolmasquim

Prólogo

Jayme Tiomno foi um importante ator no processo de constituição e consolidação do campo da física no Brasil. A partir de sua significativa contribuição científica, principalmente nas áreas de física de partículas, teoria de campos, gravitação e relatividade, ele interagiu com grandes expoentes da física mundial, muitos deles ganhadores do prêmio Nobel. Ele fazia uso desse prestígio internacional para trazer pesquisadores visitantes de renome, enviar alunos talentosos para o exterior e viabilizar a participação do Brasil em importantes projetos internacionais. De uma forma mais ampla, Tiomno buscava, juntamente com acadêmicos contemporâneos, criar no Brasil um sistema de ensino e pesquisa de alta qualidade.

Adicionalmente, às vezes em função de sua atuação, em outras pela força do destino, ele testemunhou (e muitas vezes foi vítima) do conturbado cenário econômico e político brasileiro ao longo do século XX. Foram inúmeros golpes de estado, apoiados muitas vezes por uma elite conservadora que lucrava a partir da exploração dos recursos naturais e avessa a um desenvolvimento científico e tecnológico autônomo. Seu desenvolvimento pessoal e científico e as decisões tomadas ao longo de sua vida são, portanto, inseparáveis da história moderna do Brasil.

Tiomno nasceu no Rio de Janeiro, filho de uma família de imigrantes judeus russos recém-chegados ao Brasil. Ele cresceu na zona rural de Minas Gerais, nas pequenas cidades de São Sebastião do Paraíso e Muzambinho, voltando ao Rio aos 14 anos para terminar o ensino fundamental (chamado na época de ginásio) e fazer o ensino médio (educação complementar), deixando um registro de aluno talentoso. Ele ingressou na Universidade do Brasil, inicialmente com a intenção de estudar medicina. Depois de um ano, descobriu seu grande interesse pela física e, mais tarde, largou a medicina. Após a graduação e o serviço militar, e já tendo iniciado uma pesquisa em física experimental, transferiu-se para a Universidade de São Paulo (USP), onde trabalhou em teoria gravitacional e física de partículas sob orientação de Mario Schenberg. Ele então recebeu uma bolsa de estudos para a Universidade de Princeton, nos EUA, onde fez seu mestrado e doutorado sob orientação dos renomados físicos John A. Wheeler e Eugene P. Wigner, respectivamente, e colaborou com vários físicos importantes, como David Bohm e Chen Ning Yang. Com o último, ele introduziu o termo "Interação Universal de Fermi" (UFI).

Ele fez contribuições importantes para o entendimento inicial da física do múon e das interações fracas, que mais tarde desempenharam um papel fundamental na construção do Modelo Padrão de Física de Partículas (SMPP, na sigla em inglês), a melhor descrição disponível (se não a definitiva) do mundo submicroscópico.

Enquanto estava em Princeton, ele participou da concepção e planejamento do Centro Brasileiro de Pesquisas Físicas (CBPF), no Rio de Janeiro, que tinha o objetivo de proporcionar um ambiente para pesquisas em física no Brasil. As faculdades e universidades do país, com exceção da USP, não eram vocacionadas para a pesquisa e não tinham as instalações e organização necessárias. O CBPF avançou rapidamente para se tornar uma instituição de ensino e pesquisa de grande sucesso e de renome internacional na década de 1950. No final daquela década, começou a sofrer limitações sérias de financiamento e empreendeu alguns esforços (embora sem sucesso) para associar-se, enquanto um centro de pesquisas, a uma universidade.

No início dos anos 1960, foi lançado um plano ambicioso de criar uma nova universidade na recém-construída capital, a Universidade de Brasília (UnB). Seria, como a própria nova capital, voltada para o futuro, com um novo plano de organização e currículos, e concebida por Darcy Ribeiro e Anísio Teixeira. Este último também havia fundado a Universidade do Distrito Federal (UDF), em 1935, no Rio de Janeiro – infelizmente de vida curta. O físico brasileiro Roberto A. Salmeron deixou o importante Centro Europeu de Pesquisa Nuclear (CERN), em Genebra, para coordenar o Instituto Central de Ciências da UnB, e foi acompanhado por Jayme Tiomno e Elisa Frota-Pessôa, e vários de seus alunos e estudantes recém-formados, que juntos foram os responsáveis pelo estabelecimento do Instituto de Física.

A pressão e a interferência do governo militar levaram à demissão em massa dos professores e ao colapso da nova universidade. Tiomno e Elisa voltaram para São Paulo, onde ele fez o concurso para professor titular de Física Avançada. Ele estabeleceu um grupo de pesquisa, que mais tarde se tornou o núcleo do Departamento de Física Matemática da USP.

Contudo, Tiomno e Elisa foram aposentados compulsoriamente da USP e da Universidade Federal do Rio de Janeiro (antiga Universidade do Brasil), em 1969, em função do AI-5 e, em seguida, demitidos do próprio CBPF, o Centro que haviam criado. Eles foram para Princeton em 1971 a convite de John Wheeler (e Freeman Dyson), onde passaram um ano e meio. Apesar dos vários convites para irem a universidades no exterior, retornaram ao Brasil em meados de 1972, quando Tiomno pôde – com uma ajuda especial do Papa Paulo VI – ser contratado para a Pontifícia Universidade Católica do Rio de Janeiro (PUC-RJ). Ele passou 8 anos lá, não sem sofrer os efeitos profissionais e psicológicos da perseguição da qual era vítima, retornando finalmente ao CBPF em 1980. Tiomno continuou, então, desenvolvendo suas pesquisas, se dedicando à formação de novos pesquisadores e promovendo cooperações científicas internacionais. Mesmo após sua aposentadoria como pesquisador emérito em 1992, manteve-se ativo e recebeu muitas homenagens até sua morte em 2011. Elisa faleceu quase 8 anos depois. Foi uma das últimas da geração de fundadores da física brasileira a nos deixar.

Sua herança sobrevive por meio de seus muitos alunos, que se tornaram referência em física no Brasil, formando novos pesquisadores. As vidas e carreiras de Jayme Tiomno e Elisa Frota-Pessôa são exemplos de como as dificuldades podem ser superadas e, mesmo quando os problemas e obstáculos parecem insuperáveis, ainda se pode plantar as sementes do conhecimento, que muitas vezes florescem depois de algum tempo de maneiras inesperadas. Como o próprio Tiomno disse já no final de sua vida: "Tínhamos a convicção de que conseguiríamos chegar lá".

2

Infância e adolescência

Rio de Janeiro

O mês de abril de 1920 está transcorrendo no Rio de Janeiro. Numa modesta casa situada na pequena Rua Marquês de Pombal, perto da Praça Onze (Fig. 2.1), mora o imigrante judeu Mauricio Tiomno e sua família, recém-chegados de Salvador: a esposa Anita, o filho Benjamin, de dois anos, e o pai de Anita, o viúvo Salomão.[1] Embora não estejam bem financeiramente, eles costumam oferecer abrigo em sua casa para outros imigrantes recém-chegados, em sua maioria compatriotas. A região, próxima ao centro da cidade (Fig. 2.2), abriga famílias pobres, em especial ex-escravizados e imigrantes recém-chegados – muitos deles judeus da Europa Oriental.

No dia 16, Anita, que está grávida, entra em trabalho de parto. Diferente da prática usual, ela não está acompanhada por uma parteira, mas por um médico. Mauricio está apreensivo, pois, num exame pré-natal, foi capaz de ouvir apenas um único batimento cardíaco, embora pudesse sentir claramente a presença de duas cabeças. Ele imaginou as piores coisas, e Mauricio foi informado de um potencial problema. Ao menos Anita foi poupada da preocupação do que poderia vir pela frente. Por fim, chega a notícia que alivia os temores de Mauricio: nasceu um casal de gêmeos. Pelo lado positivo, ambos são saudáveis; mas, por outro, o enxoval está longe de ser suficiente para dois bebês. Assim que Anita se recupera do parto, ela senta em frente à sua antiga máquina de costura, comprada de segunda mão, e começa a costurar um conjunto de fraldas.

Superados os primeiros problemas práticos, os recém-nascidos recebem seus nomes: a menina é Mariam (mais tarde chamada de Mira) e o menino Jayme – Jayme Tiomno.

Fig. 2.1 Praça Onze, início do século XX. Cortesia do Arquivo da Cidade, Rio de Janeiro (domínio público).

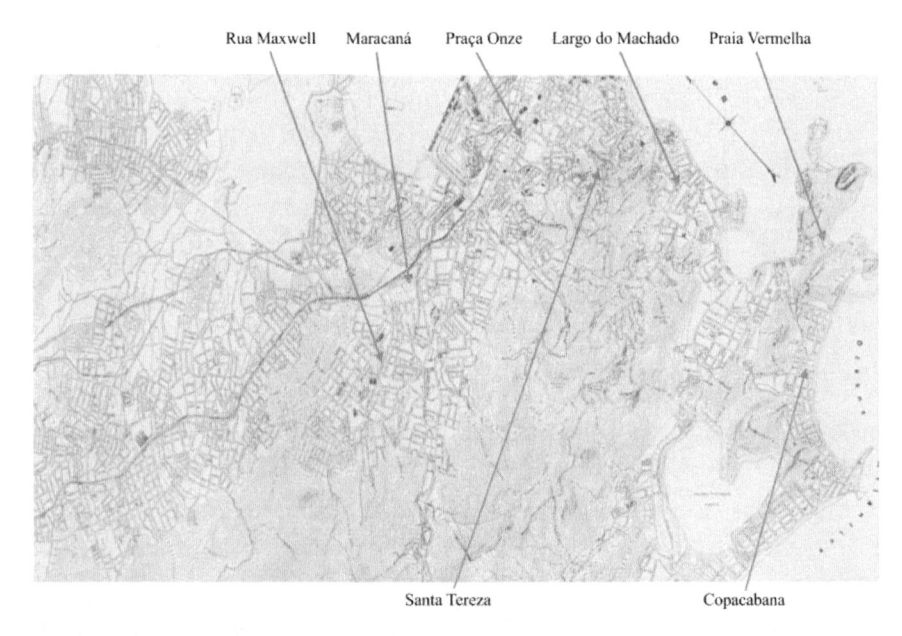

Fig. 2.2 Mapa do Rio de Janeiro por volta de 1928, mostrando os locais onde a família Tiomno viveu ou trabalhou. Cortesia da Biblioteca da Universidade do Texas, Austin, Coleção de Mapas da Biblioteca Perry Castañeda (domínio público).

Da Europa Oriental aos trópicos da América do Sul

A família de Mauricio Tiomno vivia pelo menos desde meados do século XIX na pequena cidade de Sokorone,[2] num *shtetl* – um pequeno e pobre vilarejo judeu separado de outras partes da cidade por costume ou por imposição das autoridades. Nessa época, Sokorone pertencia à província da Bessarábia, parte do Império Russo, e era famosa pela mistura das culturas eslava, alemã e judaica. Anteriormente, já havia feito parte da Moldávia e do Império Otomano e, ao longo do século XX, através de muita dor e sofrimento, passou novamente para a Moldávia, depois para a Romênia, para a União Soviética e, desde 1991, faz parte da menor província da Ucrânia – a *Oblast* Chernivtsi (Chernovitz), junto à fronteira com a Moldávia (Fig. 2.3). Para se ter uma ideia da complexidade daquela região, no século XIX, a parte oeste do que hoje é Chernivtsi fazia parte do Império Austro-Húngaro, enquanto a parte leste da atual província fazia parte do Império Russo.

Mauricio, que originalmente se chamava Meir, morava com seus pais Eva e Ersch Tiomne[3] e os 5 irmãos – 3 moças e 2 rapazes. Eva, a mãe de Mauricio, morreu tragicamente: ela estava na entrada da casa protegendo os filhos durante um *pogrom*, quando um soldado enfiou a espada em sua barriga, matando-a instantaneamente. Mais tarde, o viúvo Ersch se casou novamente. Sua nova esposa, Ruchl, não lhe deu filhos, mas ajudou-o a cuidar dos filhos de seu primeiro casamento. Ersch ganhava a vida como comerciante de grãos, vendendo cereais e farinha no mercado da cidade. Os dois filhos mais velhos, Mauricio e Francisco, alugavam um terreno e plantavam fumo com a ajuda de trabalhadores contratados. Era uma família religiosa e, embora tivessem sido alfabetizados em russo, falavam o iídiche dentro de casa.

Em 1910, Mauricio, ainda solteiro e com apenas 20 anos, resolveu cruzar o Atlântico em busca de uma vida melhor e mais segura. Ele chegou ao Rio de Janeiro em 1911, pouco mais de 20 anos após o fim do regime escravista. Cabe lembrar que o Brasil foi um dos últimos países a abolir a escravidão de africanos, e essa libertação veio sem uma política de trabalho e inclusão para os libertos. Eles migravam para as cidades sem emprego e moradia. A fim de substituir a força de trabalho dos escravos nos campos e fornecer trabalhadores para as emergentes indústrias, aliada à intenção de aumentar a proporção de "brancos" na população em geral, o governo abriu as portas do país à imigração. No final do século XIX e início do XX, vários milhões de imigrantes chegaram, vindos principalmente de Portugal, Espanha, Itália, Alemanha e Japão, mas também sírio-libaneses e europeus orientais. Mauricio Tiomno era um desses imigrantes!

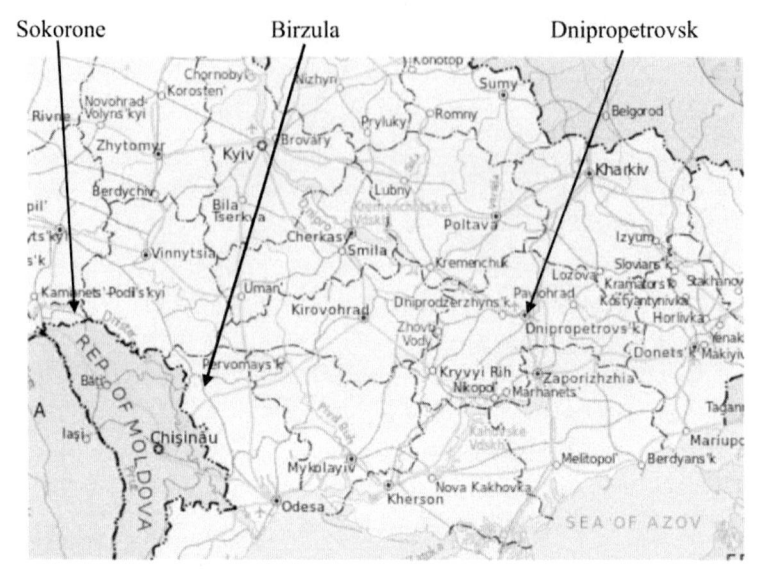

Fig. 2.3 Mapa recente do sul da Ucrânia, mostrando a localização dos lugares mencionados no texto. ONU, 2005, recortado (domínio público).

Ao chegar ao Brasil, em 1911, Mauricio encontrou um país predominantemente agrário, com 24 milhões de habitantes, a maior parte analfabeta. O Rio de Janeiro, então capital, tinha 920.000 habitantes e havia experimentado um período de grande renovação, com a abertura de grandes avenidas inspiradas nos *boulevards* parisienses. Mas, paralelamente, começavam a aparecer as primeiras favelas, construídas pela população expulsa de suas casas em função do projeto modernizador.

Com a ajuda de alguns compatriotas que haviam chegado antes ao país e já estabelecidos, Mauricio Tiomno passou a vender potes e panelas de porta em porta. No entanto, pouco tempo depois, mudou-se para Salvador, na Bahia, em busca de melhores oportunidades. Lá, ele conseguiu montar uma serraria – e, posteriormente, outros parentes que emigraram da Bessarábia, entre eles seus dois irmãos, Francisco e Arnaldo, rumaram para lá. Suas irmãs, Ethel, Massea e Ruchl e seus maridos e filhos, que permaneceram em Sokorone, foram mortos durante o Holocausto.

Mauricio voltou ao Rio em 1915 para o casamento de uma prima, e lá conheceu Anita, irmã da noiva. Ela também era de origem judaica, tendo emigrado da Rússia com os pais, Salomão e Mariam Aizen, e seus 4 irmãos (3 meninas e um menino). Ela tinha 14 anos quando chegou ao Brasil em 1911, mesmo ano que Mauricio.

Porém, diferentemente de Mauricio, a família de Anita vinha de uma cidade grande – Ekaterinoslav, capital da província de mesmo nome (*Oblast* Ekaterinoslav). Hoje, a cidade se chama Dnipro, e é a capital da província ucraniana do *Oblast* Dnipropetrovsk. O município, bem provido de transporte ferroviário e fluvial, foi estabelecido nas margens do Rio Dnieper, que deságua no Mar Negro, a noroeste da Crimeia. Era economicamente importante por suas siderúrgicas e outras indústrias, moagem de farinha, tratamento de produtos agrícolas e comércio de produtos de madeira.

Apesar de muitos regulamentos limitarem as atividades e residência de cidadãos judeus em Ekaterinoslav, o pai de Anita tinha permissão especial para viver e trabalhar lá por ser comerciante de grãos – uma ocupação considerada importante para a economia da província. A vida deles no ambiente urbano havia distanciado a família das práticas religiosas e sua língua materna era o russo, e não o iídiche. Apesar disso, apenas um dos filhos de cada família tinha permissão para ir à escola e aprender a ler e escrever. Esse direito foi concedido à irmã mais velha de Anita. A maioria das crianças tinha que ajudar no sustento da família enrolando cigarros ou executando outras tarefas simples.

Tendo decidido partir em busca de novas oportunidades e de uma vida melhor, a família emigrou da Rússia para a América do Sul, instalando-se primeiramente em Buenos Aires, onde já moravam dois irmãos de Salomão. Porém, pouco tempo depois, mudaram-se novamente para São Paulo e finalmente para o Rio de Janeiro, em busca de um local para atuar no comércio.

Anita Aizen e Maurício Tiomno se casaram no Rio de Janeiro em 1916 e voltaram para Salvador, onde Mauricio residia. Pouco depois, Salomão e Mariam, pais de Anita, também foram morar em Salvador.

Em novembro de 1917, o jovem casal teve seu primeiro filho, Benjamin. Seu nascimento foi ofuscado pela perda, pouco tempo depois, da mãe de Anita, Mariam, vítima da gripe espanhola. E o viúvo Salomão foi morar com a família da filha. Em 1919, todos voltaram para o Rio de Janeiro na esperança de encontrar melhores opções de trabalho, além de estarem mais perto dos irmãos de Anita.

Inicialmente neutro na Primeira Guerra Mundial, o Brasil declarou guerra aos impérios Germânico e Austro-Húngaro apenas em abril de 1917, após ataques a dois navios brasileiros perto da costa francesa. No entanto, a participação na guerra limitou-se ao envio de remédios e equipes médicas para ajudar as forças aliadas a patrulhar o oceano Atlântico. A guerra não foi sentida muito fortemente pela população em geral, com exceção dos imigrantes, que não conseguiam manter contato com suas famílias na Europa, nem empreender viagens entre os continentes.

Pelo interior do Brasil

Com o nascimento dos gêmeos Mariam e Jayme Tiomno em abril de 1920, a modesta casa na Praça Onze ficou pequena demais. Mudaram-se, então, para uma casa na Rua Maxwell (Fig. 2.4), residência principalmente de cidadãos de classe média. Se por um lado era uma ascensão social, por outro, a situação financeira continuava difícil, levando a família a se mudar novamente, dessa vez para o sul de Minas Gerais.

Já que Anita estava novamente grávida, eles esperaram pelo nascimento do novo bebê – uma menina, que aconteceu quatro dias antes do início do ano de 1924. O quarto filho do casal recebeu o nome de Feiga Rebeca, conhecida posteriormente apenas como Riva.

Mauricio e Salomão partiram para Minas Gerais antes dos demais, a fim de instalar seu empreendimento comercial e preparar acomodações para a família. Alguns meses depois, Anita viajou com os quatro filhos – Benjamin, com 7 anos, Jayme e Mariam, com 4, e a bebê Feiga – num trem a vapor do Rio de Janeiro para Minas Gerais. Ela realmente precisava de uma considerável dose de coragem e determinação para empreender aquela viagem sozinha com as quatro crianças, trazendo consigo toda a bagagem necessária para um futuro incerto em uma região provinciana e eminentemente rural.

Eles foram primeiro para a pequena cidade de Cambuquira, onde se instalaram em um modesto hotel; depois passaram um breve período em Varginha e, finalmente, mudaram-se para Guaranésia, onde abriram uma loja. Curiosamente, Jayme Tiomno voltou a Cambuquira quase 60 anos depois em circunstâncias muito diferentes.[4]

Depois de algum tempo morando em Guaranésia, mudaram-se novamente, dessa vez para São Sebastião do Paraíso, onde estavam localizados os cafeicultores com quem Mauricio negociava. Na nova cidade, ele montou um negócio maior, um armazém que vendia "um pouco de tudo", incluindo têxteis e calçados. Inicialmente chamada de Casa Russa, teve seu nome depois alterado para Loja Fluminense – duas referências importantes para a família.

A memória mais antiga de Jayme era da época turbulenta em que a família estava à procura de casa, em Cambuquira ou Varginha, quando tinha 4 anos. Ele gostava de se balançar no portão de entrada da casa onde eles estavam morando temporariamente. A mãe repreendeu-o dizendo que se ele quebrasse o portão, o dono viria com a polícia. Um dia, como era de se esperar, o portão de fato quebrou enquanto ele estava se balançando, e ele fugiu, com medo da (presumivelmente) polícia se aproximando... Uma memória que o acompanhou por toda a vida.

Localizada na rua principal de São Sebastião – uma avenida larga que se inicia na estação ferroviária – a loja ocupava o mesmo prédio da residência da família: ficava na frente, enquanto os cômodos ficavam nos fundos. Não havia banheiro dentro de casa e os banhos eram tomados na bacia. Uma latrina ficava nos fundos do quintal – era uma construção rudimentar, chamada "casinha", que consistia em um cubículo com paredes de madeira e um buraco fundo encimado por um assento de madeira. Quando o buraco estava quase cheio, era coberto com terra e um novo era cavado nas proximidades.

Apenas três famílias judias viviam em São Sebastião do Paraíso. Quando uma delas se mudou, a família Tiomno assumiu a casa onde eles viviam, em frente aos jardins da cidade, com música tocando aos domingos no coreto. Este era o centro da vida social, onde os habitantes da cidade passeavam, as crianças brincavam e as pessoas dançavam nas festas ou no carnaval. A loja também foi transferida para o novo local, novamente na frente da casa, e atrás havia um grande quintal onde ficava a "casinha".

Lá, em 1929, nasceu a terceira filha mulher da família – Silvia. Jayme, agora com 9 anos, frequentava o ensino fundamental na Escola Municipal de São Sebastião do Paraíso, enquanto sua mãe, com 33 anos e cinco filhos, se esforçava, com a ajuda de um professor particular, para aprender a ler e escrever em português, o que ela não teve oportunidade de fazer em sua língua materna.

Fig. 2.4 A família Tiomno, por volta de 1922. O avô Salomão está em pé atrás, e sentados na frente estão Anita e Mauricio. Os gêmeos estão entre seus pais (Jayme está à esquerda) e Benjamin está em pé à direita. Acervo particular STT.

Muzambinho

Após alguns anos em São Sebastião, a família mudou-se novamente, dessa vez para Muzambinho, cerca de 65 km a sudeste e bem próximo à divisa entre os estados de Minas e São Paulo. Ainda menor que São Sebastião, Muzambinho era um centro de produção de café e pecuária, e tinha uma boa escola secundária, o Ginásio de Muzambinho. Depois de uma breve estada em uma casa parecida com a de São Sebastião, eles conseguiram encontrar um local mais bonito, na rua principal, perto da igreja (Fig. 2.5), e o mais importante: com banheiro dentro da casa. Parecia um sonho! Também havia um grande jardim com horta e árvores frutíferas; Jayme gostava de cuidar do jardim, *hobby* que o acompanhou por toda a vida. Seu pai abriu novamente um armazém na frente da casa.

Fig. 2.5 Muzambinho em torno de 1927, mostrando a igreja e a rua principal. Reproduzido de um antigo cartão postal (domínio público).

Os anos em Muzambinho não foram inteiramente tranquilos para a família Tiomno. Um dos eventos sentidos foi a Revolução de 1930. O Brasil era uma união de estados com grande autonomia e um governo central fraco. O presidente era escolhido por meio de um acordo entre os 20 governadores dos estados, e geralmente selecionados em rodízio: um político de Minas Gerais, o seguinte de São Paulo, e assim por diante, no que foi chamado de 'Política do Café com Leite'. Porém, para a nova eleição em março de 1930, o presidente Washington Luis (de São Paulo) rompeu a tradição e, com o apoio de alguns dos governadores, indicou Júlio Prestes, então governador de São Paulo, para ser o próximo presidente. A instabilidade entre os estados e destes com o governo federal, que vinha crescendo durante a década de 1920, finalmente "transbordou" em 1930, quando os estados do Rio Grande do Sul, Paraíba e Minas Gerais, junto com Partido Democrático de São Paulo, resolveram dar um golpe contra o presidente eleito Júlio Prestes.

Em outubro de 1930, um conflito armado eclodiu entre os ex-aliados estados de Minas Gerais e São Paulo, ameaçando a população de Muzambinho, que ficava próximo à fronteira com São Paulo. Muitos temiam uma invasão armada, ou mesmo um bombardeio, e fugiram para a zona rural. Isso não era algo fácil para a família Tiomno com seus 5 filhos; o mais velho, Benjamin, tinha 13 anos, enquanto a mais nova, Silvia, ainda era um bebê. Eles conseguiram encontrar abrigo numa área na periferia. Houve combates em Muzambinho e algumas mortes, assim como bastante repressão política. A situação também não foi fácil para aqueles que fugiram e se embrenharam pelo mato, que retornaram com vários ferimentos. Felizmente, a família Tiomno escapou ilesa, mas seguramente abalada.

Como é sabido, o golpe militar foi bem sucedido, as forças paulistas foram derrotadas, e, em 3 de novembro de 1930, o gaúcho Getúlio Vargas foi empossado como novo presidente. Porém, dois anos depois haveria a Revolta Constitucionalista, quando os paulistas se rebelaram contra as tendências ditatoriais de Getúlio Vargas. Dessa vez, Anita recusou-se a sair de casa, mas fizeram os preparativos para uma possível fuga de última hora. Tropas mineiras e do norte ficaram aquarteladas no Ginásio de Muzambinho, tendo a cidade como base para incursões em São Paulo. Isso impediu que a cidade fosse novamente invadida pelas tropas paulistas, como ocorrido em 1930. Paralelamente, foi criada uma brigada local em Muzambinho, que atuou durante os anos de 1933 e 1934, e da qual o irmão mais velho de Jayme, Benjamin, fazia parte.

Jayme, que estava no início da adolescência, foi poupado de ações militares, mas além de sua atividade escolar, precisava ajudar na loja da família. Por volta de 1932 começaram os preparativos para o seu *Bar Mitzvah* – o tradicional rito de passagem para os meninos judeus. Ele passou algumas semanas no Rio de Janeiro, morando com o tio Francisco (Chico) e se preparando para a cerimônia. Chico era um homem muito religioso e Jayme o acompanhava em sua longa caminhada nas manhãs de sábado (*Shabat*) para rezar na sinagoga, visto que não poderiam viajar de ônibus ou bonde nesse dia. No entanto, Jayme teve que regressar a Muzambinho antes do seu *Bar Mitzvah* devido à imposição da escola em função do início do ano letivo. Caso contrário, ele perderia todo o ano escolar. Com isso, ele nunca realizou a cerimônia.

De volta à capital

No geral, o tempo em Muzambinho foi muito feliz para a família Tiomno. O negócio floresceu, eles estavam bem integrados à sociedade local e as crianças mais velhas estavam todas na escola; Jayme e Benjamin até começaram aulas de violino. Mas seus pais desejavam que todos os filhos fizessem curso superior, e o Ginásio de Muzambinho não oferecia cursos preparatórios para a universidade.[5] Assim, para conseguir realizar esse sonho, eles precisariam se mudar mais uma vez, agora para uma cidade maior. Isso não poderia demorar muito, pois Benjamin já tinha quase 17 anos e, além disso, para o desespero dos pais, ele começou uma relação amorosa com a professora, então foi mandado imediatamente para o Rio de Janeiro. E, novamente, Mauricio foi na frente para arranjar moradia para o resto da família, enquanto os demais esperavam num hotel o momento de fazer a mudança.

Jayme Tiomno deixou uma boa impressão entre seus colegas e professores no ginásio. Quando sua classe se formou, o diretor da escola dirigiu grandes elogios a ele, que havia saído no meio do curso e não se formou com o resto da classe. Essas palavras de elogio foram calorosamente aplaudidas pelos alunos e professores reunidos na solenidade.[6] Posteriormente, Tiomno foi considerado um filho pródigo de Muzambinho, homenageado pela Câmara Municipal e sua trajetória está descrita no site de Muzambinho, na área dedicada à história da cidade.[7]

Em meados do mesmo ano, eles conseguiram um apartamento antigo, mas adequado, na Rua Dona Zulmira, no Maracanã, próximo à Rua Maxwell, onde haviam morado antes de ir para Minas Gerais. Cerca de 15 anos depois, alguns membros da família que permaneceram no bairro testemunharam a construção do estádio do Maracanã e acompanhavam os jogos bem de perto.

Após a chegada ao Rio de Janeiro, Benjamin começou o curso complementar, obrigatório para o ingresso na universidade, Silvia, a caçula, com 5 anos, ainda não estava na escola, e os outros três irmãos (Mariam, Jayme e Feiga Rebeca) conseguiram transferência para o Colégio Pedro II, no centro da cidade. Vinculado ao governo federal, era gratuito e uma das poucas escolas secundárias não religiosas. As vagas foram conseguidas através de uma prática bem comum no Brasil: um pedido de um deputado de Muzambinho, Licurgo Leite. Jayme estava então com 14 anos, no quarto ano ginasial, e se formou no ano seguinte. Muito depois, também foi elogiado pelo Colégio Pedro II como um aluno eminente devido ao seu sucesso como estudante e cientista.

Abrir uma nova loja no Rio de Janeiro custaria muito mais caro do que numa pequena cidade no interior de Minas Gerais, e as reservas financeiras do pai de Jayme não eram suficientes para tanto. Além disso, ele estava começando a ter problemas pulmonares, talvez relacionados ao seu trabalho nas plantações de fumo na Bessarábia. Com os filhos mais crescidos, Anita, que havia sido dona de casa em Minas Gerais, montou um negócio, desenhando e confeccionando roupas e acessórios, que aumentava a renda da família e permitia pensar numa educação universitária para os filhos.

Em Minas Gerais, a família geralmente não observava as práticas religiosas judaicas tradicionais, um pouco devido à inexistência de uma comunidade judaica local e um pouco devido à própria vivência cosmopolita de Anita na Rússia. Mas no Rio de Janeiro, com influência da família mais ampla, começaram a retomar os costumes judaicos, participando da vida comunitária e frequentando a sinagoga nos feriados religiosos. Diferente dos irmãos mais velhos, que iniciaram os estudos em escolas públicas, a pequena Silvia foi colocada numa escola primária judaica.

Os irmãos mais velhos começaram a frequentar o Clube Cabiras, uma organização recreativa criada em 1939 por cinco amigos judeus para reunir os jovens da comunidade judaica. Jayme e as irmãs Mariam e Feiga começaram a ir aos bailes, excursões, piqueniques, palestras e outras atividades. Depois de alguns anos, Jayme foi eleito presidente do Cabiras e promoveu a Campanha dos mil sócios, que foi um sucesso, ultrapassando a meta. Mariam e Feiga conheceram seus futuros maridos no grupo e se casaram. Jayme também teve algumas namoradas do grupo, como Ruth Fridman, Rachel Kaufman e uma garota chamada Geny. No entanto, diferente de suas irmãs, nenhum desses relacionamentos prosperou.

Jayme tinha fortes laços com sua família: jogava dominó com o avô Salomão, acompanhava-o nas consultas médicas, ficou ao seu lado quando ele teve que passar por uma cirurgia e também em seu leito de morte. Ele ajudava a mãe copiando padrões para roupas e indo buscar a pequena Silvia na casa dos amigos. Ele também aprendeu a aplicar injeção e aplicava em seu pai, cuja saúde estava piorando cada vez mais. Evidentemente, essas funções lhe renderam vários apelidos dentro do núcleo familiar, como o "designer da família", o "enfermeiro da família" ou o "eletricista da família".

O retorno à capital também aproximou os Tiomno dos movimentos políticos e sociais que afetavam a vida do país. Eles observavam com grande apreensão a ascensão da Ação Integralista Brasileira, um movimento nacionalista de extrema direita, inspirado no fascismo, cujo lema era "Deus, Pátria e Família", e que via com maus olhos qualquer um que não fosse de religião cristã ou que estivesse fora do padrão por eles preconizados. Vestidos com uniformes verdes com o símbolo Σ bordado, eles organizavam manifestações de rua e provocavam e ameaçavam as pessoas, prenunciando os tempos difíceis que viriam pela frente.

Fig. 2.6 Jayme Tiomno (abaixo à esquerda) com sua família em 1941, celebrando o 25º aniversário de casamento de seus pais Anita e Mauricio (atrás, em pé) e as irmãs Feiga Rebeca (Riva), Silvia e Mariam (Mira). Acervo privado STT.

Notas

1. Muitos dos detalhes biográficos das famílias Tiomno e Aizen fornecidos aqui foram extraídos do livro "Histórias de invernos e verões", de Silvia Tiomno Tolmasquim, a irmã mais nova de Jayme Tiomno e mãe de um dos autores (ATT). Ver Tolmasquim (2014).

2. A cidade também é chamada de Sokyriany (ucraniano), Secureni (romeno), Sokirny ou Sokiryany (russo) e Sekurian (iídiche).

3. A origem do nome Tiomno vem do avô paterno de Mauricio – Shloime Leizer. Em seus últimos anos, sua visão tornou-se muito fraca, de modo que ele só conseguia ver uma penumbra. Em função disso, ele recebeu o apelido russo de *Tiomnii* (escuro, Тюмнйи em cirílico*)*, que passou a ser como ficou conhecido e foi transmitido para seus filhos e netos! A transliteração em letras romanas é Tiomnii ou Tiomne, que foi alterada para 'Tiomno' pelo oficial de imigração que registrou Mauricio no Brasil, pois, para ele, os sobrenomes no Brasil deveriam terminar em 'a' ou 'o'. Ver Tolmasquim (2014).

4. Em 1980, Tiomno participou de uma sessão especial da Reunião Anual da Sociedade Brasileira de Física em Cambuquira em homenagem aos seus 60 anos. Ver Cap. 15.

5. O curso preparatório para a universidade equivale ao atual ensino médio.

6. Irene [?] para Jayme Tiomno, 6 de agosto de 1934; JT.

7. Muitos anos depois, em 2000, Tiomno voltou a Muzambinho para ser homenageado como "Cidadão Honorário" pela Câmara Municipal. Na época ele já estava com 80 anos, e foi acompanhado por sua esposa e suas irmãs. Ver Cap. 17 deste livro, Tolmasquim (2014) e o site historiademuzambinho.blogspot.com/p/um-aluno-ilustre-o-grande-fisico.html.

3

Entre a medicina e a física

A Faculdade de Medicina

Concluído o ensino secundário no Colégio Pedro II, em 1935, Jayme Tiomno precisava fazer os dois anos do curso complementar para ingressar numa universidade. Assim, aos 15 anos, ele tinha que escolher a carreira que iria seguir e estava em dúvida entre medicina e engenharia. Seus pais preferiam a engenharia, já que seu irmão mais velho, Benjamin, já estava estudando medicina, e achavam que Jayme deveria se inserir num campo diferente. Mas, por outro lado, os engenheiros eram menos bem pagos do que os médicos. Conclusão: suas opiniões não ajudaram muito. No final, Jayme decidiu se inscrever no curso complementar pré-médico. É possível que também tenha pesado na decisão o apreço que tinha com os cuidados na saúde do pai e do avô.

Jayme Tiomno concluiu o curso nos dois anos previstos e ingressou na Faculdade de Medicina. Esta, juntamente com a Escola de Engenharia e a Faculdade de Direito, constituíam a Universidade do Rio de Janeiro, fundada em 1920.[1] Elas eram marcadas por uma forte tradição positivista, que considerava que a mecânica newtoniana dava conta de explicar o mundo físico, e seu determinismo poderia ser exportado para outras áreas do conhecimento, seja a biologia ou os estudos sobre a sociedade ou o comportamento humano. Além disso, acreditava-se que a ciência e a tecnologia, a partir de seus resultados já obtidos, seriam capazes, por si só, de trazer progresso e bem-estar para a sociedade. Dessa forma, para o pensamento positivista, pouco ainda havia para ser descoberto nas ciências e estas deveriam ser valorizadas pelo seu aspecto instrumental em fornecer progresso e bem-estar para a sociedade. Isso significava que a principal função dessas escolas seria capacitar os estudantes nos conhecimentos já existentes, formando técnicos para atuar na sociedade. Fora alguns poucos professores que se interessavam pelos novos conceitos científicos que estavam surgindo no final do século XIX e início do século XX, e que buscavam fazer pesquisa científica, a maioria dava ênfase apenas à instrução. Assim, o estudo era feito basicamente nos livros didáticos, havendo pouco interesse em utilizar laboratórios ou mesmo revistas científicas atualizadas.

Porém, em julho de 1937, ainda antes do ingresso do Tiomno, a Universidade sofreria sua primeira mudança. O governo federal uniu várias faculdades, até então independentes, à Universidade do Rio de Janeiro, criando a Universidade do Brasil (UB). As faculdades que formavam a nova universidade também tinham como objetivo principal a formação de profissionais, e não havia especial interesse em desenvolver pesquisa científica.

As mudanças, contudo, não se restringiram à estrutura universitária. Poucos meses depois, em novembro de 1937, o presidente Getúlio Vargas deu um novo golpe – uma espécie de golpe dentro do golpe, instituindo um regime totalitário – o Estado Novo. Ele foi inspirado, em grande medida, nos regimes totalitários italiano e alemão daquela época. Vargas tinha uma grande simpatia pelos movimentos fascista e nazista na Europa, se espelhando nas atitudes de Mussolini e Hitler para fortalecer o poder do governo central brasileiro em contraposição ao dos estados. O golpe foi justificado como sendo uma resposta à chamada Revolta Comunista, liderada por Luiz Carlos Prestes, ocorrida em 1935 e rapidamente controlada. Assim, o governo usava a revolta ocorrida dois anos antes para justificar o autoritarismo, implantando uma ditadura.

Nem a instabilidade acadêmica nem política impediram, contudo, que Tiomno fizesse o vestibular e entrasse para a Faculdade Nacional de Medicina, no início de 1938. A Faculdade de Medicina estava localizada num belo prédio na Praia Vermelha (o primeiro *campus* na Urca) (Fig. 3.1). Durante os estudos, conheceu o biofísico Carlos Chagas Filho e, ao final do primeiro ano, tornou--se seu aluno assistente, uma espécie de reconhecimento para os melhores alunos. Chagas Filho era um dos poucos professores da Faculdade de Medicina que realizava pesquisas. Ele estudava o processo de acúmulo de carga elétrica pelo poraquê, uma enguia elétrica encontrada nos rios da bacia amazônica. Trabalhar com Chagas Filho despertou em Tiomno o interesse pela pesquisa e o desejo de cursar a Faculdade de Ciências da Universidade do Distrito Federal (UDF), a outra universidade que havia na cidade.

Fig. 3.1 Edifício da Faculdade de Medicina da UB, na Praia Vermelha, demolido em 1973. Atrás, à esquerda, vê-se parte do Morro da Urca. Cortesia do Acervo da Casa de Oswaldo Cruz/Fiocruz.

Fundada em 1935, a UDF foi resultado de um processo iniciado nos primeiros anos do século XX por cientistas e intelectuais brasileiros interessados em criar uma universidade que valorizasse a pesquisa e o pensamento crítico, favorecendo a criação de uma nova classe de intelectuais e estabelecendo um espaço livre para a pesquisa e a reflexão.[2] A proposta era que a universidade tivesse uma faculdade de ciências como centro, baseada na formação de professores e na pesquisa, que nutriria as outras faculdades com o novo conhecimento produzido, a Escola de Ciências. Ela teria também a tarefa de formar novos professores secundários, que seriam capazes de realizar uma reforma no ensino das escolas. Esse mesmo movimento havia levado à criação da Universidade de São Paulo um ano antes, em 1934, tendo como núcleo a Faculdade de Filosofia, Ciências e Letras (FFCL). Em contraste com a Universidade do Brasil, que era vinculada ao governo federal, a UDF foi estabelecida pelo governo municipal e a USP pelo estadual.

A fundação da UDF deveu-se principalmente aos esforços do educador Anísio Teixeira, que considerava a educação um poderoso instrumento de formação de cidadãos conscientes e participativos. Para ele, o Brasil era um país de graus universitários honoríficos, cuja função principal era conceder títulos e preparar profissionais para fins práticos. A nova universidade, ao contrário, teria a tarefa de educar grupos de intelectuais, provedores de ideias críticas e portadores de cultura; professores, escritores, jornalistas, artistas e políticos, que até aquele tempo, no Brasil, eram basicamente autodidatas.[3]

Evidentemente, a UDF, com sua proposta de formar cidadãos críticos, era vista com considerável desconfiança pelo governo ditatorial de Getúlio Vargas. Após a Intentona Comunista em 1935, o regime Vargas aumentou a repressão, afastou o prefeito do Rio de Janeiro, Pedro Ernesto, e aposentou compulsoriamente Anísio Teixeira, que era diretor do Departamento da Educação, e Afrânio Peixoto, reitor da UDF.

No entanto, o projeto UDF permaneceu, e seu novo reitor, Afonso Penna Junior, conseguiu atrair os melhores cientistas, oriundos de instituições de pesquisa, bem como intelectuais e professores jovens que simpatizavam com os ideais da nova universidade. Além disso, foram convidados professores da França, principalmente nas ciências humanas, como Émile Brehier (filosofia); Eugène Albertini, Henri Hauser e Henri Tronchon (história); Gaston Leduc (linguística); Pierre Deffontaines (geografia); e Robert Garric (literatura). O diretor da Faculdade de Ciências era o engenheiro Roberto Marinho de Azevedo, membro da Academia Brasileira de Ciências (ABC) e uma voz importante dentro da antiga Escola de Engenharia, a favor da pesquisa e em oposição aos dogmas positivistas.

A Escola de Ciências possuía quatro divisões: História Natural, Física, Química e Matemática. Era um centro de ensino inovador no Brasil, com muitos professores talentosos e reconhecidos, mas com poucos recursos. Ela foi instalada no prédio de uma antiga escola pública (Fig. 3.2) no Largo do Machado (ver o mapa no Cap. 2). Não tinha laboratórios e a instrução prática era dada em outras instituições, geralmente nos locais de trabalho dos professores, como o Instituto Nacional de Tecnologia, o Laboratório de Produção Mineral ou o Instituto Oswaldo Cruz.

Dificultando ainda mais a difícil situação da UDF, em 1937 foi promulgada uma lei proibindo o acúmulo de cargos em instituições públicas, o que afetou muitos dos professores que trabalhavam em outras instituições e davam aula na Universidade, onde recebiam baixíssimos salários, como Bernhard Gross e Roberto Marinho de Azevedo. Em função disso, eles tiveram que se desligar da UDF e permanecer exclusivamente em suas instituições de origem. Como consequência muitos alunos também saíram.

Com o objetivo de aumentar o número de alunos e tentar sobreviver ao gargalo imposto pelo governo central, a UDF passou a facilitar o ingresso de alunos matriculados em outros cursos universitários ou que já tivessem concluído o curso complementar, ainda que numa área diferente da pretendida. No início de 1939, Jayme Tiomno passava as férias de verão em São Lourenço, em Minas Gerais. Seu irmão Benjamin, sabendo do desejo de Jayme de estudar na Escola de Ciências da UDF, o que o possibilitaria ser professor do ensino médio, matriculou-o em história natural, que não exigia exames complementares. Tiomno achou ótima a iniciativa, mas já tinha certeza que queria estudar física, e não história natural. Como já estava matriculado em um curso universitário, Tiomno conseguiu obter permissão especial do diretor da Faculdade, Luis Freire, dispensando-o dos exames de admissão usuais. Ele foi, no entanto, obrigado a fazer um exame interno de matemática, a fim de demonstrar a sua qualificação para a área de interesse. Freire era um professor de física muito entusiasmado, originário de Recife. Ele ficou conhecido por sua capacidade de motivar jovens estudantes a estudar física e também por seu trabalho pioneiro em identificar alunos talentosos promissores em Pernambuco e incentivá-los a ir para o Rio de Janeiro ou para São Paulo aprofundar seus estudos. Alguns desses alunos foram Mario Schenberg, José Leite Lopes, Leopoldo Nachbin, entre vários outros.

Jayme Tiomno teve apenas 15 dias para se preparar para o exame de qualificação, a ser aplicado por Lélio Gama, chefe do Departamento de Física e Matemática. Nesse breve tempo, ele conseguiu estudar somente uma parte da matéria a ser coberta. Ele respondeu apenas uma das três perguntas, tanto no exame escrito, como no oral. Questionado, disse que não teve tempo para estudar todos os tópicos. Lélio Gama perguntou, então, no que ele havia se preparado e se concentrou nesses pontos no restante do exame. No final, ele comentou: "Tudo bem, você atende aos padrões necessários nas áreas em que você se preparou. Vou deixar você entrar no curso".[4] De fato, Tiomno fazia os cálculos com muita rapidez e com resultados sempre corretos – uma característica que ele manteria ao longo de sua trajetória científica e apreciaria em seus alunos. Mas a conclusão é que, devido à afortunada conjunção de Luis Freire e Lélio Gama, Tiomno conseguiu se matricular em física. Mais tarde ele creditaria a esses dois professores a abertura de seu caminho para uma carreira em física.[5]

Se ele tivesse esperado um pouco mais, isso não teria sido possível. Alguns dias após ser aceito, ainda em janeiro de 1939, a UDF foi fechada por decreto presidencial e seus cursos, professores, alunos, e até o prédio, foram transferidos para a Universidade do Brasil. Esse ato teve o apoio do reitor da Universidade do Brasil, Raul Leitão da Cunha, que via ali uma possibilidade de acabar com uma eventual concorrência e fortalecer sua própria instituição. Os cursos da UDF foram transferidos para cursos semelhantes na UB, com exceção dos cursos da Faculdade de Ciências, que permaneceu inicialmente sob a responsabilidade do próprio reitor. Em abril foi criada a Faculdade Nacional de Filosofia (FNFi) como uma unidade da UB, e os cursos, professores e alunos da antiga Faculdade de Ciências da UDF foram alocados nela. Assim, Tiomno, que se candidatou à UDF, descobriu-se novamente estudando na Universidade do Brasil. Ele, portanto, fazia, simultaneamente, medicina na Faculdade Nacional de Medicina, na Praia Vermelha, e física na Faculdade Nacional de Filosofia, no Largo do Machado.

Fig. 3.2 Professores e alunos do curso de física da FNFi em frente ao prédio, no Largo do Machado, onde funcionava a Faculdade, 1942. Atualmente é sede do Colégio Estadual Amaro Cavalcanti. Da esquerda para a direita: Paulo Alcântara Gomes, Elisa Frota-Pessôa, Jayme Tiomno, Joaquim da Costa Ribeiro, Luigi Sobrero, Leopoldo Nachbin, José Leite Lopes e Mauricio Matos Peixoto. Arquivo JT (domínio público).

Dois cursos e uma universidade

Após a criação da nova Faculdade, era necessário estruturá-la e reconstruir seu quadro de professores, já que muitos haviam saído. Mais uma vez, foi decidido buscar no exterior, principalmente na Europa, docentes para montar os departamentos e ministrar os novos cursos. A busca seguiu o mesmo padrão usado pela Faculdade de Filosofia, Ciências e Letras (FFCL) da Universidade de São Paulo, em 1934, para trazer cientistas altamente qualificados na Europa, de forma a estabelecer um ambiente de pesquisa. Tendo em vista as tendências cada vez mais totalitárias em muitos países europeus, essa proposta era bastante realista, uma vez que muitos acadêmicos foram demitidos, forçados a se aposentar ou estavam ansiosos para mudar-se para um ambiente mais democrático.

Além do critério de buscar membros do corpo docente em países com maior tradição de pesquisa em cada uma das áreas, o projeto de criação da USP teve um caráter fortemente ideológico. A elite intelectual paulista defendia uma postura liberal, opondo-se aos regimes totalitários, em particular, o próprio governo centralizador de Getúlio Vargas. Assim, para os campos das ciências humanas e sociais, foram recrutados professores, principalmente da França, onde não havia um regime totalitário na década de 1930, na esperança de que teriam uma influência ideológica positiva em seus futuros alunos. Já para as áreas mais técnicas, as posições ideológicas eram consideradas secundárias. Assim, da Alemanha vieram os naturalistas e biólogos; e a Itália forneceu professores de ciências exatas e matemáticas. A Itália era uma fonte particularmente rica de talentos naquela época; pode-se lembrar que, tanto Enrico Fermi quanto Emilio Segré emigraram da Itália para os EUA em 1938, Fermi no final foi para Chicago, e Segré para Berkeley. Ambos se tornaram ganhadores do prêmio Nobel, Fermi em 1938 e Segré em 1959.

Paralelamente, muitas nações europeias procuravam aumentar suas zonas de influência em países periféricos, e a transferência de acadêmicos para o Brasil era considerada um método eficaz para fazer avançar essa meta. Na Itália, por exemplo, o professor enviado para visitar as universidades europeias, Teodoro Ramos, foi recebido pelo próprio Mussolini. Os governos italiano e francês ofereceram uma suplementação salarial, a ser paga através da universidade brasileira anfitriã, como um atrativo para os acadêmicos passarem um tempo ensinando no exterior. Além disso, eles recebiam uma espécie de *status* diplomático no Brasil.

Para a nova Faculdade de Filosofia do Rio, o mesmo modelo de trazer cientistas de alto nível do exterior foi adotado. Até mesmo o critério para a distribuição das disciplinas por nacionalidade foi aplicado: italianos foram recrutados para ensinar física e matemática, alemães para as ciências naturais e franceses para as ciências humanas e sociais. Isso era especialmente surpreendente, uma vez que, ao contrário da Universidade de São Paulo, a Universidade do Rio de Janeiro estava vinculada ao governo totalitário de Getúlio Vargas, que tinha admiração pelas ideologias que vigoravam na Itália e Alemanha.

Para a física geral e experimental, foi escolhido o italiano Dalberto Faggioani; para a física teórica, matemática e avançada, Luigi Sobrero, anteriormente, professor em La Sapienza, em Roma, e assistente de Levi-Civita; e para a mecânica racional e celeste, Benedetto Zanini. Na matemática, também foram recrutados profissionais italianos: Achille Bassi para geometria e Gabrielle Mammana para cálculo e análise avançada. O brasileiro Joaquim da Costa Ribeiro, que passou da UDF para a nova FNFi, foi designado assistente na cadeira de Física Geral e Experimental.

A Faculdade permaneceu no mesmo prédio, sem laboratórios, à semelhança da UDF, e os professores tiveram que continuar solicitando de outras instituições o uso de suas instalações para a realização das aulas experimentais. Também carecia de uma boa biblioteca com periódicos científicos. Tiomno e outros alunos da Física costumavam frequentar o Instituto Oswaldo Cruz para consultar a biblioteca. Embora fosse um instituto dedicado à pesquisa em saúde pública, tinha o melhor acervo de periódicos científicos na área de física da cidade (Fig. 3.3).

Enquanto as duas universidades – Universidade do Brasil e Universidade de São Paulo – seguiam estratégias semelhantes para a constituição do quadro de professores, suas implementações e suas histórias foram bem diferentes.[6] Teodoro Ramos, da USP, visitou vários países europeus, conheceu suas universidades por dentro e conversou com diversos cientistas. Os professores foram escolhidos por sua excelência profissional e tiveram carta branca para montar seus respectivos departamentos. A Universidade também dava apoio à atividade de pesquisa. Como resultado, a USP foi capaz de "dar um salto" como uma universidade de pesquisa, tornando-se rapidamente a principal universidade do Brasil.

Fig. 3.3 Sede do Instituto Oswaldo Cruz. Foto: Peter Ilicciev, cortesia do Acervo Casa de Oswaldo Cruz/Fiocruz.

Diferentemente, para a Universidade do Brasil, o Ministro da Educação do governo Vargas, Gustavo Capanema, montou uma estrutura que seguia o modelo da Itália fascista, e até mesmo sua arquitetura foi planejada para imitar a de Roma (este último projeto, no entanto, felizmente nunca foi implementado). Os resultados, conforme experienciado por Jayme Tiomno, foram bem distintos:

> ...no Rio, a escolha dos professores estrangeiros para a Faculdade de Filosofia foi uma imitação do que houve em São Paulo, mas não foi feito com o mesmo critério de São Paulo. Em São Paulo, foi o Amoroso Costa [na verdade, Teodoro Ramos] que foi pessoalmente à Europa e escolheu matemáticos, físicos e químicos. Foi uma base muito mais segura, enquanto que no Rio, o Ministério da Educação de Vargas pediu ao Ministério da Educação do governo fascista italiano que mandasse os professores. O Ministério de Educação italiano afixou nas universidades a notícia de que havia essas vagas. Então, apareceram candidatos, principalmente gente querendo fugir do regime ou, como outro caso, gente que vinha, que veio aqui fazer propaganda do regime. O Sobrero, por exemplo, foi um dos que fugiram do regime fascista e foi o melhor dos que chegaram ao Rio.

O Sobrero teve um impacto, uma influência muito grande no desenvolvimento da física no Rio.[7]

O curso de física era o menos concorrido dentre os oferecidos pela FNFi.[8] Durante o ano de 1939, 29 alunos ingressaram em história natural, 20 em química, 17 em matemática, e apenas 5 alunos para física, sendo Tiomno um deles. No ano seguinte, 1940, apenas quatro alunos ingressaram na física. Dois deles, José Leite Lopes e Hervásio de Carvalho, já eram formados em engenharia em Recife, e foram para a FNFi estudar física por sugestão de Luis Freire. Dos que eram do Rio de Janeiro, um deles era Elisa Frota-Pessôa, uma jovem de pouco mais de 1,50 m de altura, muito determinada e autoconfiante, e já casada, apesar de possuir apenas 19 anos.

Tiomno, Leite Lopes e Elisa tornaram-se bons amigos e se autodenominaram "os Três Mosqueteiros". Mais tarde, Leopoldo Nachbin juntou-se ao grupo. Ele também veio de Recife e estava estudando engenharia na UB, mas se interessou por pesquisa e passou a frequentar as aulas na FNFi. Ele se tornou o "D'Artagnan" do grupo! Eles, junto com outros alunos, incluindo Mauricio Matos Peixoto, criaram uma série de seminários, denominada Seminário dos Alunos.

Já em seu segundo ano como estudante de física, em 1940, Tiomno começou a trabalhar como aluno assistente de Joaquim da Costa Ribeiro. Ele confiava nas habilidades de Tiomno, de modo que determinava apenas o assunto para ser estudado e dava a Tiomno total liberdade para conduzir seu trabalho.

Costa Ribeiro trabalhava experimentalmente no campo dos fenômenos termodielétricos e havia descoberto um efeito que passou a levar seu nome. Ele estava investigando a influência da presença de impurezas radioativas no comportamento de sólidos dielétricos, em particular em cera de carnaúba, e no decorrer dos experimentos observou um aumento da corrente elétrica associado a uma mudança do estado físico (fusão, solidificação), que ele chamou de efeito termodielétrico. Esse fenômeno aparecia tanto na cera de carnaúba como na parafina. A partir de seu trabalho experimental, ele foi capaz de estabelecer as leis que regem este fenômeno, relacionando a taxa da transição de fase à intensidade da corrente e ao potencial elétrico associado com a variação da massa em cada fase. Além disso, ele estabeleceu o valor de uma nova constante K, conhecida como constante termodielétrica. Mais tarde, Elisa Frota-Pessôa também foi convidada para trabalhar como aluna assistente de Costa Ribeiro em sua pesquisa sobre o efeito termodielétrico. Este foi o tema da dissertação de Costa Ribeiro para o concurso para a cátedra de Física Geral e Experimental da FNFi. Em sua tese, ele agradece, entre outros, a Jayme Tiomno "pela lúcida discussão de vários aspectos teóricos e experimentais do assunto tratado" e a Elisa Frota-Pessôa "pelo eficiente auxílio prestado na execução das medições".[9]

Assim, por cerca de dois anos, Jayme Tiomno cursou medicina na Faculdade Nacional de Medicina, e física na Faculdade Nacional de Filosofia, ambos na Universidade do Brasil, além de atuar como aluno assistente de Física Geral e Experimental. No entanto, em 1940, uma nova regra foi estabelecida pela Universidade, dessa vez proibindo os alunos de estarem matriculados em dois cursos ao mesmo tempo. Pela segunda vez, Tiomno foi obrigado a escolher entre a medicina e a área de exatas. Diferentemente da primeira vez, e para decepção da sua mãe, optou pela física. Ela tentou convencê-lo a concluir o curso de medicina, para o qual ele precisava apenas de mais um ano, mas foi em vão. Ele havia decidido se dedicar à física. Pelo resto da vida, mesmo depois de Tiomno ter recebido reconhecimento internacional como físico, sua mãe se lamentava e dizia: "Mas ele poderia ao menos ter terminado seus estudos em medicina".[10]

Iniciando a pesquisa

Tiomno desenvolveu suas primeiras pesquisas nessa época, no laboratório da Costa Ribeiro, levando à publicação de dois artigos em 1942 na Revista da FNFi. O primeiro, "Sobre um problema da teoria da elasticidade", orientado por Sobrero, foi puramente teórico (JT1). Já o segundo, "Teorema da unicidade da distribuição de cargas em condutores", é uma análise teórica relacionada ao trabalho de Costa Ribeiro sobre o efeito termodielétrico (JT2). Ele também realizou um trabalho sobre um analisador (de frequência) baseado em osciladores harmônicos mecânicos.[11] Mas eram basicamente exercícios de formulação de resultados de pesquisa. Muito provavelmente foi a influência de Sobrero, um matemático brilhante e excelente professor, que fez Tiomno perceber a beleza da física matemática e o guiou em sua vocação de teórico.

Naquela época, a pesquisa de Tiomno era essencialmente autoguiada, já que ele não tinha uma orientação formal em procedimentos de pesquisa por parte de Costa Ribeiro, que foi basicamente um autodidata.[12] Essa experiência pode ter contribuído para sua aversão à postura do "faça-você-mesmo" na pesquisa, pois ao longo de toda sua carreira, ele se dedicou muito à orientação dos alunos, tanto de graduação como de pós-graduação.

Tiomno e seus colegas de física também começaram a assistir às palestras e cursos ministrados na Academia Brasileira de Ciências (ABC), que se tornara um fórum para apresentação de pesquisas em andamento. Em agosto de 1941, a Academia sediou um simpósio de 5 dias sobre raios cósmicos, aproveitando a presença de uma comissão científica liderada por Arthur H. Compton, da Universidade de Chicago, que estava investigando métodos de medição de radiação cósmica como parte do projeto do Laboratório de Física de Ryerson.[13] Além dos pesquisadores norte-americanos, vários professores da Faculdade de Filosofia, Ciências e Letras da USP deram palestras, incluindo Gleb Wataghin, Giuseppe Occhialini, Mario Schenberg, Marcelo Damy de Souza Santos e Yolande Monteux, além de acadêmicos de outras instituições de São Paulo, Rio de Janeiro e mesmo Paris.[14] Estava começando a ficar claro para Tiomno e seus colegas que a melhor física teórica e as pesquisas de mais alta qualidade estavam em São Paulo, e que eles deveriam ter como meta ir para lá. Muitos anos mais tarde, Tiomno relembrou esse período:

> Lembro-me bem da excitação com que ouvi, em princípios de 1940, aluno que era do curso de Física da Faculdade Nacional de Filosofia, seminário do Professor Gleb Wataghin, pai da Física Moderna no Brasil. Falava ele sobre progressos recentes da Física de que tivera conhecimento durante sua última viagem à Europa. Um deles era o das experiências de [Otto] Hahn e os resultados de [Lise] Meitner, cuja interpretação mais satisfatória levava à possibilidade de liberação em grande escala da energia localizada no núcleo atômico. Não foi surpresa, portanto, para mim e para a maioria dos físicos, apesar do segredo extremo com que daí por diante prosseguiram as pesquisas nesse campo, a explosão da primeira bomba atômica em 1945 e suas terríveis consequências.[15]

Em 1941, depois de quase 4 anos na universidade e três anos estudando física na FNFi, Tiomno recebeu seu diploma de bacharel em física. E, no ano seguinte, começou o curso de licenciatura em física, que o permitiria dar aula em escolas e universidades.

Entretanto, em agosto de 1942, após um ataque a cinco navios brasileiros no Atlântico e sob pressão dos Estados Unidos – que primeiro permaneceu neutro, mas entrou na Segunda Guerra Mundial em dezembro de 1941, após o ataque japonês à sua base naval de Pearl Harbor – o Brasil também declarou guerra às potências do Eixo. Tiomno, que já havia cumprido um ano de Tiro de Guerra aos 18 anos no serviço militar obrigatório, foi convocado para o esforço de guerra. Mesmo assim, ele conseguiu terminar a licenciatura e passou a lecionar numa escola de Ensino Médio como forma de aumentar seu salário. Além disso, ele continuou a ministrar aulas na Universidade do Brasil como assistente na cadeira de Física Geral e Experimental. Servindo como militar, ele estava dispensado de ir à universidade, mas não queria deixar Costa Ribeiro sozinho com as suas funções e continuou dando aulas, muitas vezes indo uniformizado diretamente do quartel para a universidade.

No exército, Tiomno trabalhou na área de radiocomunicação e, após dois anos como soldado, ingressou, em 1944, no Centro de Preparação de Oficiais da Reserva (CPOR). Ele não tinha intenção de seguir a carreira militar, mas era a única maneira de evitar continuar como soldado raso. Tiomno, contudo, não foi enviado para a Itália, permanecendo no Brasil.

Ao mesmo tempo, os professores italianos, incluindo Luigi Sobrero, tiveram que deixar o Brasil e voltar para a Itália, sendo classificados como "inimigo estrangeiro". Em uma carta a Tiomno, seu colega Leite Lopes expressou claramente a decepção com a partida de Sobrero:

> Infelizmente, [as notícias] não são boas. Tenho tristeza em lhe comunicar que o nosso prof. Sobrero está de partida marcada. Juntamente com ele, deverão ir os outros professores italianos. Procuramos, aqui, fazer o possível para [que] sobretudo o Sobrero não partisse. Mas, infelizmente, a nossa boa intenção e a boa vontade que ele teve para conosco não podem remover dificuldades que pertencem a uma outra esfera absolutamente impossível de ser atingida por nós outros. A situação é extremamente delicada e a única coisa que podemos fazer é exprimir ao Sobrero, e aos outros, a nossa tristeza e o nosso profundo reconhecimento pelo que fizeram em favor da cultura científica brasileira.[16]

Tiomno perdeu seu orientador e a chance de publicar seu primeiro artigo em um periódico internacional, que seria viabilizado através do Sobrero. Mas as sementes da física teórica já haviam sido plantadas em sua mente.

Outra consequência da suspensão das relações com a Itália foi que a Faculdade Nacional de Filosofia, que antes ocupava o edifício de um antigo colégio no Largo do Machado, foi transferida para a Casa d'Itália, antiga sede da embaixada italiana, que havia sido confiscada pelo governo brasileiro. No novo endereço, eles teriam muito mais espaço para montar os laboratórios.

Durante esse período, José Leite Lopes, que não foi convocado para o exército, terminou seu bacharelado em física no final de 1942 e foi para São Paulo, onde tornou-se auxiliar de ensino dos cursos ministrados por Gleb Wataghin e realizou um trabalho de pesquisa sob orientação de Mario Schenberg. No final de 1943, ele foi contemplado com uma bolsa do Departamento de Estado dos EUA (um programa de assistência instituído em troca do envolvimento brasileiro na guerra) e foi fazer seu doutorado na Universidade de Princeton. Lá, ele trabalhou inicialmente com Josef-Maria Jauch e depois com Wolfgang Pauli, por recomendação de Schenberg. Ambos eram físicos europeus que estavam no exílio nos Estados Unidos. Princeton estava quase vazia de jovens físicos americanos naquela época, uma vez que eles estavam envolvidos, principalmente, no esforço de guerra em outros lugares, mas Leite Lopes pôde interagir com alguns dos famosos físicos mais velhos, como Albert Einstein, Wolfgang Pauli e John von Neumann, todos refugiados dos governos fascistas na Europa. Ele terminou seu doutorado no início de 1946 e voltou ao Rio de Janeiro. Havia recebido um convite para permanecer nos Estados Unidos como assistente, mas Costa Ribeiro ofereceu que ele assumisse temporariamente a cátedra de Física Teórica e Avançada, vazia desde a partida de Sobrero, em 1943. Era uma oportunidade no Brasil que Leite Lopes não podia desperdiçar.

Com a rendição da Alemanha, em maio de 1945, e a conclusão de seu treinamento para oficial no CPOR, Tiomno pôde retomar o seu projeto e seguir uma carreira em física teórica e estava claro para ele que ir para São Paulo deveria ser o seu próximo passo.

Notas

1. A Universidade do Rio de Janeiro foi fundada em 7 de setembro de 1920.
2. A história da Universidade do Distrito Federal (UDF) é contada em Paim (1981).
3. Idem.
4. Tiomno (1977).
5. Idem.
6. Os desenvolvimentos paralelos da UB e da USP foram discutidos por Roberto A. Salmeron na palestra que proferiu ao receber o título de doutor *honoris causa* pela Universidade de Brasília, em 2005; Ver Salmeron (2013).
7. Tiomno (1977).
8. O curso de bacharelado em física levava três anos e compreendia as seguintes disciplinas: primeiro ano: cálculo I, geometria analítica e projetiva, física geral e experimental; segundo ano: cálculo II, geometria descritiva e tópicos relacionados, mecânica racional

(clássica), física geral e experimental II; terceiro ano: cálculo avançado, física avançada, física matemática, física teórica. Silva Filho (2013, p. 84).

9. Costa Ribeiro (1945).

10. Tolmasquim (2014), p. 155.

11. "Sobre um acelerador harmônico mecânico", comunicação feita à Academia Brasileira de Ciências em 1942.

12. Fornazier e Videira (2018); Tiomno (1977); e Bassalo e Freire (2003).

13. A comissão liderada por Compton incluía William P. Jesse, da Universidade de Chicago; Norman Hilberry e Ann Hepburn Hilberry, da Universidade de Nova York; Ernest O. Wollan e Donald Hughes, da Universidade de Chicago; e Paulus A. Pompéia, da Universidade de São Paulo. Silva Filho (2013), pp. 128-129.

14. Também deram palestras os seguintes cientistas: J. A. Ribeiro Saboya (Escola Politécnica de São Paulo); padre Francisco Xavier Roser (Colégio Anchieta e PUC-RJ); Adalberto Menezes de Oliveira (Escola Naval); Bernhard Gross (Instituto Nacional de Tecnologia); René Wurmser (Collège de France) e Joaquim da Costa Ribeiro (Faculdade Nacional de Filosofia da Universidade do Brasil). Silva Filho (2013), pp. 128-129.

15. Tiomno (1968).

16. José Leite Lopes para Jayme Tiomno, 8 de fevereiro de 1942; JT.

4

Um novo mundo de partículas subatômicas

O final do século XIX e início do XX foi um período de rápidas e importantes descobertas das partículas atômicas e subatômicas e das forças que agem sobre elas. Físicos na Europa, e mais tarde nos EUA e em outros lugares, ficaram entusiasmados com essas descobertas e trabalharam arduamente para tentar entender este recém-revelado mundo microscópico. Assim, a fim de acompanhar o trabalho em física que estava sendo desenvolvido na USP em meados do século XX, bem como os interesses e pesquisas de Jayme Tiomno, tanto em São Paulo como, posteriormente, em Princeton, será útil ter uma visão geral dos desenvolvimentos em curso, que o levaram à vanguarda da pesquisa física nesse período do fim dos anos 1940.

Dessa forma, descrevemos neste capítulo o desenvolvimento geral da física nuclear, começando no início do século XX. Isso levou ao que hoje é chamado de "Física de Altas Energias" (HEP na sigla em inglês) e ao estudo dos blocos fundamentais de constituição e das interações no mundo natural (física de partículas), culminando, no final da década de 1970, no Modelo Padrão da Física de Partículas (SMPP na sigla em inglês). Ele é considerado, pela maioria dos físicos, como um grande sucesso, embora não seja a etapa final no processo de compreensão do mundo microscópico. Aqueles que já estão familiarizados com esses desenvolvimentos, ou que estão menos interessados nos aspectos científicos da vida e da carreira de Jayme Tiomno, podem pular este capítulo sem perder a continuidade da história.

Em 1900, a ciência do movimento e das propriedades mecânicas da matéria (mecânica clássica) estava altamente desenvolvida e era considerada por muitos como a descrição final e exata desses fenômenos. Grandes progressos também tinham sido feitos na descrição de processos envolvendo calor (termodinâmica) e em eletromagnetismo (teoria de Maxwell) – que previu as ondas eletromagnéticas, inicialmente identificadas como luz, radiações ultravioleta e infravermelha, e ondas de rádio. A questão da existência de partículas menores (átomos, moléculas) como blocos de constituição da matéria permanecia em aberto, e muitos físicos (mas menos os químicos) ainda estavam céticos se as evidências eram suficientemente convincentes da existência de átomos e moléculas, apesar do sucesso da mecânica estatística, que era baseada na hipótese atômica.

Como começou a física nuclear

Próximo ao final do século XIX, vários desenvolvimentos importantes abriram novos campos de estudo em física fundamental. Entre eles, havia a identificação de Wilhelm Conrad Röntgen, em 1895, do que hoje são chamados "raios X" (uma forma energética de ondas eletromagnéticas); a descoberta de Henri Becquerel da radioatividade, em 1896; a descoberta do elétron por Joseph John Thomson e outros, em 1897;[1] e a descrição teórica da radiação térmica por Max Planck, em 1900. Essas descobertas, junto com o problema da emissão e absorção de ondas eletromagnéticas por corpos em movimento, revelaram fendas e lacunas na estrutura da física clássica e deixou claro que ainda havia muito para ser compreendido.

A física nuclear surgiu da descoberta de Becquerel do decaimento radioativo. Embora ele não tenha se aprofundado muito no assunto, pesquisadores mais jovens, incluindo Marie e Pierre Curie, na França, Ernest Rutherford e Frederick Soddy, na Inglaterra, Otto Hahn e Lise Meitner, na Alemanha, e Stefan Meyer, na Áustria, entre outros, continuaram investigando as formas e as propriedades dos decaimentos radioativos, abrindo a porta para um novo mundo de fenômenos microscópicos.

Logo foi percebido que os decaimentos obedeciam a uma lei: sua taxa diminuía exponencialmente com o tempo, levando à definição de uma constante de decaimento, que poderia variar num vasto domínio de tempo, desde as menores frações de segundo até milhões de anos. Os elementos que decaem radioativamente poderiam, portanto, ter "meia-vida curta", decaindo tão rápido que nunca seriam obtidos em quantidades maiores que as microscópicas; ou "meia-vida longa", de modo que quantidades consideráveis deles sobreviveram ao longo dos 4,5 bilhões de anos, desde a formação do Sistema Solar, e ainda são encontrados na natureza ("meia-vida" é o tempo necessário para a atividade de um elemento radioativo ser reduzida à metade da atividade inicial). Esses elementos radioativos de meia-vida longa, que ocorrem naturalmente, como o urânio e o tório (e o isótopo do potássio ^{40}K), foram os primeiros a serem extraídos e estudados.

Seus modos de decaimento foram classificados como "alfa", "beta" e "gama", de acordo com o poder de penetração das suas radiações. Decaimentos alfa, com as radiações menos penetrantes, foram encontrados pelo grupo de Rutherford ao emitir partículas microscópicas – as "partículas alfa" – que logo foram identificadas como o principal constituinte do gás raro hélio (núcleos de hélio). Os decaimentos beta, da mesma forma, emitem partículas, as "partículas beta", consideradas simplesmente elétrons de alta energia. E decaimentos gama foram determinados ao serem acompanhados por ondas eletromagnéticas muito energéticas (raios gama), semelhantes aos raios X, mas de energias ainda maiores.

Em 1911, Rutherford, com seus assistentes Hans Geiger e Ernest Marsden, também descobriu o núcleo atômico, ao fazer com que partículas energéticas alfa passassem por uma fina folha de metal e estudar sua dispersão pelo material da folha. Se a matéria na folha fosse distribuída de forma contínua – como uma "geleia" massiva carregada positivamente, constituindo uma estrutura de fundo para elétrons puntiformes carregados negativamente (Modelo Jellium) – as partículas alfa passariam pela folha quase sem deflexão. Em vez disso, os experimentos mostraram que, embora a maioria delas passasse através das folhas com espalhamento mínimo, algumas poucas eram desviadas para grandes ângulos, de até 180°, com seu número diminuindo acentuadamente com o aumento do ângulo de espalhamento (Fig. 4.1).

Rutherford foi capaz de mostrar que isso era exatamente o que se esperava do espalhamento por cargas puntiformes positivas fixas (espalhamento de Coulomb). Essas "cargas puntiformes" deveriam conter toda a carga positiva e a maior parte da massa dos átomos na folha. Variando o material das folhas (ouro, prata, cobre etc.), ele pôde mostrar que a carga elétrica nesses "núcleos atômicos" puntiformes correspondia simplesmente ao número de ordem do elemento correspondente na Tabela Periódica. E, examinando os pequenos desvios do espalhamento puro de Coulomb observados nos grandes ângulos, ele poderia estimar o tamanho dos núcleos (cerca de 100.000 vezes menores do que os próprios átomos), e inferiu que, além da força elétrica repulsiva (força de Coulomb), deveria haver uma força ainda mais forte agindo entre as partículas alfa e os núcleos, de alcance muito curto: a força de ligação nuclear (hoje atribuída à interação forte). Esses experimentos simples revelaram, então, todo um novo mundo microscópico dentro da matéria comum, e levou ao novo campo da física nuclear, bem como ao desenvolvimento do modelo atômico de Bohr (e posteriormente à mecânica quântica moderna).

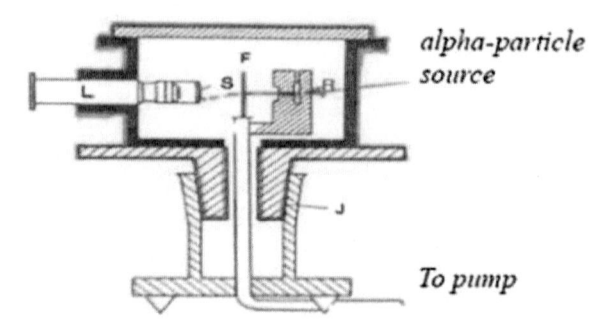

Fig. 4.1 Aparato usado por Rutherford, Geiger e Marsden. L é um pequeno microscópio usado para observar a tela fluorescente S, que produz flashes quando atingida pelas partículas alfa. As partículas saem da fonte R (para "radium"), colimadas através de um fino buraco no bloco de chumbo e passam através da folha F, onde algumas são espalhadas. A parte superior pode ser girada em torno da junta de vidro J para variar o ângulo de observação. É produzido vácuo na câmara para evitar espalhamento pelo ar. Acervo privado WDB.

Mais e mais partículas ...

Inicialmente, eram conhecidas duas partículas, então chamadas de "elementares": o leve elétron, carregado negativamente, e o muito mais pesado próton. O núcleo do átomo mais simples – o hidrogênio – tem a carga positiva precisamente igual em magnitude (mas de sinal oposto) à carga do elétron. O próton hoje não é mais considerado uma partícula elementar, é uma partícula composta, contendo outras partículas ainda menores, os quarks (férmions, matéria básica das partículas) e os glúons (bósons, as partículas mensageiras da interação forte). O significado desses termos será explicado mais adiante.

Os núcleos dos átomos mais pesados foram, portanto, inicialmente pensados como contendo um número A de prótons (A é o número da massa nuclear, o número de partículas com massa dentro do núcleo), e um número A – Z de elétrons (Z é o número de cargas elementares no núcleo, igual ao número de ordem do elemento). A massa do núcleo, proporcional a A, seria, portanto, essencialmente devida aos prótons, e sua carga elétrica positiva seria devido ao excesso de prótons em relação aos elétrons no núcleo. Assim, a ideia de que um núcleo radioativo poderia sofrer decaimento beta e emitir um elétron energético poderia ser facilmente compreendida.

No entanto, esse modelo simples foi contraposto pela mecânica quântica na década de 1920. Foi descoberto que é impossível confinar elétrons em um volume tão pequeno como o de um núcleo atômico. As relações de incerteza de Heisenberg exigem que a posição e o momento (velocidade multiplicada pela massa) de uma partícula quântica não possam ser fixados simultaneamente. Permanece uma incerteza finita, e o produto das incertezas na posição e no momento não pode ser menor do que a constante característica da física quântica, a constante de Planck h (um número muito pequeno em termos cotidianos).

Confinar um elétron dentro de um núcleo fixaria sua posição numa medida tão exata, que a incerteza de seu momento (e, portanto, seu momento médio) deveria se tornar muito grande, de forma a satisfazer a relação de incerteza. E isso significaria, devido à pequena massa dos elétrons, que nosso elétron deveria ter uma velocidade enorme e não poderia ser confinado dentro do núcleo – o que é uma contradição lógica.

Esse fenômeno – um aumento na energia cinética quando uma partícula é confinada numa pequena região do espaço – é um efeito geral da mecânica quântica, conhecido como "energia de deslocalização". Ele desempenha um papel na ligação dos elétrons nos átomos (determinando o tamanho da menor "órbita" estável) e na ligação de átomos para formar um metal (elétrons deslocalizados; gás de elétrons quase livres). Ele também desempenha um papel na determinação da massa observada de partículas complexas compostas como prótons, que é determinada pelo equilíbrio entre a energia de deslocalização e a energia de separação das partículas de sua matéria constituinte, os quarks.

Assim, os núcleos dos elementos mais pesados deveriam conter alguma outra partícula – tão pesada quanto o próton, mas sem carga elétrica. Os então chamados nêutrons foram descobertos em reações nucleares por Frédéric e Irène Joliot-Curie, em Paris, e por James Chadwick, na Inglaterra, em 1932. O experimento conclusivo de Chadwick levou-o a receber o prêmio Nobel de física de 1935 pela descoberta do nêutron.

Nesse ínterim, medições dos decaimentos beta expuseram outro quebra-cabeça. Enquanto as radiações dos decaimentos alfa e gama exibem "espectros de linhas" (ou seja, as radiações emitidas têm energias discretas e bem definidas, que podem ser associadas com a diferença de energia entre o núcleo pai e o núcleo filho, confirmando a conservação de energia no decaimento), em contraste, o espectro de energia dos elétrons emitidos de decaimentos beta é contínuo. Assim, um pequeno número de elétrons é emitido em energias muito baixas, aumentando para um máximo no meio do espectro, e diminuindo novamente, caindo para zero na "energia do ponto final" do espectro (que é uma constante para um decaimento beta particular, e, de fato, corresponde à diferença de energia entre o núcleo pai e núcleo filho no decaimento).

Mas, por que a maioria dos elétrons emitidos têm menos energia? Devemos duvidar do princípio fundamental de conservação de energia para o processo especial de decaimento beta? Mesmo Bohr se fez essa pergunta.

Os decaimentos beta

Uma medida precisa dos momentos de todos os corpos envolvidos no decaimento (núcleo pai, núcleo filho, elétron emitido) pode dar a resposta, que foi antecipada pelo teórico Wolfgang Pauli em 1930: há uma quarta partícula envolvida no decaimento beta, chamada de neutrino, de massa muito baixa (originalmente pensava-se ser zero) e sem carga elétrica. Ele interage muito fracamente com a matéria e, portanto, é extremamente difícil de ser detectado (exigindo detectores enormes com toneladas de material "absorvente"). O decaimento beta é, portanto, um "processo de quatro corpos", e seu protótipo é o decaimento do nêutron livre.[2]

$$n \rightarrow p^{(+)} + e^{(-)} + \nu_e \tag{1}$$

Aqui, n representa um nêutron, p um próton (com sua carga positiva como expoente entre parênteses), e um elétron (negativo) e ν_e um (anti)-neutrino. A carga elétrica, bem como a massa e a energia são conservadas nesse processo. O excesso de energia (pequena diferença de massa) entre o nêutron e o próton é compartilhado estatisticamente entre o elétron e o neutrino (ambos denominados "partículas leves" ou léptons), dando origem à forma contínua e estatística, observada apenas nos espectros de energia dos elétrons. O neutrino não é diretamente observável na maioria dos experimentos (Fig. 4.2).

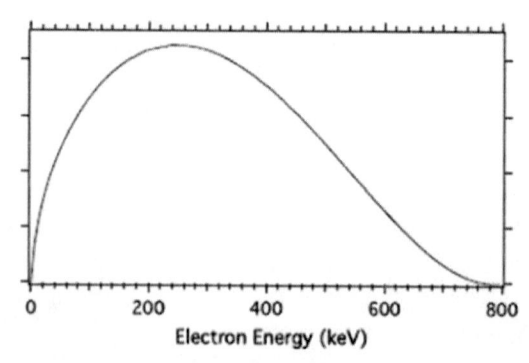

Fig. 4.2 Espectro do decaimento beta de nêutrons livres. Número de partículas beta (elétrons) emitidas em relação a suas energias. A "energia do ponto final" Q é 782 KeV. Fonte: Nico (2009). Usado com permissão do autor e do editor (J. Phys. G, IOP Press).

Quando vinculado a um núcleo, no "poço potencial" criado pela força de ligação nuclear forte, o nêutron é estável por longos períodos de tempo ou mesmo indefinidamente. Fora de um núcleo, como uma partícula livre, sofre o decaimento acima com um tempo médio de 882 s (pouco menos de 15 minutos). Se um núcleo tem um excesso de nêutrons, ele pode reduzir sua energia total através do decaimento nuclear beta, convertendo um de seus nêutrons em um próton (e assim aumentando sua carga nuclear Z em uma unidade, de modo que o núcleo filho é um elemento mais alto na Tabela Periódica). Tal núcleo será, portanto, instável através do decaimento beta (ou seja, é beta-radioativo) e irá decair com uma constante de tempo, dependendo de quanto excesso de energia ele possui.

Algumas outras descobertas importantes foram feitas no início dos anos 1930. A teoria dos elétrons relativísticos de Paul Adrien Maurice Dirac, em 1928, produz uma equação com quatro componentes em sua solução. Inicialmente, sua interpretação era pouco clara, mas logo ficou evidente que eles representam dois pares de soluções, cada par referindo-se às duas orientações possíveis ("para cima" e "para baixo") do "spin" ou momento angular intrínseco dos elétrons. Partículas subatômicas se comportam como minúsculos giroscópios, como se girassem em torno de seus próprios eixos, mantendo um momento angular como o de um pião. Contudo, ao contrário de um pião, seu momento angular é "quantizado", ou seja, pode assumir apenas certos valores, múltiplos da constante $h/2\pi$ (onde h é novamente a constante de Planck). As partículas com múltiplos de metade dos inteiros de $h/2\pi$ ("spin ½, ³⁄₂, ...") são referidos como "férmions" por razões históricas; e as partículas com múltiplos inteiros ("spin 0, 1, ...") são chamadas de "bósons". Os elétrons são férmions de spin ½. Isso está associado a um momento magnético, portanto, as partículas também se comportam como miniaturas de ímãs.

Essas propriedades foram observadas em vários resultados experimentais (efeito Zeeman, efeito Einstein-de Haas, experimento Stern-Gerlach) entre 1900 e 1922, mas não foram compreendidos até 1925, quando George Eugene Uhlenbeck e Samuel Goudsmit propuseram a ideia do spin, posteriormente tratada fenomenologicamente por Pauli e encontrada diretamente em sua teoria por Dirac. Os núcleons ou partículas pesadas – os prótons e nêutrons – também são férmions, e seus momentos angulares estão acoplados juntos dentro de um núcleo atômico (acoplamento de vetor), resultando em um spin nuclear geral I que pode ser medido [por exemplo, em espectros atômicos de alta resolução, por experimentos de feixe atômico (método de Rabi), ou por métodos de ressonância magnética nuclear].

O outro par de soluções da equação de Dirac tem energia negativa e pode ser interpretado como correspondendo ao *antielétron*, ou pósitron. As antipartículas têm as mesmas massas, mas cargas elétricas opostas às das partículas correspondentes. Quando uma partícula e sua antipartícula se encontram, elas se auto "aniquilam", liberando energia (a energia de suas massas de repouso) na forma de raios gama. Pares de partícula-antipartícula também podem ser produzidos por raios gama de energia suficiente passando por um forte campo de Coulomb (por exemplo, próximo a um núcleo atômico). O pósitron foi detectado em traços de raio cósmico produzido em câmara de nuvem (ou câmara de Wilson) em 1932 por C.D. Anderson. Um pósitron pode ser emitido a partir de um núcleo energético de forma análoga ao decaimento beta usual:

$$p^{(+)} \rightarrow n + e^{(+)} + \nu_e \tag{2}$$

Tais decaimentos de pósitrons podem ocorrer apenas se o núcleo pai (núcleo rico em prótons) tem suficiente excesso de energia. Esses núcleos não ocorrem nas cadeias de decaimento naturais (U, Th), mas podem ser produzidos por reações nucleares, por exemplo, em um ciclotron ou por reações de raios cósmicos. Uma vez que a massa do nêutron é maior do que a do próton em cerca de 2,6 massas do elétron, um excesso de energia equivalente a quase 4 massas de elétrons deve estar disponível no lado esquerdo da reação (2) para permitir que ele ocorra.

Um terceiro tipo de decaimento beta pode ocorrer como o reverso da reação (1). Os elétrons internos em átomos médios para pesados gastam um tempo considerável passando através do núcleo atômico. Lá, eles podem interagir com os prótons presentes no núcleo, de acordo com o seguinte esquema de reação:

$$p^{(+)} + e^{(-)} \rightarrow n + \nu_e \tag{3}$$

Este decaimento de "captura de elétrons" requer menos energia adicional (o equivalente a cerca de 2 massas do elétron) do que o decaimento de pósitrons, uma vez que um elétron é adicionado ao núcleo em vez de ser criado. Se o excesso de energia do núcleo pai for suficiente, ambas (2) e (3) podem ocorrer com diferentes probabilidades dos mesmos núcleos pai. O isótopo de longa vida que ocorre naturalmente ^{40}K é um exemplo de outra combinação possível, exibindo ambos os modos de decaimento (1) e (3).

Uma "força de ligação nuclear"

Por volta de 1935, havia dados consideráveis sobre núcleos atômicos (massas, cargas; modos de decaimento e tempos de meia-vida dos núcleos radioativos; spins nucleares e momentos magnéticos; espectros de raios gama), mas a natureza da força de ligação nuclear que mantém os núcleons dentro do núcleo ainda não estava clara. Sua alta força e curto alcance puderam ser estimados a partir de experimentos de espalhamento, mas não era possível descrevê-los através de um potencial, como pode ser feito para a força de Coulomb que liga os elétrons dentro dos átomos. E não havia uma descrição coerente dos níveis de energia que poderiam ser ocupados pelos núcleons dentro do núcleo (observáveis em seus espectros de raios gama).

Em analogia à interação eletromagnética, presumivelmente mediada pela troca de "partículas mensageiras" – os fótons (quanta ou partículas associadas à radiação eletromagnética), foi postulado pelo teórico japonês Hideki Yukawa, em 1935, que os núcleons eram ligados por um potencial efetivo devido à troca de uma partícula hipotética, o méson π (agora frequentemente chamado simplesmente de píon). Uma vez que a força de ligação nuclear atua entre partículas de carga igual ou diferente (p-p, n-n, n-p), poder-se-ia esperar que os mésons π existissem como partículas carregadas ou neutras. O curto alcance da força nuclear dá uma estimativa de sua massa. (O fóton, ao contrário, é neutro e sem massa, uma vez que a interação eletromagnética tem um alcance infinito e conecta apenas partículas carregadas). E o méson π, assim como o fóton, deveria ser um bóson (de spin 0 ou 1).

As energias alcançáveis pelos cíclotrons, na década de 1930, não eram suficientemente grandes para produzir artificialmente os postulados mésons π. Portanto, eles eram procurados como produtos dos raios cósmicos, cujas radiações primárias (principalmente prótons) atingem a atmosfera superior da Terra com energias muito altas e lá podem interagir com núcleos de átomos e moléculas no ar. Detectores (emulsões de filme ou contadores Geiger) foram transportados para grandes altitudes no topo das montanhas ou por balões (e depois por foguetes). Os campos magnéticos e as placas absorventes foram usados para distinguir os diferentes tipos de partículas que deixaram seus rastros nas emulsões. Em 1935, Anderson e Neddermeyer detectaram partículas carregadas negativamente, de massa intermediária, em rastros de raios cósmicos através de experimentos em câmara de nuvem, chamando-os de mésotrons. Eles foram inicialmente pensados como sendo os mésons π de Yukawa, mas eles provaram não interagir fortemente com os núcleos, como o píon deveria fazer. Isso levou à famosa observação de Isidor Rabi: "Quem pediu isso?"

Essas partículas foram posteriormente renomeadas como mésons μ e agora são chamadas de múons (μ^-). Sua antipartícula correspondente tem a mesma massa, mas carga positiva (μ^+). Eles são partículas de spin -½, com massa cerca de 207 vezes maior do que a do elétron ("elétrons pesados"), e agora são classificados como léptons. Eles decaem com tempo de vida de 2,2 μs (2,2 milionésimos de segundo) em elétrons e neutrinos: $\mu^\pm \to e^\pm + \mu_0 + \nu$, onde ν é um neutrino comum (elétron) ou antineutrino (agora denotado como ν_e), e μ_0 é um "neutrino múon" (ou antineutrino), como foi descoberto mais tarde (agora denotado por ν_μ). Múons podem ser capturados nos átomos, substituindo um elétron em uma órbita interna muito perto do núcleo (devido à sua grande massa). Eles também podem ser capturados no núcleo, analogamente à captura de elétrons.

Os píons foram finalmente detectados em observações de raios cósmicos em altas altitudes, analisadas em 1947 na Grã-Bretanha por Cecil Powell, pelo brasileiro César Lattes, e o italiano Giuseppe Occhialini, e verificado em 1948 por Lattes no cíclotron de 184" em Berkeley, onde foram produzidos artificialmente. Eles agora são classificados como mésons. Muitos outros mésons foram descobertos ao longo do tempo. Eles não são partículas elementares, como se pensava originalmente, mas, em vez disso, são partículas compostas como os núcleons, tendo dois quarks de valência (pares quark-antiquark). (Os núcleons mais pesados têm três quarks de valência). Nos anos seguintes, os modos de decaimento do píon foram estudados intensamente. Há, além de píons negativos π^- e suas antipartículas positivas π^+, também píons neutros π^0, como previsto por Yukawa. Todos eles têm tempos de meia-vida de decaimento muito mais curtos que os múons, que são os principais produtos dos decaimentos de $\pi^\pm$:

$$\pi^\pm \to \mu^\pm + \nu_\mu \qquad\qquad (4)$$

com um tempo de meia-vida de decaimento de apenas 26 ns (26 mil milionésimos de segundo). Um decaimento direto produzindo elétrons ($\pi^\pm \to e^\pm + \nu_e$) também é possível, mas é extremamente raro, ocorrendo em cerca de apenas 0,01% dos decaimentos de píons, como foi encontrado em observações de emulsão por Elisa Frota-Pessôa e Neusa Margem[3], e posteriormente medido com precisão no CERN.[4] Os píons carregados também podem decair em píons neutros, elétrons e neutrinos de elétrons. O próprio píon neutro decai ainda mais rápido, emitindo dois raios gama (ou, mais raramente, raios gama e pares de elétron-pósitron ou apenas pares de elétron-pósitron). O tempo de vida do decaimento para o modo mais comum é de apenas 84 as (84 milhões--milhões-milionésimos de segundo).

Em 1948, nenhum desses detalhes era conhecido, mas o principal modo de decaimento dos píons carregados, reação (4), já estava claro. O interesse de Jayme Tiomno no decaimento e no subsequente múon foi provocado por essas descobertas, e foi compartilhado por seu primeiro orientador em Princeton, John A. Wheeler.

A interação fraca, que intermedia decaimentos nucleares beta, bem como o decaimento de nêutrons, de múons e de píons carregados, foi descrito teoricamente pela primeira vez por Enrico Fermi em 1933/1934. Sua descrição era destinada na época ao decaimento beta "normal" [reação (1)]. Ele formulou uma interação de quatro férmions como uma interação de contato entre correntes vetoriais (correntes de núcleon e lépton). A generalização para outras categorias de operadores, assim como de uma interação universal para todos os processos fracos, foi uma tarefa importante realizada na década de 1950, na qual Jayme Tiomno teve um papel significativo (embora frequentemente não reconhecido).

Assim, as quatro interações fundamentais conhecidas hoje são a interação eletromagnética EI (teoria de Maxwell; eletrodinâmica quântica); a interação forte SI (força de ligação nuclear; cromodinâmica quântica); a interação fraca WI (decaimentos nucleares beta etc.); e a interação gravitacional (relatividade geral, RG).

O mundo quântico

Vários resultados experimentais intrigantes, inexplicáveis pela teoria clássica, tinham surgido no final do século XIX. Um deles foi o espectro da luz emitida por objetos quentes e brilhantes: radiação térmica ou de "corpo negro". Ela havia sido estudada cuidadosamente, especialmente desde a invenção das lâmpadas incandescentes, com sua considerável importância econômica e industrial. A radiação térmica é emitida como um espectro contínuo; na extremidade da baixa frequência (vermelho) sua intensidade aumenta de acordo com o quadrado da frequência da luz, em seguida, passa por um máximo (no espectro do Sol, o máximo está no verde, onde o olho humano também tem sua maior sensibilidade), finalmente diminuindo exponencialmente em direção às frequências mais altas (a extremidade azul do espectro). O comportamento em baixas frequências (lei de Rayleigh-Jeans) e em altas frequências (lei de Wien) pode ser entendido classicamente, mas a forma da curva entre eles não podia ser explicada. Max Planck conseguiu derivá-la, em 1900, inicialmente por um cuidadoso procedimento de interpolação, e depois a partir de uma derivação complicada com base na entropia. Para esta última, ele teve que assumir que a radiação poderia ser emitida apenas em pequenos "pacotes de energia", que ele chamou de "quanta", e cada um com uma energia $E = h\nu$, onde ν é a frequência da radiação (luz), e h é uma constante da natureza, atualmente chamada de constante de Planck. Ele considerou esses "quanta" simplesmente como um dispositivo matemático, não refletindo verdadeiramente um fenômeno físico.

Um segundo experimento não explicado foi o efeito fotoelétrico, detectado por Heinrich Hertz, em 1886, durante seus experimentos com ondas eletromagnéticas. Neste efeito, a luz incidindo sobre um objeto sólido (por exemplo, uma placa de metal) libera cargas elétricas (elétrons) do objeto. Isso foi estudado com algum detalhe por Wilhelm Hallwachs, assistente de Hertz, que descobriu que o número de elétrons liberado é proporcional à intensidade da luz, como se poderia esperar, mas sua energia é determinada apenas pela frequência da luz, e é dado pela fórmula simples $E_e = h\nu - \phi$, onde ν é, novamente, a frequência da radiação (luz) e ϕ, chamada de "função de trabalho", depende do material do objeto. Essa relação foi explicada por Albert Einstein, em 1905, com sua hipótese quântica, que enfatizava a realidade dos quanta de luz de Planck. A luz atua como "partículas" de energia $h\nu$, as quais podem liberar apenas um elétron do objeto. Einstein recebeu o prêmio Nobel de física em 1921 por esse trabalho.

O princípio da quantização foi posteriormente aplicado por Niels Bohr em seu bem-sucedido modelo do átomo de hidrogênio, baseado no modelo nuclear de Rutherford do átomo. Na década de 1920, uma teoria mais quantitativa, agora chamada de mecânica quântica, foi desenvolvida por Werner Heisenberg, Erwin Schrödinger, Max Born e outros. Posteriormente, ela foi generalizada para o caso relativístico por P.A.M. Dirac, e aplicada a campos eletromagnéticos (eletrodinâmica quântica, QED). Um grande problema não resolvido da física fundamental é a combinação da teoria quântica com a teoria gravitacional introduzida por Einstein em sua relatividade geral (1915); essa "teoria unificada" é, muitas vezes, referida como gravidade quântica. O próprio Einstein trabalhou sem sucesso nos últimos 30 anos de sua vida tentando resolver o problema da unificação, o qual tornou-se um campo ativo na segunda metade do século 20, continuando até hoje.

Como vimos anteriormente, a interação fraca, que intermedia decaimentos nucleares beta, bem como o decaimento de nêutrons, múons e píons carregados, foi descrito teoricamente pela primeira vez por Enrico Fermi em 1933/1934. Ele formulou sua interação de quatro férmions como uma interação de contato (ocorrendo em um ponto do espaço-tempo) entre as correntes vetoriais (correntes de núcleon e lépton), em analogia à interação eletromagnética entre uma corrente vetorial de carga elétrica de partículas carregadas e o potencial vetorial do campo eletromagnético.

A interação corrente-corrente de quatro partículas de Fermi

Fermi modelou sua visão do decaimento beta na descrição eletrodinâmica quântica (QED) da interação eletromagnética. Campos eletromagnéticos (e, portanto, fótons) são criados por cargas elétricas aceleradas (ou seja, cargas que estão mudando suas velocidades ou direções), como era conhecido desde a teoria clássica de Maxwell (1865). Na descrição da QED, o operador para a energia da interação é o produto de dois vetores, o vetor carga-corrente e o vetor potencial do campo eletromagnético. Eles contêm operadores no espaço-tempo quadridimensional (operadores de Dirac), que podem ser expressos em termos das quatro matrizes de Dirac $\gamma_1 ... \gamma_4$ (os índices são frequentemente indicados de $0... 3$ nas notações mais modernas).

Os diagramas a seguir representam as interações correspondentes nos casos do eletromagnetismo e da interação fraca (aqui o decaimento de nêutrons). Em tais diagramas, o tempo aumenta verticalmente de baixo para cima. Um vértice, onde as linhas do tempo de diferentes objetos quânticos se encontram, representa o ponto do espaço-tempo onde ocorre a interação. Na interação eletromagnética, à esquerda, uma partícula carregada (aqui um próton) é acelerada no vértice e emite um fóton (γ). Na interação fraca, à direita, um nêutron decai no vértice, tornando-se um próton e emitindo um elétron e um antineutrino (do elétron) ao mesmo tempo (Fig. 4.3).

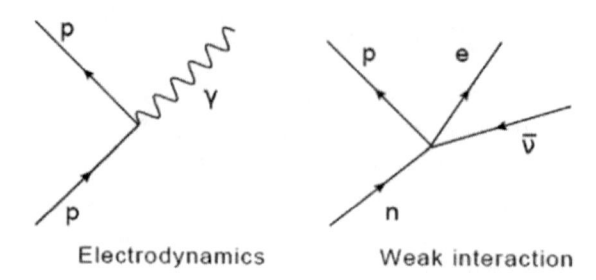

Electrodynamics   Weak interaction

Fig. 4.3 Diagramas representando, à esquerda, a interação eletromagnética (emissão de um *quantum* de luz (um fóton) por um próton acelerado); e, à direita, a interação fraca (decaimento de nêutrons, onde o nêutron é transformado em um próton, emitindo um elétron e um antineutrino do elétron). Fonte: Rajasekaran (2014). Usado com permissão do autor.

    Este último processo também é descrito como o produto de dois operadores vetoriais, um representando a corrente do núcleon (mais geralmente uma corrente de hádron, onde "hádron" é o nome genérico para partículas que participam da interação forte; ou, em termos modernos (modelo padrão), uma corrente de *quark*). O outro operador de corrente representa a corrente lépton (léptons – ou partículas leves – incluem o elétron e seu neutrino, o múon e seu neutrino e, no modelo padrão, também a partícula tau e seu neutrino, bem como suas antipartículas). No caso do decaimento de nêutrons, a corrente de hádron conecta o nêutron e o próton, enquanto a corrente de lépton conecta o elétron e um elétron-antineutrino.[5]

    Os operadores de correntes podem assumir uma das cinco formas possíveis ou, ranqueadas e classificadas por suas propriedades de simetria, e ainda ser compatíveis com a invariância de Lorentz (ou seja, obedecer à relatividade restrita). Fermi assumiu que eles eram operadores vetoriais (V), em analogia à interação eletromagnética. Os vetores representam quantidades que têm tanto uma magnitude como uma direção no espaço, como uma velocidade ou um campo elétrico. Quantidades vetoriais mudam seus sinais quando vão de um sistema de coordenadas da direita para um sistema de coordenadas da esquerda[6] (inversão espacial). Uma quantidade correspondente que não muda seu sinal na inversão espacial é chamada de vetor axial (A). Os exemplos são o spin (ou seja, momento angular) ou um campo magnético. Além disso, em geral, também podem ocorrer operadores escalares (S); que representam quantidades que têm apenas uma magnitude, mas nenhuma direção (como massa ou carga elétrica), e que não mudam sob inversão espacial. As quantidades correspondentes que mudam seus sinais na inversão espacial são chamadas pseudoescalares (P) (por exemplo, uma carga magnética ou monopolo, cuja existência na natureza é incerta). Finalmente, os operadores tensoriais (T), com uma simetria mais complicada, também são permitidos pela invariância de Lorentz. Assim, em uma formulação geral da interação fraca, seria necessário primeiro considerar todos os cinco tipos de operadores: S, V, T, A e P. A teoria deve então ser escolhida de modo a reproduzir todas as propriedades observáveis conhecidas dos processos fracos (taxas de decaimento e de reação, formas do espectro, correlações direcionais e de spin, etc.).

As operações de simetria são mudanças no espaço e no tempo e em outras condições básicas de um sistema, que deixam sua descrição física inalterada, ou invariante. Por exemplo, translações (deslocamentos lineares) ou rotações no espaço não devem alterar a descrição física de um sistema, uma vez que se presume que o espaço é homogêneo (invariante translacionalmente) e isotrópico (invariante rotacionalmente). Os sistemas físicos também são considerados "invariantes" sob tais alterações.

Associadas às invariâncias estão as leis de conservação, conforme provado pelo matemático Emmy Noether em 1915-1918 (Teorema de Noether). A invariância translacional corresponde à conservação do momento linear, e a invariância rotacional à conservação do momento angular. Observe que translação (deslocamentos lineares) e rotação são simetrias contínuas – eles podem ser executados continuamente, em uma série de pequenos passos infinitesimais. Algumas operações de simetria são, no entanto, discretas – uma proposição sim-não. Por exemplo, um sistema de coordenadas pode ser esquerdo ou direito, mas nada no meio. O tempo pode prosseguir "para a frente" ou "para trás", sem outras possibilidades. Um grupo de objetos quânticos pode ser partículas ou antipartículas, mas não algo intermediário. Algumas "simetrias discretas" importantes são a invariância sob a imagem espelhada do espaço (inversão espacial), associada com a conservação da paridade, P, sob reversão de tempo (invariância da reversão do tempo, T);[7] e sob troca partícula-antipartícula (invariância de conjugação de carga, C).

Essas três operações de simetria, P, T e C, obedecem a um teorema muito geral, conhecido como teorema CPT, que foi provado por Wolfgang Pauli (1955) e independentemente por Gerhart Lüders (1954). Ele é baseado no próprio princípio geral da invariância de Lorentz, ou seja, que os sistemas físicos devem obedecer à relatividade restrita, bem como à localidade e à causalidade, e afirma que todos os processos e leis físicas são invariantes sob a operação combinada C, P, T [ou seja, todas as partículas são convertidas em suas antipartículas (e vice-versa); espaço é invertido (direita torna-se esquerda e vice-versa); e a direção do tempo (de todos os processos que envolvem o tempo) é invertida]. Simetrias individuais podem ser violadas, mas a combinação de todas as três deve ser obedecida por todas as interações e leis físicas. Por exemplo, as interações fracas foram consideradas que violavam a conservação de paridade, P. Entretanto, elas também violam a invariância de conservação de carga, C, de modo que as duas violações tomadas em conjunto se cancelam e a invariância do CPT é mantida.

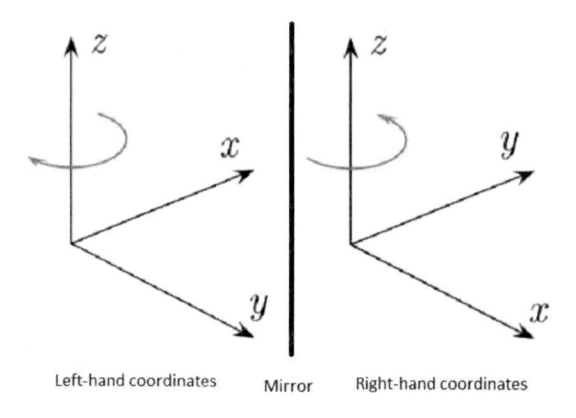

Left-hand coordinates   Mirror   Right-hand coordinates

Fig. 4.4 Reflexão por um espelho de um sistema de coordenadas esquerdo, produzindo um sistema de coordenadas direito. Isso é equivalente à inversão espacial, e o comportamento de um objeto físico sob tal transformação determina sua *paridade*. Fonte: Wikimedia. Usado sob licença Creative Commons. Disponível em: https: //commons.wikimedia.org/wiki/File: Cartesian_coordinate_system_handedness.svg (arquivo modificado)]

[Observe que um "P" maiúsculo é usado para duas quantidades diferentes na teoria das interações fracas – por um lado, ele se refere a um operador pseudoescalar na interação corrente-corrente, uma das cinco categorias de operadores que são permitidas. Por outro lado, também representa a operação de paridade, ou seja, a simetria de uma quantidade ou interação física sob inversão espacial, uma das simetrias discretas. Esses dois significados não devem ser confundidos; geralmente são distinguíveis no contexto].

A transformação da paridade está intimamente relacionada à "helicidade". Muitos objetos no mundo exibem uma "lateralidade", por exemplo, parafuso para a direita e para a esquerda, luz polarizada circularmente (esquerda ou direita), ou rotação de luz polarizada por moléculas para a esquerda e para a direita (açúcares, aminoácidos). Helicidade é uma propriedade intrínseca, e uma invariante relativística de partículas sem massa, como os fótons.[7] Uma propriedade relacionada, que também se aplica a partículas elementares com massa, é sua quiralidade (da palavra grega para "mão"). Jayme Tiomno encontrou um operador quântico-mecânico para a quiralidade (chamando-o de reversão de massa) em seu trabalho de tese.[8] A simetria quiral é um possível ponto de partida para a discussão da descrição apropriada das interações fracas e é uma propriedade fundamental da natureza.

Notas

1. Essas três descobertas estão relacionadas de uma forma inusitada. Röntgen descobriu os raios-X (ainda chamados de *Röntgenstrahlung* em alemão) usando um tubo de Crookes – um tubo de vidro com vácuo e, dentro, dois eletrodos de metal. Aplicando uma tensão entre os eletrodos, são produzidos raios catódicos, emitidos do eletrodo negativo (catodo) para serem acelerados em direção ao eletrodo positivo (anodo). Se eles atingirem as paredes de vidro do tubo, uma luz fluorescente esverdeada é emitida. O matemático e cientista francês Henri Poincaré teorizou que essa fluorescência era a origem dos raios-X e deu início a uma série de experimentos com materiais fluorescentes para confirmar. Seu colega Becquerel sabia que certos minerais (contendo urânio ou tório) também eram fluorescentes e realizou seus próprios experimentos com pedaços de tais minerais presos a uma placa fotográfica embrulhada em papel preto (para evitar que fosse exposta à luz normal). No entanto, ele confundiu fluorescência com fosforescência, na qual a energia da luz (por exemplo a luz solar) é "armazenada" em um material e emitida lentamente como luz fosforescente. Ele acreditava que os minerais deveriam ser expostos à luz solar para produzir os raios. Seu primeiro experimento deu um resultado positivo (uma sombra na chapa fotográfica após a revelação), ele tentou repetir o resultado, mas o tempo estava nublado e não havia luz solar; então, ele colocou o pacote de placa fotográfica-mineral em uma gaveta. Alguns dias depois, ele revelou a placa, "apenas por curiosidade", e encontrou uma sombra mais escura do que a do seu primeiro experimento (que esteve em contato com a placa por mais tempo). Ele concluiu, assim, que a radiação era intrínseca aos minerais, e denominou o fenômeno de "radioatividade". Enquanto isso, o físico inglês J. J. Thompson identificou os raios catódicos como uma corrente de partículas que carregam uma carga elétrica negativa e as chamou de "elétrons". Percebeu-se, mais tarde, que ela era um componente das radiações radioativas – os raios beta. Assim, novas e fundamentais descobertas foram feitas por três cientistas em três países diferentes num período de dois anos, por meio de uma teoria incorreta (de Poincaré). Essa história é contada por Abraham Pais em uma entrevista, onde ele atribui o seu interesse pela história da ciência ao ter ouvido sobre isso. Ver Pais (1974).

2. Nico (2009).

3. Frota-Pessôa e Margem (1950). Posteriormente, Neusa Margem passou a ser conhecida pelo seu nome de casada, Neusa Amato.

4. Fazzini *et al.* (1958).

5. Para mais detalhes, ver, por exemplo, Rajasekaran (2014) e Wu (1964), ou o ensaio de Sudarshan e Marshak, *Chirality Invariance and the Universal V–A Theory of Weak Interactions*, em MacDowell *et al.* (1991), e em outros capítulos deste livro.

6. Um sistema de coordenadas para a direita pode ser representado pelos primeiros dois dedos e o polegar da mão direita estendidos mutuamente, perpendiculares uns aos outros. O dedo indicador, apontando verticalmente para cima, é o eixo z; o dedo médio, apontando horizontalmente em direção ao observador, é o eixo x; e o polegar, apontando horizontalmente para a direita, é o eixo y. Se a mão esquerda é colocada da mesma maneira, seu polegar aponta horizontalmente para a esquerda e representa um sistema de coordenadas para a esquerda. Esses dois sistemas podem ser convertidos um no outro por inversão espacial: todos os três eixos são invertidos ($x \rightarrow -x$, $y \rightarrow -y$; $z \rightarrow -z$), e então o sistema todo é girado em 180° em torno do eixo y. As mãos esquerda e direita são, como se sabe, imagens espelhadas uma da outra; espelhar um sistema de coordenadas em um plano é, portanto, equivalente à inversão espacial. A forma como os sistemas ou processos físicos mudam sob tal inversão de coordenadas determina sua paridade. Por muito tempo se acreditou que todas as leis naturais deveriam ser invariantes sob transformações de paridade; em outras palavras, a natureza não deveria distinguir entre esquerda e direita em suas leis fundamentais (Fig. 4.4).

7. Estritamente falando, as partículas de luz (fótons) têm uma lateralidade descrita pela sua helicidade, que é invariante relativisticamente. Isso ocorre porque o fóton não tem massa e, portanto, viaja à velocidade da luz c. Como nenhum observador pode viajar mais rápido do que a velocidade da luz, a helicidade de um fóton (a projeção de seu spin em seu momento) é a mesma para todos os observadores. No caso de partículas com massa (por exemplo, elétrons, ou neutrinos, como são agora conhecido), que nunca podem atingir a velocidade c, é teoricamente possível para um observador (num quadro inercial) viajar mais rápido do que a partícula, revertendo assim a direção do seu momento, como visto a partir do quadro do observador, e mudando o sinal de sua aparente helicidade – a quantidade intrínseca correspondente é, portanto, a quiralidade da partícula. Ver também capítulos 6 e 9 deste livro, bem como Mehra (1994) e Wu (1964).

8. O operador γ_5 de Tiomno determina a quiralidade da função de onda de uma partícula (ver capítulo 6). Ele originalmente chamou de "operação de reversão de massa" e observou sua conexão com a reversão do tempo. O nome quiralidade foi sugerido posteriormente por Abdus Salam para a propriedade correspondente de uma partícula massiva. Ver também capítulos 9 e 15 deste livro.

5

O jovem pesquisador

O Departamento de Física da USP

A física começou na Universidade de São Paulo (USP) com o trabalho de Gleb Vassielievich Wataghin, que foi recrutado na Itália em 1934. Wataghin nasceu em 1899 na cidade russa de Birzula, mais tarde conhecida como Kotov, em homenagem a um herói militar soviético (e agora chamada Podilsk). Hoje, fica no noroeste da província ucraniana de Odessa, como pode ser visto no mapa do capítulo 2. Seu pai era descendente de uma família nobre russa e foi um engenheiro do projeto da Ferrovia Imperial Russa.

O jovem Wataghin emigrou para Itália em 1919, junto com sua família, quando tinha 19 anos, após o fim da Primeira Guerra Mundial e durante o caos da Guerra Civil Russa que se seguiu. Eles fugiram através da Crimeia e da Grécia de uma forma aventureira. Na Itália, ele, posteriormente, estudou física e matemática na Universidade de Torino, onde terminou sua graduação e continuou a pós-graduação, obtendo sua *libera docenza* (qualificação para o ensino universitário) em 1929. Começou a pesquisar sobre raios cósmicos em 1931. Apesar de jovem, em 1933, Wataghin já tinha se encontrado com Ernest Rutherford e Paul Dirac em Cambridge, e com Niels Bohr em Copenhague.

Wataghin foi indicado a Teodoro Ramos por Enrico Fermi para professor da USP. A princípio, ele rejeitou a ideia de vir para o Brasil, temendo ficar cientificamente isolado. No entanto, ele foi convencido por Fermi com o argumento de que, como estrangeiro, teria dificuldade em obter uma vaga de professor na Itália. Além disso, o salário oferecido pela USP era muito bom se comparado aos da Europa, que ainda estava sofrendo os efeitos da Primeira Guerra Mundial e da Crise de 1929 (também conhecida como a Grande Depressão). Ele então concordou, mas só por alguns meses. Porém, quando retornou à Itália, no Natal de 1934, encontrou um fascismo mais intenso e terminou optando por ficar no Brasil por um período mais longo.

Na Faculdade de Filosofia, Ciências e Letras (FFCL) de São Paulo, Wataghin fundou um departamento de física inovador e muito produtivo, tanto em física experimental como teórica (sua especialidade), e inspirou e educou muitos físicos mais jovens. Seu rápido sucesso em estabelecer e colocar em funcionamento um centro de pesquisa ainda é considerado único por muitos cientistas que conhecem a história.

Em 1938, Wataghin foi inscrito num prêmio na Itália por seu ex-orientador em Torino, Elizio Teruca. Suas publicações foram cedidas a Teruca pelo irmão de Wataghin, que ainda estava na Itália. Para sua surpresa, Wataghin recebeu a notícia, no início de 1939, de que tinha ganho o prêmio. Foi convidado por várias universidades italianas a candidatar-se a uma vaga, aceitando apenas o convite da Universidade do Sassari, na Sardenha, onde poderia ficar oficialmente vinculado, ainda que permanecendo no exterior. Em 1939, em função das condições na Itália fascista e da invasão da Polônia pelo exército alemão, Wataghin preferiu permanecer no Brasil.

Alguns dos primeiros trabalhos de Wataghin enquanto ele ainda estava em Torino lidaram com a quantização do campo gravitacional e o conceito de comprimento mínimo. É considerado atualmente um dos precursores das teorias modernas da gravidade quântica, embora tenha enfrentado considerável ceticismo na época.[1]

Em 1937, Wataghin conseguiu trazer Giuseppe (Beppo) Occhialini para São Paulo. Occhialini também já era um físico reconhecido, principalmente por sua confirmação, juntamente com Patrick Blackett, em Cambridge, em 1933, da existência do pósitron (o anti-elétron, descrito no capítulo 4). Ele foi proposto por Paul Dirac e detectado pela primeira vez por Carl David Anderson no Instituto de Tecnologia da Califórnia (Caltech). Anderson recebeu o prêmio Nobel de Física de 1936 e também foi o codescobridor do múon. Occhialini era abertamente antifascista e teve que fugir da Itália. Junto com Wataghin, ele ajudou a estabelecer o Departamento de Física na USP.

Wataghin começou a atrair jovens estudantes talentosos com interesse em física e usou a estratégia de dar-lhes uma educação básica e depois mandá-los para estudar no exterior. Ele foi responsável pela formação de inúmeros físicos brasileiros e é considerado por muitos como o "Pai da Física Moderna" no Brasil.[2] Seus muitos alunos formaram a base para a pesquisa e ensino em física de toda uma geração. Como ele mesmo disse mais tarde, "Eu os formei ajudado por grandes físicos de toda a Europa, da Alemanha, da Inglaterra e da Itália".[3]

Um desses jovens físicos foi Mario Schenberg, considerado pelo próprio Wataghin como seu melhor aluno. Schenberg nasceu em 1914, em Recife, onde completou o ensino médio e iniciou seus estudos na Escola de Engenharia, em 1931. Lá, ele logo chamou a atenção de Luis Freire, que reconheceu as habilidades inusitadas do jovem e o convenceu, no terceiro ano (1934), a se mudar para São Paulo para cursar a Escola Politécnica. Suas habilidades evidentes em matemática atraíram a atenção de Wataghin, que decidiu acompanhar seu progresso. Assim que concluiu a Politécnica, foi contratado por Wataghin como assistente na cadeira de Física Geral e Experimental e depois como professor assistente de Física Teórica.

Após dois anos em São Paulo, em 1936, Schenberg foi convidado a ir para a Inglaterra para trabalhar com Dirac. Ele foi antes com Wataghin para Roma visitar Fermi. Este persuadiu Schenberg a ficar e trabalhar com ele na teoria quântica de campos, em particular na teoria dos chuveiros de elétrons. Fermi já havia estado no Brasil em 1934 a convite de Wataghin para fazer uma conferência sobre a proposta de Pauli sobre a existência de neutrinos. Quando Fermi foi forçado a deixar a Itália em 1938 pelo forte crescimento do fascismo, Schenberg foi para Zurique trabalhar com Wolfgang Pauli. Depois disso, ele passou algum tempo no Collège de France, em Paris, trabalhando no grupo de Irene Joliot-Curie, onde ministrou um seminário sobre física nuclear, com base no trabalho de John Wheeler sobre os níveis de energia associados à rotação nuclear. Em todos esses lugares, ele recebia um tópico para estudar e tinha a oportunidade de apresentar um seminário sobre seus resultados.

Wataghin lembrou anos depois do retorno de Mario Schenberg ao Brasil:

> Voltou para o Brasil transformado. Recebeu do ambiente, porque tinha muito ambiente, muito intercâmbio, o que eu não podia dar a ele sozinho. E aí começamos a trabalhar juntos. Eu recebi um colaborador sério. Ele fez um bonito trabalho sobre raios cósmicos e depois começou a trabalhar um pouquinho no sentido de Dirac, de eletrodinâmica, querendo fazer uma nova eletrodinâmica, como fez Dirac. Mas ele aprendeu muito em Roma.[4]

Posteriormente, Wataghin apresentou Schenberg ao matemático George Gamow, que estava visitando o Brasil, e Schenberg foi trabalhar com ele em 1940 na Universidade George Washington, nos EUA, com uma bolsa da Fundação Guggenheim. Lá, ele participou dos estudos de Gamow sobre a teoria das estrelas novas e supernovas, que pressupunha a existência de neutrinos, e concluiu um de seus trabalhos mais importantes (o "processo Urca", um fenômeno astrofísico nomeado por Gamow com humor em função do cassino que funcionava na Urca, no Rio de Janeiro).[5] Um tempo depois,

Schenberg foi convidado para o Instituto de Estudos Avançados de Princeton, onde conheceu John Wheeler pessoalmente e, por fim, passou algum tempo no Observatório de Yerkes trabalhando com Subrahmanyan Chandrasekhar, que mais tarde se tornaria prêmio Nobel por suas pesquisas em astrofísica. Em 1942, Schenberg voltou novamente ao Brasil, obtendo a cátedra de Mecânica Racional (Clássica) e Celeste na USP, em 1944. Outro dos assistentes de Wataghin foi Marcelo Damy de Souza Santos, um experimentalista. Ele foi para Cambridge, no Reino Unido, para trabalhar com Hugh Carmichael no mesmo ano em que Schenberg foi para o exterior.

Com a entrada do Brasil na guerra, à semelhança do que ocorreu na Universidade do Brasil, também na USP os professores alemães e italianos tiveram que retornar aos seus países. Wataghin e Occhialini conseguiram permanecer no Brasil, o primeiro pelo reconhecimento que havia adquirido e o segundo por se declarar abertamente antifascista. Mas ambos tiveram que se afastar da Universidade, assumindo Marcelo Damy a direção do Departamento. Em 1944, Occhialini foi para a universidade de Bristol trabalhar com Cecil Powell, mas Wataghin permaneceu no Brasil, reassumindo suas funções na USP após o final da guerra.

Fig. 5.1 Gleb Wataghin em São Paulo, em 1936. Acervo IF-USP (domínio público, utilizada com permissão). Disponível em http://acervo.if.usp.br/bio01

Fig. 5.2 Mario Schenberg, 1936. Fonte: Wikimedia commons (domínio público). Disponível em: https://commons.wikimedia.org/wiki/File:M%C3%A1rio_Schenberg_formatura_1936.jpg

Interlúdio em São Paulo – Encontrando a física moderna

Tiomno conseguiu uma bolsa de pós-graduação da USP em 1946, pouco depois do fim da Segunda Guerra Mundial, ficando sob orientação de Mario Schenberg.[6] Este deu a Tiomno como primeira tarefa estudar o livro didático *A treatise on the analytical dynamics of particles and rigid bodies* (Tratado sobre a dinâmica analítica de partículas e corpos rígidos), de Edmund Whitakker, bem como alguns artigos de Max Born sobre a teoria dos elétrons na mecânica quântica. Tiomno estava muito entusiasmado e queria terminar suas leituras logo, em três meses, para poder começar a trabalhar na teoria de Schenberg e se dedicar o mais rápido possível à pesquisa. Ele, no entanto, sofreu consideráveis dificuldades no início, uma vez que Sobrero havia se concentrado na mecânica clássica e Tiomno ainda não tinha tido a oportunidade de estudar sistematicamente a física quântica. Numa carta para Costa Ribeiro, ele confessou que "tinha tanta coisa a estudar e a revisar que não sabia por onde começar".[7] Para Elisa Frota-Pessôa, que permanecia no Rio de Janeiro trabalhando como auxiliar de Costa Ribeiro, sugeriu que ela fizesse o curso ministrado pelo Leite Lopes, que havia retornado recentemente de Princeton, e que estudasse duro para não encontrar dificuldades semelhantes quando também fosse para São Paulo.[8]

O contato mais profundo de Tiomno com a mecânica quântica em São Paulo propiciou-lhe, inclusive, um *insight* para tentar explicar as causas do fenômeno termodielétrico identificado por Costa Ribeiro. Este último mencionou numa palestra na Academia Brasileira de Ciências a ideia de Tiomno:

> Uma outra maneira de abordar o mecanismo elementar do fenômeno foi sugerido por J. Tiomno e consiste em considerá-lo de um ponto de vista puramente eletrônico, admitindo-se que, numa mesma substância, as densidades eletrônicas normais sejam diferentes nos estados sólido e líquido. De acordo com essa hipótese, haveria, por exemplo, durante a solidificação, um deslocamento de elétrons através da interface, a fim de restabelecer o valor normal da densidade eletrônica na camada sólida recém-formada, constituindo esse deslocamento a corrente termo-dielétrica.[9]

Em São Paulo, Tiomno seguia com seus estudos. No laboratório, ajudou a dar instruções práticas sobre circuitos elétricos aos alunos e começou a construir amplificadores com circuitos coincidentes para equipamentos de contagem de raios cósmicos. Ele ficou fascinado ao ver que os alunos recebiam projetos de pesquisa para serem realizados durante o curso, contribuindo para sua formação e iniciando-os em trabalhos de pesquisa experimental, o que não acontecia na Faculdade Nacional de Filosofia no Rio.

Ao mesmo tempo, Tiomno participou dos seminários de Schenberg sobre o famoso livro-texto de Paul Dirac – *The Principles of Quantum Mechanics* (Princípios da mecânica quântica). Schenberg reproduzia o método aprendido na Europa: ele distribuía material para os alunos estudarem e depois apresentarem nos seminários. Tiomno foi encorajado a dar um seminário sobre *The Theory of the properties of Metals and Alloys* (Teoria das propriedades dos metais e ligas) de (Sir) Neville Francis Mott.

A FFCL continuou sua política de convidar físicos de fora da Universidade e do exterior para darem palestras em seminários. Franco Dino Rassetti visitou São Paulo em agosto de 1946 para dar um seminário em física nuclear. Rassetti tinha sido colega de Fermi nos estudos sobre fissão nuclear e, com a guerra, emigrou para o Canadá, onde era chefe do Departamento de Física da Universidade de Laval. Schenberg também queria convidar Wheeler, que conhecera em Princeton, mas ele já havia concordado em dar um curso de férias na Universidade de Columbia e só poderia ir para São Paulo posteriormente.

Tiomno começou a colaborar com outro dos assistentes de Schenberg, Walter Schützer, em uma revisão dos cálculos da teoria clássica de elétrons puntiformes com spin, com base nas ideias de Schenberg sobre a teoria dos elétrons que, segundo Tiomno, "eram trabalhosíssimos".[10] Quando concluíram a revisão, começaram a desenvolver novos cálculos que não tinham sido realizados anteriormente e que eram "ainda mais trabalhosos". Este trabalho levou Tiomno e Schützer a publicarem o artigo "Sobre as derivadas do campo de radiação do elétron puntiforme com spin" nos Anais da Academia Brasileira de Ciências (JT3). Sobre este período em São Paulo, Tiomno explicou posteriormente:

> Em 1946, obtive uma bolsa para estudos de pós-graduação no Departamento de Física pela Faculdade de Filosofia, Ciências e Letras da Universidade de São Paulo, sob a orientação do professor Mario Schenberg. Data de então minha iniciação em Física Moderna, eis que minha formação anterior havia sido em Física Clássica. Preenchi lacunas de formação e me recuperei da interrupção de atividades durante a guerra, tendo feito o primeiro trabalho de pesquisa em Física Moderna sob a orientação do Professor Schenberg.[11]

Concluída a bolsa, Tiomno voltou ao Rio de Janeiro no início de 1947 e retomou suas atividades como professor adjunto da cátedra de Física Geral e Experimental da Faculdade Nacional de Filosofia. Ele voltou com várias ideias de pesquisa e com a certeza de que queria trabalhar em física teórica. Durante esse tempo, ele conheceu um professor visitante da FNFi, o físico teórico Guido Beck, iniciando uma colaboração. Beck era um judeu austríaco e havia deixado a Alemanha depois de 1933, onde tinha sido assistente de Heisenberg em Leipzig, para trabalhar em vários países (EUA, União Soviética, França e Portugal), fugindo dos nazistas e em busca de um local adequado para desenvolver seu trabalho. Ele chegou à Argentina em 1943 para trabalhar no Observatório de Córdoba. Sob a orientação de Beck, Tiomno começou a trabalhar na extensão e sistematização da teoria de certos tipos de colisões nucleares. Beck estava entusiasmado com o progresso desses cálculos.[12]

Tiomno também passou a interagir com seus colegas da FNFi. Junto com o matemático Leopoldo Nachbin, que conhecia de seus anos de graduação, prepararam o artigo "Sobre o teorema da álgebra hipercomplexa de Sobrero". No entanto, eles nunca o enviaram para publicação.[13] E também passou a discutir algumas ideias com Leite Lopes, que conduziria a alguns artigos em conjunto e individualmente.

O seu encontro mais significativo foi, contudo, com sua colega Elisa Frota-Pessôa. Ela havia se separado do marido, Oswaldo Frota-Pessôa, e Tiomno e Elisa começaram um relacionamento amoroso. No entanto, poucos meses depois, Tiomno recebeu um convite para ser assistente na cadeira de Física Teórica e Matemática da FFCL da USP, cujo catedrático era Mario Schenberg. Ele não poderia deixar passar essa oportunidade. Decidiu voltar imediatamente para São Paulo, e eles tentariam conseguir uma bolsa para Elisa ir também para São Paulo num futuro próximo. Na verdade, ela já tinha a intenção de fazer uma pós-graduação na USP, seguindo os passos de Leite Lopes e Tiomno.

De volta à USP, Tiomno passou a dar um curso sobre mecânica clássica e preparou um seminário sobre as ressonâncias no espalhamento de nêutrons de hélio, que era um tema particularmente interessante para ele, devido à sua conexão com o trabalho que havia começado a desenvolver com Guido Beck. Tiomno também estava estudando as publicações de Werner Heisenberg e de Hans Bethe, e começou a aprender alemão, que considerava indispensável para ser capaz de ler grande parte da literatura de física da época. Dois exemplos disso era o importante texto de Eugene Wigner sobre as aplicações da teoria de grupo e princípios de simetria em física, que esteve por muitos anos disponível apenas em alemão, e o livro-texto de Max Born sobre mecânica quântica.

Tiomno também começou a trabalhar num artigo com Leite Lopes, que seria seu primeiro artigo a aparecer em uma revista internacional – a *Physical Review*, que trata do espalhamento próton-próton na (então) acessível energia de 14,5 MeV (JT4). É possível que este artigo tenha sido sugerido por Schenberg como uma análise teórica dos experimentos que estavam ocorrendo naquela época. Um segundo artigo sobre outro aspecto do mesmo tópico – "Distribuição angular na difusão proton-proton a 14.5 MeV" foi posteriormente publicado apenas por Tiomno nos Anais do Academia Brasileira de Ciências e tratava de uma característica específica do trabalho iniciado na USP em 1946/1947 (JT10).

Ao mesmo tempo, Schenberg o apresentou à relatividade geral e à teoria gravitacional. Eles prepararam um artigo descrevendo uma formulação alternativa da gravitação construída no espaço de Minkowski.[14] Neste trabalho, eles encontraram um desvio da luz (a deflexão de um feixe de luz quando próximo de uma grande massa como o Sol), que foi 25% maior do que o previsto na relatividade geral de Einstein.[15] A avaliação dos dados obtidos nos eclipses solares, observados por uma expedição russa em 1936 e por uma americana em 1947, já apontavam para um desvio maior.[16] No entanto, na época isso era desconhecido por Tiomno e Schenberg, eles sabiam apenas que alguns desvios observados eram maiores do que o previsto por Einstein.

Schenberg enviou o artigo para o *Astrophysical Journal*, mas não foi bem recebido. Subrahmanyan Chandrasekhar, que era membro do conselho editorial, enviou o artigo para a Inglaterra, mas também não foi aceito. Os pareceristas tinham dúvidas se o trabalho preenchia o princípio da equivalência (o fundamento da relatividade geral). Na opinião de Schenberg, havia muito tabu sobre a relatividade geral. Ele sustentou que as dúvidas eram infundadas e planejou apresentar o artigo para a *Physical Review* e para os *Anais da Academia Brasileira de Ciências*.[17] No entanto, não foi publicado em nenhum dos dois.[18] Anos depois, Leite Lopes comentou que, naquela época, nenhuma interpretação não-einsteiniana da gravitação seria aceita pelas principais revistas científicas.[19]

Ainda em fevereiro de 1946, quando Tiomno estava em São Paulo para a sua primeira estada, outro assistente de Wataghin, o jovem experimentalista César Lattes, viajou para a Universidade de Bristol, na Inglaterra, para trabalhar com Giuseppe Occhialini, que partiu do Brasil para a Inglaterra em 1944, e Cecil Powell, que vinha desenvolvendo uma técnica para observar as trilhas de radiações ionizantes em emulsões fotográficas.

O uso de placas fotográficas para detectar radiações não era algo novo – Becquerel havia descoberto originalmente a radioatividade em 1896, expondo uma placa fotográfica embrulhando um mineral radioativo, e encontrando sua sombra quando revelou a placa. Posteriormente, a técnica foi aperfeiçoada por Marietta Blau, em Viena, que foi a primeira a observar "estrelas" em emulsões fotográficas devido à desintegração nuclear pelos impactos de raios cósmicos. Suas contribuições só recentemente foram reconhecidas, embora tenha sido, na verdade, seu trabalho que estimulou o programa de Powell para melhorar as emulsões fotográficas como detectores de partículas. Ela trabalhou com a firma britânica Ilford, assim como Powell faria mais tarde.[20]

César Lattes já vinha trabalhando na detecção de raios cósmicos (raios cósmicos eram o tópico de pesquisa favorito de Gleb Wataghin desde o início da década de 1930). Em Bristol, Lattes melhorou ainda mais as emulsões nucleares de Powell adicionando bórax e aumentando, com isso, a visibilidade das trilhas de partículas ao reduzir o esvanecimento. Occhialini testou as novas emulsões no Pic du Midi, nos Pirineus, onde a grande altitude poderia favorecer a observação dos raios cósmicos. Eles observaram algumas faixas que poderiam indicar uma nova partícula, mas apenas dois eventos do presumível píon – evidência insuficiente para uma publicação. A energia e o entusiasmo do jovem Lattes sem dúvida aceleraram a descoberta consideravelmente, pois, apoiado pelo laboratório em Bristol, ele viajou para o pico de Chacaltaya, na Bolívia, para expor as placas em uma altitude ainda mais elevada. Com as placas recém-expostas, que mostravam mais de 30 eventos de píons, ele, junto com Powell e Occhialini, foram capazes de identificar o méson e visualizar sua cadeia de decaimentos via múons. Eles rapidamente publicaram a descoberta.[21]

A observação deles resultou no prêmio Nobel de Física de 1949 para Hideki Yukawa, que havia previsto a partícula 14 anos antes. Powell também recebeu o prêmio Nobel de 1950 por seu desenvolvimento das emulsões usadas na detecção dos píons.[22]

Vários físicos começaram a estudar essa nova partícula, o méson π ou píon, e seus decaimentos. Entre eles, Tiomno também se interessou pela física píon-múon, estimulado por um seminário ministrado por César Lattes no segundo semestre de 1947.[23] Lattes e Tiomno tornaram-se grandes amigos, e Tiomno foi convidado para ser padrinho de casamento de César Lattes com Martha Siqueira Neto, de uma família de Recife, em janeiro de 1948.

Uma partida apressada

Já prevendo que Elisa iria para São Paulo, Tiomno sugeriu a ela estudar as obras de Heisenberg e de Marcel Schein, uma vez que ela provavelmente iria trabalhar com raios cósmicos na USP. No segundo semestre de 1947, Walter Schützer foi para Princeton para fazer a pós-graduação com John Wheeler e Eugene Wigner. Provavelmente por recomendação de Schenberg e de José Leite Lopes, que também havia feito pós-graduação em Princeton. Tiomno também se candidatou a uma bolsa e esperava ir para os EUA em meados de 1948. Paralelamente, Guido Beck havia obtido uma bolsa para Tiomno passar os meses de férias de janeiro e fevereiro em Córdoba, onde poderia continuar o trabalho que haviam começado.

Tiomno continuou estudando e se atualizando nos desenvolvimentos da física moderna; leu trabalhos de Walter Heitler, Paul Dirac e Wolfgang Pauli, e sobre o efeito Compton, *bremsstrahlung* (radiação produzida quando cargas elétricas sofrem desaceleração), produção de pares [criação de uma partícula elementar e sua antipartícula, geralmente a partir de um fóton (ou outro bóson neutro)], absorção de radiação pela matéria etc. Ele também continuou estudando alemão. Ele estava agora calculando a modificação da lei de Coulomb para o campo elétrico de um próton perto de um nêutron devido à carga mesônica durante a formação de partículas virtuais. As "correções mesônicas" eram importantes para cálculos exatos das propriedades dos núcleons.

Pouco depois da confirmação da bolsa de Elisa para passar um ano em São Paulo, Tiomno recebeu uma resposta positiva do Escritório de Educação dos EUA (Departamento de Estado), garantindo apoio para sua pós-graduação em Princeton, em 1948. Ele esperava ir apenas em julho/agosto, no início do próximo ano letivo americano. Isso teria permitido que ele realizasse seu plano de ir à Córdoba trabalhar com Guido Beck e ainda teria algum tempo para estar com Elisa em São Paulo. Porém, no início de janeiro, poucos dias antes de partir para a Argentina, foi informado que precisaria estar em Princeton até o dia 7 de fevereiro, o mais tardar, arriscando perder a bolsa se chegasse depois.

Era pouquíssimo tempo para fazer todos os arranjos necessários. Além disso, a bolsa não incluía a passagem para os EUA, e ele não tinha dinheiro suficiente para pagar por conta própria. Ele tentou ajuda da Fundação Getúlio Vargas, mas sem sucesso. Arthur Moses, presidente da Academia Brasileira de Ciências, providenciou então para que ele viajasse como "clandestino" num voo da Panair para Nova York, que ia levar o avião para manutenção – um dos motores não estava funcionando e ele não podia transportar passageiros. Nas próprias palavras de Tiomno, "Então, só iam os tripulantes e uns dois ou três aventureiros, psicologicamente preparados para saltar de paraquedas a qualquer momento."[24] Em uma palestra, tempos depois, ele descreveu o terror do pouso na neve em Nova York, quando o avião começou a derrapar e sair da pista e o piloto teve que arremeter. Somente na segunda tentativa o pouso foi bem-sucedido, com os bombeiros já de prontidão.[25] Ele não imaginava que seu treinamento militar poderia algum dia lhe ser útil.

Notas

1. Hagar (2014).
2. Por exemplo, Frota-Pessôa (1990); Tiomno (1977).
3. Wataghin (1975).
4. Idem.
5. O processo descrito por Gamow e Schenberg é o resfriamento de objetos estelares compactos (por exemplo, estrelas de nêutrons) pela emissão de neutrinos. Schenberg sugeriu que o calor deveria desaparecer rapidamente, como o dinheiro dos jogadores

de roleta no Cassino da Urca, Gamow aproveitou a ideia e deu o nome do cassino para o processo.

6. O período de 1942 a 1950 na carreira científica de Jayme Tiomno, quando ele estava iniciando pesquisa independente e fazendo graduação e pós-graduação no Rio de Janeiro, São Paulo e Princeton, é descrito em detalhes em Fornazier e Videira (2018). Ver também Tiomno (1977).

7. Jayme Tiomno para Joaquim da Costa Ribeiro, 28 de abril de 1946; JCR.

8. Jayme Tiomno para Elisa Frota-Pessôa, 28 de março de 1946, EFP.

9. Silva Filho (2013), pp. 197-198.

10. Jayme Tiomno para Joaquim da Costa Ribeiro, 8 de junho de 1946; JCR.

11. Tiomno (1966).

12. Relatório de Guido Beck para o diretor do Departamento de Física da FNFi / UB, 8 de julho de 1947; GB.

13. Fornazier e Videira (2018), op. cit.

14. Idem; e Bassalo e Freire (2003).

15. A primeira vez que a deflexão da luz foi observada quando perto do Sol foi durante um eclipse do Sol, em 29 de maio de 1919, por uma comissão inglesa enviada para Sobral, no Ceará, e para a Ilha de Príncipe, na África, comprovando a teoria da relatividade geral e tornando Einstein um cientista conhecido mundialmente. Contudo, os poucos dados obtidos nas chapas fotográficas e a falta de precisão necessárias nos instrumentos, proporcionou vários questionamentos e revisões dos cálculos realizados, bem como a observações de outros eclipses que aconteceriam nos anos posteriores. Sobre a observação do eclipse de 1919, ver, por exemplo, Tolmasquim (2003) e sobre os debates e revisões dos dados do eclipse, ver Kennefick (2012).

16. Mario Schenberg para Guido Beck, 8 de outubro de 1947; GB.

17. Mario Schenberg para Jayme Tiomno, 30 de julho de 1948; JT.

18. Fornazier e Videira (2018).

19. Leite Lopes (2004).

20. Sime (2012).

21. Lattes *et al.* (1947,1948).

22. Este tema é aprofundado no capítulo 17.

23. Tiomno (1984) e Tiomno (1994).

24. Tiomno (1977).

25. Tiomno (1986).

<h1 style="text-align:center">6</h1>

Em busca da Interação Universal de Fermi

Princeton, 1948

Em 6 de fevereiro de 1948, Jayme Tiomno, o filho de imigrantes judeus russos, criado em pequenas cidades do interior de Minas Gerais, chegava a Nova York para fazer uma pós-graduação na Universidade de Princeton, na vizinha Nova Jersey. Apesar do voo temeroso, ele chegou em segurança aos EUA. Seu colega de São Paulo, Walter Schützer, que tinha ido para Princeton um pouco antes, esperava por ele.

Duas coisas impressionaram Tiomno logo na chegada. A primeira foi descobrir que Princeton não aceitava mulheres como estudantes, apenas homens. Ele havia encontrado uma sociedade ainda mais patriarcal do que no Brasil. A outra era o ritual do jantar dos alunos da pós-graduação, que acontecia todos os dias pontualmente às 18h30:

> "...no jantar, em que vamos para uma enorme e majestosa sala (são 200 internos) e esperamos em pé por um sujeito metido numa beca; quando ele chega, espera que todo mundo se cale e então diz uma prece curta (todo mundo baixa a cabeça e alguns rezam) – aí começa o jantar."[1]

Ele também descobriu que, além de escrever a tese, deveria realizar as provas finais, um novo costume em Princeton, que ele considerava ridículo (embora admitisse que tinha a vantagem de obrigá-lo a estudar). No entanto, ao contrário de Schützer, que fez os exames na chegada a Princeton, Tiomno decidiu adiá-los para o ano seguinte. Ele queria começar a pesquisa imediatamente e se integrar ao Departamento e ao seu grupo de pesquisa o quanto antes.

O orientador de Tiomno em Princeton era John Archibald Wheeler, que recomendou que ele fizesse dois cursos de início, o de Rudolf Ladenburg em física nuclear e o de Eugene Wigner em mecânica estatística. Ele também estava como ouvinte no curso de relatividade geral "para acostumar o ouvido".[2] Além disso, ele continuou seus estudos de alemão: "Não recomendo a ninguém sair do Brasil sem saber alemão", escreveu para Elisa.[3]

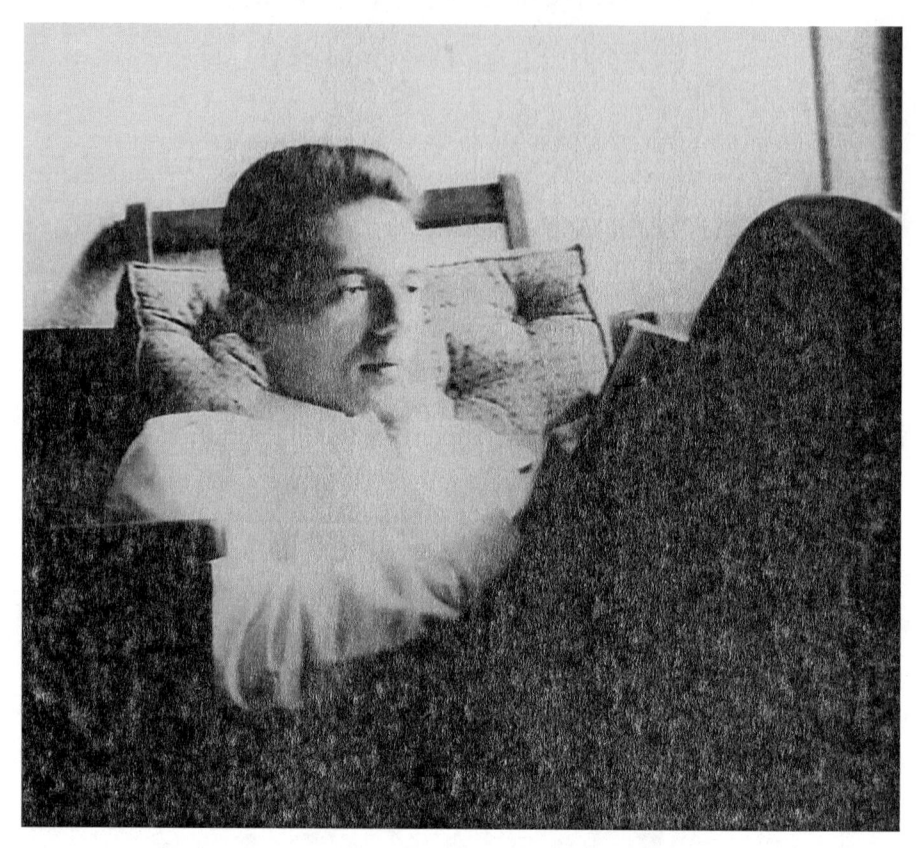

Fig. 6.1 Jayme Tiomno em seu quarto em Princeton, 1948/1949, JT.

Wheeler, assim como Tiomno, estava interessado na física do múon--píon. No entanto, ele tinha ouvido falar do trabalho que Tiomno havia desenvolvido com Schenberg em São Paulo sobre teoria gravitacional e estava começando a pensar nesse tema também. Ele queria calcular um termo de "amortecimento por radiação" correspondente ao introduzido por Dirac para um elétron puntiforme. Assim, Wheeler inicialmente definiu para Tiomno trabalhar em problemas de relatividade geral – isso foi um pouco antes do período em que Wheeler começou sua famosa mudança de *Everything is Particles* (Tudo é partículas) para *Everything is Fields* (Tudo é campos); ele próprio data essa mudança para maio de 1952 (quatro anos depois).[4] Wheeler sugeriu a

Tiomno estudar os movimentos de partículas de massa insignificante na relatividade geral. O próprio Tiomno não estava muito entusiasmado com essa sugestão. Ele não acreditava em radiação gravitacional e sentia que a proposta de Wheeler era prematura, "mais especulação do que teoria".[5] Além disso, ele ainda estava um tanto traumatizado com as 200 páginas de cálculos produzidos em seu trabalho com Schenberg em São Paulo e que não gerou nenhuma publicação. No entanto, ele se dedicou ao problema para ver se conseguia obter resultados úteis, uma vez que era importante estabelecer uma boa relação de trabalho com Wheeler.

Depois de dois meses, ele ainda não tinha obtido resultados e não estava satisfeito com a orientação de Wheeler sobre o projeto. Ele tinha a impressão de que Wheeler não era familiarizado com a literatura relevante. "... aliás, me parece que ele nunca trabalhou em Relatividade Geral",[6] comentou com Leite Lopes. Tiomno e Wheeler até tiveram uma entrevista com Einstein para discutir o problema; mas não ajudou muito, embora tenha feito "críticas interessantes".[7] Tiomno sentia que, pelo menos, estava aprendendo muito sobre relatividade geral. Ele deu a si mesmo mais 15 dias para chegar a um resultado satisfatório. Se não funcionasse, ele pediria a Wheeler para sugerir outro problema e dar algum tempo para as ideias amadurecerem mais.[8]

Física do méson com John Wheeler

John Archibald Wheeler (1911-2008) estudou física na Universidade Johns Hopkins de 1927 a 1930, depois continuou na pós-graduação para obter seu doutorado em 1933, aos 22 anos, com a tese *Theory of the Dispersion and Absorption of Helium* (Teoria da dispersão e absorção do hélio), sob a orientação de Karl Herzfeld. Com uma bolsa do *National Research Council* (Conselho Nacional de Pesquisas dos EUA), ele fez pós-doutorados com Gregory Breit na Universidade de Nova York (1933/1934) e com Niels Bohr em Copenhague (1934/1935). De 1935 a 1938, ele foi professor assistente de física na Universidade da Carolina do Norte (*Chapel Hill*), onde recebeu a oferta para uma posição estável, mas recusou a fim de ir para Princeton.

Em Princeton, Wheeler foi inicialmente professor assistente, avançando para professor titular (durante o período da estada de Tiomno) e, posteriormente, recebeu o título de Professor Joseph Henry nos últimos 10 anos antes de sua aposentadoria, em 1976. Ele, então, trabalhou por 10 anos na Universidade do Texas, em Austin, como professor sênior, retornando depois para Princeton, onde passou seus últimos anos.[9] Wheeler morreu em abril de 2008, perto de Princeton.

Entre as importantes contribuições iniciais de Wheeler estão a introdução da matriz S, em 1937; seu trabalho com Edward Teller sobre o modelo do rotor nuclear, em 1938; e sua colaboração com Niels Bohr na fissão nuclear, em 1939/1940. Ele desenvolveu o conceito de que pósitrons são elétrons viajando para trás no tempo, que foi empregado por seu aluno de graduação Richard Feynman em seus Diagramas de Feynman.

Wheeler, embora nunca tenha recebido o prêmio Nobel, foi certamente um dos teóricos mais influentes do século XX e teve muitos alunos altamente reconhecidos e muito bem-sucedidos, alguns deles laureados com o Nobel. Ele apresentou muitas ideias importantes para a física, trabalhando em três campos principais que ele mesmo denominou "Tudo é Partículas", "Tudo é Campos" e "Tudo é Informação".[10] Wheeler é conhecido por lançar novas ideias e nomes criativos nas pesquisas em física, e algumas delas tornaram-se amplamente conhecidas fora da literatura especializada. Por exemplo, ele citou a frase (ligeiramente modificada) "o tempo é o que impede que tudo aconteça simultaneamente", originalmente expresso em uma história de ficção científica de Ray Cummings, em 1922. Ele também popularizou o termo "buracos negros" (ou "estrelas colapsadas") para descrever as singularidades gravitacionais em 1967/1968, depois que um ouvinte (anônimo) de uma de suas palestras gritou o termo da audiência; entretanto, este já havia sido utilizado anteriormente. Ambos são frequentemente atribuídos incorretamente a Wheeler como o criador.[11]

Wheeler teve contato com físicos brasileiros desde muito cedo: certamente conheceu Mario Schenberg enquanto trabalhava no Instituto de Estudos Avançados de Princeton, em 1941/1942, e também José Leite Lopes durante seu doutorado em Princeton em 1944/1946. O próprio Wheeler esteve fora durante a guerra, de janeiro de 1942 a agosto de 1945, quando trabalhou no Projeto Manhattan, na produção do reator de plutônio no Laboratório Metalúrgico (hoje, Laboratório Nacional de Argonne), em Chicago; em Wilmington, Delaware (onde a empresa DuPont projetou os reatores para produção de plutônio) e em Hanford, Washington (onde a instalação de plutônio foi construída). Ele voltou para Princeton em 1945.[12]

No início de junho de 1948, Tiomno, após quase quatro meses de cálculos sobre a relatividade geral, ouviu uma palestra de Wheeler num seminário com uma prévia dos trabalhos a serem apresentados na conferência do Caltech

(Instituto de Tecnologia da Califórnia) sobre raios cósmicos, programado para 21 a 23 de junho de 1948, em Pasadena, Califórnia. Wheeler descreveu os cálculos para o espectro de energia do elétron do decaimento de 3 corpos do múon ($\mu \rightarrow \mu_0 + e + \nu$), assumindo uma interação do tipo Fermi, na mesma linha que Tiomno já havia pensado quando ainda estava em São Paulo. Wheeler já havia apresentado uma versão preliminar desse trabalho num encontro em Pocono, na Pensilvânia, em abril de 1948, mas Tiomno não teve conhecimento. Ele tinha encontrado uma constante de acoplamento (descrevendo a força de interação), que era comparável ao acoplamento de Fermi, conhecida do decaimento nuclear β.

Isso foi muito excitante para Tiomno, que já havia começado a trabalhar em problemas semelhantes e "poderia ter feito os primeiros cálculos no Brasil".[13] Com o consentimento de Wheeler, Tiomno suspendeu os cálculos em teoria gravitacional e retornou ao trabalho que havia interrompido quando deixou o Brasil.[14] Em uma carta a Leite Lopes, escrita ainda em São Paulo, ele havia especulado longamente sobre as interações entre núcleons, mésons intermediários e elétrons, considerando as forças relativas de suas possíveis constantes de acoplamento e as profundidades dos poços potenciais correspondentes (isso está relacionado ao que hoje é chamado de interação forte, que é responsável pela ligação dos núcleons dentro de um núcleo atômico).[16] Nessa carta, Tiomno também cita um artigo de Bruno Touschek, que examinou dados para a excitação de núcleos por espalhamento de elétrons e concluiu que a interação de Fermi é muito fraca para explicar os efeitos observados.[17] Tiomno especulou que uma interação análoga, mas mais forte, poderia estar em ação. Schenberg, no entanto, não tinha aceitado essa sugestão, preferindo calcular a interação eletrostática entre as cargas dos elétrons, dos prótons e dos mésons intermediários.

Após 35 anos, em seu artigo para uma conferência que celebrava o 50º aniversário das interações fracas, Tiomno lembrou os *insights* iniciais que ele teve enquanto ainda estava no Brasil:

> Depois da Segunda Guerra Mundial, comecei a estudar raios cósmicos e física de partículas no Rio de Janeiro e depois em São Paulo. Gostaria de mencionar um seminário no segundo semestre de 1947, ministrado por [César] Lattes, um jovem colega nosso que participou ativamente na descoberta dos mésons π no decaimento $\pi \rightarrow \mu + \mu_0$, em Bristol... Ficamos excitados com o fato, uma vez que o quebra-cabeça resultante do experimento Conversi-Pancini-Piccioni[18] seria resolvido se π fosse o méson

envolvido nas forças nucleares, ou seja, o méson de Yukawa. Mas, por que o méson μ tinha uma interação mais fraca com os núcleons? Eu propus então que μ e μ_0 não eram mésons de Yukawa, mas partículas de spin -½, formando um [spin] iso duplo. A captura de μ ($\mu^- + p^+ \to n + \mu_0$) não tinha então ido tão rápido. Foi objetado que os mésons dos raios cósmicos decaíam como $\mu \to e + \nu$ e não como $\mu \to \mu_0 + e + \nu$, como eu estava sugerindo. ... Devo mencionar que eu não tinha conhecimento na época do artigo de Bethe-Marshak... sobre a hipótese dos dois mésons, que precedeu a descoberta de π.[19] Eu já tinha sido aceito como estudante de pós-graduação em Princeton para trabalhar com John A. Wheeler a partir de janeiro de 1948. Então parei de pensar sobre este problema e, em Princeton, eu me envolvi com os cursos de pós-graduação e com pesquisa em Relatividade Geral com Wheeler.[20]

Tiomno, entretanto, não havia abandonado a ideia de uma interação tipo Fermi. Depois de ouvir a palestra de Wheeler, ele rapidamente estimou a constante de acoplamento para captura de múons por núcleos com base nessa suposição, e novamente obteve um valor próximo daquele do decaimento β. "No meio tempo [do trabalho sobre relatividade geral] ia pensando em problemas sobre mésons e tive uma ideia – fiz uns cálculos e saiu coisa interessante; mostrei ao Wheeler e ele se interessou – parece que dessa vez vou pros mésons; vamos ver.", escreveu à Elisa.[21].

Fig. 6.2 Wheeler e Tiomno em Princeton, provavelmente próximo ao encontro do AAAS, em setembro de 1948. JT.

Na verdade, isso deu início a uma intensa colaboração entre Wheeler e Tiomno, que resultou em cinco publicações em periódicos importantes naquele ano e definiu a linha de pesquisa de Tiomno para o mestrado. Ele e Wheeler sentiram estar na trilha de uma interação universal de Fermi e começaram a trabalhar nessa questão. Wheeler relatou seus primeiros resultados na reunião de Pasadena, enquanto Tiomno começava a trabalhar com grande intensidade. "Estou, aliás, numa fase não muito boa para estudos porque estou tendo um grande número de ideias (a maioria estúpidas) e, portanto, descambo facilmente para divagação.", escreveu para Elisa.[22] Na verdade, suas ideias não eram estúpidas e foi, sem dúvida, esse período que levou Wheeler a dizer, mais tarde, que Jayme Tiomno foi um dos três alunos que mais influenciaram sua vida e seu trabalho, e na sua forma de fazer física. Os outros dois foram Richard Feynman e Kip Thorne, ambos fizeram importantes contribuições para a teoria das interações fracas.[23] Tiomno escreveu para sua família no Brasil:

> Tenho trabalhado duro nos últimos tempos: estou atualmente com dois trabalhos em desenvolvimento. Um sobre desintegração de mésons – esse já estava previsto há uns 20 dias, quando descobri que certas hipóteses simplificativas que o Wheeler tinha usado não eram boas e tive que fazer todo o cálculo em condições mais exatas (levando em conta efeitos relativísticos). O cálculo teórico está terminando, mas o cálculo numérico é enorme, pois estou considerando todos os casos possíveis. Espero terminar na próxima semana (é trabalho em colab. [colaboração] com o Wheeler, como o outro).
>
> O outro é sobre a captura de mésons por átomos – ideia minha, com orientação do Wheeler. É sobre esse que se referem os resultados preliminares que mandei ao Leite [Lopes] e ele usou no trabalho que apresentou à Academia [Brasileira de Ciências]. Porém, ainda falta um bocado para terminar.[24]

Os dois artigos que Tiomno menciona foram publicados em conjunto com Wheeler, em 1949, na *Reviews of Modern Physics*. O primeiro deles, *Energy spectrum from mu-meson decay* (Espectro de energia do decaimento do meson mu), continha o cálculo de Wheeler do espectro dos elétrons a partir do decaimento do múon, complementado pelo trabalho de Tiomno (JT8); e o segundo, *Charge exchange reaction of the mu meson with the nucleus* (Reação de troca de carga do méson mu com o núcleo), apresentava os cálculos sobre a taxa de captura de múon por prótons (nucleares), a "reação de troca de carga" (JT9). Mais dois trabalhos foram apresentados como artigos na reunião da

Sociedade Americana de Física (APS na sigla em inglês) em Nova York, em janeiro de 1949, sobre o acoplamento e os spins das partículas na cadeia de decaimento π - μ; os resumos desses artigos foram publicados nos anais do encontro na *Physical Review* (JT11 e 12); e, finalmente, publicaram um artigo de revisão sobre física de partículas na *American Scientist* (JT14).

Além da comunicação de Wheeler na reunião de Pasadena, ele e Tiomno fizeram o primeiro anúncio público de suas ideias sobre interações fracas no *Centennial Meeting of the AAAS* (Reunião do Centenário da Associação Americana para o Progresso da Ciência), em setembro de 1948, em Washington/DC (Fig. 6.3).

O trabalho deles também foi mencionado na edição de setembro de 1948 da *Science Newsletter*, com uma foto de Tiomno e Lattes (que veio da Califórnia para a reunião), juntamente com John Wheeler, Isidor Rabi e Willis Lamb.

Fig. 6. 3 Reunião da AAAS em setembro de 1948. Sentados: Cesar Lattes e John Wheeler; em pé: Jayme Tiomno, Willis Lamb e Isidor Rabi. Publicado na *Science Newsletter*, v. 54, nº 13, 25 de setembro de 1948. Reproduzido com permissão.

Tiomno também publicou dois artigos em 1949 como único autor, um sobre seu trabalho na USP sobre o espalhamento próton-próton (JT10),[25] e outro na *Physical Review* sobre o spin do múon (seu trabalho do mestrado, JT13). Sobre seu trabalho em Princeton, ele escreveu para Elisa:

> Estou mesmo convencido que as três qualidades mais importantes para um bolsista aqui (especialmente em Princeton; nas pequenas Universidades o pessoal é mais amigável e tem mais contato com os pesquisadores) são: 1º) iniciativa; 2º) iniciativa; 3º) o máximo de iniciativa. E completou: Naturalmente, é importante saber alemão também.[26]

O triângulo de Tiomno

No segundo artigo de Tiomno-Wheeler, publicado no início de 1949 na *Reviews of Modern Physics* (JT9), Tiomno incluiu um diagrama que expressa, de forma gráfica, a ideia da Interação Universal de Fermi (UFI em inglês). Naquela época, os únicos processos conhecidos que poderiam ser descritos pela interação de Fermi (interação fraca) eram os decaimentos nucleares beta (incluindo decaimentos negativos de elétrons, decaimentos de pósitrons, captura de elétrons e decaimento de nêutrons livres) e as reações e cadeias de decaimento do píon-múon (píons decaindo para múons ou elétrons, múons decaindo para elétrons, captura de múons por núcleos). Foi ideia de Tiomno, ainda no Brasil, depois de ouvir o seminário de César Lattes sobre o decaimento do píon, que todos esses processos poderiam ser mediados pelo mesmo tipo de força: a interação "quatro partículas, duas correntes" de Fermi, sugerida pela primeira vez em 1933/1934 – portanto, uma interação **universal** de Fermi.[27]

A primeira pessoa a ver o diagrama foi Elisa Frota-Pessôa, numa carta enviada em 18 de outubro de 1948, conforme reproduzido na Fig. 6,4. Já na Fig. 6.5 é mostrada uma imagem da versão impressa que apareceu no artigo original de 1949 (JT9).[28] Muitos anos depois, John Wheeler fez uma versão simples, desenhada à mão, semelhante àquele na carta de Tiomno para Elisa, para sua autobiografia.[29] Ele fez isso para enfatizar a origem do triângulo.

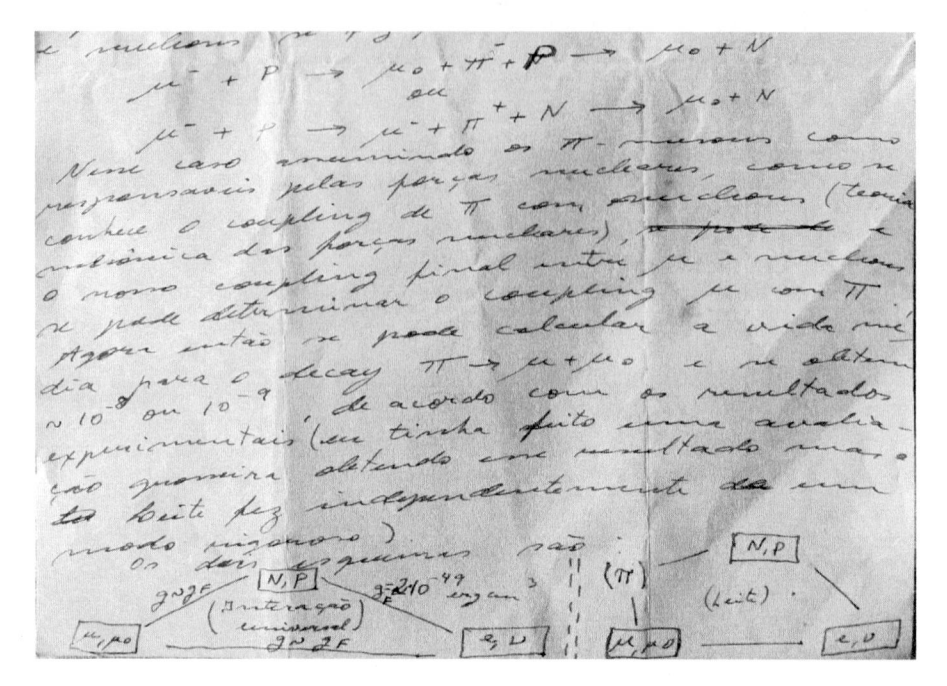

Fig. 6.4 Parte da carta de Jayme Tiomno à Elisa Frota-Pessôa, em 18 de outubro de 1948, mostrando suas primeiras versões do "triângulo de Tiomno"; EFP.

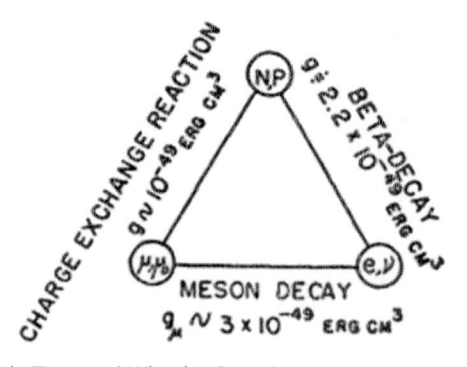

Fig. 6.5 O "triângulo de Tiomno (-Wheeler-Puppi)", como apareceu no artigo de Tiomno e Wheeler no *Rev. Mod. Phys.* **21**, 144 (1949). Reproduzido com permissão.

Os três vértices do triângulo representam os três grupos de partículas cujas correntes interagem por meio da interação do tipo Fermi: N, P são os núcleons (nêutron, próton) do decaimento nuclear beta e do decaimento do nêutron, enquanto μ, μ_0 são o múon e seu neutrino (agora denominado ν_μ), e, ν são o elétron e seu neutrino (agora denominado ν_e). Os dois vértices inferiores contêm o que são agora chamados léptons (partículas leves), e esses eram os únicos léptons conhecidos na década de 1940 (sabe-se agora que há três "gerações" de léptons, o mais pesado sendo a partícula tau ou *táuon*, τ, e seu neutrino, ν_τ).

O vértice superior representa todas as partículas da interação forte, agora denominadas hádrons. A existência da interação forte, presumivelmente responsável pela força de ligação nuclear, era suposta antes mesmo da interação fraca ter sido sugerida. Os núcleons estariam claramente sujeitos a essa interação, além das interações fraca e eletromagnética; e o mesmo se aplicaria ao recém-descoberto píon.

A divisão dos hádrons em duas subclasses de acordo com suas massas já era utilizada no final dos anos 1940: os bárions, ou partículas pesadas (em 1948, eram considerados apenas os núcleons n e p); e os mésons, ou partículas de massa intermediária (em 1948, apenas o píon – mésons K (partículas V) tinham sido "vistas", mas ainda não identificadas).

A massa do elétron, dada como uma energia equivalente de acordo com a famosa equação de Einstein $E = mc^2$ e expressa em elétron-volts (eV, a energia que um elétron ganha quando passa por uma diferença de potencial de 1 V) é 511.000 eV (ou 511 KeV). Os núcleons são quase 2.000 vezes mais massivos: a massa do próton é 938,3 MeV (milhões de elétron-volts) e o nêutron é 939,6 MeV. O méson π tem uma massa intermediária, equivalente a 139,6 MeV, cerca de 275 vezes a massa do elétron.

A classificação como "bárions" e "mésons" é ainda usada, mas agora não se refere às massas, e sim aos constituintes das partículas elementares dentro dos hádrons: os bárions contêm três quarks (valência) e os mésons contêm dois (como pares quark-antiquark). Portanto, em sua forma mais geral, a parte superior do vértice do triângulo deve representar todas as correntes hadrônicas. [Já foi sugerido, por exemplo, por Jun John Sakurai em seu livro *Invariance principles and Elementary Particles* (Princípios de invariância e partículas elementares] que o triângulo poderia ser estendido para um quarto vértice para incluir os hyperons, outra subclasse de hádrons, ou seja, aqueles bárions que contêm quarks "estranhos" ou quarks de segunda geração, tornando-se um tetraedro).[30] Outra sugestão para modificar o triângulo foi feita por José Leite Lopes, que propôs num artigo de revisão adicionar o píon no centro do triângulo, com linhas diagonais adicionais, indicando a natureza dos acoplamentos.[31] O artigo contendo o triângulo de Tiomno original se tornou um clássico, e foi mais tarde republicado em uma série de artigos selecionados pela Sociedade de Física do Japão, em um volume sobre as interações fracas na física de partículas, que incluiu os trabalhos mais importantes nesse tema.[32]

A história desse triângulo e sua recepção na literatura física é um capítulo infeliz, um exemplo das imprecisas e confusas atribuições de autoria que parecem ter ocorrido com frequência na história das interações fracas (e, claro, em muitos outros campos também). Uma razão para isso é o fenômeno bem conhecido de que ideias que estão "maduras" ocorrem frequentemente quase ao mesmo tempo para diferentes cientistas, que as relatam de maneiras diferentes. Posteriormente, muitas vezes, é difícil determinar quem teve prioridade e dar o devido crédito a quem merece. A história da UFI, incluindo a falta de reconhecimento para as contribuições iniciais de Tiomno, foi resumido posteriormente em uma revisão feita por Leite Lopes,[33] e também no artigo de Tiomno da Conferência em Racine, em 1984.[34]

O próprio Wheeler escreveu em sua autobiografia:

> ... Achamos que [o triângulo de Tiomno] é uma representação muito bonita de um padrão na natureza. Ele não responde à pergunta: "Por que o múon?", mas resume bastante a física de partículas. Eu sempre achei que esse triângulo deveria ser chamado de "triângulo de Tiomno". Ele chegou primeiro. Mas, alguns meses depois que nosso artigo foi publicado, Giampietro Puppi publicou ideias semelhantes numa revista italiana. Ele também viu a grande simplicidade de uma interação comum entre núcleons, elétrons, múons e neutrinos. Por acaso, o triângulo de Tiomno agora é conhecido por todos como "triângulo de Puppi", embora Puppi não tenha incluído um diagrama em seu artigo.[35]

Talvez não tenha sido apenas força do acaso, mas voltaremos a essa questão mais adiante no capítulo 15.

Durante os anos de estudante de pós-graduação em Princeton, Tiomno teve a oportunidade de conhecer e colaborar com vários físicos famosos. Além de seus orientadores, John Wheeler e, mais tarde, Eugene Wigner, um deles foi Wen Yu Chang, que estava estudando decaimentos de mésons usando uma câmara de nuvem. Wheeler pediu a Tiomno para ajudar na análise dos resultados – "Eu sou conselheiro técnico de Chang!", escreveu jocosamente a Leite Lopes.[36] Ele analisou um caso em que um méson emite um elétron de alta energia, descobrindo que poderia ter uma energia de até 25 MeV, mas com uma taxa de ramificação muito baixa, de apenas 0,8%. Mas esta permaneceu uma observação única e não pôde ser verificada. De qualquer jeito, foi uma boa forma de conhecer Chang.

Outro colaborador de Tiomno em Princeton foi **Chen Ning Yang**, que estava em Princeton (no Instituto de Estudos Avançados) durante a pós-graduação de Tiomno. Yang nasceu em 1922, em Hefei, na província de Anhui, no sudeste da China. Sua juventude e seus últimos anos escolares foram difíceis por conta da invasão japonesa à China em 1937. Sua família deixou Pequim, onde ele havia frequentado a escola, e voltou para Hefei, mudando-se em 1938 para Kunming, na Província de Yunnan, no sudoeste da China. Lá, ele cursou a Universidade Nacional Associada do Sudoeste, recebendo seu diploma de bacharel em física com uma tese sobre a interpretação de espectros moleculares usando métodos teóricos de grupo. Ele continuou sua pós-graduação na Universidade de Tsinghua, que havia sido transferida de Pequim para Kunming durante a guerra, recebendo o grau de mestre, em 1944, com uma tese em mecânica estatística. Yang obteve uma bolsa de estudos de pós-graduação para a Universidade de Chicago, nos EUA, em 1945. Originalmente, ele pretendia trabalhar com Enrico Fermi, mas como este último estava envolvido em pesquisas militares no Laboratório Nacional de Argonne,[37] Yang, como um cidadão não americano, permaneceu em Chicago trabalhando com Edward Teller, um dos famosos húngaros que emigrou para os EUA na década de 1930.

Yang, que usava o primeiro nome de "Franklin" em sua denominação ocidental, obteve seu doutorado em Chicago em 1948 e, em seguida, passou um ano de pós-doutorado como assistente de Fermi antes de aceitar um convite para o Instituto de Estudos Avançados em Princeton, então dirigido por J. Robert Oppenheimer. Ele permaneceu no Instituto por 16 anos, passando para a Universidade do Estado de Nova York (SUNY), em Stony Brook, em 1965.

Quando ainda estava em Chicago, Yang conheceu Tsung-Dao Lee, quatro anos mais novos, e tornou-se seu orientador. Eles continuaram a cooperação quando Yang foi para Princeton e Lee para a Universidade de Columbia, em Nova York. Yang e Lee propuseram a violação da paridade pelas interações fracas em 1956, levando ao prêmio Nobel conjunto no ano seguinte. Yang ficou famoso por sua introdução com Robert Mills da classe de teorias, agora conhecidas como teorias de Yang-Mills (1955), e por sua sugestão da violação de paridade com Lee (1956). Tiomno teve significativa participação nesse último evento.

Tiomno começou a colaborar com Yang no verão de 1949. Seu trabalho em conjunto levou a um artigo em coautoria na *Physical Review* em 1950, intitulado *Reflection Properties of Spin-½ Fields and a Universal Fermi-Type Interaction* (Propriedades de reflexão de campos de spin-½ e a interação universal tipo Fermi, JT15). Nesse artigo, eles consideram a descrição de objetos quânticos de "paridade-par" e "paridade-ímpar", e introduziram pela primeira vez o termo "Interação Universal de Fermi". Embora as conclusões do artigo não tenham tido muita influência, ele é importante por razões históricas e de precedência.[38]

O próprio Yang disse que esse artigo foi inspirado em discussões com Arthur Wightman, outro jovem teórico que estava em Princeton na época, levando ele e Tiomno a levantar a questão de possíveis fatores de fase no operador de paridade para uma partícula de Dirac.[39] Ele observa que o esquema proposto no artigo foi, posteriormente, considerado irrelevante para descrever os achados experimentais; no entanto, a experiência de trabalhar no artigo foi útil para ele mais tarde, em 1956, quando propôs a violação da paridade nas interações fracas junto com Tsung-Dao Lee. Ele também menciona que Fermi estava muito interessado nesse artigo. Em uma conferência em Chicago, em setembro de 1951, ele organizou uma sessão para discuti-lo. Os anais dessa conferência mostram que Fermi fez uma pergunta típica (para ele): como as diferentes classes de partículas podem ser experimentalmente distinguidas?[40] Segundo Yang, a ênfase de Fermi no significado experimental das construções teóricas era uma forte característica de seu estilo.

Podemos presumir, com alguma certeza, que a experiência de trabalhar neste artigo com Yang também foi útil para Tiomno. Yang tinha dois anos a menos que Tiomno, mas sua carreira acadêmica não tinha sido tão seriamente interrompida pela Segunda Guerra Mundial, como ocorreu com Tiomno, e ele já havia publicado um bom número de artigos na época em que foi para Princeton. No momento em que Tiomno colaborou com Yang, este já havia publicado junto com Tsung-Dao Lee e Marshall Rosenbluth o artigo *Interactions of Mesons with Nucleons and Light Particles* (Interações de mésons com núcleons e partículas leves).[41] Depois de mais de 30 anos, quando o início da história da UFI estava em discussão, Yang escreveu para Tiomno[42] afirmando que seu artigo conjunto, em 1950, tinha sido importante para seu trabalho posterior e foi citado por ele no seu artigo com Lee sobre a paridade em 1956.[43]

Os caminhos de Tiomno e Yang se cruzaram novamente várias vezes e, mais tarde, eles colaboraram em tópicos de física de partículas, por exemplo, num breve período no Rio de Janeiro, em 1960,[44] mas não publicaram nenhum outro artigo em conjunto. Yang teve uma carreira de destaque na Stony Brook, onde foi diretor do Instituto de Física Teórica, que hoje leva seu nome. Ele se aposentou em 1999 e voltou para a China, onde é professor honorário na Universidade de Tsinghua, em Beijing, e na Universidade Chinesa de Hong Kong.

A Escola de Verão de Michigan

Como era usual em várias universidades americanas, Tiomno teve que fazer o mestrado antes de entrar no programa de doutorado; isso significava passar por uma série de exames e desenvolver uma pesquisa (mesmo que sua formação e experiência científica já fossem mais do que equivalentes ao mestrado). Ele realizou, assim, o trabalho de pesquisa necessário para o mestrado sob a supervisão de Wheeler.

Fig. 6.6 Jayme Tiomno com a beca e o capelo (chapéu de formatura) após a cerimônia de formatura na pós-graduação para o grau de mestre. Jun. 1949. JT.

A bolsa de estudos de Tiomno terminava em janeiro de 1949 e não podia ser renovada, pois ele havia perdido o prazo para o pedido de renovação, que deveria ter acontecido em fevereiro de 1948, quando ainda estava chegando em Princeton. Ele conseguiu, então, uma bolsa da Fundação Rockefeller. O seu pedido foi apoiado pelo Departamento de Física da USP, onde era assistente (em licença). Em junho de 1949, Tiomno terminou seu mestrado e, por volta da mesma época, John Wheeler viajou com a família para a França para passar o ano letivo de 1949/1950 em Paris, com uma bolsa da Fundação Guggenheim. O ano sabático de Wheeler tinha sido originalmente planejado para 1950/1951, mas foi adiantado pois a Universidade lhe concedeu a licença mais cedo.[45]

Essa coincidência de datas fez com que Eugene Wigner se tornasse o orientador de doutorado de Tiomno, em vez de John Wheeler. A nova bolsa do Tiomno permitia-lhe frequentar o curso de teoria de campos da Escola de Verão de Michigan, que já possuía uma longa tradição. O curso de verão de 1949 foi dado por Richard P. Feynman, ex-aluno de doutorado de Wheeler, e muito proveitoso para Tiomno:

> No verão de 1949, ainda sob o patrocínio da Rockefeller Foundation, participei de curso pós-doutoral sobre Teoria dos Campos na Universidade de Michigan sob a orientação de R.P. Feynman..., com grande proveito para minha formação científica.[46]

Ele já havia estado com Feynman no encontro da Associação Americana de Física, em Nova York e em Princeton, mas essa era uma oportunidade de conhecer mais a fundo suas ideias.[47] Essa relação entre eles continuou por muitos anos, tanto no Brasil como nos EUA. Os cursos da Escola de Verão de 1948 e de 1949 foram dados por dois dos fundadores da eletrodinâmica quântica moderna (QED em inglês): Julian S. Schwinger (1948) e Richard P. Feynman (1949). Schwinger e Feynman mais tarde dividiram o prêmio Nobel de 1965 em física com Shin'ichiro Tomonaga do Japão por seu trabalho fundamental sobre eletrodinâmica quântica.

Seus cursos são lembrados pelo teórico de partículas elementares Robert Finkelstein[48] em suas memórias:

> Durante este período, participei de duas sessões da Escola de Verão de Michigan em que Schwinger (1948) e Feynman (1949) descreveram suas respectivas reformulações da QED. A de Schwinger era mais profunda e

completa, enquanto a de Feynman era mais fácil de usar, mas naquela época ainda incompleta... Bethe naquela época descreveu este período como o mais excitante da física desde os grandes dias de 1925-1930, quando a mecânica quântica estava sendo descoberta... Neste período é que a "Interação Universal de Fermi" (UFI) tinha sido proposta por Wheeler e Tiomno. Adotando a UFI, Mal Ruderman e eu calculamos (1949) πe / $\pi\mu$ da mesma forma, ou seja, pré-Schwinger, que eu havia calculado anteriormente as taxas $\pi\gamma$...[49]

O texto de Finkelstein mostra que a introdução da UFI, que Tiomno havia considerado por conta própria enquanto ainda estava no Brasil em 1947, não passou despercebida por outros físicos. Finkelstein atribui a UFI a Wheeler e Tiomno; na verdade, o termo "Interação Universal de Fermi" foi usada pela primeira vez no artigo de Tiomno e Yang (JT15), mas o conceito já havia sido introduzido de forma marcante no segundo dos artigos de Tiomno e Wheeler (JT 9), e foi sugerido por alguns outros autores em diferentes formas quase ao mesmo tempo.[50] O jovem colega de Finkelstein, Mal Ruderman, também frequentou a Escola de Verão, onde ele e Jayme Tiomno eram os únicos participantes que ainda não haviam completado seus doutorados.[51]

A tese de doutorado

Após as férias de verão de 1949, Jayme Tiomno voltou toda sua atenção para finalizar a tese de doutorado, que recebeu o título *The theory of the Neutrino and double Beta Decay* (A teoria do neutrino e o duplo decaimento beta). Wigner, seu orientador da tese, já era um teórico famoso e teve importante influência sobre Tiomno.

Eugene Paul Wigner (1902–1995) nasceu em Budapeste, Hungria.[52] Ele estudou engenharia química na Faculdade Técnica (atualmente *Technische Universität*) em Berlim, onde completou seu doutorado em 1925 sob a orientação de Michael Polanyi, outro famoso húngaro, que era físico-químico. Wigner conheceu Albert Einstein e Leó Szilárd em Berlim. Einstein se impressionou com ele e apoiou sua intenção de iniciar uma carreira em física, em vez da mais prosaica engenharia química preferida pela família dele. Szilárd também era húngaro, três anos mais velho que Wigner, e também emigrou posteriormente para os EUA, após um interlúdio na Inglaterra.

Wigner participou do colóquio na *Deutsche Physikalische Gesellschaft* (Sociedade Alemã de Física), organizado por Max von Laue em Berlim, o que aumentou seu conhecimento e seu interesse pela física. Durante seu terceiro ano em Berlim, Wigner trabalhou como assistente no *Kaiser-Wilhelm Institut* (KWI, atual Sociedade Max Planck) em Berlim-Dahlem. O Instituto de Física do KWI era dirigido por Albert Einstein, e Max von Laue era o vice-diretor, mas ainda não havia prédio próprio.[53] Em vez disso, ele trabalhou nas instalações do Instituto de Físico-Química e Eletroquímica do KWI, dirigido por Fritz Haber (atualmente denominado *Fritz Haber Institut*), onde seu orientador Michael Polanyi tinha um grupo de pesquisa e Einstein também teve um gabinete durante seus primeiros anos em Berlim.

Após terminar o doutorado em 1925, Wigner permaneceu por um ano em Berlim como assistente do teórico Richard Becker na *Technische Hochschule* e depois foi para Göttingen como assistente do matemático David Hilbert, que naquela época já era bastante idoso e não mais cientificamente produtivo. Wigner trabalhou por conta própria e desenvolveu aplicações da teoria de grupos à mecânica quântica, que se refletiram em suas publicações *Gruppentheorie und Quantenmechanik* (Teoria de grupo e mecânica quântica) em 1929, e *Group Theory and its Application to the Quantum Mechanics of Atomic Spectra* (Teoria de grupo e sua aplicação na mecânica quântica do espectro atômico) em 1931. Ele ganhou a reputação de teórico inovador. Concluiu sua *Habilitation* (qualificação para o ensino universitário) em Berlim, em 1928, e tornou-se professor adjunto de Física Teórica na *Technische Hochschule* em 1930.

No ano seguinte, mudou-se para os EUA, onde trabalhou primeiro como bolsista em Princeton, depois, em 1936/1937, como professor na Universidade de Wisconsin, finalmente retornando como professor de matemática na Universidade de Princeton, onde passou o resto de sua carreira, aposentando-se em 1971. Wigner, juntamente com vários pesquisadores, desenvolveu matematicamente a teoria da reação nuclear em cadeia, cujas bases foram lançadas por Szilard ainda na década de 1920. Posteriormente, em 1939, Wigner e Szilard foram os responsáveis por convencer Einstein a escrever uma carta a Franklin Delano Roosevelt, presidente dos Estados Unidos, alertando sobre a necessidade de desenvolver um programa de pesquisa sobre armas atômicas para fazer frente à ameaça alemã. Wigner recebeu o prêmio Nobel de física em 1963 por suas contribuições à física nuclear e aplicações dos princípios de simetria à física, dividindo com Maria Goeppert-Meyer e Hans Jensen, que desenvolveram independentemente o Modelo Nuclear de Camadas para explicar a estrutura de níveis de energia de vários núcleos atômicos. Nos anos posteriores, Wigner trabalhou em física fundamental e interpretações da mecânica quântica [por exemplo, o experimento mental o "Amigo de Wigner" (1956), um complemento ao "Gato de Schrödinger"; e seu ensaio *The unreasonable effectiveness of mathematics in the natural sciences* (A eficácia irracional da matemática nas ciências naturais, 1960)].

Leó Szilárd, Eugene Wigner, John von Neumann, Cornelius Lanzcos e Edward Teller, todos imigrantes húngaros que trabalharam em física moderna e física matemática, às vezes eram chamados de "os marcianos" por seus colegas americanos devido às suas habilidades intelectuais aparentemente de outro mundo.

Antonio Luciano Videira, colega e ex-aluno de Tiomno, reproduziu, certa vez, o encontro entre Tiomno e Wigner:

> ... Tendo-lhe [Tiomno] ir pedir assunto de tese, Wigner pergunta-lhe: "Já viu este artigo? Aquele outro? Você conhece o trabalho de Majorana?"
> E o nosso herói, com a segurança dos fracos, ou melhor, com a intrepidez daqueles que desconhecem a maneira de ser de Wigner, responde: "Eu já li todos os trabalhos de Majorana, publicados sobre o neutrino".
> "Ah! Ótimo!", respondeu Wigner. "Porque você agora poderá explicar-me umas certas coisas que eu nunca entendi. Dado que, na teoria de Majorana, só existem dois neutrinos e na teoria de Dirac existem quatro, o calor específico do vácuo de Dirac é maior do que o calor específico do vácuo de Majorana?"
> E ainda uma outra pergunta que o jovem estudante não soube responder: "Ah, bom! Vejo que você também não compreendeu a teoria de Majorana e que esse estudo pode ser um bom começo de tese."[54]

Ettore Majorana foi um teórico italiano que desenvolveu uma teoria do férmion análoga à teoria de Dirac, mas cujas soluções são com espinores de dois componentes, em vez de espinores de quatro componentes. Eles, portanto, descrevem partículas (evidentemente sem carga elétrica) que são suas próprias antipartículas. Tem havido muita especulação sobre se os neutrinos são partículas de Dirac ou partículas de Majorana.

Com a partida antecipada de Wheeler e a necessidade de concluir a tese dentro do prazo necessário, Tiomno considerou que era um tema que trazia uma questão científica pertinente e poderia ser realizada com rapidez. Certamente, foi um misto de ingenuidade e ousadia de um jovem teórico iniciante propor-se a abarcar, não uma, mas várias novas teorias.

A física dos neutrinos tem sido um assunto de interesse permanente desde 1930, quando Pauli sugeriu a existência do neutrino, e não está mostrando nenhum sinal de conclusão. Desde a década de 1960, tornou-se um importante tópico experimental (bem como para teóricos) e agora está motivando a construção de detectores enormes e muito caros. O duplo decaimento beta foi sugerido pela primeira vez em 1935 por Maria Goeppert-Mayer, que teria consultado Wigner antes de publicar sua hipótese.

Em sua forma mais simples, o duplo decaimento beta é o decaimento simultâneo de dois nêutrons ou dois prótons dentro de um núcleo instável, acompanhado pela emissão de dois elétrons ou dois pósitrons e, correspondentemente, dois neutrinos. Este pode ser o modo preferido de decaimento se o núcleo adjacente (em $Z \pm 1$) é menos fortemente ligado, de modo que nenhum ganho de energia ocorreria através de um único decaimento beta, mas um núcleo vizinho removido duas *vezes* (em $Z \pm 2$) é mais fortemente ligado, favorecendo um duplo decaimento. A dupla captura de elétrons também pode ocorrer.

A forma mais exótica, até agora não observada experimentalmente, envolve a emissão de dois elétrons ou pósitrons, ou uma dupla captura de elétrons, mas nenhum neutrino emitido – isso seria possível se os neutrinos fossem partículas de Majorana. Essa versão é chamada de "duplo decaimento beta sem neutrinos". Os tempos característicos de decaimento para o duplo decaimento beta são muito longos, tornando difícil observar na prática. Até a presente data, 13 exemplos de duplo decaimentos beta "comuns" foram detectados, com meias-vidas da ordem de 10^{18} anos. Um limite inferior para a meia-vida do duplo decaimento beta sem neutrinos também foi estabelecido: são 10^{25} anos.

O jovem colega de Tiomno em Princeton, Edward L. Fireman (1922–1990), realizou o primeiro estudo experimental de duplo decaimento beta usando um contador Geiger para sua tese de doutorado, concluída em 1948, sob orientação de Rubby Sherr. Tiomno usou os dados de Fireman em sua tese e pode ter sido inspirado a escrever sobre o duplo decaimento beta pelo trabalho deste último. Tiomno, sem dúvida, conheceu Fireman ainda no grupo de Wheeler, logo após chegar a Princeton.

A tese de doutorado de Jayme Tiomno, datada de setembro de 1950, é extraordinariamente clara e bem estruturada (JT16).[55] Isso reflete sua propensão que teve ao longo da vida por uma escrita didática e transparente. Ele se refere a ela várias vezes como "este artigo", como se estivesse escrevendo um artigo científico. No entanto, ele não encontrou tempo para publicá-la imediatamente – vários artigos foram publicados alguns anos depois, contendo algumas das novas ideias desenvolvidas durante a redação da tese.[56]

Tiomno começa com uma breve introdução, na qual expõe seus objetivos e descreve sucintamente a história das teorias dos neutrinos e do duplo decaimento beta até aquela data. Isto é seguido na Parte I por um resumo geral das teorias quânticas de campo (ainda em estágio de construção na época), distinguindo, em particular, teorias de campo locais e não-locais da projeção de Schrödinger. Na Parte II, ele discute a invariância de Lorentz (ou seja, invariância sob as transformações de Lorentz, que sinaliza a conformidade com a relatividade restrita, um requisito para qualquer teoria moderna na qual ocorrem velocidades ou energias relativísticas). Ele também discute a invariância da reversão no tempo da eletrodinâmica quântica (QED) e restrições das possíveis formas de operadores hamiltonianos (operadores da mecânica quântica para a energia total de um sistema), que são impostas pela invariância da reversão no tempo. Finalmente, nessa parte, ele trata das transformações de Lorentz de campos espinores, que ele usará para descrever os léptons.

Na Parte III, Tiomno continua com os fundamentos teóricos dos modelos propostos, discutindo o espaço de Hilbert subjacente a operadores de campo espinor. Espaços de Hilbert são uma construção matemática, nomeada pelo matemático alemão David Hilbert, que generaliza o espaço tridimensional para dimensões arbitrárias. Os operadores da mecânica quântica – que representam quantidades físicas observáveis – operam em um espaço de Hilbert, e os "vetores de estado" – definindo o estado de um sistema da mecânica quântica – são vetores no espaço de Hilbert.

Posteriormente, na Parte IV, ele descreve e classifica teorias de partículas neutras de spin ½ (por exemplo, neutrinos) e discute partículas neutras que são suas próprias antipartículas (partículas de Majorana, em um tratamento geral). A segunda seção da Parte IV, em seguida, introduz a formulação de possíveis teorias de neutrinos e sua aplicação a uma interação do tipo Fermi. Tiomno restringe-se às teorias de campo locais (com base nos resultados da Parte I) e se propõe a descrever todos os férmions (exceto os neutrinos) como partículas de Dirac. Ele então distingue três tipos de teorias, dependendo da descrição dos neutrinos enquanto partículas de Dirac; como partículas de Dirac, mas com um operador de projeção na interação; ou alternativamente como partículas de Majorana. As interações são escritas usando as cinco classificações atuais de operadores (S, V, T, A, P),[57] expressando-os em termos das matrizes γ_i de Dirac.

Nesta seção, Tiomno também desenvolve uma forma simples do "número de léptons" e "número de bárions", originalmente sugeridos por Fermi e mais tarde usados para classificar reações de partículas em termos de "conservação do número de léptons" etc. Tiomno refere-se aqui à "conservação de partículas". Em seguida, discute a classificação das várias teorias em termos da invariância de Lorentz e da estrutura subjacente do espaço de Hilbert. Ele ainda considera teorias sem "conservação de partículas" (isso se aplica a neutrinos como partículas de Majorana, uma vez que neutrinos e antineutrinos são idênticos e o conceito de "número de lépton" falha); essa classe poderia descrever o duplo decaimento beta sem neutrinos. Ele também discute "teorias de projeção", nas quais uma parte da função de onda do neutrino de Dirac é projetada na interação, de modo que apenas um tipo de neutrino (ou antineutrino) realmente participa da interação. Finalmente, ele considera explicitamente teorias do tipo Majorana, onde apenas um tipo de neutrino existe *a priori*; eles são os candidatos mais prováveis para o duplo decaimento beta sem neutrinos.

Na última seção da tese, Parte V, ele discute as consequências das várias teorias para os resultados experimentais do duplo decaimento beta, incluindo constantes de acoplamento e formas do espectro em um procedimento longo e matematicamente desafiador, comparando-os para as diferentes classificações atuais de operadores, e derivando os tempos de vida dos decaimentos previstos. Na terceira seção da Parte V, ele compara esses resultados com os dados experimentais disponíveis (ainda bastante limitados naquela época). Tiomno conclui na seção final que as teorias do tipo Majorana dão resultados que não estão em desacordo com os dados, mas isso não justifica a conclusão de que o neutrino é uma partícula de Majorana. Ele ressalta a necessidade de mais dados, em particular sobre formas de espectro e correlação angular (muito difícil de obter, visto os tempos extremamente longos do duplo decaimento beta).

A bolsa de Tiomno estava programada para encerrar em fevereiro de 1950, e ele não teria tempo para terminar de escrever a tese antes de deixar Princeton. Seu plano era, portanto, terminar a tese no Brasil, como seu colega Walter Schützer também tinha se proposto a fazer. Wigner, no entanto, ficou irritado com sua intenção de partir antes de terminar a tese e insistiu para que ele pedisse à Fundação Rockefeller uma extensão da bolsa. Wigner já estava insatisfeito com a partida prematura de Schützer e não queria que Tiomno fizesse o mesmo, ele deveria ficar até que a tese de doutorado fosse concluída. Ao contrário das expectativas de Tiomno, a Fundação Rockefeller concedeu a extensão sem problemas; mas sua licença da Faculdade em São

Paulo se mostrou um obstáculo. Normalmente, a USP concedia licença de no máximo dois anos; além disso, o Departamento estava seriamente carente de professores. Após considerável negociação e uma carta de Wigner ao chefe do Departamento da USP, foi autorizada a extensão da licença até setembro.

Em julho de 1950, quando Tiomno estava concluindo a tese de doutorado. Wigner foi para a Universidade de Wisconsin para dar um curso de verão sobre teoria de grupo e sugeriu que Tiomno também fosse. Ele poderia participar do curso e trabalhar em conjunto com Wigner na finalização da tese. Ambos, no entanto, teriam muito pouco tempo para concluí-la: Wigner tinha programado viajar para a Europa em setembro e Tiomno precisava voltar ao Brasil.

Tiomno teve o apoio de dois jovens colegas em Princeton. O primeiro foi David Bohm (1917-1992), então professor assistente em Princeton, que atuou como leitor da tese de Tiomno desde que Wigner viajou no momento crucial. O outro foi Arthur Wightman (1922-2013), também aluno de Wheeler, que completou o doutorado em 1949 e estava interessado na física dos píons (mais tarde ele se envolveu na formulação da teoria axiomática do campo quântico).

Finalmente, em setembro de 1950, Tiomno defendeu a tese. Wigner considerou que estava em ordem de uma forma geral, exceto por alguns problemas no inglês. O único ponto que ele achou que faltava era uma discussão completa sobre o duplo decaimento beta, no que ele chamou de mistura das teorias.[58] Na tese, Tiomno agradece a Eugene Wigner por sua orientação, e Arthur Wightman e David Bohm pelas "úteis discussões".

Tiomno foi apenas o terceiro físico brasileiro a obter formalmente um doutorado. O primeiro foi José Leite Lopes, que recebeu seu Ph.D. em Princeton, em 1946, e a segunda foi uma mulher, Sonja Ashauer, que obteve seu D.Phil. em Cambridge, Reino Unido, em 1948.[59]

Voltando para casa

Os últimos meses de Tiomno em Princeton, em 1950, foram muito ocupados. Ele estava trabalhando intensivamente, primeiro na formulação, e depois na escrita e edição da tese. Suas cartas para Elisa tornaram-se menos frequentes. Ele também começou a datilografá-las, aparentemente para praticar datilografia, o que aumentaria sua velocidade para escrever a versão final da tese. Tendo concluído o seu doutorado em Princeton no final de setembro, começou a preparar seu retorno ao Brasil.

Em 7 de outubro de 1950, Tiomno deixou os EUA com destino ao Brasil para retomar seu cargo na USP. Dessa vez, ele não precisou enfrentar um voo aventureiro; a bolsa da Fundação Rockefeller incluía uma passagem de navio. Ele retornou no navio Uruguaio, que faria escala em Santos. Seu plano era passar 2 ou 3 anos em São Paulo e depois juntar-se ao ambicioso projeto que estava em andamento no Rio de Janeiro: a criação do Centro Brasileiro de Pesquisas Físicas (CBPF).

Houve uma tensão com o Departamento de Física da USP, pois correu o boato de que ele retornaria diretamente ao Rio de Janeiro ao invés de São Paulo (Na época, não havia exigência legal de retorno para a instituição de origem). A oferta da USP era de fato atraente; seus colegas estavam ansiosos para mantê-lo lá: ele seria primeiro assistente e receberia um complemento no salário como funcionário em tempo integral. Porém, mais importante que as ofertas de ascensão profissional e financeira era seu compromisso com o Departamento de Física da USP: a condição para ele ter estendida a licença era que se comprometesse a retornar para São Paulo. Além disso, o Departamento estava enfrentando uma séria crise interna e ele achava que poderia auxiliar a reerguê-lo. Assim, apesar da atração pelo projeto do recém-criado CBPF, ele foi para a USP.

Desde o verão de 1947, quando Tiomno e Elisa iniciaram um relacionamento íntimo, eles tiveram poucas oportunidades de estar juntos, primeiro por causa da estadia de Tiomno em São Paulo, e depois por seus quase três anos em Princeton. Agora, chegava o momento de reencontrá-la e decidirem se o relacionamento teria futuro.

Em sua bagagem, Jayme Tiomno trazia sete trabalhos publicados em prestigiadas revistas, uma tese de doutorado, contatos e colaborações com importantes físicos,[60] e uma geladeira elétrica – um presente para a mãe, para substituir a geladeira de madeira (para a qual se comprava o gelo) que a família usava há anos.

Notas

1. Jayme Tiomno para Elisa Frota-Pessôa, 10 de fevereiro de 1948; EFP.
2. Idem. Provavelmente, era um curso de matemática, ministrado por Valentine Bargmann, ex-assistente de Einstein. Mais tarde, Wheeler afirmou que deu o primeiro curso de relatividade geral no Departamento de Física em Princeton em 1952/1953, mas na verdade já havia sido oferecido anteriormente no curso de matemática.

3. Jayme Tiomno para Elisa Frota-Pessôa, 9 de março de 1948. EFP.

4. Wheeler & Ford (1998).

5. Jayme Tiomno para José Leite Lopes, 18 de fevereiro de 1948; JLL.

6. Jayme Tiomno para José Leite Lopes, 14 de abril de 1948; JLL.

7. Jayme Tiomno para Elisa Frota-Pessôa, 11 de abril de 1948. EFP.

8. Jayme Tiomno para José Leite Lopes, 14 de abril de 1948; JLL.

9. Wheeler & Ford (1998); op. cit.

10. Idem.

11. Uma lista de suas citações mais proeminentes pode ser encontrada em https://todayinsci.com/W/Wheeler_John/WheelerJohn-citations.htm.

12. A biografia científica definitiva de Wheeler ainda não foi escrita, mas existem vários trabalhos científico-biográficos descrevendo diferentes aspectos de sua vida e ciência, inclusive sua autobiografia, Wheeler & Ford (1998). Ver Klauder (1974); Ciufolini (1995); Misner *et al.*, (2009). A dissertação de Terry M. Christensen, *John Archibald Wheeler: A Study of Mentoring in Modern Physics*, Christensen (2009) fornece uma discussão sobre a orientação de Wheeler a seus muitos alunos, disponível em

    https://ir.library.oregonstate.edu/concern/graduate_thesis_or_dissertações/3r074x13x.

13. Tiomno (1984/1994). Ver também Cap. 15 deste livro.

14. Jayme Tiomno para Elisa Frota-Pessôa, 11 de abril de 1948; EPP; e Tiomno (1966a).

15. Ainda antes de propor a Tiomno o trabalho sobre teoria gravitacional, Wheeler tinha sugerido o mesmo problema a Leopold Infeld e Alfred Schild, propondo que fizessem os cálculos para uma "partícula teste" segundo a teoria da relatividade geral. Assim, pouco depois de Tiomno ter suspenso seu trabalho, Infeld e Schild publicaram um artigo apresentando seus resultados. Ver Infeld & Schild (1949).

16. Jayme Tiomno para José Leite Lopes, 27 de novembro de 1947; JLL.

17. Touchek (1947).

18. Conversi, Pancini & Piccioni (1947). No experimento conhecido como *"CPP"*, os autores compararam as taxas de decaimento e captura de múons negativos em carbono e em placas de ferro. Pôde-se inferir de seus dados que os múons foram produzidos pelo rápido decaimento de outra partícula (o píon). Eles postularam dois mésons: um interagindo fortemente (agora conhecido por ser o píon) e decaindo para um segundo interagindo fracamente (o múon). Em 1947, Tiomno sabia do resultado do CPP, mas não do postulado dos dois mésons.

19. Bethe & Marshak (1947).

20. Tiomno (1984/1994).

21. Jayme Tiomno para Elisa Frota-Pessôa, 9 de junho de 1948; EFP.

22. Jayme Tiomno para Elisa Frota-Pessôa, 15 de junho de 1948; EFP.

23. Carta de John Wheeler para Jayme Tiomno, em 15 de abril de 1995, pedindo a Tiomno para conferir o texto sobre o triângulo que seria publicado na autobiografia que ele estava escrevendo com Kenneth Ford: APhS. Bassalo e Freire Jr. (2003) citam uma entrevista dada por Jayme Tiomno e Elisa Frota-Pessôa em agosto de 2003 com uma afirmação feita presumivelmente por Elisa de que os outros dois alunos que melhor trabalharam com Wheeler, além de Tiomno, foram Richard Feynman e Robert Marshak. Mas isso é um equívoco, pois Marshak não foi aluno de Wheeler e nem trabalharam juntos, embora certamente se conhecessem bem.

24. Jayme Tiomno para seus pais e irmãos, 20 de agosto de 1948; STT.

25. Ver Cap. 5 deste livro.

26. Jayme Tiomno para Elisa Frota-Pessôa, 24 de setembro de 1948; EFP.

27. O artigo original de Fermi sobre essa teoria, que ele submeteu à prestigiosa revista britânica *Nature*, foi rejeitado com o argumento de que era "muito especulativo". Este foi um erro clássico do conservadorismo científico, como posteriormente admitido pela equipe editorial da *Nature*. Em vez disso, ele publicou em italiano em 1933 na obscura revista *La Ricerca Scientifica*, e em 1934 no *Il Nuovo Cimento*, bem como em alemão no *Zeitschrift für Physik*. A recusa pela *Nature* levou-o a mudar para a física experimental, onde teve grande sucesso com experimentos de captura de nêutrons, descobrindo muitos isótopos radioativos (e estimulando Otto Hahn e Lise Meitner a começarem o programa de pesquisa que acabou levando à descoberta da fissão nuclear). Fermi recebeu o prêmio Nobel de física em 1938 por esse trabalho. Tempos depois, ele retornou à teoria.

28 Este artigo que contém o "triângulo de Tiomno" foi baseado na comunicação no encontro em Pasadena em junho de 1948.

29. Wheeler & Ford (1998), pp.175 e 176.

30. Sakurai (2015), pp. 167-168. A sugestão original de um "tetraedro de Tiomno" foi aparentemente feita na Conferência de Rochester de 1956 sobre *Física de altas energias*, por Murray Gell-Mann, que introduziu o conceito de "estranheza"; cf. Leite Lopes *in* MacDowell *et al.* (1991).

31. Leite Lopes (1996), p. 14, Fig. 4. Este artigo fornece um resumo bom e compacto do desenvolvimento da teoria das interações fracas. Ele é uma versão revisada de um ensaio mais curto, intitulado "O Princípio da Interação Universal de Fermi" e publicado no livro comemorativo para o aniversário de 70 anos de Jayme Tiomno; MacDowell *et al.* (1991). Neste, são exibidas uma série de formas alternativas do "triângulo de Tiomno". Ver Cap. 15 deste livro.

32. The *Physical Society of Japan* (org): Series of Selected Papers in Physics, volume sobre Weak Interactions in Particle Physics. The *Physical Society of Japan* (1972).

33. MacDowell *et al.* (1991), publicado também em Leite Lopes (1996).

34. Tiomno (1984/1994); Marshak, (1997) e Bassalo & Freire (2003), bem como no Cap. 15 deste livro.

35. Wheeler & Ford (1998), op. cit.

36. Jayme Tiomno para José Leite Lopes, 23 de março de 1948; JLL.

37. O Laboratório Nacional de Argonne foi fundado em 1946 em Lemont, Illinois, perto de Chicago, sob os auspícios da Universidade de Chicago, como sucessor ao Laboratório Metalúrgico, onde foram realizados os primeiros trabalhos experimentais para o Projeto Manhattan e iniciado o funcionamento do primeiro reator nuclear. É operado hoje pelo Departamento de Energia dos EUA e é um dos principais laboratórios nacionais do país.

38. Tiomno (2005) e Yang (2005).

39. Yang (2005).

40. Citado nos *Proceedings of the International Conference on Nuclear Physics and the Physics of Elementary Particles*, eds. J. Orear; A. H. Rosenfeld; R. A. Schlüter. Notas mimeografadas, Universidade de Chicago, 1951, p. 109.

41. Lee, Rosenbluth & Yang (1949).

42. Chen Ning Yang para Jayme Tiomno, 10 de maio de 1985; JT.

43. Lee & Yang (1956).

44. Ver Cap. 9 e Cap. 10 deste livro.

45. Wheeler & Ford (1998), op. cit.

46. Tiomno (1966a).

47. Tiomno (1977) e Cap. 9.

48. Finkelstein trabalhou por muitos anos na Universidade da Califórnia, em Los Angeles (UCLA), mas já havia estado em Berkeley e em Princeton com Oppenheimer. Ele também trabalhou em interações fracas no mesmo período que Tiomno.

49. Finkelstein (2016). O cálculo que ele menciona no trecho citado foi mais tarde relevante para a continuação do trabalho de Tiomno sobre interações fracas (cf. Cap. 9). Ver também Ruderman & Finkelstein (1949).

50. Puppi (1948); Pontecorvo (1947); Klein (1948).

51. Videira (1980).

52. Ver sua autobiografia, Wigner & Szanton (1992).

53. *Kaiser-Wilhelm Institut für Physik* foi fundado em 1917, durante a 1ª Guerra Mundial, quando não havia fundos para construir o prédio, e a situação não era muito melhor durante a República de Weimar, quando Wigner estava em Berlim. O prédio foi finalmente construído em 1936 no *campus* Berlin-Dahlem KWI com recursos da Fundação Rockefeller.

54. Videira (1980). Videira cita uma conversa com Tiomno, quando lhe contou esta história. Ela foi reproduzida em Fornazier & Videira (2018).

55. A tese foi discutida em detalhes por Fornazier & Videira (2018), e uma versão digital feita pelo CBPF (CBPF-DH-001/18) está disponível online em: http://cbpfindex.cbpf.br/publication_pdfs/PDF%20preto-DHFINAL.2018_02_08_09_29_03.pdf

56. Ver Cap. 9 deste livro.

57. Ver Cap. 4 deste livro.

58. Eugene Wigner para Jayme Tiomno, 14 de setembro (1950); JT.

59. César Lattes recebeu um doutorado honorário da USP em 1948.

60. Além dos físicos já citados, devemos mencionar também Abraham Pais e J. Robert Oppenheimer.

7

Elisa

Primeiros tempos

Elisa Frota-Pessôa foi uma mulher à frente de sua época. Ela estudou física e realizou pesquisas científicas, quando tanto a física quanto a pesquisa ainda estavam em sua infância no Brasil. Ambas eram atividades incomuns para homens, e ainda mais para as poucas mulheres que haviam adquirido grau universitário. Os poucos que obtinham um diploma universitário seguiam carreiras técnicas ou se dedicavam exclusivamente ao ensino. Repetidamente, Elisa teve que provar que, embora mulher, era competente e sabia fazer física, como se uma coisa fosse incompatível com a outra. Ela também se recusou a se render aos costumes conservadores que condenavam mulheres que se separavam de seus maridos, especialmente se quisessem reconstruir sua vida com outra pessoa. Certamente ela foi uma mulher notável.

Nascida no Rio de Janeiro em 17 de janeiro de 1921, menos de um ano depois do Jayme Tiomno, era filha de Juvenal Moreira Maia e Elisa Habbema de Maia, e recebeu o nome de Elisa Esther Habbema de Maia. O interesse de Elisa pela ciência e, especificamente, pela física, foi despertado logo cedo por seu professor de ciências, Plinio Süssekind Rocha, quando cursava o segundo ano do ensino médio na Escola Paulo de Frontin, em 1935/1936. A ida para essa Escola já foi em si uma dificuldade, pois seu pai, que era advogado e conservador, preferia mandá-la para a Escola Normal para se tornar professora primária. Por conta disso, ela foi matriculada em ambas as escolas, o que se tornou um problema, pois uma nova lei proibia cursar duas escolas estaduais ao mesmo tempo. A diretora da Paulo de Frontin, Andrea Borges, disse que não abria mão dela, pois teve ótimos resultados no teste de admissão.

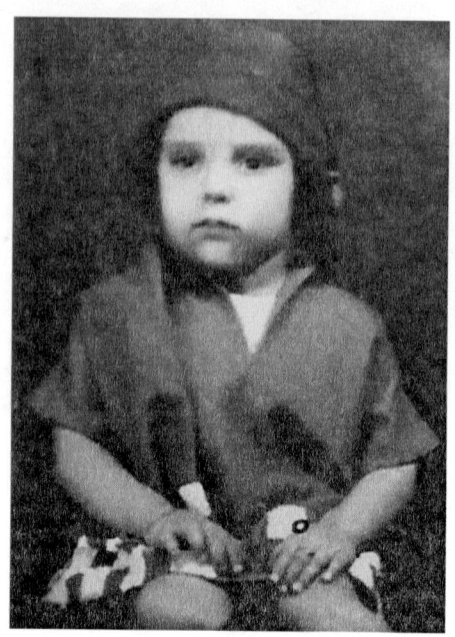

Fig. 7.1 Elisa aos 3 anos. Fonte: arquivo privado. EFP.

Enquanto estava sendo decidido se poderia excepcionalmente cursar as duas escolas ou não, ela ficou estudando em casa, resolvendo exercícios fornecidos por seus colegas. No final, ela seguiu para a Paulo de Frontin, como desejava, mas terminou ingressando atrasada. Elisa ficou imediatamente fascinada pelo curso de física do Süssekind. Ele próprio ficou inicialmente incrédulo que ela – uma moça – conseguisse resolver os exercícios sozinha, e corretamente. Ele presumiu que ela tinha sido ajudada por um irmão mais velho ou algum outro parente do sexo masculino. Ela respondeu que ela mesma os havia resolvido e que seria simples verificar – bastava que fosse ao quadro-negro e poderia resolver na hora os exercícios que ele propusesse. Pouco tempo depois, ela se tornou uma espécie de professora informal em sua classe para quem tivesse problemas para acompanhar, e a Escola chegou a ceder-lhe uma sala de aula e um horário para tirar dúvidas dos colegas.[1] Ela gostava da atividade extra, pois achava que era a melhor maneira de aprender: ensinando.

Elisa tinha um caderno de poemas e recordações, onde pedia aos seus colegas e professores para escreverem ou reproduzirem um poema que gostassem muito. Seu professor de português, latim e literatura, Antonio Houaiss, então um jovem de 23 anos que ao mesmo tempo estudava letras clássicas na UDF, brindou-a com um texto original, onde, após algumas reflexões, dizia:

... Seu caderno é um símbolo. Há um núcleo complexo, aí, igual a amizade--saudade. Cada um que nele colabora acrescenta-lhe um pouco de amizade que a saudade, mais tarde, reviverá. Aqui, porém, seu caderno-símbolo é diverso: ele permitirá que você, num só momento, mais tarde, possa sentir--lhe o núcleo acompanhado de todas as emoções sentidas por todos os que trouxeram nota de sua personalidade.

Importante: Elisa Esther, poucos são os possuidores de uma alma, tão grande quanto o mundo, capaz de vibrar, a um tempo, com tantas emoções. É que você tem a sensibilidade dos estetas, poetisa!

Reverentemente,

Antonio Houaiss[2]
Rio, 16/11/1938

Houaiss, que viria a se tornar um escritor famoso e membro da Academia Brasileira de Ciências, estava metade certo com relação à Elisa: ela não seguiria a carreira de Letras, mas seu amor pela arte e pela estética a acompanharia por toda a vida.

Já o professor de ciências Plínio Süssekind Rocha foi mais bem sucedido no encaminhamento profissional de Elisa. Além de professor de ensino médio, ele era professor assistente da Universidade do Distrito Federal (UDF), como outros professores da Escola Paulo de Frontin. Quando Elisa estava se preparando para começar os estudos universitários, ele opinou que ela não deveria estudar engenharia, como pretendia inicialmente, mas fazer física. Ela pensava que os cursos de física eram oferecidos apenas como matéria de apoio para as profissões "práticas" como engenharia. E na verdade era, com exceção dos recentes e ainda pouco conhecidos cursos de física da UDF no Rio de Janeiro e da USP em São Paulo.

Porém, se ela havia conseguido convencer o pai a deixá-la cursar a escola de ensino médio que desejava, no caso da universidade ele se mostrou inflexível: "lugar de mulher é em casa", sentenciou. Essa posição conservadora do seu pai contrastava com exemplos de mulheres independentes e suas próprias profissões pelo lado da mãe: a avó francesa de Elisa foi uma parteira, que tinha seu próprio sustento e vivia de forma independente; tia Esther, de quem Elisa recebeu seu nome do meio, era dentista com grande prática e atendia uma enorme clientela de mulheres.[3] Elas podem ter servido de modelo para Elisa, mas não há dúvida de que ela mesma tinha muita perseverança, autoconfiança e independência, sem o que jamais teria superado os obstáculos colocados em seu caminho.

Elisa casou-se muito cedo, aos 17 anos, ainda no ensino médio. Ela teve um primeiro namorado da escola e até falaram em casamento. Mas logo ficou claro para Elisa que ele era muito conservador e não concordaria que sua esposa trabalhasse de forma independente, rompendo assim o relacionamento. Pouco depois, ela se apaixonou por seu professor de biologia, Oswaldo Frota-Pessôa, cuja família morava no mesmo bairro e eram conhecidas. Ela comentou certa vez que Oswaldo "foi o melhor professor que eu já conheci. Ele estava sempre pensando em entusiasmar os alunos para que eles ensinassem também."[4]

Oswaldo, que também havia estudado na UDF, vinha de uma família de intelectuais originários do Ceará. O pai dele, José Getúlio da Frota-Pessôa, era advogado e escritor, foi um dos apoiadores do movimento Escola Nova, que propunha a modernização do ensino no país, além de secretário de Educação do Rio de Janeiro e colega de Anísio Teixeira, fundador da UDF. Conhecido como "Doutor Frota", ele acreditava fortemente no valor da educação e passou essa inclinação para Oswaldo.

Fig. 7.2 Formatura da turma de Elisa no ensino médio. Elisa é a primeira à esquerda, na primeira fila. Fonte: EFP.

Como Elisa ainda era menor, tinha que obter permissão da família para casar, mas para isso seu pai estava de acordo. O casamento foi realizado numa igreja católica, apesar de nenhum dos dois ser religioso.

Oswaldo, embora fosse apenas quatro anos mais velho, foi, até certo ponto, um orientador na educação de Elisa, apoiando seu desejo de estudar física e de realizar pesquisas, em contraste com sua própria família. Elisa e Oswaldo tiveram dois filhos: Sonia, nascida em agosto de 1942, e Roberto, nascido em abril de 1944. Ela completou o bacharelado em 1942, quatro meses após o nascimento de Sonia, e obteve a licenciatura em 1943, quando já estava grávida do segundo filho, sendo um exemplo prévio de "mãe estudante".

Devido a constituição física de Elisa, o obstetra considerava que mais uma gravidez poderia ser perigosa para sua saúde. Assim, aproveitando o parto do segundo filho, operou-a sem seu consentimento ou mesmo conhecimento. Um exemplo do pensamento machista da época, que infelizmente resiste até os dias de hoje, de que se podia dispor do corpo da mulher sem sua autorização. A família de Oswaldo se esforçou para ajudar o casal de todas as maneiras possíveis. Seus pais, Zezé e Dr. Frota, e sua irmã Regina moravam numa casa ao lado e cuidavam de Sonia e Roberto para que Elisa pudesse estudar, trabalhar e até viajar quando necessário. Depois de se formar em história natural na UDF, Oswaldo começou a estudar medicina na Faculdade de Medicina da UB, como contemporâneo de Jayme Tiomno. Ele concluiu o curso de medicina em 1941 e, posteriormente, em 1953, defendeu a tese de doutorado em biologia na FNFi, enquanto trabalhava como assistente da cadeira de Biologia.

Elisa considerava muito a UDF, sobre a qual tinha ouvido de vários de seus professores; mas, assim como Jayme Tiomno, ela própria não pôde estudar lá, pois havia sido fechada pelo governo, dando origem à Faculdade Nacional de Filosofia (FNFi). Em 1940, ela fez os exames para a FNFi, apesar das advertências de que "física não é para mulher" e de previsões de que ela seria reprovada nos exames. Na verdade, ela foi uma das poucas aprovadas, junto com apenas um outro candidato, e foram colocados numa turma com os alunos de matemática, que seguiam o mesmo currículo nos dois primeiros anos.

Fig. 7.3 Oswaldo Frota-Pessôa, por volta dos 75 anos. Fonte: *American Journal of Medical Genetics*, 28 de junho de 1996, vol. 63 (4), pp. 585-602. Disponível online em https://doi. org/10.1002/(SICI)1096-8628(19960628)63:4<585::AID-AJMG13>3.0.CO;2-E.   Reproduzido com permissão (foto cropada).

Universitária no Rio de Janeiro

Como estudante de física na FNFi, Elisa conheceu José Leite Lopes, Jayme Tiomno, Mauricio Matos Peixoto e Leopoldo Nachbin, como já mencionado. Elisa, Leite Lopes e Tiomno tornaram-se muito amigos e uma das suas características comuns era a paixão pela física. Como ela disse muitos anos depois, "[Era] um grupo que queria muito, acima de tudo, **fazer física**"[5] (grifo nosso).

Um de seus modelos durante esse período, além do Plínio Süssekind Rocha e seu marido Oswaldo, foi Bernhard Gross, a quem ela caracterizava como "pai da física no Rio de Janeiro", por publicar desde 1935 seus resultados de pesquisas e incentivar os alunos a fazerem pesquisas. Já o "pai da física moderna no Brasil" seria Gleb Wataghin, por ter fundado o Departamento de Física na USP, em 1934, e promover a educação de toda uma geração de físicos pesquisadores e professores.[6]

Elisa, assim como Jayme Tiomno, criticava os cursos oferecidos na FNFi e, em particular, os do professor italiano de física experimental Dalberto Faggioani, que ministrou cursos introdutórios em seu primeiro ano como aluna. Ele pertencia àquele grupo de acadêmicos que foram enviados pelo governo Mussolini para promover o fascismo; e ele aparentemente estava mais interessado na propaganda política do que no ensino de física.[7] Porém, diferentemente de Tiomno, ela não tinha um vínculo tão grande com Luigi Sobrero, possivelmente porque estava mais inclinada para a física experimental do que para a teórica.

Fig. 7.4 Elisa, aproximadamente quando concluiu sua graduação na FNFi. Fonte: EFP.

No seu segundo ano na Faculdade, ela foi aluna assistente de Joaquim da Costa Ribeiro, da área experimental, e começou a desenvolver pesquisas ainda antes de se formar. Entretanto, à semelhança de Tiomno, Elisa era de opinião que Costa Ribeiro não tinha uma prática de orientar seus alunos, talvez por ter sido basicamente um autodidata, como já mencionado, e reproduzia esse modelo com seus alunos. Elisa, por conta disso, estudou sozinha usando livros sugeridos por Oswaldo e por seus colegas. Ela comentou certa vez sobre como via essa relação entre os orientadores e alunos:

Formar uma escola é dar uma orientação de pesquisa a diversos alunos, publicar o resultado das pesquisas com eles; e depois esses alunos, também orientando outros alunos – após um certo treino – e assim por diante.[8]

Suas primeiras pesquisas foram em 1942, realizando medições da radioatividade de minerais, um tema de importância estratégica na época e do interesse de Costa Ribeiro por ter descoberto o efeito termodielétrico em amostras com impurezas radioativas. Ela às vezes tinha que trabalhar em laboratórios da Faculdade de Medicina da Praia Vermelha e uma imagem que ela nunca esqueceu foi sair tarde da noite, caminhando à luz de velas através de salas de dissecação de cadáveres. Ela costumava levar seus filhos ainda bebês para o laboratório enquanto estava amamentando-os, mantendo-os num carrinho de bebê. Após trabalhar como estudante assistente em 1944, Elisa começou a atuar como professora assistente, recebendo remuneração. Elisa foi a segunda mulher a se formar em física no Brasil (juntamente com Sonja Ashauer, que se formou na USP no mesmo ano de 1942). Sonja Ashauer, que completou seu doutorado sob orientação de Paul Dirac, em Cambridge, infelizmente faleceu muito jovem, em 1948, logo após seu retorno da Inglaterra. A primeira mulher formada em física no Brasil foi Yolande Monteux, que concluiu o curso em 1938 na USP. Ela trabalhou por cerca de vinte anos no Instituto de Pesquisas Tecnológicas em São Paulo, até que, em 1960, mudou-se para a França, onde continuou trabalhando no *Bureau International des Poids et Mesures* (Escritório Internacional de Pesos e Medidas). Yolande Monteux morreu em 1998 na França.

Concluído o bacharelado e a licenciatura, Elisa chegou a pensar em fazer seu doutorado na Faculdade de Filosofia, mas optou por concentrar seus esforços na publicação de artigos científicos, como ela mesma explicou:

Na FNFi, havia um "curso de Doutorado", que consistia na elaboração de uma tese para defesa posterior, porém não existia curso como hoje. Para fazer o doutorado, você escolhia um tema e fazia sua tese. Havia um caderno, aonde você ia escrevendo suas atividades. Pensei em fazer a minha em radioatividade, que era o meu campo de trabalho. Terminei publicando vários trabalhos em radioatividade no CBPF e nunca fiz a tese. Achava muito melhor ir publicando os meus trabalhos, pois naquele tempo o pessoal não fazia tese, apenas publicava trabalhos. O primeiro Doutorado em Física no Rio de Janeiro foi feito na década de 1960, no CBPF.[9]

Entretanto, à semelhança de Leite Lopes e Tiomno, ela pretendia fazer uma pós-graduação na USP.

Relação com Jayme Tiomno e pós-graduação

Durante quase sete anos (1940-1946), Elisa e Tiomno mantiveram contato como colegas, primeiro como alunos e depois como professores assistentes de Costa Ribeiro no Rio de Janeiro. Quando Tiomno foi para São Paulo, em 1946, eles continuaram se falando por correspondência, mas basicamente assuntos de trabalho.[10] No primeiro semestre de 1947, quando Elisa havia se separado de Oswaldo e Tiomno retornou da USP após o término da bolsa, eles começaram um relacionamento mais íntimo.

Oswaldo e Elisa se separaram como marido e mulher, mas continuaram morando na mesma casa e se mostrando externamente como casal, provavelmente por conta dos filhos e do preconceito contra casais que se separavam. A relação entre os dois e destes para com Tiomno permaneceram cordiais e amigáveis. Tanto para Tiomno quanto para Elisa, seu "primeiro amor" era provavelmente a física – mas eles estavam dispostos a compartilhá-la um com o outro, juntamente com os outros aspectos de suas vidas. Ambos estavam preocupados com as reações de suas famílias, assim não comentaram com elas e evitaram expor ou falar de sua relação em público. Somente alguns poucos amigos próximos tinham conhecimento.

Quando Tiomno voltou para São Paulo, em meados de 1947, agora como assistente do Mario Schenberg, enquanto ela permaneceu no Rio de Janeiro trabalhando como assistente do Costa Ribeiro, continuaram a trocar correspondência, só que agora muito mais intensamente. O plano deles era conseguir uma bolsa para Elisa fazer uma pós-graduação na USP no ano seguinte e, assim, eles poderiam ficar juntos em São Paulo. Tiomno começou a conversar com seus colegas da USP sobre conseguir uma bolsa para Elisa e ficou surpreso e indignado com o comentário discriminatório de Wataghin sobre a pequena expectativa com relação à atuação de mulheres na física.[11] Mas ele foi em frente conseguindo a bolsa para Elisa. Costa Ribeiro, por sua vez, concordou em conceder licença pelo período de um ano, iniciando em março de 1948.

No entanto, como vimos, Tiomno viajou às pressas para Princeton no início de fevereiro devido ao prazo para se apresentar na universidade norte-americana. Ou seja, em 1948, Tiomno e Elisa "trocaram de lugar"; ela foi (no início de março) para a USP como bolsista, poucos dias depois de Tiomno viajar de São Paulo para Princeton para fazer a pós-graduação. Enquanto esteve em São Paulo, os filhos de Elisa – Sonia e Roberto – então com 6 e 4 anos, ficaram com Oswaldo, com apoio dos pais Zezé e Dr. Frota, e da irmã mais velha Regina. Eles moravam no bairro de Santa Teresa, no Rio de Janeiro. De lá dava para ver a famosa Igreja de Nossa Senhora da Glória, construída na época do Império, que para a pequena Sonia tinha um sentido especial: 15 de agosto era, coincidentemente, o dia do seu aniversário e da Assunção da Virgem Maria, padroeira da igreja, que ficava toda iluminada. As crianças ficavam bem com os avós. Elisa ia visitá-los com frequência e retornava ao Rio de Janeiro rapidamente quando havia algum problema maior.

O contato entre Tiomno e Elisa evidentemente mudou durante o período em que ele esteve em Princeton, entre 1948-1950, as chamadas telefônicas de longa distância eram muito caras e o correio lento. Eles mantiveram o contato por carta durante todo o período, mas parecia mais comunicação entre colegas do que cartas de amor. Elisa tinha esperança de que o relacionamento continuaria após o retorno de Tiomno, mas não tinham prometido nada um ao outro. É possível que, para ambos, a longa separação tenha sido uma espécie de "período de teste" sobre seus sentimentos.

A chegada de Elisa a São Paulo não foi fácil. A Universidade não tinha acomodações para pesquisadores visitantes, e ela conseguiu alugar uma pequena casa na rua Dr. Melo Alves, não muito distante da Faculdade. Além disso, a bolsa fornecida pela Universidade levou vários meses para ser implementada, deixando-a numa situação difícil no novo ambiente. O Departamento de Física também passava por um período crítico, com muitas brigas internas e falta de recursos, em particular para a compra de material para os laboratórios. Mesmo assim, ela conseguiu desenvolver um programa de pesquisa. Vinculada a Marcelo Damy de Souza Santos, responsável pela área experimental, ela trabalhou com um de seus assistentes, Oscar Sala, que estava envolvido na construção de um acelerador baseado num gerador Van de Graaff e planejando fazer pesquisas sobre isótopos de alumínio.

Tiomno estava muito entusiasmado com a estada em Princeton e ansioso para que Elisa tivesse uma experiência semelhante no exterior. Mas havia um problema: ela não poderia ir para Princeton porque a Universidade não aceitava alunas mulheres. Tiomno achava que talvez ela pudesse ir para a Universidade de Columbia ou para uma universidade na Europa. Tiomno e Leite Lopes tentaram, através de seus contatos, obter uma bolsa para Elisa ir para o exterior. Mas diferentemente de Tiomno, Elisa não teve apoio da Fundação Rockefeller

– eles não costumavam dar bolsas de estudo para mulheres. Em conversa com Harry M. Miller, representante da Rockefeller no Brasil, Leite Lopes insistiu dizendo "que ela era bom elemento, ia bem etc., e disse que já era casada." Esse último argumento era fundamental, pois uma das razões para não darem bolsas para mulheres era porque achavam que elas poderiam se casar antes de terminar seus estudos e desistiriam do curso.[12]

Primeiras pesquisas no CBPF

Quando terminou a bolsa de Elisa na USP, Wataghin convidou-a para ficar mais um período, mas Costa Ribeiro não concordou em lhe dar mais um ano de licença, e ela teve que retornar para o Rio de Janeiro. Neste momento, um projeto muito importante para a física brasileira estava em andamento no Rio de Janeiro: a fundação do Centro Brasileiro de Pesquisas Físicas (CBPF) – um projeto inovador, de estabelecimento de um instituto totalmente dedicado à pesquisa e ao ensino de física. E ela queria participar dessa iniciativa.

Ao retornar ao Rio de Janeiro no início de 1949, Elisa retomou seu trabalho na FNFi e começou a montar o Departamento de Emulsões Nucleares no recém-fundado CBPF. O próprio Costa Ribeiro foi um dos membros fundadores do CBPF, mas não chegou a atuar diretamente no Centro. Elisa começou a estudar algumas amostras de emulsões que haviam sido expostas a píons em Berkeley e trazidas por César Lattes. Elas continham os rastros de decaimentos de píons, e Elisa estava tentando identificar as taxas de ramificação em diferentes modos de decaimento. Isso foi bastante importante para o desenvolvimento da teoria das interações fracas. Ela escreveu para Costa Ribeiro, que estava viajando pela Europa:

> Eu pretendia inicialmente trabalhar na determinação do máximo de energia do elétron de algumas desintegrações. Em agosto tive oportunidade de iniciar um trabalho com chapas fotográficas, que tem por finalidade determinar a percentagem de mésons positivos que decaem via múons e diretamente em elétrons. Desta determinação e outros dados já existentes podemos saber qual a vida média para cada um dos processos. Esta pesquisa me pareceu muito mais interessante e necessária no momento.[13]

Cesar Lattes, que era o diretor científico do Centro, inicialmente desencorajou seu trabalho dizendo que ela não teria sucesso onde os americanos haviam falhado. Além disso, ele queria que ela se engajasse nas discussões sobre a estruturação do Centro. Mas Elisa preferia se dedicar exclusivamente à pesquisa e continuou estudando as amostras juntamente com sua aluna, Neusa Margem. Elas conseguiram obter dados estatísticos suficientes para mostrar que a fração de decaimentos de píon que levam a elétrons e neutrinos do elétron devia ser inferior a 0,5% do modo de decaimento principal (para múons e neutrinos de múons), se é que ocorriam.[14] Era um resultado importante. Ela submeteu o artigo com o resultado da pesquisa para uma revista americana e foi aceito. Mas a revista queria que fossem feitas algumas mudanças no texto e Lattes, agora entusiasmado com os resultados, encorajou-a a publicar rapidamente, pois este seria o primeiro resultado científico do Centro e ajudaria a angariar apoio para a instituição. Com isso, ela submeteu o artigo para publicação nos Anais da Academia Brasileira de Ciências, em português.[15]

Esta foi realmente a primeira publicação do Centro, e não deixa de ser uma ironia ter sido publicado justamente por duas mulheres, mas infelizmente foi pouco notado pela comunidade científica internacional por ter saído em português e num periódico que não era específico de física. O resultado foi depois confirmado no CERN e divulgado em um famoso artigo publicado em 1958[16] que, observando diretamente os decaimentos que levam aos elétrons, verificou que a fração desses decaimentos é $(1,22 \pm 0,30) \times 10^{-4}$.

Neusa Margem (conhecida mais tarde pelo seu nome de casada, Neusa Amato) foi a primeira aluna de pós-graduação de Elisa. Ela formou-se na Universidade do Brasil e foi a quarta mulher a se formar em física no Brasil.[17]

Apesar do sucesso do trabalho de Elisa, Tiomno continuava achando que ela deveria ir para o exterior – "uma ida ao estrangeiro, especialmente um lugar em que haja muitos físicos, é importantíssimo para a formação e para abrir novos horizontes".[18] Já César Lattes tinha uma opinião diferente, preferindo que ela ficasse no Centro, contribuindo para o trabalho de pesquisa do novo Instituto. Ao final, Elisa, Leite Lopes e o próprio Lattes chegaram à conclusão de que, naquele momento, o Centro ainda estava numa fase inicial de organização e não conseguiria desenvolver um programa de pesquisa significativo – na verdade, o único resultado de pesquisa até então tinha sido o de Elisa. Assim, seria mais produtivo para ela aproveitar e se qualificar no exterior para poder dar uma ajuda maior ao Centro quando retornasse. Ela então consultou Schenberg, que estava na Bélgica, sobre a possibilidade de se juntar ao seu grupo.[19] Ele, porém, respondeu que seria melhor ela ir para a Inglaterra trabalhar com Blackett em Manchester, onde eles estavam usando câmera de nuvem de Wilson e placas de emulsão fotográfica. Para tanto, ela poderia tentar obter uma bolsa do Conselho Britânico.[20]

Elisa, contudo, sentiu que não seria fácil conseguir uma bolsa para o Reino Unido e preferiu entrar em contato com Leprince-Ringuet, na França, que respondeu muito favoravelmente à sua consulta sobre passar um ano em seu grupo na École Polytechnique em Paris.[21] Sua sugestão foi que ela deveria trabalhar com uma câmara de nuvem estudando raios cósmicos. Ela, então, pediu licença de um ano na Faculdade Nacional de Filosofia e conseguiu uma bolsa do próprio CBPF.[22] Mais uma vez, Elisa e Tiomno estavam prestes a trocar de lugar: ele voltaria ao Brasil justamente no momento em que ela partiria para a Europa. Tiomno ainda comentou "Espero conseguirmos nos encontrar em setembro, antes da sua ida."[23] Mas, no final, embora tudo tenha sido arranjado satisfatoriamente, Elisa desistiu da bolsa e decidiu ficar no Brasil. Não se sabe se foi por causa de Tiomno, de seus dois filhos pequenos ou por algum outro motivo. Muito provavelmente foi uma combinação de todos esses fatores que contribuiu para sua decisão.

Elisa teve uma séria desavença com Giuseppe Occhialini em meados de 1952, que a fez pedir demissão do CBPF. Ela, contudo, retirou o pedido com a promessa de que Occhialini deixaria o Centro. Entretanto, em outubro, foi decidida pela recontratação de Occhialini, que assumiria a direção da Divisão de Emulsões Nucleares. Elisa, então, renovou seu pedido "em caráter irrevogável". A diretoria sugeriu a ela dar o caso como encerrado, "como se não tivesse surgido"; poderia também se transferir para outro setor do CBPF; ou, em último caso, levar adiante seu pedido de demissão.[24] No final, Occhialini foi para a Universidade de Milão, onde havia sido contratado, e Elisa permaneceu no CBPF. Não se sabe ao certo o motivo da desavença, mas a história é ilustrativa dos princípios e posicionamento firme de Elisa.

Vida com Tiomno

Jayme Tiomno voltou ao Brasil em outubro de 1950, mas apesar de seu desejo de participar do projeto de criação do CBPF e estar próximo à Elisa, ambos no Rio de Janeiro, ele havia se comprometido com os colegas da USP de ir para São Paulo. De fato, na época de seu retorno, não era claro para Tiomno nem para Elisa se eles iriam dar continuidade ao relacionamento, tornando-se abertamente um casal com um compromisso mais formal.

Tiomno viajava periodicamente de São Paulo ao Rio de Janeiro e, numa dessas idas, ele a pediu em casamento. Elisa gostava de contar uma história sobre isso: um dia, pouco depois de voltar ao Brasil, ele estava visitando o Rio de Janeiro e falou com ela "Sabe, estou planejando me casar..." Ela ficou bastante chocada e surpresa, mas para esconder a decepção, respondeu: "Que bom para você! Parabéns!"; e então ele completou a frase inacabada, "... com você!". Durante as férias, em 12 de janeiro de 1951, apenas cinco dias antes de seu aniversário de 30 anos, Tiomno e Elisa realizaram uma cerimônia íntima e se consideraram casados. A decisão deles sobre um futuro juntos estava tomada e assumida. O casamento não foi oficial, pois Elisa não poderia se casar novamente, de acordo com a legislação brasileira, que na época não previa o divórcio. Eles só formalizaram o casamento em 27 de setembro de 1977, mais de 26 anos depois, mas sem nenhuma comemoração especial.

Ambas as famílias eram contra a união: a família de Elisa se opunha a ela viver com um homem sem estar formalmente casada com ele, e a família de Tiomno não queria que ele se unisse a uma mulher que estava separada do marido e já tinha dois filhos. Elisa, contudo, sustentou mais tarde que isso nunca foi um forte impedimento.[25] Eles também preferiam que Jayme se casasse com alguém da comunidade judaica, assim como os seus irmãos. Até Costa Ribeiro se envolveu no assunto, ele era um católico praticante e se opôs à relação dos dois. Havia ainda outro empecilho: o pai de Jayme Tiomno, Mauricio, estava muito doente e a família tinha medo de lhe dar a notícia. As objeções de sua família criaram uma tensão inicial na relação deles com Elisa (e dela com eles), embora depois, quando perceberam que Jayme estava de fato decidido, a aceitaram plenamente.

Após o casamento simbólico, mudaram-se para Santa Teresa, na rua Santa Alexandrina, não muito longe da casa onde estavam morando os filhos de Elisa com Oswaldo e seus pais. Embora Tiomno passasse a maior parte do tempo em São Paulo, considerava aquele endereço no Rio de Janeiro como sua residência principal. A relação de Jayme e Elisa com Oswaldo era muito boa, para a surpresa de muitos e, aos poucos, Jayme começou a se envolver também na educação de Sonia e Roberto. As crianças permaneceram sob os cuidados da família de Oswaldo até meados da década de 1950.

Fig. 7.5 Jayme Tiomno e Elisa Frota-Pessôa, na época de seu casamento simbólico em 1951. Fonte: EPP.

Apesar da cirurgia a que Elisa foi submetida, ela engravidou de Tiomno na época em que moravam em Santa Teresa, mas terminou perdendo o bebê, um acontecimento de muita tristeza para ambos. Com o passar do tempo, Jayme Tiomno passou a considerar Sonia e Roberto como sua própria família.

A partir do casamento informal em diante, as vidas e carreiras de Jayme e Elisa se tornaram fortemente entrelaçadas, permanecendo assim por 60 anos, não sendo possível contar a história de Jayme Tiomno sem falar também da história de Elisa Frota-Pessôa.[26]

Durante a redação da versão em inglês deste livro, Elisa faleceu por pneumonia, no final de dezembro de 2018, algumas semanas antes de seu aniversário de 98 anos. Com isso, falecia uma pioneira da ciência, e mais especificamente da física no Brasil e uma das últimas do grupo de fundadores do CBPF.

Notas

1. Elisa Frota-Pessôa (1990): Entrevista a Ana Elisa Gerbasi da Silva e Lizete Castro Pereira Nunes, realizada no Rio de Janeiro para o Projeto de Estudos de Educação e Sociedade da UFRJ, em 29 de março de 1990.

2. Caderno de poemas e recordações de Elisa Frota-Pessôa. EFP.

3. Comunicação pessoal de Sonia Frota-Pessôa, 2018/19.

4. Elisa Frota-Pessôa, suas pesquisas com emulsões nucleares e a física no Brasil. *Cosmos & Contexto*, 14 de outubro de 2012. Entrevista com Elisa Frota-Pessôa, realizada por Maria Borba. https://cosmosecontexto.org.br/ elisa-frota-pessoa-suas-pesquisas-com-emulsoes-nucleares-e-a-fisica-no-brasil/

5. Elisa Frota-Pessôa (1990); op. cit.

6. Idem.

7. Elisa Frota-Pessôa (1990) e Tiomno (1977).

8. Elisa Frota-Pessôa (1990); op. cit.

9. Idem.

10. Jayme Tiomno e Elisa Frota-Pessôa doaram seus acervos para o Arquivo de História da Ciência do Museu de Astronomia e Afins Ciências (MAST); arquivos JT e EFP. Após a morte de Elisa, em 2018, sua correspondência dos anos 1946-1950 foi encontrada (infelizmente apenas as cartas de Tiomno para Elisa, e não as dela para ele) e foram reunidas ao restante do arquivo EFP.

A correspondência guardada por Elisa ao longo dos anos é uma boa fonte de informações sobre o desenvolvimento científico e realizações de Tiomno, bem como detalhes de suas atividades "extracurriculares" e do seu cotidiano durante sua estada em Princeton, como nos exemplos a seguir. No início de março de 1948, Tiomno foi novamente para Nova York, quando aproveitou para conhecer o ciclotron da Universidade de Columbia, onde Willis Lamb mediu o desvio das raias de hidrogênio (uma pequena mudança no espaçamento do nível devido à não localização dos elétrons) alguns anos antes e Izidor I. Rabi estava trabalhando em feixes moleculares, ambos premiados com o Nobel. Aproveitou para enviar um recorte do *New York Times* sobre o trabalho de Lattes para ela mostrar para o Wataghin, Marcelo Damy e outros em São Paulo. Ele também escreveu sobre os cristais usados para detectar raios gama em Princeton (Robert Hofstadter estava desenvolvendo detectores de raios gama na época e introduziu os cristais de cintilação de Na(TI)I, que se tornaram padrão como detectores de raios gama por muitos anos).

No dia 5 de abril, Tiomno recomendou a Elisa não se deixar envolver demais nas tarefas de ensino na USP. Dias depois, no mesmo mês, ele se referiu à "onda do Lattes" – a publicidade em torno das detecções de mésons , e expressa sua opinião de que isso será bom para o Brasil e para a física de São Paulo. Em maio e junho, ele lamenta a prisão de Mário Schenberg e relata que Wigner, Wheeler, Dirac e Oppenheimer enviaram cartas ao embaixador brasileiro para protestar contra a prisão. Em uma carta, em meados de setembro, Tiomno descreve a reunião da AAAS em Washington, onde Wheeler fez o primeiro anúncio público da Interação Universal de Fermi, atribuindo os cálculos a Tiomno. Lattes também compareceu e, como eles dividiram um quarto, tiveram bastante tempo para conversar.

A carta de Tiomno de 24 de setembro termina com comentários mais pessoais: "Lembranças ao pessoal e faço votos de que tenhamos oportunidade de nos abraçar muito em breve, aqui... PS: Soube da triste notícia da morte da Sonia Ashauer pelo Walter [Schützer]; foi uma perda lamentável. Em todo caso, continuo aguardando tua resposta à uma pergunta que fiz várias vezes a você e outros aí há 6 meses e não tive resposta ainda: Qual era a situação da Sonia no Departamento depois de voltar da Inglaterra? Normal ou houve má vontade com ela?". Em sua última carta a Elisa, em 1948, Tiomno relata que recebeu a bolsa da Fundação Rockefeller e que ainda havia duas vagas disponíveis, para a qual Elisa (ou outra pessoa do Brasil) poderia se candidatar.

11. Jayme Tiomno para Elisa Frota-Pessôa, 4 de dezembro de 1947; EFP.

12. José Leite Lopes para Jayme Tiomno, 1 de novembro de 1948; JT.

13. Elisa Frota-Pessôa a Joaquim da Costa Ribeiro, 27 de outubro de 1949; EFP.

14. Ver Cap. 4 deste livro.

15. Frota-Pessôa e Margem (1950).

16. Fazzini *et al.* (1958).

17. Neusa Margem foi antecedida como física mulher por Yolande Monteux e Sonja Ashauer na USP e por Elisa Frota-Pessôa na UB. Ela foi iniciada em ciência de uma maneira semelhante à Elisa: fez o ensino secundário no Colégio Rivadávia Corrêa, onde também foi aluna de Plínio Sussekind Rocha. Ela era filha de imigrantes libaneses e também não teve o apoio da família para ingressar numa carreira científica. Ao final do ensino médio, quando estava já pensando em procurar emprego, Plínio Sussekind convenceu-a a fazer vestibular para o curso de física na FNFi. Neusa era cinco anos mais jovem que Elisa e obteve seu bacharelado em física em 1945 e a licenciatura no ano seguinte. Durante sua carreira científica, Neusa publicou 116 artigos. Para mais detalhes sobre a vida profissional de Neusa (Margem) Amato, ver Marques (2007).

18. Jayme Tiomno para Elisa Frota-Pessôa, 18 de dezembro de 1949; EFP.

19. Elisa Frota-Pessôa para Mario Schenberg, 19 de janeiro de 1950; EFP.

20. Mario Schenberg para Elisa Frota-Pessôa, 07 de fevereiro de 1950; EFP.

21. Elisa Frota-Pessôa para Joaquim da Costa Ribeiro, 27 de março de 1950; EFP.

22. Louis Leprince-Ringuet para Elisa Frota-Pessôa, 18 de março de 1950, e Elisa Frota-Pessôa a Mario Schenberg, 19 de abril de 1950; EFP.

23. Jayme Tiomno para Elisa Frota-Pessôa, 21 de junho de 1950; EFP.

24. Elisa Frota-Pessôa para Cesar Lattes, diretor científico do CBPF, em 27 de outubro de 1952; e Álvaro Difini, diretor executivo do CBPF, para Elisa Frota-Pessôa, em 28 de outubro de 1952. EFP.

25. Comunicação pessoal de Sonia Frota-Pessôa, 2018/2019.

26. Informações adicionais sobre a vida e carreira científica de Elisa podem ser encontradas no site do Conselho Nacional de Desenvolvimento Científico e Tecnológico – CNPq, bem como no artigo escrito em homenagem aos seus 80 anos: Silva Lima *et al.* (2004). Uma comparação interessante, às vezes controversa, de sua "imagem pública" como apresentado por Silva Lima *et al.* (2004) e sua própria "autoimagem" (ou narrativa) como expressa em sua entrevista Frota-Pessôa (1990), pode ser encontrada em Linhares e Silva (2017).

<h1 style="text-align:center">8</h1>

CBPF: em busca de um sonho

Retorno a São Paulo

Ao retornar a São Paulo no final de 1950, Tiomno encontrou um departamento bem diferente daquele que tinha vivenciado antes da ida para Princeton. Quando saiu da USP, em fevereiro de 1948, ele era considerado o principal centro de física da América Latina e um importante atrator de talentos. Mas agora Tiomno encontrava um lugar sem liderança, pois tinha perdido vários de seus líderes acadêmicos, e cheio de intrigas e conflitos internos.

Inicialmente, Mário Schenberg precisou se afastar do país devido à perseguição política. Com o fim da Segunda Guerra Mundial, Getúlio Vargas foi obrigado a abdicar e o Partido Comunista Brasileiro foi reabilitado. Mário Schenberg se vinculou ao PCB e concorreu às eleições para a Assembleia Legislativa de São Paulo, em 1946, sendo eleito como deputado suplente. No final de 1947, com a saída de um membro da Assembleia, ele assumiu a função, tornando-se um deputado muito ativo. Pouco depois, em janeiro de 1948, com a escalada da Guerra Fria, o PCB foi novamente declarado ilegal e Schenberg teve o mandato cassado. Seu período como parlamentar durou exatos 48 dias. Pouco tempo depois, Schenberg foi preso. Diversas personalidades de destaque no Brasil e no exterior intercederam junto às autoridades para libertá-lo, entre as quais o próprio embaixador brasileiro nos EUA.[1] Em abril de 1949, Schenberg foi autorizado a deixar o país para participar do Congresso Internacional de Intelectuais pela Paz, em Wrocław, na Polônia. Ele viajou com a esposa Julieta e a filha Ana Clara, e depois do Congresso se refugiaram em Paris. Alguns meses depois, foi contratado pela Universidade Livre de Bruxelas, onde também trabalhava Giuseppe Occhialini. Schenberg permaneceu lá por três anos.[2]

Ao longo de 1948 começaram a surgir vários problemas internos no Departamento de Física. Um deles foi relacionado a recursos doados pelo Governo do Estado no valor de um milhão de cruzeiros. Os recursos eram destinados à concessão de bolsas, apoio a pesquisas e aquisição de instrumentos científicos, mas com o atraso dos repasses da reitoria para a conclusão do prédio para o Betatron, e pressionado pela chegada dos equipamentos e pelos compromissos com a Fundação Rockefeller, que incluía a contrapartida da Universidade, Marcelo Damy de Souza Santos resolveu alterar a destinação dos recursos. Ele aplicou-os na conclusão da obra, na expectativa que fosse posteriormente ressarcido pela Universidade. Evidentemente, os demais professores reclamaram da alteração, criando um clima interno ruim.[3]

Cesar Lattes, por sua vez, retornou para a USP em março de 1949, mas dois meses depois pediu demissão e se transferiu para o Rio de Janeiro. Ele desejava dedicar-se ao projeto do CBPF, e Leite Lopes e Costa Ribeiro haviam conseguido que fosse criada uma cadeira de Física Nuclear na Universidade do Brasil especialmente para ele. Seu pedido de demissão da USP foi acompanhado de uma carta ao reitor com denúncias contra Damy, que terminou chegando à imprensa. Além disso, os jornais também recriminaram a USP por permitir que Lattes, uma espécie de herói nacional, fosse para o Rio de Janeiro. Argumentavam que a Universidade deveria ter empreendido mais esforços para mantê-lo em São Paulo.

Aparentemente, Marcelo Damy também foi pivô na decisão de Gleb Wataghin de retornar para a Itália em setembro daquele ano. Damy tinha obtido muito prestígio por liderar o Departamento no esforço de guerra, com a construção de sonares para a Marinha e de transmissores portáteis para o Exército. Justamente nessa época, Wataghin teve que se afastar do Departamento por ter a cidadania italiana. Posteriormente, Damy assumiu a instalação do acelerador Betatron, comprado pela Fundação Rockefeller para o Departamento. A construção do Betatron foi muito importante para a física brasileira, em especial na USP, mas gerou os problemas internos já mencionados e reduziu as atividades em radiação cósmica, área liderada por Wataghin, para ingressar com mais força na física nuclear.[5] A situação no Departamento não estava confortável para Wataghin, que considerou que era hora de partir, aceitando a oferta de uma cátedra na sua *alma mater*, a Universidade de Turim. Recém ingresso como aluno na física, José Goldemberg ficou chocado com o que ele chamou de "guerra civil" no Departamento:

> O objetivo era o poder. O Damy queria se transformar no chefe do Departamento e a presença do Wataghin era um embaraço. Isso porque ele tinha uma tal autoridade, um tal respeito, que enquanto estivesse lá, ele seria naturalmente o chefe do Departamento.

> Isso [competência] o Wataghin instilava fortemente. Aí apareceu o Damy, que era muito ambicioso e queria tirá-lo do caminho. Acabou tirando. Não conseguiu forçar a saída dele, mas conseguiu tornar o lugar suficientemente desagradável para ele decidir ir embora.[6]

Walter Schützer, que retornou à USP em 1949, ainda antes da partida de Wataghin, não economizou nas cores fortes para descrever a situação no Departamento para Tiomno, que ainda estava nos EUA. Segundo Schützer, Wataghin estava partindo por conta das boas condições que ele teria na Itália, mas também devido aos problemas com Damy e principalmente com o vice--diretor Hans Stammreich.[7] Wataghin deixou o Brasil em setembro de 1949, deixando também uma lacuna na física da USP.

Vários alunos e assistentes saíram da USP, e alguns foram para o CBPF, como Roberto A. Salmeron e Paulo Saraiva de Toledo, ampliando o esvaziamento no Departamento de Física na USP e contribuindo para criar um clima de rivalidade entre Rio de Janeiro e São Paulo. Como forma de pacificar o Departamento, Marcello Damy deixou a direção no fim de 1949 e Hans Stammreich[8] transferiu-se para o Departamento de Química, assumindo Abraão de Moraes a direção do Instituto de Física.

Um de seus primeiros objetivos foi procurar um físico estrangeiro renomado para substituir Wataghin na Cátedra de Física Teórica. Ele convidou Guido Beck, mas este já tinha se comprometido em ir para o CBPF para passar um período longo. Também convidou o italiano Giampietro Puppi e o suíço Felix Villars, mas nenhum deles estava disponível para vir ao Brasil naquele momento. Foram cogitados ainda os nomes de Giancarlo Wick e Bruno Ferretti.

Tiomno, ainda em Princeton, sentia-se na obrigação de retornar e ajudar a restabelecer o Departamento. Em primeiro lugar porque tinham mantido sua posição (inclusive pagando seu salário) durante todo o período em que esteve nos EUA, e se sentia em dívida. E, além disso, estava convencido de que o Brasil deveria ter pelo menos dois centros fortes de pesquisa e ensino de física – um no Rio de Janeiro e outro em São Paulo. Ele considerava que o país não podia se permitir a loucura de deixar um local tão importante para a pesquisa em física se enfraquecer. Sua intenção de retornar à USP contrabalançava com o desejo de participar do projeto de criação do CBPF e o relacionamento com Elisa, que já havia retornado ao Rio de Janeiro e estava trabalhando no Centro, envolvida com a montagem do laboratório de emulsões nucleares. De Princeton, no final de 1949, Jayme escreveu para Elisa dando a notícia: "Após discussão com o Leite [Lopes], aceitei – penso ser um passo para restabelecer o equilíbrio lá [na USP]."[9] Sua ideia era ficar dois ou três anos e depois seguir para o Rio de Janeiro, como já mencionado.

Tiomno voltou ao Departamento de Física da USP em outubro de 1950. Chegou entusiasmado e cheio de ideias. Uma de suas primeiras atividades foi escrever um artigo com Walter Schützer sobre a matriz S. Ainda em Princeton, pouco antes de sua partida para o Brasil, ele havia estudado a dissertação de mestrado que Schützer havia escrito sob a orientação de Wigner. Tiomno encontrou algumas inconsistências, e Wigner concordou com suas observações, sugerindo que ele escrevesse um artigo junto com Schützer com as formulações corretas. Isso deu origem ao artigo em coautoria *On the Connection of the Scattering and Derivative Matrices with Causality* (Sobre a conexão das matrizes do espalhamento e derivativa com a causalidade), publicado na *Physical Review* em 1951 (JT 17).

Este artigo retoma uma sugestão de Wigner de que uma "condição de causalidade" deve determinar as propriedades analíticas da matriz S. A teoria da matriz S foi originalmente introduzida por Wheeler em 1937 – o nome significa "matriz de espalhamento" (*scattering matrix*, em inglês) – e foi proposto como uma maneira simplificada de descrever eventos de espalhamento entre duas partículas. Werner Heisenberg generalizou-a em 1943 para um princípio básico de interações de partículas e foi considerado por um tempo como um substituto para as teorias quânticas de campo na física de partículas. Esse assunto mereceu considerável esforço teórico nas décadas de 1950 e 1960, mas foi suplantado por uma descrição teórica de campo da interação forte (a cromodinâmica quântica, que se tornou pedra angular do Modelo Padrão) na década de 1970. No entanto, ainda é usado em teorias da gravitação quântica.

O artigo de Tiomno e Schützer trata do caso de espalhamento de ondas oriundas de um núcleo atômico. A condição de causalidade consiste em manter que a amplitude da onda espalhada depende apenas da amplitude da onda incidente em momentos anteriores e em certos pontos na superfície nuclear. A causalidade estrita implica que não há onda espalhada antes da onda incidente atingir o núcleo. As considerações de Tiomno e Schützer foram originalmente não relativísticas, mas foram generalizadas para o caso relativístico (necessariamente, uma vez que se presume que a matriz S seja relativisticamente correta, bem como analítica e unitária). O artigo atraiu considerável atenção, uma vez que a teoria da matriz S estava começando a ser importante no início dos anos 1950.

Alguns anos depois, em 1957, Wheeler comentou que este foi o primeiro artigo a derivar uma conexão entre as propriedades da matriz R e da matriz S. Ele também explicou que a dificuldade que eles apontaram no artigo é "...uma conexão entre causalidade e as propriedades da matriz R, contudo, não somos capazes de derivar todas as propriedades da matriz R somente da causalidade..."[10] e definiram um problema que desafiou pesquisadores por vários anos. Somente em 1957, seis anos mais tarde, a questão foi resolvida por Nicola N. Khury,[11] que citou o artigo de Schützer e Tiomno como a "pedra de fundação para este mais recente progresso".[12] Mais tarde, Marvin Goldberger, durante a celebração dos "15 Anos da Teoria da Dispersão", citou o artigo como um dos precursores dessa teoria.[13]

Nesse sentido, José Maria Bassalo e Olival Freire Jr. afirmam que "Esse trabalho resolveu, pela primeira vez, a questão de como introduzir uma condição de causalidade no formalismo matemático e verificar suas implicações sobre a matriz S." Ela é chamada de "condição de causalidade de Schützer-Tiomno".[14]

Em carta a Wataghin, Abraão de Moraes deu as boas notícias: "O Tiomno, com muito entusiasmo, faz seminários e trabalha em assuntos ligados à matriz S."[15] De sua parte, Moraes se esforçava para criar as melhores condições possíveis para o trabalho de Tiomno. Ele obteve um cargo de tempo integral para Tiomno, conseguiu aumentar seu salário em 50% e tentava aumentá-lo ainda mais, em 70%.[16] Durante uma reorganização do Departamento, Tiomno permaneceu na área de Mecânica Analítica e Racional (mecânica clássica), junto com o próprio Abraão de Moraes, Mário Schenberg (que ainda não tinha retornado) e Léo B. Vieira (este último como assistente).

Para preencher o cargo anteriormente ocupado por Wataghin, Tiomno sugeriu o físico teórico David Bohm, que era professor assistente em Princeton quando Tiomno estava lá. Eles trabalharam brevemente em uma formulação da teoria de Dirac que seria conformemente invariante,[17] que, no entanto, ainda não havia sido concluída. Tiomno voltaria a este projeto somente vários anos depois (JT44). Bohm também foi leitor da tese de doutorado de Tiomno, uma vez que tanto Wigner quanto Wheeler estavam longe de Princeton no momento crítico de elaboração da tese.

David Joseph Bohm (1917-1992)[18] nasceu nos EUA, em Wilkes-Barre, Pensilvânia, estudou física na *Pennsylvania State College* (agora Universidade do Estado da Pensilvânia), graduando-se em 1939 (Fig. 8.1). Ele iniciou a pós-graduação no mesmo ano no Instituto de Tecnologia da Califórnia (Caltech), em Pasadena, onde conheceu J. Robert Oppenheimer, que dividia seu tempo como professor entre o Caltech e a Universidade da Califórnia de Berkeley (UC Berkeley). Depois de um ano em Pasadena, Bohm mudou-se para Berkeley e continuou sua pós-graduação no grupo de Oppenheimer. Alguns dos membros mais jovens eram ativos no Partido Comunista americano, assim como a própria esposa de Oppenheimer, Kitty e seu irmão Frank, e Bohm também aderiu ao grupo. No final de 1942, Oppenheimer tornou-se diretor científico do Projeto Manhattan e foi para Los Alamos na primavera de 1943 para iniciar o desenvolvimento de uma arma nuclear. Ele havia convidado Bohm para trabalhar lá também, mas o serviço de segurança americano não autorizou devido a sua afiliação política. Como sua tese de doutorado – sobre espalhamento próton-deutério – foi considerada significativa para o esforço de guerra e classificada como "secreta", Bohm foi proibido de ter acesso ao seu próprio trabalho. Através da intervenção de Oppenheimer, ele conseguiu obter seu doutoramento em 1943, permanecendo em Berkeley e trabalhando em física do plasma e nos princípios operacionais do síncrotron. Ele também fez cálculos para os separadores eletromagnéticos (calutrons) utilizados para enriquecer urânio para a fabricação de armas nucleares durante o Projeto Manhattan.

Bohm foi para a Universidade de Princeton em 1947 como professor assistente a convite de John Wheeler e por recomendação de Oppenheimer, que em 1947 havia se tornado diretor do Instituto de Estudos Avançados em Princeton.

Fig. 8.1 David Bohm, provavelmente na época de sua pós-graduação na Faculdade do Estado da Pensilvânia, em 1939. Fonte: David Bohm Society (DBS); disponível em: http://www.dbohm.com/david-bohm-pictures.html. Fotógrafo desconhecido, domínio público. Utilizada com permissão da DBS.

David Bohm conheceu Jayme Tiomno quando este chegou a Princeton como estudante de pós-graduação, no início de 1948. Um ano depois, Bohm foi intimado pelo Comitê de Atividades Antiamericanas da Câmara (*House Un-American Activities Committee* – HUAC, presidido pelo senador Joseph McCarthy – "Era McCarthy"), devido ao seu passado comunista. Em 1950, ele se recusou a testemunhar e denunciar seus ex-colegas, foi acusado de "desrespeito ao Congresso" e preso. A Universidade o suspendeu do cargo de professor e, embora tenha sido posteriormente absolvido das acusações (no início de 1951), o presidente de Princeton recusou-se a reintegrá-lo como membro do corpo docente. Surpreendentemente, tanto Wheeler quanto Oppenheimer não se esforçaram para que Bohm fosse reintegrado. Em vez disso, Oppenheimer recomendou-lhe que emigrasse e auxiliou nos seus esforços para se mudar para a Universidade de Manchester, na Inglaterra. No entanto, a transferência não se concretizou.

Tiomno estava ciente da necessidade de Bohm de deixar os EUA e achou que se ele aceitasse a vaga na USP seria de grande ajuda na reconstrução do Departamento de Física. Sua sugestão foi endossada por Allen Shenstone e pelo próprio Einstein, que enviaram cartas de recomendação de Bohm para Abraão de Moraes.[19] O convite da USP era para Bohm permanecer por pelo menos três anos como professor titular de Física e Matemática, recebendo um salário anual de aproximadamente 8.500 dólares, uma quantia bastante significativa. No convite, foi enfatizado que seu nome havia sido sugerido por Tiomno, e que ele e Walter Schützer estariam muito interessados em trabalhar com Bohm em física teórica.[20]

Bohm aceitou o convite. Ele achava que havia muitas questões interessantes nas quais poderiam trabalhar juntos.[21] Além disso, ele poderia ir para a Europa, caso não conseguisse se adaptar ao Brasil. Ele chegou em São Paulo no início de outubro de 1951 e, pouco tempo depois, o consulado americano em São Paulo confiscou, sem justificativa, seu passaporte, impossibilitando-o de viajar para fora do país. César Lattes interveio junto ao Almirante Álvaro Alberto, que havia sido embaixador e tinha ligações com o corpo diplomático, para obter um passaporte brasileiro para Bohm.[22]

Bohm foi uma das figuras mais controversas da física na segunda metade do século XX por sua história política, por suas "peregrinações", mas, principalmente, por causa de seu trabalho em fundamentos de mecânica quântica, que estava em desacordo com a ideia convencional (a "Interpretação de Copenhague"). Ele foi, sem dúvida, um dos mais brilhantes físicos de sua época. Durante sua estada em Princeton, Bohm muitas vezes discutiu questões com Einstein e isso, sem dúvida, estimulou seu interesse pela mecânica quântica fundamental, que se tornou seu principal tema de pesquisa, posteriormente. Suas contribuições para uma teoria quântica determinista foram encaradas com ceticismo no início, mas depois gerou três escolas de física fundamental (em Paris, Londres e Munique), e agora são reconhecidas como importantes impulsos para o campo da interpretação da física quântica, que se tornou uma atividade de interesse crescente nos últimos 40 anos. Sua teoria é agora geralmente referida como *teoria de Broglie-Bohm*, uma vez que sua ideia básica, de um "campo guia" (originalmente chamado de "onda piloto") que dá origem a uma trajetória determinística para partículas da mecânica quântica (por exemplo, elétrons), foi originalmente sugerida pelo teórico francês *Louis-Victor Pierre Raymond de Broglie* (vencedor do prêmio Nobel em 1929 por seu trabalho sobre a dualidade onda-partícula na mecânica quântica).

Após as primeiras publicações de Bohm sobre o assunto, no início da década de 1950, de Broglie retomou seu interesse pela teoria determinista, que havia abandonado após a Conferência Solvay de 1927 em favor da visão da maioria – a "Interpretação de Copenhague". No início dos anos 1950, o assistente de de Broglie, Jean-Pierre Vigier, visitou Bohm em São Paulo, colaborou com ele na teoria quântica determinista e escreveram vários artigos conjuntos, culminando na *Thèse d'Etat* de Vigier, em 1954, e no artigo deles na *Physical Review* do mesmo ano, baseado no modelo hidrodinâmico para uma teoria quântica determinística. Curiosamente, as tendências marxistas de Vigier podem ter contribuído para seu entusiasmo por uma versão determinista da mecânica quântica e, sem dúvida, também promoveu uma simpatia mútua entre ele e David Bohm. Vigier desenvolveu sua própria versão da teoria e continuou publicando sobre o tema, inicialmente junto com Louis de Broglie, até o início dos anos 1990. Isso originou a "escola francesa" da teoria de Broglie-Bohm.

Durante a permanência de Bohm no Brasil, em 1953, seu aluno de doutorado em Princeton, David Pines, também o visitou em São Paulo, e eles desenvolveram a aproximação de fase aleatória, importante na teoria da matéria condensada, e o conceito de "plasmons", excitações quantizadas em um plasma – uma fase do gás eletricamente carregado (Bohm já havia trabalhado em física do plasma ainda em Berkeley).

Apesar de tudo, Bohm estava desiludido com as possibilidades científicas no Brasil e incomodado com a grande desigualdade social no país, e terminou se transferindo para Israel, em 1955, para trabalhar no Instituto de Tecnologia (Technion) de Haifa.[23]

O único artigo conjunto de Tiomno com Bohm e Ralph Schiller, *A causal Interpretation of the Pauli equation* (Uma interpretação causal da equação de Pauli), foi publicado no *Il Nuovo Cimento* no mesmo ano em que Bohm deixou o Brasil, e faz uso do modelo hidrodinâmico originalmente sugerido por Erwin Modelung (JT26).[24] Tiomno descreveu da seguinte forma os resultados deste artigo:

> É feita a extensão da equação causal de Schrödinger feita por Bohm para a equação de Pauli para partículas com spin. Obtêm-se equações clássicas de movimento de um fluido de partículas com spin e turbilhões, com equações de Hamilton em total correspondência com as introduzidas por M. Schenberg em sua Tese de Cátedra [na USP], a não ser pelos "potenciais e tensões quânticas".[25]

Além do trabalho de pesquisa no Departamento de Física da USP, Tiomno também ministrou cursos, organizou seminários e trabalhou com seu aluno de pós-graduação Paulo Saraiva de Toledo em teoria de campo. Além disso, ajudou a organizar o Simpósio sobre Novas Técnicas de Pesquisa em Física na América Latina, realizado no Rio de Janeiro em 1952, e a obter apoio da UNESCO para impulsionar a pesquisa em física no Brasil. Na USP, além do grupo de física teórica do qual Tiomno pertencia, havia outros grupos trabalhando em física experimental. Um deles, liderado por Oscar Sala, estava concluindo a construção de um acelerador Van de Graaff com energia de 3-4 MeV; outro, coordenado por Marcelo Damy, trabalhava com o betatron de 28 MeV produzindo elétrons; e um terceiro continuava o trabalho sobre raios cósmicos iniciado por Wataghin, em particular sobre chuveiros penetrantes.

Apesar de seu trabalho em São Paulo estar indo bem, o coração de Tiomno desejava voltar para o Rio de Janeiro. Ele queria participar do projeto do CBPF e a distância de Elisa estava se tornando um fator de estresse cada vez maior para o casal.[26] Assim, em março de 1952, Tiomno pediu demissão da função de primeiro assistente na Cadeira de Mecânica Racional e Celeste da USP, entregando a liderança de seu grupo de pesquisa para David Bohm, e transferiu-se para o Rio de Janeiro. Bohm sentiu muito a mudança de Tiomno, e é possível que esse tenha sido um dos fatores que contribuíram para sua decisão de deixar o Brasil, como se pode ver em seus comentários em uma entrevista realizada mais de 30 anos depois:

Não muito tempo depois [de seu passaporte ser confiscado pelo Consulado dos EUA], esse professor Tiomno veio até mim e disse que estava se mudando para o Rio porque ele gostava mais de lá, sua esposa estava lá e assim por diante. Ele era uma das principais pessoas com quem eu poderia trabalhar. Havia outro sujeito, o Walter Schützer. Eu trabalhei com ele mais tarde, mas em uma extensão muito menor. Este foi um grande golpe, de forma que eu fiquei meio sozinho.[27]

Primeiros sonhos e planos

O desejo de Jayme Tiomno, Elisa Frota-Pessôa e José Leite Lopes, em ter um local onde pudessem desenvolver pesquisas em física no Rio de Janeiro, data do início da década de 1940, ainda como estudantes na FNFI da Universidade do Brasil. Eles já tinham ficado frustrados com o fechamento forçado da Universidade do Distrito Federal (UDF) no Rio de Janeiro em 1939. Como vimos, a UDF foi uma tentativa de estabelecer uma universidade de pesquisa com altos padrões de excelência, mas foi vítima do autoritarismo do governo Vargas. Sua substituta, a Universidade do Brasil (UB), não estava equipada, nem preocupada em encorajar a pesquisa e a formação de alunos de pós-graduação em ciências físicas, para as quais os laboratórios de pesquisa seriam indispensáveis. Isso ficou ainda mais claro para os três quando terminaram a graduação e iniciaram a pesquisa na UB. Outro problema grave era a resistência da Universidade em oferecer vagas em tempo integral para seus professores. A grande maioria tinha outras atividades profissionais e iam para a Universidade apenas para dar seus cursos. Diferentemente, eles queriam ter um espaço dedicado à ciência, onde os professores aplicariam todo o seu tempo no ensino e pesquisa na mesma instituição.

Jayme Tiomno explicou, certa vez, porque da necessidade de se criar uma nova instituição:

> O Centro Brasileiro de Pesquisas Físicas foi fundado porque a universidade não permitia pesquisa dentro da universidade, ou melhor, criava todas as dificuldades para a pesquisa. Isto é geral no Brasil, com exceção de São Paulo. Todas as universidades brasileiras criaram o máximo de dificuldades à pesquisa... Em todas as universidades brasileiras, quando os indivíduos que foram para fora e tornaram-se pesquisadores voltaram e tentaram fazer pesquisa na universidade sofreram reação violentíssima da universidade dirigida por bacharéis. Isso prejudicou todos os nossos alunos que voltaram

para seus estados e tiveram que enfrentar reações realmente violentíssimas, inclusive, campanha de desmoralização. E a razão fundamental é essa: eles queriam fazer pesquisa e os donos da universidade percebiam que, no momento em que eles conseguissem implantar a pesquisa na Universidade, eles iam ter força dentro da universidade, portanto, iam tirar do poder os donos da universidade.[28]

Inicialmente, eles esperavam que tal espaço dedicado à pesquisa pudesse ser abrigado na Fundação Getulio Vargas (FGV). A fundação tinha sido criada por Getúlio Vargas em 1944 para ser um centro de capacitação de servidores públicos e o desenvolvimento de pesquisas aplicadas de interesse do governo, como o estabelecimento e monitoramento de indicadores econômicos orientados para a economia e a administração. Com a deposição de Vargas em 1945, a direção da organização foi mudada, passando a ser liderada pelo engenheiro e economista Paulo Assis Ribeiro. Ele reorientou a Fundação, abrindo espaço para áreas científicas, com ênfase no estímulo à pesquisa. Foram criados os departamentos de física, matemática, geologia e biologia, que passaram a ser dirigidos respectivamente por José Leite Lopes, Lélio Gama, Othon Leonardos e Antonio da Silva Mello, todos com forte interesse por pesquisa. Cada um desses departamentos teria sua própria revista científica: *Summa Brasiliensis Physicae*, *Summa Brasiliensis Mathematicae*, *Summa Brasiliensis Geologicae* e *Summa Brasiliensis Biologicae*. Entre estas, o primeiro a estabelecer sua estrutura própria foi o da matemática. Foi esta Fundação que concedeu a César Lattes a bolsa para ir para Bristol, onde participou da descoberta do píon.

Entretanto, pouco tempo depois, um grupo associado a Getúlio Vargas, liderado por Luiz Simões Lopes, assumiu a instituição para retomar sua proposta original. Paulo Assis Ribeiro foi afastado, os departamentos científicos foram extintos e seus diretores exonerados.[29] Esse foi um duro golpe para o grupo que sonhava com um espaço dedicado exclusivamente à pesquisa em física. "Mas é preciso não desanimar", escreveu Tiomno para Leite Lopes tentando animá-lo.[30] E, de fato, eles não estavam dispostos a desistir facilmente. Eles pensaram então em tornar o Departamento de Física da UB num instituto autônomo, separado da FNFi. Para isso, eles precisavam atrair para o Departamento mais pessoas que quisessem fazer pesquisa. Entusiasmado pelos resultados positivos da presença do Wataghin em São Paulo, Tiomno queria repetir o modelo no Rio de Janeiro, trazendo um renomado físico para ensinar física avançada, com a condição de que "esse professor deveria ser contratado, no mínimo, por 2 anos".[31] Havia também a possibilidade de levar o jovem Lattes para o Rio de Janeiro quando ele retornasse de Bristol. Leite Lopes, quando esteve em São Paulo, conversou com Lattes a respeito e ele ficou muito entusiasmado com a ideia de criar um espaço para a pesquisa em física no Rio de Janeiro.

O novo instituto seria criado, portanto, dentro da própria Universidade, mas completamente dedicado à pesquisa e ao ensino (de pós-graduação) em física. Eles inicialmente tentaram obter apoio da Fundação Rockefeller para o desejado novo instituto. Logo perceberam, no entanto, que seria necessário algum grande fato ou evento para estimular o apoio necessário, talvez uma descoberta notável por um dos membros do grupo, o que daria prestígio e visibilidade à proposta.[32]

No início de 1948, tendo participado da descoberta de píons no ano anterior, Lattes foi para Berkeley (após seu casamento no Brasil) com uma bolsa da Fundação Rockefeller. Lá, o ciclotron de 184" era a única máquina disponível em todo o mundo que poderia fornecer um feixe de partículas energéticas capaz de produzir píons artificialmente. Ele tinha sido financiado originalmente pela Fundação Rockefeller, especificamente para a produção de mésons, mas tinha sido usado durante a Segunda Guerra Mundial como um protótipo para os dispositivos de separação magnética (calutrons), construídos para obter ^{235}U enriquecido para o programa de armas em Oak Ridge, no Tennessee.

Os "projéteis" (neste caso, partículas alfa) estão em um "feixe", um fluxo focalizado de partículas dentro do ciclotron. Muitas vezes se fala de "partículas no feixe", referindo-se às partículas que foram aceleradas pelo ciclotron.

A energia dos projéteis no feixe para a produção de partículas tem que ser maior que a massa equivalente das partículas a serem criadas, cerca de 140 MeV para o píon. Tomando o aumento da massa relativística dos projéteis, bem como a conservação do momento em relação a um alvo estacionário, a energia cinética necessária para a aceleração de partículas alfa no laboratório é de cerca de 290 MeV. Esse valor era próximo do máximo de energia alcançado pelo ciclotron de 184".

Lattes colaborou com Eugene Gardner no Laboratório de Radiação da Universidade da Califórnia (UCRL na sigla em inglês, atualmente Lawrence Berkeley National Laboratory) usando partículas alfa de alta energia e atingindo um alvo de carbono para produzir píons (o processo elementar é um colisão próton-próton). Na verdade, os píons já estavam sendo produzidos pelo ciclotron desde, pelo menos, o final de 1946, depois de ter sido novamente colocado em operação após o final da guerra; mas não havia nenhum detector adequado para identificá-los até Lattes chegar com seu conhecimento de como observar seus rastros nas emulsões nucleares. Sua detecção bem-sucedida (em 21 de fevereiro de 1948) foi rapidamente relatada na *Science*.[33]

Lattes, aos 24 anos, ficou famoso da noite para o dia na comunidade da física e também entre o público em geral, graças à cobertura da imprensa sobre as descobertas. O próprio Laboratório fez uma grande ação de propaganda junto à mídia para ajudar a alavancar recursos da recém criada Comissão de Energia Atômica.[34] Lattes foi convidado para fazer conferências em muitas instituições norte-americanas, como as universidades de Rochester, Novo México, Harvard e Princeton, e o Laboratório Nacional de Brookhaven. Ele fez uma apresentação na Reunião Anual da Sociedade Americana de Física (APS) e foi tema de uma matéria no *New York Times*.

"O menino é uma maravilha!"[35], exclamou Leite Lopes em carta a Tiomno. Suas conquistas também tiveram ampla cobertura na imprensa brasileira, onde foi saudado como herói nacional, um jovem gênio, exemplo de um brasileiro de sucesso. E ele parecia (e agia) de acordo com esse papel. Este era precisamente o evento que precisavam para viabilizar a criação do futuro Instituto de Física no Rio de Janeiro. Nesse momento, tanto Lattes como Tiomno estavam nos EUA, e coube a Leite Lopes conceder entrevistas para a imprensa explicando o significado dos experimentos com píons e a importância de conseguir produzi-los em laboratório. Os militares brasileiros também estavam interessados no novo experimento, uma vez que consideravam a física nuclear um campo de importância estratégica para o país. Leite Lopes foi convidado a dar palestras na Academia Técnica do Exército e até mesmo no Estado-Maior do Exército. Ele escreveu entusiasmado para Tiomno:

> A notícia caiu aqui como uma bomba. Todos os jornais trazem notícias sobre o Lattes, classificando-o como grande vulto da ciência atômica, telegramas dos EUA etc. A impressão que tenho é que agora é o momento para fazer pressão e obter o Instituto de Física no Rio com tudo.[36]

Ao mesmo tempo, Tiomno e Lattes, ambos nos EUA, aproveitaram para discutir o projeto do novo instituto. Eles se encontraram inicialmente em maio de 1948, quando Lattes foi a Princeton para dar uma palestra e mais tarde, em setembro, durante a reunião da Associação Americana para o Progresso da Ciência (AAAS em inglês) em Washington.

Lattes retornou ao Brasil para uma breve estada em dezembro de 1948. Sua chegada foi um grande sucesso. Ele era uma figura pública e foi recebido pelo presidente Eurico Gaspar Dutra, por vários ministros e diversas autoridades. Em Berkeley, Lattes havia conhecido outro jovem brasileiro, Nelson Lins de Barros, que estudava na Universidade e trabalhava como secretário no consulado brasileiro em São Francisco. Lins de Barros era membro de uma família grande e influente (ele tinha 21 irmãos). Um irmão muito mais velho, João Alberto Lins de Barros, havia sido ministro e pessoa da confiança de Getúlio Vargas. Embora nessa época fosse apenas vereador na capital, ele mantinha importantes conexões políticas e econômicas.

César Lattes e José Leite Lopes foram convidados a passar uns dias na propriedade rural de João Alberto para conversar sobre o planejamento do novo instituto. No decorrer das conversas, João Alberto mudou a ideia inicial; em vez de criar um instituto de física dentro da Universidade do Brasil, eles criariam uma nova fundação dedicada apenas à física, autônoma, com financiamento público e privado, fora do Rio de Janeiro e de São Paulo, mas colaborando com ambos. A fundação teria um instituto de pesquisa e Lattes seria seu diretor científico, e se dedicaria a realizar pesquisas e formar novos pesquisadores e professores para as universidades, apoiando-os com bolsas. Desde o início, a nova fundação cooperaria com as universidades do Rio de Janeiro e de São Paulo, estimulando os centros existentes. Não lhes parecia razoável que cada local tivesse seu próprio betatron ou acelerador para uso restrito dos seus pesquisadores. Em vez disso, tais instrumentos deveriam ser compartilhados por toda a emergente comunidade de física, uma espécie de centro multiusuário. O novo instituto não deveria ser entendido como oposição ou competição a um ou outro grupo, mas como suporte à física como um todo.[37] Alguns anos depois, Lattes comentou esta estada na propriedade de João Alberto:

> Quando cheguei ao Brasil, encontrei-me com o Nelson [Lins de Barros] e o British [Henry British Lins de Barros], outro irmão e militar da Marinha. Para a surpresa de todos, quando chegamos na casa do João Alberto [Lins de Barros], soubemos que a mulher dele era irmã de criação do Leite Lopes. Fazia 20 anos que não se viam. Foi assim que nasceu o CBPF. Tudo em família.[38]

Na verdade, o projeto não se baseava apenas nas relações familiares. A física nuclear estava se tornando do interesse de vários segmentos do país. Eles obtiveram apoio de empresários e industriais preocupados com uma futura escassez de energia elétrica, que ameaçava os projetos de desenvolvimento, mas poderia ser resolvida através da energia nuclear. Ao mesmo tempo, os militares acreditavam que um alto nível de competência em física nuclear seria de grande importância estratégica, como foi tão bem demonstrado no final da Segunda Guerra Mundial. A esse respeito, a influência do contra-almirante Álvaro Alberto da Motta e Silva, químico e ex-presidente da Academia Brasileira de Ciências, foi de grande ajuda. Por fim, havia um crescimento da comunidade científica com interesse em pesquisa, que apoiaria o projeto de criação de um centro dedicado à pesquisa, que incluía Costa Ribeiro, catedrático de Física Experimental da FNFi, Carlos Chagas Filho, professor e diretor do Instituto de Biologia, bem como ex-participantes do projeto da Fundação Getúlio Vargas, como Paulo Assis Ribeiro, Lélio Gama e Othon Leonardos, entre outros. Quanto ao pequeno grupo de cientistas, composto por César Lattes, Jayme Tiomno, José Leite Lopes e Elisa Frota-Pessôa – o que eles realmente queriam era simplesmente um lugar apropriado para fazer física no Brasil.

César Lattes já havia sido convidado para trabalhar na Universidade de Harvard, e os outros membros do grupo, mais cedo ou mais tarde, também conseguiriam obter boas posições em instituições de pesquisa no exterior. Mas, como o próprio Lattes explicou mais tarde: "Naquele tempo, ninguém ia para lá com a ideia de fazer carreira. Ninguém queria ficar lá. A gente pensava, digamos em linguagem um pouco patriótica, em melhorar o Brasil."[39]

O registro oficial de fundação ocorreu em 15 de janeiro de 1949, tendo João Alberto Lins de Barros como presidente, Álvaro Alberto da Motta e Silva como vice-presidente e César Lattes como diretor científico. Cento e dezesseis pessoas assinaram o formulário de registro como sócios-fundadores, entre eles cientistas, militares e industriais. Na verdade, Lattes não participou dessa assembleia inicial. Ele tinha que voltar para os EUA em janeiro de 1949 para terminar seu trabalho no Laboratório de Radiação em Berkeley e deixou uma procuração com Leite Lopes. De volta a Berkeley, recebeu um telefonema de Leite Lopes informando que o Centro Brasileiro de Pesquisas Físicas havia sido registrado como fundação e que ele era seu diretor científico. Lattes tinha 24 anos e já possuía alguma experiência em pesquisas científicas, mas nenhuma como administrador ou coordenador de pesquisa.

Nessa época, Tiomno ainda estava nos Estados Unidos. Lattes, por sua vez, voltaria ao Brasil em março e tocaria o projeto do Centro junto com Elisa e Leite Lopes, mas nada era fácil para esse pequeno grupo de idealistas. Sem imaginar um processo tão rápido de criação de um novo centro fora da Universidade, Leite Lopes tinha pleiteado uma bolsa da Fundação

Guggenheim para uma estadia de um ano em Princeton para trabalhar com Oppenheimer a partir de fevereiro. Ele não podia perder aquela oportunidade. Leite Lopes viajou para os EUA no início de 1949, logo após a formalização da criação do CBPF como fundação. Em março, pouco antes de retornar ao Brasil, Lattes foi a Princeton para participar de um seminário sobre a física dos mésons, juntamente com o teórico japonês Hideki Yukawa, que estava lá como professor visitante. Tiomno, Leite Lopes e Walter Schützer também estavam em Princeton nessa época e Hervásio de Carvalho, que estava fazendo sua pós--graduação em Washington-DC, foi encontrar os colegas. Lá, na Universidade de Princeton, foi definida a estratégia final para a implantação do CBPF (Fig. 8.2).

Vendo aquele grupo de jovens brasileiros, muitos cientistas em Princeton se perguntavam como explicar o rápido progresso da física no Brasil, um país praticamente sem tradição científica e que rapidamente produziu uma geração de grande destaque. Para Tiomno, era a manifestação de um entusiasmo coletivo, principalmente por parte de um grupo de idealistas, que teve Gleb Wataghin como seu mentor.[40]

Fig. 8.2 Agachados: Hervásio de Carvalho, José Leite Lopes e Jayme Tiomno; em pé: César Lattes, Hideki Yukawa, e Walter Schützer. Esta foto foi tirada em março de 1949, durante a estadia de Yukawa em Princeton como pesquisador visitante em 1948/1949. JT (domínio público).

Quando sua bolsa se encerrou em março, Lattes retornou ao Brasil e foi para a USP, mas, como vimos, depois de dois meses ele pediu para ser dispensado de seu cargo e transferiu-se para o Rio de Janeiro em maio de 1949.

> Voltei [dos Estados Unidos] e fiz uma loucura, que a gente só faz na mocidade... Em vez disso [assumir uma cadeira na USP], vim para o Rio com contrato para dar dois seminários por semana na Faculdade Nacional de Filosofia da Universidade do Brasil e ser diretor-científico de um centro que era só uma ata registrada em cartório...[41]

Enquanto Tiomno e Leite Lopes ainda estavam em Princeton, Lattes trabalhou com Elisa, que também havia retornado de São Paulo, com Ugo Camerini e Giuseppe Occhialini, que vieram de Bristol para se juntar ao projeto, e alguns assistentes para dar os primeiros passos para a implantação de pesquisas no CBPF. Camerini era um judeu italiano que havia emigrado para o Brasil aos 14 anos junto com a família para fugir do fascismo. Ele se formou no Departamento de Física da USP e foi para Bristol fazer seu doutorado, seguindo os passos de Lattes. Com o início da implantação do CBPF, ele interrompeu seus estudos e foi se juntar a César Lattes e Occhialini.[42] Em entrevista, Leite Lopes comentou sobre esse período inicial no CBPF:

> O que havia, então, nessa época, no CBPF? O Lattes, Camerini, jovens como Elisa Frota-Pessôa e outros estudantes, que formavam em torno do Lattes e do Camerini, da Física experimental. E o Lattes começou a fazer a técnica de emulsões nucleares, que são chapas fotográficas especiais expostas à radiação cósmica. Manda-se aos aceleradores, o pessoal revela, vê no microscópio e daí pode fazer trabalhos [sobre aquelas partículas que deixaram rastros]. Instalou-se logo esse grupo no Brasil, com Lattes, Camerini e Occhialini que vieram ajudar o Lattes e aqueles jovens. Em Física Teórica estava eu, chamei o Tiomno, o Guido Beck, ficaram lá [no Centro].[43]

De fato, a implantação do Centro no primeiro ano foi realizada pelos físicos experimentais Lattes, Elisa, Camerini e Occhialini, uma vez que Tiomno e Leite Lopes estavam nos EUA e Beck ainda não havia aderido ao projeto. No entanto, como Lattes se dedicava principalmente aos contatos políticos, à captação de recursos e à organização da administração, coube a Occhialini, Camerini e Elisa estabelecerem as primeiras atividades científicas no Centro, o que a levou a publicar o primeiro trabalho da instituição. Embora Leite Lopes se refira a "jovens como Elisa", ele era apenas 3 anos mais velho que ela e faziam parte do mesmo grupo de alunos, embora em 1950 ele já tivesse conseguido a posição de catedrático. Elisa, além de assistente do Costa Ribeiro na Universidade, já era pesquisadora sênior do Centro.

A ideia original de que o Centro não seria estabelecido nem no Rio de Janeiro nem em São Paulo mostrou-se inviável. Eles perceberam que não tinham recursos para pagar salários de tempo integral aos pesquisadores e nem mesmo para lhes garantir contratos de longo prazo. Eles teriam que continuar trabalhando como professores nas universidades. Além disso, a proximidade com a universidade era de fundamental importância para identificar jovens talentosos e recrutá-los para trabalhar no Centro.

A importância da proximidade física do Centro com a universidade e a manutenção de uma relação entre ambas se tornou um consenso entre o pequeno grupo que implementou o projeto. Leite Lopes comentou certa vez: "A minha preocupação era fazer a ligação Centro e Faculdade, porque, a meu ver, Centro isolado não podia. A faculdade tinha o elemento, o estudante novo para se tirar."[44]

Tiomno tinha uma visão semelhante:

> Esse era o único modo que nós tínhamos de pegar os estudantes. Nós tínhamos que estar dentro da Faculdade de Filosofia para pegar os melhores estudantes de lá e levar para o Centro Brasileiro de Pesquisas Físicas, para poder treiná-los..., senão nós ficaríamos isolados na Faculdade de Filosofia. De modo que nós aceitávamos posições secundárias lá, porque era o único modo de conseguir o estudante. [45]

Elisa foi a mais ativa em trazer alunos de física para o Centro. Ela se dedicou a conseguir moradia para os estudantes de outras localidades, tentou obter bolsas de estudo para eles e os ajudou a se adaptarem à vida no Rio de Janeiro. Junto com Tiomno, ela os recebia em sua casa para conversar sobre suas necessidades e o andamento nos estudos (uma prática que era vista por professores conservadores da FNFi como uma forma de cooptação dos alunos). Elisa também compartilhava as opiniões de Tiomno e Leite Lopes sobre o papel do CBPF e sua ligação com a Faculdade:

> Depois de fundado o CBPF, conseguimos mandato universitário da reitoria e os cursos do Centro passaram a ser reconhecidos pela Faculdade, mas nunca conseguimos ligar as duas coisas. O que eu consegui, e foi uma das coisas que mais adorei fazer na vida, foi trazer meus alunos de lá para o Centro.[46]

Na verdade, o modelo institucional de ensino e pesquisa que o grupo defendia com tanta energia não era novo, em termos mundiais. Era a filosofia de Wilhelm von Humboldt, o chamado "ideal de Humboldt". Ele estava sendo praticado na Europa por gerações em instituições como o *Institut Pasteur*, o *Institut Pierre et Marie Curie*, o *Robert-Koch-Institut* e nos institutos do *Kaiser-Wilhelm-Gesellschaft*, todos associados a universidades e combinavam pesquisa com ensino de pós-graduação. Os laboratórios nacionais dos EUA, estabelecidos após a Segunda Guerra Mundial, também praticavam uma combinação semelhante de pesquisa e ensino de pós-graduação, em geral vinculados a uma universidade próxima. Mas no Brasil, o conceito era novo e o desafio do Centro era fazer esse modelo funcionar diante da resistência das universidades, em particular a FNFi, e encontrar financiamento estável para viabilizar o Centro a longo prazo.

Lattes consultou inicialmente a USP sobre a possibilidade de estabelecer o CBPF lá, mas depois de ouvir a posição contrária do Departamento de Física, o reitor Lineu Prestes respondeu que não havia interesse em tal projeto, pois já tinham um departamento dedicado à física que atendia as necessidades da Universidade. Em contraposição, o reitor da Universidade do Brasil, Raul Leitão da Cunha, recebeu bem a ideia de estabelecer o Centro e a sua proximidade com a Universidade. A UB disponibilizou um terreno em seu *campus* na Praia Vermelha para construir o primeiro prédio do Centro, e uma doação do banqueiro Mario d'Almeida viabilizou a construção daquele edifício.[47] Mais tarde, a UB também concedeu um mandato universitário ao CBPF, permitindo-lhe oferecer ensino em certas disciplinas que seriam reconhecidas pela Universidade. De acordo com esse modelo, os alunos fariam os dois primeiros anos na Universidade e, então, frequentariam cursos e palestras, tanto na Universidade como no CBPF. Em troca, os professores da Universidade poderiam utilizar os laboratórios do Centro. Leite Lopes voltou dos EUA em janeiro de 1950 e ficou impressionado com o que havia sido realizado em pouco mais de seis meses:

> O Centro vai bem. O prestígio do Lattes é enorme e abre as portas, desde a imprensa ao Senado. Ele trabalhou realmente como um abnegado para solidificar o Centro, em vez de deitar-se na fama. Por isso, acho que cresceremos bem. Tem energia, visão administrativa e decide as coisas como devem ser. O prédio do Centro (pavilhão) deverá estar pronto em abril.[48.]

De fato, não era apenas o prestígio de Lattes, era um momento adequado para a física e, em especial, para a física nuclear, ainda que não pelos mesmos motivos do pequeno grupo de fundadores. Para se ter uma ideia do amplo interesse pelo tema nesse período, o CBPF recebeu um apoio financeiro significativo, disponibilizado por um fundo secreto administrado por Evaldo Lodi, presidente da Federação das Indústrias, destinado a combater o comunismo. Lattes não tinha ciência da origem do dinheiro; apesar de nunca precisar assinar recibos ou apresentar relatórios para o uso dos recursos.[49]

No início de 1951 foi criado o Conselho Nacional de Pesquisa (CNPq), atendendo uma antiga aspiração da comunidade científica por uma agência governamental que financiasse a pesquisa. Essa iniciativa, no entanto, só foi efetivada com o interesse do governo em direcionar a ciência, e em especial o desenvolvimento da tecnologia nuclear. Uma sinalização dessa visão estratégica da ciência neste período pode ser percebida pela forte presença de oficiais militares na direção do CNPq: o presidente seria o contra-almirante Álvaro Alberto, enquanto que a vice-presidência ficava com o general Armando Dubois, contemplando tanto o exército como a marinha. Simultaneamente, Álvaro Alberto também era vice-presidente do CBPF.

Em 1949, a União Soviética havia detonado com sucesso seu primeiro dispositivo nuclear em seus campos de testes em Semipalatinsk, Cazaquistão. Isso demonstrou definitivamente ao governo brasileiro a importância de investir em física nuclear. Para os militares do CNPq, o CBPF seria o local ideal para desenvolver o conhecimento necessário. Em consequência, nos primeiros anos da década de 1950, grande parte dos recursos do CNPq foram investidos no CBPF. No período de 1951-1954, a biologia foi a área mais beneficiada com recursos do CNPq, seguida pela física; e, na área de física, o CBPF recebeu 75% do apoio financeiro. Além disso, recebeu uma grande quantidade de fundos para projetos especiais.[50]

A criação do Centro não foi, no entanto, uma unanimidade nos meios acadêmicos brasileiros. Plinio Süssekind Rocha, professor de Mecânica Racional e Celeste da FNFi, mostrou-se cético em relação à pesquisa no Centro. Ele achava errado realizar tanto esforço fora da Universidade. Esse também era o pensamento do físico experimental Armando Dias Tavares. Apesar de ter participado dos seminários iniciais, preferiu permanecer apenas na Universidade e não ingressar no Centro. Além deles, físicos de São Paulo olhavam com desconfiança o novo projeto, tanto pela perda de importantes pesquisadores, como pela disputa pelos poucos recursos financeiros.[51]

Somando-se a isso, havia um ceticismo quanto à sustentabilidade e continuidade do projeto. Na viagem de volta ao Brasil, enquanto estava hospedado no Rio de Janeiro por alguns dias, Mario Schenberg ficou impressionado com o entusiasmo do grupo. No entanto, ele os achou idealistas demais e, segundo ele,

> Subestimam completamente as dificuldades de criar um Instituto de Física. Parece que é só questão de dinheiro. Naturalmente é preciso bancar-se com entusiasmo, mas receio que, com o temperamento carioca venha o desânimo quando surgirem as dificuldades inevitáveis. Parece-me que em menos de três ou quatro anos não será possível ter um laboratório no Rio, se tudo correr bem.[52]

Na verdade, o entusiasmo deles não era só grande, mas contagiante, pois enfrentar dificuldades foi (e talvez ainda seja) o que mais motiva os físicos. Em 1950, o físico experimental Roberto A. Salmeron transferiu-se da USP para o CBPF; no ano seguinte, Guido Beck deixou a Argentina para ir para o Rio de Janeiro, fortalecendo a equipe de teóricos. Richard Feynman, que já havia dado palestras no CBPF durante sua primeira visita em 1949, logo após a fundação do Centro, retornou em agosto de 1951, dessa vez para ficar quase um ano durante seu período sabático; e, finalmente, em março de 1952, Tiomno, que ia frequentemente ao Rio de Janeiro, acompanhando o trabalho que estava sendo desenvolvido no CBPF, deixou a USP, transferiu-se para a nova instituição e assumiu uma vaga na UB, numa posição menos importante do que a que ele tinha em São Paulo.

A Idade de Ouro do Centro

O Centro funcionou, inicialmente, em três salas alugadas na Cinelândia, no centro da cidade, cercado por bancos e prédios de escritórios, com livros doados e aparelhos emprestados, enquanto esperava a construção do novo prédio. A infraestrutura era bastante precária: o trabalho de Elisa Frota-Pessôa e Neusa Margem com as placas de emulsão irradiadas por Lattes em Berkeley, que levou à publicação do primeiro artigo científico do CBPF, foi realizado com microscópios emprestados pelo Instituto de Química Agrícola e da Divisão Técnica da Polícia. Mas, embora os recursos técnicos fossem limitados, o desejo de trabalhar era grande. Era a realização do sonho de fazer física no Brasil e de construir um centro que ajudaria na formação de novas gerações de pesquisadores e a semear departamentos de física nas novas universidades que estavam surgindo no país.

Fig. 8.3 Almoço festivo organizado pelo CBPF durante a segunda visita de Richard Feynman ao Brasil, em 1952. Feynamn está sentado à direita, quinto a partir da frente. Ele está ladeado por Elisa, à sua direita, e Neusa Margem à sua esquerda e Lattes está em frente a ele com terno branco. Tiomno é o terceiro à direita de Elisa, também de terno branco. Fonte: CBPF e JT.

O CBPF comprou um acelerador de partículas Cockroft-Walton, fabricado na Holanda, e Ernest O. Lawrence, professor em Berkeley, ofereceu a Lattes um cíclotron de 21" com uma energia de 4 MeV a um preço baixo. Ele seria construído na Universidade de Chicago e instalado em Niterói, e serviria para treinar pessoal e produzir radioisótopos para utilização na medicina. Além disso, eles começaram a negociar com a holandesa Philips Corporation a compra de um ciclotron de 72". As negociações, contudo, não foram adiante, e o presidente do CNPq sugeriu que, em vez disso, adquirissem um cíclotron bem mais potente, de 170" e com energia de 20 MeV, que seria construído em Chicago e trazido para o Brasil para o Arsenal da Marinha no Rio de Janeiro, com o apoio de cientistas e técnicos da Universidade de Chicago. O novo equipamento permitiria pesquisas em física de altas energias.[53] Naquela época, aceleradores com energias máximas na faixa de vários GeV já estavam sendo construídos nos EUA e na URSS.

Oficialmente, o contrato com a Philips não foi assinado devido a exigências técnicas que o governo brasileiro não podia aceitar. Anos mais tarde, Alfredo Marques, que foi assistente de Lattes, revelou que o presidente do CNPq, Álvaro Alberto, havia explicado a Lattes que o acordo com a empresa holandesa estava causando problemas diplomáticos com os Estados Unidos. Para o governo brasileiro, a compra do cíclotron da Universidade de Chicago demonstraria que as intenções do Brasil eram pacíficas e não visavam o desenvolvimento de armamentos nucleares.[54] Evidentemente também permitiria maior controle por parte do governo americano e a manutenção da dependência brasileira à tecnologia daquele país.

Lattes também montou um laboratório de pesquisa em Chacaltaya, na Bolívia, onde ele havia originalmente exposto as placas que levaram à descoberta inicial dos píons. Ele queria usar uma câmara de nuvem de Wilson, que seria doada por Marcel Schein, da Universidade de Chicago, para estudar as partículas V, que tinham sido descobertas por George Rochester e Clifford Butler usando uma câmara semelhante no nível do mar.[55] O Centro firmou uma colaboração formal com a Universidade de Chicago para apoiar esse projeto.

Além da área experimental, o Centro investia também em física teórica e matemática. Um departamento de matemática foi estabelecido e assumiu a publicação da revista *Summa Brasiliensis Mathematicae*, iniciada na Fundação Getúlio Vargas. A partir desse departamento, Leopoldo Nachbin, juntamente com Lélio I. Gama e Mauricio Matos Peixoto fundaram o Instituto de Matemática Pura e Aplicada, considerado hoje entre os 10 melhores institutos de matemática do mundo.

Tiomno ficou responsável pela área de ensino. Ele montou laboratórios de ensino e iniciou a publicação dos *preprints* "Notas de Física", que continua até hoje. Mais tarde também foi implantado um curso de pós-graduação, iniciando um novo padrão no Brasil. Até então, o doutorado era obtido simplesmente escrevendo uma tese e defendendo-a, não havendo curso nem orientação. Tiomno criou o currículo de um curso de pós-graduação, que incluía o estudo dos recentes desenvolvimentos científicos e o acompanhamento do projeto de tese de doutorado. Além disso, com o apoio de Feynman (Fig. 8.3), Tiomno e Leite Lopes buscaram modernizar o ensino de física no Brasil, substituindo os longos e detalhados manuais por textos mais recentes e especializados, numa tentativa de trocar o foco, antes voltado para a erudição, para um novo currículo que levasse em conta os desenvolvimentos mais recentes. Ao mesmo tempo, Tiomno e Leite Lopes estimularam a produção de materiais didáticos em português, o que tornaria a física acessível a um maior número de alunos.

Por outro lado, a Universidade tornou-se um "viveiro" onde os estudantes mais talentosos de física poderiam ser identificados e incentivados a continuar seus estudos no CBPF. Em geral, eles tinham a possibilidade de participar de projetos de pesquisa e recebiam bolsas de fundações internacionais, do CNPq ou do próprio CBPF. Elisa e Jayme Tiomno convidavam os alunos para sua própria casa para envolvê-los no mundo da pesquisa. Tiomno fez bom uso de seus contatos científicos no exterior para enviar seus melhores alunos para excelentes universidades estrangeiras. O CBPF também convidou alunos de diversas regiões do Brasil e de outros países, principalmente da América Latina. Durante os primeiros 10 anos do Centro, mais de 100 bolsas foram concedidas a estudantes brasileiros e de outros países, como Argentina, Bolívia, Peru e mesmo dos EUA.

O Centro desenvolveu projetos de pesquisa principalmente em física de partículas elementares, raios cósmicos (usando emulsões nucleares) e física nuclear teórica; mas também havia pesquisas sobre fissão fotoinduzida, contaminação atmosférica radioativa e radioquímica. Os pesquisadores do Centro publicaram mais de 150 artigos em revistas científicas reconhecidas durante sua primeira década. O Centro também apoiou muitas universidades que estavam se estabelecendo naquela época no Brasil, para ajudar a construir seus departamentos de física, como Pernambuco, Minas Gerais e Rio Grande do Sul. Desde o início, seguiu uma política de trazer proeminentes físicos do exterior para ministrar cursos e palestras, participar de seminários e cooperar em projetos de pesquisa específicos, como J. Robert Oppenheimer, Isidor I. Rabi, Leon Rosenfeld, Emilio Segré, Chen Ning Yang, Richard P. Feynman, Peter Bergmann, Giampietro Puppi, Herbert L. Anderson, Sergio de Benedetti e Eugene P. Wigner, entre muitos outros.

Enquanto isso, o Departamento de Física da USP aos poucos ia se recuperando da fase difícil. Schenberg voltou da Bélgica e tornou-se o chefe do Departamento; Bohm estava coordenando um grupo de pesquisa; e, tanto o betatron como o gerador Van de Graaff tinham sido concluídos e estavam operando. Além disso, as relações entre os dois centros melhoraram, principalmente com uma estadia do Leite Lopes na USP e a promoção de diversas colaborações.

Diferente do sistema docente da Universidade do Brasil, em que o catedrático tinha total controle sobre sua área, o CBPF possuía uma estrutura muito mais democrática: havia um presidente, um diretor executivo, um diretor científico e um secretário; mas as principais decisões eram tomadas pelo Conselho Técnico-Científico, composto por representantes dos pesquisadores sêniores, docentes e técnicos. E havia também a Assembleia, onde apenas os fundadores tinham voto. Essa estrutura tinha como objetivo torná-lo resiliente, mesmo em tempos de dificuldades políticas e econômicas, como ocorrido em meados da década de 1950.

Nesse período, descobriu-se que o diretor executivo do CBPF, Álvaro Difini, que também era tesoureiro do CNPq, estava desviando recursos do CBPF (originalmente destinados à construção do ciclotron 170") – o boato é que ele perdeu o dinheiro no jogo. Sua família rapidamente levantou a soma para repor o dinheiro desviado e o assunto poderia ter sido resolvido internamente. Entretanto, César Lattes, temendo que o caso chegasse à imprensa e que ele pudesse vir a ser responsabilizado por ser o diretor científico, tornou pública a história, que se converteu num grande escândalo. Lattes fez acusações contra o CNPq, levando à redução e, por fim, à completa suspensão do apoio financeiro para o cíclotron. Além disso, o montante desviado, cerca de seis milhões de cruzeiros, só foi reembolsado doze anos depois, quando praticamente não valia mais nada devido à inflação.

O escândalo financeiro foi amplificado por uma disputa política de âmbito nacional sobre a exploração de minerais radioativos, especialmente aqueles contendo tório, abundantes no Brasil. Em oposição a empresários e políticos que defendiam a livre exploração e exportação dos minerais, inclusive radioativos, Álvaro Alberto liderava uma corrente nacionalista, apoiada pela maioria dos cientistas, favorável ao controle dessa atividade segundo os interesses brasileiros e sua utilização para financiar o desenvolvimento tecnológico do país, o que ele denominava como "compensações específicas". Alguns políticos e membros do Itamaraty eram contra o controle dos minerais, alegando que isso prejudicaria as relações do Brasil com os EUA. Além disso, o jornalista e político conservador Carlos Lacerda usava o desfalque para atacar Getúlio Vargas, seu oponente político, na imprensa: "é um mar de lama", escreveu ele. Inimigos de Álvaro Alberto usaram o escândalo no CBPF para levantar suspeitas contra ele e retirá-lo da presidência do CNPq. O CBPF foi colocado num fogo cruzado. Por um lado, a direita acusava Álvaro Alberto, o CNPq e os cientistas de corrupção e de agirem contra os interesses nacionais. Por outro, a esquerda considerava que o CNPq era uma instituição alinhada ao macarthismo americano e dava suporte apenas às instituições consideradas confiáveis pelo governo, como o CBPF. Evidentemente, não era nem uma coisa nem outra.

O pior de tudo isso é que o próprio Centro ficou dividido. Os professores Francisco Mendes de Oliveira Castro, Ugo Camerini e Hervásio de Carvalho apoiaram as ações de Lattes, enquanto Jayme Tiomno, José Leite Lopes e Leopoldo Nachbin tiveram uma postura crítica com relação à denúncia pública. Tiomno achava que Lattes estava moralmente justificado em expôr o escândalo, mas as consequências práticas de suas ações para o Centro foram devastadoras, assim como os efeitos no clima interno da instituição:

> O Centro se dividiu meio a meio nessa época. Havia uma parte que estava de acordo, e outra parte que não estava que se resolvesse o problema desse modo, se bem que, moralmente, não tínhamos nada a objetar contra o fato de denunciar uma irregularidade.[56]

Como resultado da crise, a construção do cíclotron de 21", que estava no meio, com técnicos da Universidade de Chicago trabalhando no Rio de Janeiro, foi suspensa por um tempo e reiniciada bem mais tarde. A construção do ciclotron 170", por sua vez, nunca foi iniciada; e o forte apoio financeiro do CNPq foi perdido. Além disso, a situação afetou muito os pesquisadores: Guido Beck deixou o CBPF, Ugo Camerini foi para a Universidade de Wisconsin, Tiomno experimentou um período de depressão e Lattes sofreu um colapso nervoso. Este foi provavelmente o primeiro sinal de seu transtorno psíquico, que às vezes causava oscilações passando de um estado de completa apatia para outro de atividade maníaca frenética, que, em momentos extremos, chegava a causar a perda do contato com seus sentimentos e pensamentos racionais.[57] Ele mesmo explicaria mais tarde a alguns de seus colegas que os psiquiatras o haviam diagnosticado como esquizofrênico e ele estava tomando remédios para isso.[58] Embora todos soubessem dos problemas de saúde de Lattes, talvez por preconceito quanto a esse tipo de doença, esse assunto raramente era comentado publicamente, o que permanece ainda hoje.[59]

Lattes foi para os EUA em 1956, formalmente para trabalhar na Universidade de Chicago, onde Enrico Fermi, que havia morrido recentemente, deixou seu grupo órfão. Ele aproveitou o convite para deixar a situação no CBPF esfriar e fez um tratamento psiquiátrico durante sua permanência nos EUA. Após seu retorno, em 1957, continuou trabalhando no CBPF por um tempo, mas terminou deixando o Rio de Janeiro em 1959 e retornando para a USP.

Com o passar do tempo, a crise foi superada. Guido Beck também retornou e o Centro encontrou outras fontes de apoio financeiro para substituir os recursos do CNPq. O deputado federal Juscelino Kubitschek de Oliveira aprovou um auxílio anual ao Centro de 10 milhões de cruzeiros antigos, o que equivaleria, em 2024, a mais de 9 milhões de reais, o que permitia a sobrevivência do Centro. Tiomno disse sobre o período subsequente,

> Bom, o Centro, logo no início, se desenvolveu rapidamente. Mesmo no período dessa crise, em 1954, o Centro já tinha uma posição internacional. Com essa nova fase de desenvolvimento, que o Centro teve quando saiu essa verba votada diretamente pela Câmara Federal, realmente o Centro atingiu um grande prestígio internacional, e chegou a ser considerado um dos grandes centros de pesquisas em Física em todo o mundo.[60]

No entanto, uma das consequências mais dramáticas dessa crise, e que não pôde mais ser reparada, foi o afastamento entre Tiomno e Lattes, que nunca mais recuperaram a forte amizade.

Outra tragédia ocorrida no CBPF foi um incêndio em maio de 1959 que destruiu grande parte da biblioteca e do laboratório de emulsão nuclear que havia sido montado por Elisa. Apesar da tristeza causada pelo incêndio, este teve um aspecto positivo: mobilizou físicos e instituições em vários países para ajudar o Centro, em especial para repor sua coleção de livros e periódicos. O acidente também serviu de motivação para a construção de um novo prédio, maior e com melhor infraestrutura para os laboratórios, que foi concluído apenas na década de 1970.

Em meados da década de 1950, vários físicos do Rio de Janeiro e de São Paulo, como Mário Schenberg, Jayme Tiomno, José Leite Lopes e César Lattes, começaram a perceber a importância de desenvolver outras áreas de pesquisa em física no Brasil, além da nuclear e de partículas, que dominavam as atenções. Entre elas, havia a física do estado sólido, que estava evoluindo rapidamente na América do Norte e na Europa e prometia importantes aplicações técnicas, e precisava de uma ação inicial para se estabelecer no Brasil. O CBPF ofereceu um espaço para essa nova área, atraindo jovens pesquisadores. Entre eles estavam Jacques Danon[60] e Luis Marquez, que posteriormente fizeram uso do recém-descoberto Efeito Mössbauer, bem como Micheline Claire Levy Nussenzveig e George Bemski, que foi de São José dos Campos para o Rio de Janeiro no início da década de 1960. Tiomno apoiou o estabelecimento de grupos de pesquisa em física da matéria condensada no Rio de Janeiro e posteriormente em São Paulo, embora isso tenha gerado atrito com outros grupos que temiam a disputa pelos limitados recursos para pesquisa.

No final da década de 1950, dez anos após sua fundação, o CBPF estava plenamente estabelecido. O Departamento de Física Experimental tinha vários laboratórios: emulsões nucleares, o acelerador Cockroft-Walton, física do estado sólido e raios cósmicos. Havia também os departamentos de Físico-Química, de Química, de Física Teórica e de Matemática. O Departamento de Ensino criado por Tiomno, e encarregado de organizar cursos e o ensino de física geral e experimental, desempenhou um papel importante na atração de estudantes para o Centro, e seu curso de pós-graduação forneceu a base para a formação posterior desses estudantes.

O Departamento de Física Teórica foi dirigido em diferentes momentos por Jayme Tiomno, José Leite Lopes e Guido Beck. De acordo com um relatório produzido em 1960 por uma missão da Agência Internacional de Energia Atômica, no CBPF "encontram-se notáveis cientistas que gozam não só de prestígio nacional, mas internacional e, claro, em suas áreas específicas, principalmente no campo teórico, eles são possivelmente os cientistas mais eminentes da América Latina".[62]

A década de 1950 terminou com o CBPF consolidado enquanto uma instituição de física reconhecida internacionalmente e ativa na fundação e apoio de departamentos e institutos de física em diversas universidades brasileiras. Esses jovens idealistas tinham conseguido realizar seu sonho. Mas eles não tinham ideia dos tempos difíceis que ainda viriam pela frente.

Notas

1. Jayme Tiomno para Elisa Frota-Pessôa, 9 de junho de 1948; EFP.
2. Sobre a relação de Mario Schenberg com o Partido Comunista, ver Kinoshita (2014).
3. Ofício de Marcello Damy de Souza Santos, diretor do Departamento de Física, a Astrogildo Rodrigues de Mello, diretor da FFCL-USP, 19 de dezembro de 1947, IF-USP.
4. O pedido de demissão do prof. Cesar Lattes (Esclarecimentos fornecidos pela reitoria da Universidade de São Paulo), *A Noite*, 21/05/1949, ed.13193. 1949.
5. Sala (2010).
6. Goldemberg (2010).
7. Walter Schützer para Jayme Tiomno, dezembro de 1949; JT.

8. Hans Stammreich era físico-químico, educado em Berlim, fugiu da Alemanha com a ascensão do nazismo por sua ligação com o comunismo. Após um período na França, fugiu novamente com a invasão alemã. Stammreich foi contratado para o Departamento de Física da USP em 1943. Posteriormente, ele montou um laboratório de espectroscopia Raman no Departamento de Química da Universidade.

9. Jayme Tiomno para Elisa Frota-Pessôa, 7 de novembro de 1949; EFP.

10. John Wheeler para Guido Beck, 24 de maio de 1957; JWA.

11. Khuri (1957).

12. John Wheeler para Guido Beck, 24 de maio de 1957; JWA; op. cit.

13. Citado em Bassalo e Freire (2003); ver também Zichi (1970).

14. Bassalo e Freire (2003).

15. Abraão de Moraes para Gleb Wataghin, 8 de março de 1951; IF/USP.

16. Abraão de Moraes a Mário Schenberg, 12 de dezembro de 1950; IF/USP.

17. Videira (1980).

18. Para uma biografia de David Bohm, ver Peat (1997).

19. Abraão de Moraes para David Bohm, 20 de agosto de 1951; IF/USP.

20. Abraão de Moraes para David Bohm, 27 de abril de 1951; IF/USP.

21. David Bohm para Abraão de Moraes, 1º de maio de 1951; IF/USP.

22. Bohm usou o passaporte brasileiro para viajar para Israel e depois para a Inglaterra. Ver Leite Lopes (1988). Seu passaporte americano só lhe foi restituído muito mais tarde, na década de 1980, depois que ele impetrou uma ação judicial. Bohm nunca mais voltou a viver nos EUA, mas visitou o país nos seus últimos anos.

23. David Bohm conheceu em Israel sua futura esposa, Sarah (Saral) Woolfson, e se casaram em 1956. Com um de seus alunos de Haifa, Yakir Aharonov, ele reexaminou o famoso artigo "EPR" de Einstein, Podolsky e Rosen (1935) e reformulou seu experimento mental (o "paradoxo EPR") de uma forma mais simples, que se tornou o paradigma para testar a completude da teoria quântica, e foi usado por John Stewart Bell na formulação de suas desigualdades. Ele é agora denominado experimento "EPR-B" (para "Bohm"); ver, por exemplo, Friebe *et al.* (2018).

    Bohm mudou-se para a Inglaterra depois de dois anos em Israel, trabalhando primeiro na Universidade de Bristol, e depois, a partir de 1961, como professor de Teoria Física no *Birkbeck College* da Universidade de Londres. Em Bristol, trabalhando com Aharonov, que o acompanhou à Inglaterra, descobriu o efeito Aharonov-Bohm, que demonstra a realidade física do potencial vetorial eletromagnético, originalmente considerado apenas uma construção matemática (e, portanto, não observável). Em Londres, colaborou por muitos anos com seu colega Basil Hiley, com quem desenvolveu posteriormente a teoria Broglie-Bohm, estabelecendo a "Escola de Londres" dessa teoria. A terceira escola dedicada à teoria quântica determinística foi estabelecida em Munique, Alemanha, por Detlef Dürr, da Universidade Ludwig Maximilian (LMU), de Munique, cujo grupo estudou "mecânica bohmiana" por vários anos. Bohm não se entusiasmou com a diferente interpretação, nem com o nome que eles deram.

Bohm renunciou ao seu envolvimento político com o comunismo após a repressão à revolução húngara de 1956. Em Londres, interessou-se por outros campos além da física quântica fundamental e fez contribuições à teoria da consciência e à estrutura do cérebro, assim como à filosofia e à sociologia. Após sua aposentadoria do *Birkbeck College* em 1987, ele permaneceu ativo em todos esses campos até sua morte em outubro de 1992. Hiley continuou o trabalho sobre a teoria quântica determinística, que permanece atualmente como um campo ativo da física e da filosofia.

24. ver também Madelung (1927).

25. Tiomno (1966).

26. Informações fornecidas por Sonia Frota-Pessôa em 2018/2019.

27. Bohm (1986); ver também Freire (2005).

28. Tiomno (1977).

29. D'Araújo (1999).

30. Jayme Tiomno para José Leite Lopes, 6 de setembro de 1946; JLL.

31. Idem.

32. José Leite Lopes para Jayme Tiomno, 12 de março de 1948; JT.

33. Gardner e Lattes (1948). Infelizmente, o colaborador de Lattes no UCRL, Eugene Gardner, sofria de beriliose devido à sua exposição a pó de berílio durante seu trabalho para o Projeto Manhattan e morreu prematuramente em 1950. Sua morte precoce pode ter prejudicado a esperança de um prêmio Nobel pela detecção artificial de píons; cf. Vieira e Videira (2014) e também texto na página do Berkeley Lab. na internet, *Lawrence and his laboratory: A Historian's View of the Lawrence Years*, Cap. 4 – *Demobilized Physics*. Disponível em: https://www2.lbl.gov/Science-Articles/Research-Review/Magazine/1981/81fchp4.html#06.

34. Leite Lopes (2010).

35. José Leite Lopes para Jayme Tiomno, 12 de março de 1948. JT.

36. Idem.

37. José Leite Lopes para Jayme Tiomno, 12 de janeiro de 1949; JT.

38. Lattes (1995a, b).

39. Lattes (1995a), p. 81.

40. Tiomno (1957).

41. Lattes (1995a).

42. March (2015).

43. Leite Lopes (1977).

44. Idem.

45. Tiomno (1977).

46. Frota-Pessôa (1990).

47. Leite Lopes (2004).

48. José Leite Lopes para Jayme Tiomno, 1 de fevereiro de 1950; JT.

49. Lattes (1995b).

50. Declaração de Joaquim da Costa Ribeiro, diretor científico do CNPq, no plenário do Conselho, em 28 de fevereiro de 1955; EFP.

51. Lattes (1995a), p. 86.

52. Mario Schenberg para Jayme Tiomno. 14 de outubro de 1949; JT.

53. Declaração de Joaquim da Costa Ribeiro, diretor científico do CNPq, no Plenário do Conselho, em 28 de fevereiro de 1955; EFP. Ver também Silveira, Joel da: Física, *Diário de Notícias*, 26 de fevereiro de 1955, p. 2; EFP.

54. Marques (2013).

55. Rochester e Butler (1947). Estes eram mésons K, ou kaons, cuja faixa característica em forma de V nas fotos da câmara de nuvem originou seu nome.

56. Tiomno (1977).

57. Marques (2013).

58. Entrevistas com Mario Novello realizadas para este livro por ATT, agosto/setembro de 2019.

59. Vieira e Videira (2014).

60. Tiomno (1977).

61. Jacques Danon já havia tentado ingressar no CBPF no início da década de 1950, mas sua contratação foi vetada pelo CNPq. Ele havia sido deportado da França por participar das manifestações contra a política autoritária brasileira, que havia extinto o PCB e preso Mario Schenberg.

62. Projeto apresentado ao Fundo Especial das Nações Unidas para a organização de um curso de pós-graduação em física pelo CBPF, 1960; JT.

9

Interações fracas e partículas

Rio de Janeiro: física fundamental e partículas

Logo após o retorno ao Rio de Janeiro, em março de 1952, Tiomno e Elisa mudaram-se para um apartamento no Grajaú, uma área residencial tranquila, distante de Santa Teresa e do CBPF. Os filhos de Elisa permaneceram com seu primeiro marido, Oswaldo, e a família dele em Santa Teresa. Em 1953, Oswaldo defendeu a tese de doutorado em biologia na FNFi e conseguiu uma bolsa de pós-graduação na Universidade de Columbia, em Nova York, onde permaneceu por mais de um ano. Ele levou as crianças, Sonia e Roberto, e sua mãe, Zezé, para ajudar a cuidar delas. Depois de um ano as crianças voltaram para o Rio de Janeiro, enquanto Frota-Pessôa permaneceu mais algum tempo nos EUA, seguindo depois para São Paulo para assumir um cargo na USP. De volta ao Rio de Janeiro, em 1954, Sonia e Roberto foram morar com a mãe e Tiomno.[1] Um dos *hobbies* e formas de relaxar de Jayme Tiomno era resolver equações, anotando nas margens dos jornais ou em qualquer papel que encontrava pela frente. As crianças chamavam esse costume de "fifi", que mais tarde permaneceu para a família como sinônimo de relaxamento. Só muito recentemente, numa conversa para o livro (quando Sonia e Roberto já tinham mais de 70 anos), é que se deram conta que era abreviação de física.

Fig. 9.1 Roberto Frota-Pessôa, Jayme Tiomno e Sonia Frota-Pessôa em sua casa no Grajaú, meados da década de 1950. EFP.

Fig. 9.2 Jayme Tiomno e Elisa Frota-Pessôa em meados da década de 1950. EFP.

Em março de 1952, recém chegado ao Rio de Janeiro, Tiomno foi eleito membro permanente da Academia Brasileira de Ciências (ABC)[2] e, em dezembro do mesmo ano, Elisa foi eleita membro associada.[3] As qualificações de Tiomno para justificar sua eleição foram listadas pelo Comitê Eleitoral:

> Tem trabalhos publicados sobre o campo de radiação do elétron, a teoria da matriz S, a colisão de prótons com prótons, a desintegração de mésons μ e a sua captura por núcleos atômicos, a descrição de mésons μ pela teoria dos pares de partículas com spin zero, sobre a interação universal de corpúsculos com spin ½. A sua tese sobre "as teorias do neutrino e a dupla desintegração beta" é um dos mais importantes estudos teóricos desse corpúsculo.[4]

Tiomno também começou a receber reconhecimento de fora do país. Em junho de 1952 foi convidado a passar um ano como professor visitante na Universidade de Vanderbilt, nos Estados Unidos. No entanto, ele não pôde aceitar o convite, pois estava iniciando seu trabalho na Universidade do Brasil e no CBPF e não teria condições de se afastar nos próximos anos. Além disso, como ele explicou, "agora estamos trabalhando duro a fim de preparar um número de alunos para a pós-graduação. Isto é muito importante para o desenvolvimento da física neste país".[5]

Tiomno prosseguiu suas pesquisas em física fundamental e física de partículas, incluindo as interações fracas – um tópico de grande interesse para os físicos em meados da década de 1950 [a Interação Universal de Fermi (UFI) já era predominante, apesar do modelo ainda incompleto]. Entre 1951 e 1955, Tiomno publicou 9 artigos, alguns sozinho, outros com seus alunos e dois com colegas. Vários de seus artigos do início da década de 1950 tiveram importante repercussão na comunidade científica. Quatro dessas publicações foram trabalhos teóricos gerais, que tratam dos fundamentos da mecânica quântica. Conforme descrito no capítulo anterior, dois eram sobre teoria e causalidade da matriz S (JT17 e 21), em coautoria com Walter Schützer, e um sobre a interpretação causal da equação de Pauli, com David Bohm e R. Schiller (JT26).

O quarto dos artigos gerais de Tiomno, escrito após seu retorno ao Rio de Janeiro, foi *Invariance of field theory under time inversion* (Invariância da teoria de campo sob inversão do tempo, JT24); retirado de sua tese de doutorado. O próprio Tiomno menciona que é uma reformulação da parte II da tese de doutoramento com alguns detalhes adicionais. Em particular, é chamada a atenção para a transformação γ_5 e para a conclusão obtida na tese da necessidade de diferentes campos espinoriais que aparecem linearmente na Hamiltoniana anticomutarem.[6]

A introdução do operador γ_5 foi importante para o desenvolvimento da teoria das interações fracas e, mais tarde, foi usado nas formulações da Interação Universal V–A por George Sudarshan e Robert Marshak,[7] por Richard Feynman e Murray Gell-Mann[8] e por Jun John Sakurai.[9] Esta foi a teoria predominante das interações fracas de 1958 até a unificação eletrofraca no início dos anos 1970.[10] O artigo de Tiomno não foi publicado, apenas disponibilizado como *preprint* nas Notas de Física do CBPF. Ele enviou a vários colegas, incluindo Arthur Wightman, que tomou nota e fez alguns comentários.[11]

Suas outras cinco publicações na primeira metade da década de 1950 foram no campo da física de partículas no sentido mais amplo. O primeiro deles, em coautoria com Gabriel E. de Almeida Fialho, foi intitulado *Gamma radiation emitted in the* $\pi \to \mu$ *decay* (Radiação gama emitida no decaimento $\pi \to \mu$; JT19). O artigo trata de um exemplo inicial de decaimento radiativo no qual um decaimento beta ou outro decaimento fraco é acompanhado por radiação eletromagnética (*inner bremsstrahlung*, em alemão, aqui chamada de "radiação gama"). Essa é a radiação que acompanha a aceleração de uma partícula carregada – um elétron, múon etc. – durante o decaimento. A taxa de ramificação para tais decaimentos radiativos em comparação com o decaimento "normal" não radiativo é geralmente muito pequena, pois são processos de segunda ordem na interação eletromagnética. Tiomno e Fialho calcularam os espectros de múons e fótons (raios gama) em tais decaimentos de píons radioativos, bem como suas taxas de ramificação. O artigo original, publicado inicialmente nos Anais da Academia Brasileira de Ciências, foi republicado em uma coleção de artigos selecionados pela Sociedade Japonesa de Física.[12] A não detecção da presença desse ramo de decaimento radiativo foi capaz de explicar uma "anomalia" que havia sido observada no decaimento $\pi \to \mu$.

Tiomno também publicou os artigos *Non-relativistic equation of charged particles with spin* $^3/_2$ (Equação não relativística de partículas carregadas com spin $^3/_2$, JT20), com Adel da Silveira; *Non-relativistic equation for particles with spin 1* (Equação não relativística para partículas com spin 1; JT23), com o físico argentino Juan José Giambiagi; e *Relativistic theory of spinning point particles* (Teoria relativística de partículas puntiformes com spin; JT27), como único autor.

No início de julho de 1954, Tiomno e Leite Lopes viajaram para Europa para participar da Conferência de Glasgow sobre Física Nuclear e do Méson, organizada pela União Internacional de Física Pura e Aplicada (IUPAP, em inglês). Eles aproveitaram a viagem para fazer contato com vários grupos que trabalhavam em física teórica e visitaram inúmeros laboratórios para conhecer o estado da arte naquele momento em relação aos sincrociclotrons, com o objetivo de adquirir um para o CBPF. Eles viajaram do Rio de Janeiro para Lisboa, prosseguindo para Paris e depois para Londres, onde visitaram o Departamento de Física do *Imperial College*, então chefiado por Patrick Blackett. Os equipamentos causaram bastante impacto sobre eles: "Ficamos muito impressionados, pois já nos tínhamos esquecido de como é um verdadeiro centro de física."[13]

No Reino Unido, eles encontraram com Gleb Wataghin, John Wheeler e Leon Rosenfeld, entre outros. Após a conferência, seguiram para Manchester, Liverpool e, finalmente, Birmingham, onde visitaram o que era considerado o mais importante grupo inglês em física teórica, e viram o novo síncrotron com uma energia do feixe de 1 GeV. Voltaram via Paris, onde visitaram os grupos de física da Sorbonne e o grupo de Leprince-Ringuet na École Polytechnique.

Após a Conferência de Glasgow e suas discussões na Inglaterra, Tiomno voltou à sua tese de doutorado e, a partir dela, produziu o artigo *Mass Reversal and the Universal Interaction* (Reversão de massa e a interação universal; JT25), publicado como único autor em *Il Nuovo Cimento* em 1955.

Foi usado inicialmente o termo "reversão de massa" ou "inversão de massa", uma vez que este operador altera o sinal aparente da massa de uma partícula de Dirac. Sua interpretação física foi considerada simples.[14] Partículas subatômicas agem como giroscópios em miniatura,[15] e seu "spin" quantizado pode assumir apenas certos valores e direções relativos a um eixo escolhido no espaço, o "eixo de quantização". O operador de helicidade escolhe a direção do movimento (ou seja, o momento da partícula) para ser o eixo de quantização e projeta a direção do spin em relação a ele. Para férmions com spin-½, como elétrons, neutrinos, prótons e nêutrons, o spin pode assumir apenas duas orientações possíveis – paralelo ("giro para cima") ou antiparalelo ("giro para baixo") em relação ao eixo quantizado. Uma orientação de "giro para cima" pode ser representada pelos dedos curvados da mão direita mostrando a direção do giro, enquanto o polegar estendido (por exemplo, apontando para cima) representa a direção do momento. A mão esquerda corresponde ao "giro para baixo"; se os dedos se curvam no mesmo sentido, o polegar agora apontará para baixo. Essa quantidade – helicidade – é uma propriedade intrínseca de partículas sem massa, como o fóton.[16] Ela foi generalizada para a "lateralidade" (*handedness* em inglês) ou "quiralidade" (da palavra grega para "mão", como sugerido por

Abdus Salam) para partículas com uma massa finita, conforme expresso na operação de "reversão de massa" de Tiomno. Uma inversão do espaço reverterá a lateralidade de todas as partículas no sistema, uma vez que o giro é um vetor axial inalterado pela inversão do espaço, enquanto o momento é um vetor polar e muda seu sinal na inversão do espaço. A invariância quiral está diretamente relacionada à invariância sob inversão de espaço, ou conservação de paridade. A "operação de paridade" P também afeta uma reflexão espelhada de uma função de onda ou sistema físico. Um experimento que é sensível ao efeito da operação de quiralidade pode assim detectar a (não-) conservação da paridade.[17]

O artigo de Tiomno de 1955 trata do importante operador γ_5, que foi introduzido em sua tese e é estendido à eletrodinâmica quântica e à teoria dos mésons. Na verdade, esta foi sua primeira publicação de fato sobre γ_5 – uma vez que sua tese não foi publicada e seu artigo *Invariance of field theory under time reversal* saiu apenas como *preprint* nas Notas de Física.

Tiomno indica três consequências deste trabalho: (i) a interação eletromagnética não deve apresentar momentos magnéticos anômalos; (ii) interações dos mésons π devem ser de caráter puramente pseudoescalar (P) ou de vetor axial (A); (iii) a Interação Universal de Fermi (UFI) deve ser descrita pelo combinação de operadores S + P - T, ou A–V se ela for invariante sob permutações dos campos de interação e inversão de massa.[18] Esta última suposição tornou-se obsoleta no ano seguinte, quando Tsung-Dao Lee e Chen Ning Yang publicaram a conjectura de que a paridade não é conservada nas interações fracas, uma sugestão que inicialmente encontrou grande ceticismo.[19]

Nessa mesma época, o "escândalo" no CBPF e o consequente clima interno pesado deixaram Jayme Tiomno deprimido. Em janeiro de 1956, ele aproveitou as férias para passar um tempo maior em Lambari, no sul de Minas Gerais, tentando relaxar um pouco e recuperar seu equilíbrio emocional. No entanto, em setembro ele já estava viajando novamente, dessa vez para os EUA, para participar da Conferência de Seattle sobre Física Teórica, no estado de Washington. Ele foi primeiro para Washington, D.C., e depois para a Universidade da Califórnia em Berkeley. Lá, ele dividiu o quarto com o jovem físico paquistanês Abdus Salam; apresentado por Leite Lopes, que o havia conhecido em uma conferência em Genebra no ano anterior. A partir de então, Tiomno e Salam mantiveram uma intensa colaboração em física e uma forte amizade. A visita a Berkeley também proporcionou a oportunidade de conversar novamente com Emilio Segré, que Tiomno havia conhecido antes, quando ele havia visitado o CBPF. O voo de São Francisco para Seattle foi como uma prévia da conferência, levando inúmeros físicos que iam participar da reunião. Em carta à Elisa, Tiomno comentou que a conferência foi "muito boa e aproveitei bastante. Serviu muito mais que a de Glasgow para me localizar e verificar na comparação com meus antigos colegas e contemporâneos o quanto estou ficando para trás..." Ele conclui com a observação: "Indiscutivelmente o ambiente exerce uma tremenda influência sobre o trabalho científico."[20]

O interesse mútuo de Abdus Salam e Jayme Tiomno sobre teoria dos neutrinos provavelmente os reuniu depois de se encontrarem a caminho da Conferência de Física Teórica em Seattle. Eles escreveram um artigo conjunto sobre as massas das partículas elementares, publicado na *Nuclear Physics,* em 1958 (JT37). Sobre esse artigo, Tiomno escreveu:

> São feitas especulações sobre o mecanismo de origem das massas das partículas, tendo em vista explicar a relação empírica entre as massas do próton e do elétron, que é a mesma que entre os quadrados das constantes de acoplamento dos mésons e no campo eletromagnético.[21]

As especulações deles parecem bastante curiosas, tendo em vista a teoria moderna da interação forte, que une os quarks que compõem o próton. A massa observada do próton não é simplesmente a soma das massas de seus quarks constituintes, que são determinadas pelo campo de Higgs.[22] Em vez disso, resulta da energia de ligação necessária para localizá-los ("confiná-los") dentro do próton. Essa energia de ligação se faz sentir no mundo observável como uma grande contribuição para a massa de repouso do próton, como resultado da equivalência einsteiniana energia-massa. Outras contribuições vêm de ideias semelhantes para os glúons, bem como os efeitos da mecânica quântica.

Após a conferência em Seattle, Tiomno viajou para Princeton, onde se encontrou com Wigner, Wheeler e vários outros colegas. Wigner recomendou a Tiomno publicar as partes restantes de sua tese que ainda eram originais, enquanto Wheeler sugeriu que eles poderiam trabalhar juntos em um artigo sobre os mésons K e que eles também deveriam escrever outro artigo sobre os mésons π, principalmente para incluir uma errata em seus primeiros trabalhos sobre decaimentos do méson. Mas Tiomno ficaria em Princeton por apenas duas semanas e queria aproveitar o tempo para participar de alguns seminários e visitar a biblioteca para se atualizar com as publicações mais recentes. Tiomno também estava começando a redirecionar seus interesses. "Penso que tenho ideia para um trabalho e já discuti o assunto com o Wigner, que o achou interessante."[23] E não era pouco interessante! Ele estava começando a considerar uma nova maneira de formular a Interação Universal de Fermi.

No início de 1957, a depressão de Tiomno havia retornado, mas apesar disso ele viajou novamente para os EUA, para Nova York e Rochester/NY, onde participou da Conferência de Física de Altas Energias daquele ano. Ele também observou que a Conferência de Rochester teve consideravelmente mais participantes do que a de Seattle, com teóricos e experimentais, e "… uma quantidade enorme de resultados."[24] Diferente das viagens anteriores, ele não estava viajando sozinho; mas acompanhado de sua mãe. Anita teve um abscesso tuberculoso em seus pulmões e eles queriam ouvir a opinião de um especialista no exterior. Ela aproveitou a viagem do filho a Nova York para fazer exames médicos e consultar alguns médicos americanos. A logística não era simples: marcar consultas com os médicos, levar Anita às consultas e exames, deslocar-se para a conferência, depois mais médicos etc. Finalmente, eles recomendaram uma cirurgia pulmonar, embora não fosse urgente. Ela decidiu adiar a cirurgia, voltar para o Brasil e decidir com calma. No final, ela permaneceu bem de saúde e a cirurgia nunca foi realizada.

Tiomno e Elisa mantinham o desejo de passar um tempo em uma instituição de pesquisa no exterior, e ele aproveitou a oportunidade para procurar um lugar onde pudesse desenvolver sua pesquisa e onde Elisa também tivesse a chance de trabalhar em um ambiente diferente (e talvez obter material para sua tese de doutorado). Para tanto, visitou o grupo que trabalhava com emulsões nucleares na Universidade de Columbia, dirigido por Gerard G. Harris, que tinha sido seu colega em Princeton.

Da Interação Universal de Fermi à Interação Universal V–A

O período de 1956 a 1958 foi emocionante e decisivo para a teoria das interações fracas. A emoção tinha começado na Conferência em Rochester, em abril de 1956, e continuou na Conferência Internacional de Física Teórica em Seattle, em setembro, da qual Tiomno participou. Em Rochester, por meio de Richard Feynman, o experimentalista Martin Block levantou a questão, aparentemente ingênua, de quão importante de fato era a conservação da paridade nas interações fracas. Lee e Yang argumentaram que não havia nenhuma evidência experimental sólida da importância da conservação da paridade nas interações fracas.[25] Na conferência seguinte, em Seattle, eles anunciaram seu próximo artigo sobre a não conservação da paridade.[26] Tiomno também mencionou seu operador $1 \pm \gamma_5$ para Abdus Salam,[27] que posteriormente escreveu o artigo, *On Fermi Interactions* (Sobre as interações de Fermi), que ele circulou como *preprint*, mas nunca publicou.[28] O artigo continha algumas das ideias que logo levaram à teoria universal V–A.[29]

O anúncio do artigo de Lee e Yang motivou rapidamente vários testes experimentais, todos publicados em 1957, que verificaram que a paridade era de fato violada em grau máximo nas interações fracas.[30] Se a paridade fosse conservada, isto é, se as leis da física não fossem alteradas por uma inversão do espaço, então, num processo como o decaimento beta, as partículas emitidas deveriam apresentar quantidades iguais de quiralidade "esquerda" e "direita". Uma inversão de espaço iria apenas intercambiá-los e o resultado deixaria o processo geral inalterado. Em contraste, se a paridade não fosse conservada, haveria diferentes quantidades das duas quiralidades; no caso de violação máxima da paridade, apenas uma quiralidade seria observada. O experimento de Chien-Shiung Wu, da Columbia University, e colaboradores do *National Bureau of Standards* (NBS), mostrou indiretamente que, no decaimento beta (-) de ^{60}Co, apenas antineutrinos "destros" são emitidos. Isso foi obtido através da medição da distribuição angular dos elétrons emitidos com a direção do spin do núcleo pai fixo e considerando a conservação dos momentos linear e angular.[31] Um experimento posterior semelhante no decaimento beta (+) do ^{58}Co mostrou que os neutrinos emitidos são apenas "canhotos".

Isso levou a uma nova teoria de dois componentes do neutrino – não no sentido da teoria de Majorana, em que neutrinos e antineutrinos são idênticos, mas no sentido de que cada um tem apenas uma orientação de spin possível (helicidade). Essa teoria, por sua vez, já está obsoleta, uma vez que se observou que as três "gerações" de neutrinos (neutrino de elétron, neutrino mu, neutrino tau) podem se interconverter, implicando que eles têm massa finita (portanto, eles não são partículas sem massa, totalmente relativísticos, viajando à velocidade da luz, como originalmente se pensou). Eles, portanto, não têm estados puros de helicidade, como proposto pela teoria dos dois componentes.[32]

Wolfgang Pauli, que inicialmente zombou da sugestão da violação da paridade, enviou um cartão na forma de obituário depois de verificada pelos experimentos envolvendo decaimento nuclear beta[33] e decaimentos do méson.[34] (Fig. 9.3).

Fig. 9.3 Cartão de óbito enviado por Wolfgang Pauli após a verificação da não conservação da paridade nas interações fracas. Nele se lê: "É nosso triste dever informar que nosso querido amigo de muitos anos, PARIDADE, em 19 de janeiro de 1957, após uma breve aflição e repetidas testes experimentais, faleceu serenamente. Para os enlutados, e, μ, ν". Fonte: arquivos Pauli, CERN. Reproduzido com permissão.

A confirmação da não conservação da paridade provocou um rearranjo completo nas interações fracas e logo foi seguida pela "derradeira" teoria universal V-A. Tsung-Dao Lee e Chen Ning Yang receberam o prêmio Nobel de física em 1957 pela sugestão da não conservação da paridade nas interações fracas. O estabelecimento da violação da paridade ainda não tinha resolvido, entretanto, o problema de como formular a interação fundamental de uma maneira que fosse consistente com todos os dados experimentais. Alguns anos depois, constatou-se que alguns desses experimentos estavam incorretos.

Tiomno chegou muito próximo de ser o primeiro a formular a não conservação da paridade, mas terminou perdendo por pouco. Ele havia proposto uma solução em seu artigo *Non-conservation of Parity and the Universal Fermi Interaction* (Não conservação da paridade e a interação universal de Fermi;

JT34), publicado no *Il Nuovo Cimento* em 1957. No artigo, ele usou seus operadores $1 \pm \gamma_5$ para mostrar que os dados experimentais deveriam estar de acordo com S + P - T ou A–V como combinações de operadores, com violação da paridade. Ele já havia chegado a conclusões semelhantes usando o operador γ_5 em seu trabalho anterior em *Mass Reversal and the Universal Interaction* (JT25), mas assumindo a conservação da paridade. Antes da Conferência de Rochester, em abril de 1957, Tiomno fez uma visita à Universidade de Columbia, onde conheceu T.D. Lee. "O Lee e o Yang já fizeram quase tudo que eu tinha visto sobre interações de mésons π, inclusive os cálculos que o Erasmo [Madureira Ferreira] estava fazendo", escreveu à Elisa.[35]

Com base em um resultado experimental anterior de Hormoz Massou Mahmoud e Emil John Konopinski,[36] Tiomno escolheu a combinação S + P - T, que acabou depois se mostrando errada. Em 1957, já era sabido nos Estados Unidos e na Europa Ocidental que a lógica que leva à combinação de operador-corrente S + P - T não funcionava, mas Tiomno, isolado no Brasil, não sabia disso. Ele também não se lembrou do artigo de Marvin [Mal] Ruderman e Robert Finkelstein,[37] onde calcularam a razão (ramificação) R dos decaimentos de píons levando a elétrons ou múons e mostraram que R seria cerca de 1 para uma interação pseudoescalar (P), aproximadamente 10^{-4} para A, e 0 para S, V ou T. Enquanto a medida exata de R apareceu apenas em 1958,[38] Elisa já havia estabelecido um limite superior de R em sua primeira publicação no CBPF em 1950, que Tiomno havia discutido longamente com ela em sua correspondência de Princeton. Esse limite já descartava uma interação tipo P, o que deixaria A–V como a alternativa correta. De fato, ele não levou em consideração o trabalho dela quando escreveu seu artigo, que foi submetido em 2 de julho de 1957. George Sudarshan e Robert Marshak divulgaram seus resultados na Conferência de Pádua-Veneza, no artigo *Mesons and newly-discovered Particles* (Mésons e as partículas recém-descobertas), ocorrida de 22 a 28 de setembro de 1957, depois de não anunciá-los na Conferência de Rochester em abril; e o artigo de Feynman-Gell-Mann foi recebido pela *Physical Review* em 16 de setembro de 1957 e publicado no início de 1958. Tiomno escreveu, de Rochester, para Elisa,

> Anteontem eu falei sobre o meu trabalho depois do [Julian] Schwinger e do [Murray] Gell-Mann, que propuseram uma teoria com certa semelhança com a minha. No caso deles, porém, eles assumem interação mais fraca com mésons K, o que parece estar mais de acordo com a experiência do que minha hipótese de interação tão forte como a dos [mésons] . No

entanto, os [físicos] experimentais concordam com a possibilidade que os resultados experimentais possam eventualmente vir a indicar maior interação. Discuti o assunto com várias pessoas e tenho ideia de calcular alguns processos que possam vir a decidir entre os dois esquemas.[39]

Se Tiomno tivesse feito a conexão com os resultados de 1950 de Elisa ao escrever seu artigo de 1957, ele teria sido o primeiro a publicar a interação universal V–A. Mais tarde, ele comentou com Richard Feynman sobre esse artigo, quando este passava algum tempo no CBPF, no verão de 1957.[40] Feynman respondeu que ele próprio também estava trabalhando na UFI, usando projetores $1 + \gamma_5$ e uma combinação de equações de Dirac e Klein-Gordon, e que os resultados experimentais mais recentes favoreciam V–A (uma observação que Tiomno considerou injustificada na época). Feynman mantinha contato com experimentalistas do Caltech, como Felix Boehm, via rádio de ondas curtas. O resultado do trabalho de Feynman foi o famoso artigo de Feynman e Gell-Mann[41], considerado por muitos como representante da descoberta da interação universal V–A.[42] Feynman, inicialmente, sentiu-se triunfante, dizendo que esta era "a única lei da natureza que eu poderia reivindicar", mas depois admitiu que ele não era o único – ou mesmo seu primeiro reivindicante.[43] Elisa comentou mais tarde sobre essa história:

> Para confrontar sua teoria com a experiência, ele [Tiomno] chegou nos EUA e procurou dados para poder escolher entre uma teoria e outra [de combinação de operadores], e usou o resultado de uns craques da física experimental da época, com toda a razão.[44] Quando terminei, meu resultado tinha dado o contrário, e era o correto, mas ele já havia publicado.[45]

O desenvolvimento da teoria V–A tem uma história interessante em si, tratada em muitos artigos de revisão e livros – e Jayme Tiomno contribuiu para essa história. No entanto, como mais tarde enfatizado por John Wheeler, suas contribuições nem sempre foram devidamente reconhecidas pela comunidade científica, como as de vários outros atores desta saga. Isso tem sido comumente atribuído ao fato dele ser um físico de um país do terceiro mundo.[46] Embora isso possa ter desempenhado um papel significativo, pode-se ver na história da ciência que tal falta de reconhecimento não é restrita apenas aos cientistas dos países periféricos.

Os outros dois trabalhos de Tiomno publicados sobre a UFI nesse período foram π-*Electron Decay and the Universal Interaction* (Decaimento do elétron π e a interação universal) nos Anais da Academia Brasileira de Ciências, em 1958, com Colber Gonçalves de Oliveira (JT38); e *The Failure of the Space Reflection Principle* (O erro do princípio de reflexão espacial), em 1959, nos Anais da Sociedade Matemática da Universidade de Southampton (JT40) – ambos apresentados em congressos e pouco notados. O trabalho em Southampton era uma análise de todos os dados experimentais disponíveis sobre a não conservação da paridade.

A maioria dos trabalhos publicados por Tiomno na segunda metade da década de 1950, além dos três artigos sobre a UFI, tratou da física de partículas e incluiu vários artigos sobre partículas "estranhas", chamadas hyperons (JT28, 31 e 33).[47] Sobre esses artigos, Tiomno comentou:

> Com esses trabalhos, dei contribuições à Teoria das Partículas Estranhas, que despertaram interesse, particularmente nos seguintes pontos:
>
> 1) Proposta do modelo de dubletes, depois retomado por Pais, que teve repercussão durante certo tempo devido ao interesse despertado pelas teorias com simetria global.
>
> 2) Proposta de unificação do octeto básico de bárions, hoje definitivamente incorporado como octeto da SU_3.
>
> 3) Proposta da simetria de rotação em espaço ortogonal de 7 dimensões que generaliza o espaço de spin isotópico. Resulta automaticamente a simetria global G e a simetria cósmica (Sakurai). Vários trabalhos baseados nesse modelo representaram tentativas de superar dificuldades da teoria das interações fortes. O trabalho fundamental de Ne'eman, que simultaneamente com Gell-Mann, introduziu finalmente a simetria SU_3, hoje considerada firmemente estabelecida para as interações fortes, partiu de minha teoria.
>
> 4) Justificativa de ser a vida média do méson π_0 maior que a obtida teoricamente levando em conta pares de nucleons virtuais intermediários: o cancelamento produzido por pares de hyperons intermediários reduz apropriadamente a amplitude de desintegração.[48]

Quanto à proposta de simetria O_7 para a interação forte, Videira explicou que:

> Na Conferência de Rochester desse ano de 1957, Tiomno propõe a supersimetria global O_7. E quando da passagem de Yang pelo Rio de Janeiro em 1960, este propõe-lhe tentarem encontrar um subgrupo de O_7 que fosse satisfatório, já que esse grupo contém, por assim dizer, simetria demais,

dando lugar a processos proibidos, a leis da conservação não observadas. Tentaram os dois durante apenas um mês, até Yang retornar aos EUA. Salam, que quando da sua ida à Argentina, manifestara-se encantado com O_7, deu esse grupo para Ne'eman estudar. Este passa de O_7 para O_8 – que possui simetria maior ainda – mas com uma invejável vantagem: tem SU_3 como subgrupo.[49]

Prêmio Moinho Santista

Um significativo reconhecimento do trabalho de Tiomno foi a concessão do Prêmio Moinho Santista para as Ciências Exatas em 1957 (fig. 9.4 e fig. 9.5). A Fundação Moinho Santista foi criada em 1955, com o objetivo de "projetar grandes nomes nas ciências, nas letras e nas artes em nível nacional" por meio de um prêmio anual acompanhado da soma de um milhão de cruzeiros, correspondendo hoje a aproximadamente R$ 200 mil. Seu primeiro agraciado foi Ângelo Moreira da Costa Lima, da área de biologia e fisiologia, em 1956. No ano seguinte, a física foi a área escolhida.

Guido Beck foi consultor científico do comitê de seleção e perguntou a opinião de Wheeler sobre "a posição de Tiomno entre outros físicos teóricos brasileiros"[50], que dificilmente poderia ter sido mais elogioso com relação a Tiomno:

> Tenho a honra de informar que o trabalho do Professor Tiomno não pode ser suplantado devido ao seu simultâneo reconhecimento, tanto pela situação experimental com relação às interações fracas de partículas, como pelos princípios fundamentais de simetria, invariância e causalidade. Suas investigações contribuíram de forma importante para a nossa compreensão atual das interações das partículas leves e da teoria da dispersão. Seu trabalho é bem conhecido em todo o mundo. Além disso, ele é amplamente respeitado por sua energia, originalidade, habilidade e integridade científica. Parece ser verdade que em todo o hemisfério ao sul do equador, Tiomno é o cientista mais ilustre em relação à teoria das transformações e causalidade das partículas elementares. Ele é um físico de quem o Brasil, com seus outros ilustres físicos, pode justificadamente se orgulhar.[51]

Ao tomar sua decisão, o comitê de seleção considerou também sua capacidade e personalidade como características básicas de um bom cientista, conforme listadas a seguir:

1. Distinguir claramente o que está provado e o que é hipótese;

2. Analisar pormenorizadamente as consequências de cada hipótese admi-
tida, exaurindo as possibilidades;

3. Procurar, sempre, apoio dos dados experimentais para as teorias que
desenvolve;

4. Analisar racionalmente [criticamente] os resultados experimentais;

5. Procurar discutir seus trabalhos com outrem, pela qual são muitos os seus
trabalhos em colaboração;

6. Ter absoluta integridade científica;

7. Ter grande energia e entusiasmo para o trabalho científico.

Essa última característica de grande energia e entusiasmo para as coisas
concernentes à sua ciência constitui, inequivocamente, uma das mais inci-
sivas na personalidade de Tiomno e manifesta-se em todas as múltiplas
direções e quadrantes das suas atividades científicas.[52]

Fig. 9.4 Discurso de Jayme Tiomno ao receber o prêmio Moinho Santista em 1957; JT.

Fig. 9.5 Jayme Tiomno e sua mãe Anita na cerimônia do prêmio Moinho Santista em 1957. JT.

Com o dinheiro do prêmio, Tiomno e Elisa deram entrada no seu primeiro apartamento próprio, na Lagoa, no Rio de Janeiro, para onde se mudaram em 1961.

Visitas de Feynman ao Brasil, 1949-1966

Durante a década de 1950, foram frequentes as visitas do físico norte-americano Richard P. Feynman (um físico icônico) ao Brasil e ao CBPF. Elas começaram em julho de 1949, quando Tiomno, ainda em Princeton, organizou as visitas de Feynman e de Cécile Morette ao Rio de Janeiro. O relacionamento de Feynman com Tiomno e o CBPF continuaria por muitos anos.

Richard Phillips Feynman (1918-1988) foi um dos mais conhecidos e mais bem sucedidos físicos norte-americanos no século XX. Ele não só produziu um grande número de trabalhos originais e inovadores em física teórica, recebendo o prêmio Nobel de física em 1965 (junto com J. Schwinger e S.

Tomonaga); como também foi um dos físicos mais famosos do século XX entre o público em geral nos EUA e em muitas outras partes do mundo. Várias biografias acadêmicas foram publicadas desde a morte de Feynman, sendo uma das mais completas cientificamente a de Jagdish Mehra, *The Beat of a Different Drum* (A batida de um tambor diferente).[53] As visitas de Feynman ao Brasil também são descritas no livro de Leite Lopes sobre a história da física brasileira.[54]

A fama de Feynman foi resultante de quatro fatores: (i) sua brilhante e exuberante personalidade, o que tornava suas palestras semelhantes à atuação de um comediante de *stand-up* (exceto que ele geralmente estava falando sobre física, e não sobre a vida cotidiana); (ii) seu curso introdutório de física ministrado no Caltech em 1961-1963 foi publicado como *The Feynman Lectures on Physics* com o ajuda de seus colegas do Caltech, Robert B. Leighton e Matthew Sands[55] e rapidamente se tornou um *best-seller*, posição que mantém até hoje; (iii) seus dois livros semiautobiográficos, *Surely You're Joking, Mr. Feynman* (publicado no Brasil como O senhor está brincando, Dr. Feynman!) e *What do you care what other people think* (Porquê se importa com o que os outros pensam?), escritos a partir de entrevistas informais com seu jovem amigo Ralph Leighton (filho do físico Robert B. Leighton), que também foram best-sellers por muitos anos;[56] e (iv) sua participação bem-sucedida na Comissão de Inquérito sobre o desastre do ônibus espacial Challenger (1986), em particular uma sessão televisionada, na qual ele demonstrou a reduzida resiliência dos anéis de vedação de borracha em baixas temperaturas usando um copo com água gelada.

Richard Feynman fez a graduação no MIT e o doutorado em Princeton sob a orientação de John Wheeler, obtendo seu Ph.D. em 1942. Ele passou os anos da guerra trabalhando no grupo teórico liderado por Hans Bethe, em Los Alamos, onde foram projetadas as primeiras armas nucleares. Após a guerra, ele se tornou membro do corpo docente da Universidade de Cornell, em Ithaca/NY, onde Bethe também lecionou. Feynman continuou mantendo contato com Wheeler e visitou Princeton inúmeras vezes durante sua função em Cornell. Ele conheceu Tiomno e Walter Schutzer no encontro da Sociedade Americana de Física (APS), em Nova York. Feynman já tinha planejando uma visita à América Latina e Tiomno sugeriu que ele deveria aprender português e vir para o Rio de Janeiro.[57]

Feynman fez sua primeira visita ao Brasil e ao CBPF em julho de 1949, logo após a sua fundação, e permaneceu por 6 semanas. Naquela época, ele estava na fase final de seu esforço de 10 anos para reformular a eletrodinâmica quântica (QED) e, se ele trabalhou cientificamente no Rio de Janeiro, foi escrevendo seus últimos artigos sobre a QED, publicados em 1950/1951. Foi por conta desse trabalho que Feynman dividiu o prêmio Nobel em 1965.[58]

A primeira visita de Feynman ao Brasil é descrita pelo próprio Feynman, por Mehra e por Leite Lopes.[59] Ele fez uma parada em Recife a caminho do Rio de Janeiro, onde foi recebido pelos sogros de Lattes e, ao chegar ao Rio de Janeiro, foi filmado sendo saudado por Lattes – duas celebridades, surpreendentemente que não eram políticos, jogadores de futebol ou estrelas de cinema, mas físicos!

Feynman deu uma palestra sobre QED em português, na Academia Brasileira de Ciências, pouco antes de retornar para os EUA. Ele traduziu previamente o texto, que foi corrigido por alguns alunos brasileiros. Ele ficou surpreso que os oradores que o precederam falaram em inglês ("macarrônico"), enquanto ele falava em português ("macarrônico") – um caso de polidez de ambos os lados. Mais tarde, Feynman foi eleito para membro correspondente da Academia Brasileira de Ciências.

Sem dúvida, Feynman ficou encantado com o Rio de Janeiro, e em seu retorno aos EUA disse a Tiomno que gostaria de voltar, mas para uma estadia mais longa. Tiomno respondeu com entusiasmo à sua sugestão, mas receava que o CBPF não teria recursos suficientes para custear uma longa estada. Pouco depois, Feynman se transferiria da Universidade de Cornell para o Caltech, e sua nova instituição concordou que ele tirasse o ano sabático que tinha direito pela antiga universidade no ano letivo de 1951/1952. Tiomno então sugeriu que era a oportunidade de colocar em prática a ideia de passar um tempo maior no Rio de Janeiro, visto que esse período seria custeado pelas universidades americanas.[60]

Fora isso, Leite Lopes conseguiu uma cátedra para Feynman na FNFi pelo período de um ano como visitante. Assim, em agosto de 1951, ele foi novamente para o Rio de Janeiro, mas dessa vez com funções regulares na FNFi e no CBPF (Fig. 9.6). Este foi um interstício para ele, tanto profissionalmente, já que estava se transferindo de universidade, quanto cientificamente, visto que tinha terminado seu trabalho no QED – suas duas últimas publicações nesse tema foram em 1950 e 1951 – e ainda não tinha um novo problema de interesse. No entanto, durante sua estadia no Rio de Janeiro, Feynman trabalhou sobre níveis de energia nuclear em núcleos leves e sobre a teoria do méson.

Durante essa segunda visita, Guido Beck e Jayme Tiomno chegaram para completar o Departamento de Física Teórica do CBPF. No entanto, até onde se sabe, nenhum dos dois colaborou com Feynman. Ele e Leite Lopes publicaram um artigo conjunto *On the pseudoscalar meson theory of the deuteron* (Sobre a teoria do méson pseudoescalar do deutério) como *preprint* nas Notas de Física do CBPF. Ele foi apresentado por Leite Lopes no Simpósio de Novas Técnicas para Pesquisa em Física na América Latina, realizado no Rio de Janeiro, em julho de 1952. Feynman já havia partido nessa época.[61]

É interessante ressaltar que Richard Feynman e David Bohm estiveram no Brasil durante quase um ano no mesmo período – Bohm em São Paulo, em outubro, e Feynman no Rio de Janeiro, em agosto de 1951, até Feynman viajar em meados de 1952 – e ambos vieram através de Tiomno. Eles tinham quase a mesma idade e muito em comum – mas personalidades bastante diferentes e suas reações ao Brasil também foram distintas. Feynman abraçou o espírito brasileiro, participando até mesmo de um bloco no carnaval de 1952, enquanto Bohm repudiava a desigualdade social, o barulho, a sujeira e a desordem. Uma conversa entre os dois – real (mas fictícia nos detalhes), durante Reunião da Sociedade Brasileira para o Progresso da Ciência (SBPC), em Belo Horizonte, em novembro de 1951, é reproduzida no livro de Louisa Gilder.[62] Os detalhes do *timing* não são perfeitos nessa fascinante reconstrução empregando a técnica do romance histórico, uma vez que mencionam a partida de Tiomno para o Rio de Janeiro, que de fato ocorreria apenas três meses mais tarde. Mas a decepção de Bohm e os sentimentos de abandono devido a esse movimento aparecem claramente.[63] Leite Lopes também relata que Bohm e Feynman discutiram a teoria quântica determinística de Bohm em outras ocasiões, para a qual Feynman (em contraste com a maioria dos físicos da época) tinha a mente muito aberta.[64]

Fig. 9.6 Richard Feynman durante visita ao CBPF; JT.

Pouco antes de deixar o Brasil, em 1952, Feynman deu uma palestra sobre o ensino de física, na qual relatou sua experiência com os alunos e condenou a prática da memorização. Em suas palestras sobre ensino da física em 1952 (e novamente em 1963), Feynman citou muitos problemas presentes no Brasil, como salários baixos para professores do ensino médio e a predominância da educação massificada nas escolas públicas, fora os problemas no nível universitário. Conforme comentou Ildeu de Castro Moreira, que estudou as palestras de Feynman e seus resultados no longo prazo, infelizmente muitos desses problemas estão presentes até hoje.[65] A palestra de Feynman, em 1952, teve um efeito poderoso sobre os cientistas que a ouviram e repercutiu em toda a comunidade científica. Oswaldo Frota-Pessôa, professor de biologia, escreveu em sua coluna "Ciência em Marcha", no Jornal do Brasil, reflexões sobre o ensino de ciências que continuam totalmente atuais:

> Assisti uma conferência espantosa. Um físico de fama mundial no setor da eletrodinâmica quântica, Richard P. Feynman, do California Institute of Technology (EUA) nos disse, em português claro, embora estropiado (um ano de Brasil), que, na verdade, não estamos ensinando ciência, e nossos alunos não estão aprendendo... E o pior é que ele tem toda a razão.

Feynman é um homem raro: diz diretamente o que pensa; e tudo o que pensa, diz com tal entusiasmo e amor que se torna ao mesmo tempo contundente e encantador... "A ciência tem valor" e "não estamos ensinando nada" foram as duas únicas ideias que Feynman disse que ia desenvolver, já que a terceira – "como ensinar bem" – transcendia da competência dele, que é pesquisador e não pedagogo... Mas a verdade é que nos disse o mais importante sobre como ensinar. Ciência é a descrição dos fenômenos da Natureza, postulou ele, referindo-se às ciências físicas naturais (e não à matemática). Ensinar ciência é, portanto, pôr os alunos em contato com os fenômenos naturais. O ensino usual, adstrito a definições e fórmulas mortas memorizadas ou mesmo entendidas, não chega a ser ensino de ciência. Só quando o estudante está pesquisando fatos reais, que efetivamente se estão desenrolando perante ele (e não imaginariamente no quadro negro), só quando investiga, aguçado pela curiosidade e pelo encantamento ante o mistério, está ele aprendendo ciência... O maior valor da ciência, diz Feynman, é alimentar a curiosidade e nos dar o inigualável prazer de desvendar o desconhecido. Devemos ensiná-la para ampliar o círculo dos que podem participar da deliciosa aventura de conhecer.[66]

Ao todo, Richard Feynman visitou o Brasil seis vezes no período de 1949 e 1966.[67] Após sua breve visita inicial em 1949 e sua estadia mais longa em 1951/1952, ele retornou em 1953 (por três meses trabalhando em sua teoria do hélio superfluido); em 1957, quando discutiu sua teoria das interações fracas com Jayme Tiomno e preparou sua parte do artigo com Gell-Mann na interação Universal V–A;[68] e novamente em 1963, como conferencista em uma escola de verão e para participar de um seminário sobre educação, onde deu uma segunda palestra sobre ensino de física na América Latina. Por fim, houve sua "visita de carnaval" no início de 1966, mas que não se relacionava com a física. Richard Feynman faleceu em 15 de fevereiro de 1988, três meses antes de seu 70º aniversário.

A Universidade de Londres

Quanto ao sabático planejado por Tiomno e Elisa, Abdus Salam sugeriu que, em vez de irem para os EUA, passassem um ano na Inglaterra, onde ele havia obtido recentemente, em 1957, uma cátedra no *Imperial College*, em Londres. Ele estava estabelecendo lá um Departamento de Física Teórica.

Salam também sugeriu que Elisa poderia trabalhar na *University College London* (UCL) – ambas unidades da Universidade de Londres, localizadas ao lado do Hyde Park. No *University College* havia um grupo trabalhando com emulsões nucleares liderado por Eric H. S. Burhop. Elisa escreveu-lhe uma carta perguntando sobre a possibilidade de trabalhar lá e recebeu o retorno de Burhop de que seria muito bem-vinda.[69] A proposta era que ela trabalhasse com placas de emulsão nuclear expostas a feixes de partículas de alta energia.

Burhop era um australiano que havia trabalhado no Laboratório Cavendish, sob orientação de Rutherford, na década de 1930. Ele voltou para a Austrália durante a Segunda Guerra Mundial para contribuir no desenvolvimento de radares e, mais tarde, durante o último ano da guerra, se juntou ao Projeto Manhattan nos EUA. Depois ele voltou para a Inglaterra, onde lhe foi oferecido um cargo na *University College*, em Londres. Lá, ele colaborou com as universidades de Edimburgo e Pádua montando uma câmara de nuvem de alta altitude, e trabalhou com Powell e Occhialini na detecção dos mésons K. Alguns anos após a permanência de Elisa em Londres, ele passou um ano no CERN e mais tarde se tornou líder do grupo da câmara de bolhas da UCL. Burhop foi suspeito de passar "segredos nucleares" para os comunistas nos EUA e foi investigado pelo FBI e pelo MI5 no Reino Unido, embora nunca tenha sido oficialmente questionado ou cobrado. Isso só se tornou público muito tempo depois de sua morte, em 1980.

Burhop recebeu Elisa calorosamente em Londres, proveu condições para continuar suas pesquisas sobre raios cósmicos e deu-lhe a tarefa de ensinar estudantes iniciantes. Em seu primeiro relatório, ela escreveu:

> Iniciei um trabalho sobre a interação de K⁻ com nucleons. Temos um "stack" de emulsões K_5 com 300 chapas de 5" X 4" X 600μ expostos a um feixe de K⁻ em Berkeley. Esperamos encontrar cerca de 15.000 interações. Neste trabalho estão colaborando os grupos de emulsão de Londres, Bristol, Pádua, Milão e Bruxelas.[70]

Em uma entrevista posterior, ela falou de seu trabalho na UCL:

> [Eu] trabalhei na *London University College* e gostei imensamente. Eles nos davam todo o apoio. Quando eu tinha acabado de chegar lá, o professor [Eric Burhop] dividiu algumas turmas e me colocou de responsável por uma delas – ele mal me conhecia.[71]

Em Londres, Tiomno colaborou com Abdus Salam preparando com ele o artigo *Isotopic Spin Relations in Hyperon Production* (Relações de spin isotópico na produção de hyperon), publicado no *Il Nuovo Cimento*, em 1961 (JT42). Tiomno descreve o trabalho da seguinte forma:

> [esta é] uma análise dos resultados experimentais referentes às reações [do tipo] $\pi + p \to K + \Sigma$, para verificação das propriedades de independência de carga. Não apenas bom acordo é confirmado com a teoria de spin isotópico, como ainda é verificado que circunstâncias peculiares ocorrem para píons incidentes com energia da ordem de 1 BeV. Reações que deveriam satisfazer uma relação [simples] entre suas amplitudes, satisfazem, na verdade, duas [relações]. São examinadas [neste trabalho] implicações desse resultado, se bem que o problema fique ainda em aberto, parecendo estar ligado ao da assimetria "errada" dos Σ's produzidos.[72]

Esse trabalho também propôs que os bósons neutros (os mésons K^o ou kaons neutros) poderiam ter antipartículas distintas, resultado que se tornou importante alguns anos depois na discussão da violação da conservação da paridade. [Isso é verdade para bósons compostos, como os mésons, uma vez que contêm quarks e antiquarks. Não é verdade para os bósons neutros elementares, como o fóton, a partícula Z^o (bóson vetorial intermediário neutro, que media as correntes neutras nas interações fracas), ou o bóson de Higgs]. As "circunstâncias peculiares" mencionadas são um exemplo antecipado de uma ressonância, resultante de uma reação ou partícula de meia-vida curta.

Nessa época, também se encontrava no *Imperial College* como pesquisador visitante o teórico japonês Susumu Kamefuchi, oito anos mais novo que Tiomno e conhecido por seu trabalho em teoria de campo. Tiomno e Kamefuchi elaboraram o artigo *Some Reflections in Quantum Field Theory* (Algumas reflexões sobre teoria de campo quântico, JT39), publicado como uma comunicação à Academia Brasileira de Ciências em 1959. Ele trata da definição de um operador para reflexão espacial no caso em que a paridade é apenas aproximadamente conservada. É um tratamento bastante especulativo de um aspecto fundamental da mecânica quântica.[73]

Tiomno também participou de um encontro da Sociedade de Matemática da Universidade de Southampton. Ele apresentou o trabalho *The failure of the space reflection principle* (A falha no princípio de reflexão espacial; JT40), publicado nos anais do Encontro. É uma revisão da evidência experimental para a não conservação da paridade nas interações fracas, e foi publicado como único autor. Seu ano foi, portanto, bastante produtivo, embora não tenha levado a nenhum novo desenvolvimento de longo prazo, colaborações ou mudanças dramáticas na direção de sua pesquisa. David Bohm também estava na Inglaterra nesse período (inicialmente em Bristol), mas não há evidências de que ele e Tiomno tenham colaborado novamente.

Durante a estada de Elisa e Tiomno em Londres aconteceu o terrível incêndio no CBPF, queimando principalmente a biblioteca, situada no andar superior ao laboratório de emulsão nuclear de Elisa. Sobre esse evento, ela tinha uma triste lembrança:

> Mas eu tive um azar enorme… Eu tinha montado um Laboratório de Emulsões Nucleares no Centro completamente equipado e, antes de sair do Brasil, pedi um microscópio especializado, pedido esse que eu vinha fazendo ao Conselho Nacional de Pesquisa há seis anos, pois era muito importante para o meu trabalho. Quando estava na Inglaterra, escreveram-me avisando: "chegou o microscópio". Fiquei toda contente. Mas, três dias depois, recebi outra carta: "a biblioteca pegou fogo". O laboratório ficava embaixo e todos os microscópios acabaram.[74]

Enquanto Elisa e Tiomno estavam em Londres, a filha de Elisa, Sonia, que ainda estava no ensino médio, ficou morando com a família de uma de suas colegas, enquanto o filho Roberto, então com 14 anos, foi para um internato em Nova Friburgo, cerca de 3 horas de carro do Rio de Janeiro. Quando Elisa e Tiomno voltaram de Londres, Sonia voltou a morar com eles, mas Roberto preferiu ficar no internato, viajando de vez em quando para o Rio de Janeiro.[75] Seu colega no internato, Sérgio Joffily, mais tarde foi aluno de Elisa e Tiomno e tornou-se físico. Em sua contribuição para a homenagem à Elisa em 2004, Joffily lembrou:

> No Colégio Nova Friburgo, Centro de Estudos Pedagógicos, fomos cobaias de experiências sobre o ensino. Frota, como era chamado por seus colegas, hoje um renomado médico-cirurgião no Rio de Janeiro, gostou tanto daquele internato que, mesmo após o retorno de sua mãe [da Inglaterra], ali permaneceu até o fim do ginásio.[76]

Tiomno e Elisa haviam pedido licença ao CBPF e à FNFi para o ano letivo de 1958/1959, tendo obtido uma bolsa do CNPq para ajudar na estada em Londres. Em maio de 1959, Tiomno fez um esforço para estender a bolsa, com a intenção de permanecer em Londres um segundo ano, e solicitou à Faculdade prorrogação da licença dele e de Elisa. No entanto, como não foi possível estender a bolsa, eles retornaram no final de junho de 1959, logo após a Conferência sobre Relatividade e Gravitação em Paris (Fig. 9.7).[79] O fato de Tiomno querer participar dessa conferência mostra que ele manteve seu interesse em teoria de campo e gravitação, na qual havia trabalhado brevemente, mais de 10 anos antes, em São Paulo e Princeton. Ao longo desse período, ele publicou apenas alguns artigos esporádicos nessa área, a maior parte de seu trabalho foi em física de partículas. Mas seu interesse na teoria da gravitação seria revivido no futuro.

Fig. 9.7 Jayme Tiomno e Elisa Frota-Pessôa em Paris, num ponto do extremo oeste da Pont d'Iéna, visto quando olhando para o norte ao longo do Sena. Isso foi provavelmente na época da Conferência de Paris sobre Relatividade e Gravitação, em junho de 1959, no final da estada em Londres; EFP.

Um fator adicional que pode ter contribuído para encerrar a estada na Inglaterra foi a saúde de Elisa, em grande parte pelo ar em Londres.[78] No final da década de 1950, os temidos *fogs* (nevoeiros) de Londres eram uma ameaça, ainda que um pouco menos do que no início da década. Aqueles nevoeiros podem descer sobre a cidade por períodos de uma semana ou mais durante os meses de inverno, segurando a fumaça de milhares de chaminés de aquecimento e de plantas de energia alimentadas a carvão, tornando-se um sério risco à saúde dos moradores de Londres. Não era incomum que um excesso de mais de mil mortes fosse registrado num curto período de 10 dias devido aos nevoeiros. O pior deles tinha ocorrido em dezembro de 1952, e causou mais de 4.000 óbitos em 5 dias. Aparentemente, Elisa sofreu bronquite crônica no inverno em Londres, que persistiu mesmo com o clima mais ameno da primavera. Isso certamente foi um fator que impediu a possibilidade de ela morar lá por mais tempo.

Ao retornar ao Brasil, Elisa não deu continuidade à redação da tese de doutorado, como ela havia planejado, nem continuou a colaboração com o grupo londrino. Numa entrevista, ela sugere que foi devido ao envolvimento num novo projeto do César Lattes, mas certamente seus problemas de saúde, que persistiram por vários anos, foram um grande limitador. Além dos problemas no pulmão em função da poluição do ar em Londres, Elisa teve uma forte depressão, aparentemente induzida por seu trabalho incansável durante aquele ano, os dias curtos e escuros de inverno e o incêndio no CBPF. Ela esteve em tratamento por alguns anos e se recuperou completamente apenas por volta 1963/1964.[79]

Notas

1. Comunicação pessoal de Sonia Frota-Pessôa em 2018/2019.
2. Registros do Comitê de Eleição de Membros, ABC; JT; e na página da ABC na internet, disponível em http://www.abc.org.br/membro/jayme-tiomno/.
3. Página da ABC na internet, disponível em: http://www.abc.org.br/membro/elisa-esther-maia-frota-pessoa/.
4. Registros do Comitê de Eleição de Membros, ABC; JT; op.cit.
5. Jayme Tiomno para David Hill, Universidade de Vanderbilt, 25 de junho de 1952; JT.
6. Tiomno (1966).
7. Sudarshan e Marshak (1958); ver também Robert E. Marshak para Tiomno, 14 de setembro de 1984; JT.

8. Feynman e Gell-Mann (1958).

9. Sakurai (1958).

10. Para artigos originais sobre a unificação eletrofraca, ver, por exemplo, Weinberg (1967), Salam e Ward (1959) e Glashow (1959).

11. Wightman comenta a "operação de reversão na massa" e expressa dúvidas quanto à sua conexão com a invariância de reversão no tempo (o teorema CPT ainda não estava bem estabelecido na época). Arthur Wightman para Jayme Tiomno, 6 de dezembro de 1955; JT.

12. Tiomno (1966); op. cit.

13. Jayme Tiomno para Elisa Frota-Pessôa, 6 de julho de 1954; EFP.

14. Ver, por exemplo, Ouchi *et al.* (1956), Pecina-Cruz (2005) e Cap. 4.

15. Ver Cap. 4 deste livro.

16. Idem.

17. Uma introdução compacta da operação de quiralidade e invariância quiral é dada, por exemplo, em Assamagan (1995).

18. Tiomno (1966), op. cit.

19. Lee e Yang (1956).

20. Jayme Tiomno para Elisa Frota-Pessôa, 23 de setembro de 1956; EFP.

21. Tiomno (1966), op. cit.

22. Yang *et al.* (2018).

23. Jayme Tiomno para Elisa Frota-Pessôa, 28 de setembro de 1956; EFP.

24. Jayme Tiomno para Elisa Frota-Pessôa, 21 de abril de 1957; EFP.

25. Mehra (1994) e Cap. 21 deste livro.

26. Lee and Yang (1956), op.cit.

27. Em sua palestra para os 60 anos de Jayme Tiomno, Luciano Videira relatou que Tiomno, ao escrever sua tese, mencionou a C.N. Yang que o operador $1 \pm \gamma_5$ violaria a conservação da paridade, se usado na interação corrente-corrente. Yang respondeu que estava feliz por ter estudado com Fermi e que não considerava a conservação da paridade como uma propriedade fundamental da natureza – uma observação profética, levando posteriormente a conjectura de Lee e Yang; Videira (1980).

28. Ali *et al.* (1994).

29. Ver Cap. 10, seção sobre Abdus Salam.

30. Wu *et al.* (1957) para ^{60}Co; ver também Postma *et al.* (1957) para ^{58}Co, Hargittal (2012) para a atribuição de Wu, Garwin *et al.* (1957), Friedman e Telegdi (1957).

31. Esse importante experimento é frequentemente chamado de "Experimento de Wu", e ela realmente o sugeriu, mas não teria sido possível sem a experiência de Ralph Hudson e Ernest Ambler da NBS, físicos de baixa temperatura recém-chegados de Oxford, e Hoppes e Hayward, cientistas mais jovens da NBS, especialistas em

detecção de partículas. Se Wu tivesse sido a única autora, ela poderia ter recebido o prêmio Nobel pelo resultado (talvez junto com Lee e Yang).

32. Cap. 4 deste livro.

33. Wu *et al.* (1957) para ^{60}Co; ver também Postma *et al.* (1957) para ^{58}Co, Hargittal (2012) para a atribuição de Wu; op. cit.

34. Garwin *et al.* (1957), Friedman e Telegdi (1957); op. cit.

35. Ver Cap. 14. Erasmo Madureira Ferreira estava trabalhando com Tiomno no CBPF. Jayme Tiomno para Elisa Frota-Pessôa, 9 abr. 1957; EFP.

36. Mahmoud e Konopinski (1952). O próprio Tiomno, em um artigo de memórias escrito em 2005, descreveu como ele "foi enganado"; ver Tiomno (2005) e o capítulo de Allan Franklin, *The Konopinski-Uhlenbeck Theory of ß Decay: Its Proposal and Refutation* (A teoria Konopinski-Uhlenbeck do decaimento ß: sua proposta e refutação), em Buchwald and Franklin (2005), que descreve outro exemplo de como uma teoria pode ser obtida, também envolvendo as interações fracas e Konopinski.

37. Ruderman e Finkelstein (1949); ver também Finkelstein (2016).

38. Fazzini *et al.* (1958).

39. Jayme Tiomno para Elisa Frota-Pessôa, 21 abr. 1957; EFP; op. cit.

40. Tiomno (1984/1994).

41. Feynman e Gell-Mann (1958); op. cit.

42. Para mais detalhes sobre as origens da teoria universal V–A, ver, por exemplo, Wu (1964); os ensaios de MacDowell *et al.* (1991), particularmente, capítulo de Leite Lopes; Leite Lopes (1996), Marshak (1997) e Tiomno (1984/1994), bem como Mehra (1994) [que cita extensivamente Wu (1964)]. cf. também (JT86 e 121).

43. Ver Mehra (1994), Cap. 21, pág. 453 sobre a euforia de Feynman em descobrir uma nova lei da natureza. R. E. Marshak também comenta que Feynman percebeu mais tarde que não era o único físico, nem mesmo o primeiro, a descobrir a lei; ver também Cap. 15.

44. Ver nota 36; op. cit.

45. Frota-Pessôa (1990).

46. Ver Cap. 6, nota 31.

47. O termo "hyperon" foi introduzido no início da década de 1950, inicialmente para denotar partículas mais massivas que os nucleons individuais, mas menos massivas do que um núcleo de hidrogênio pesado (deutério). Na terminologia moderna, refere-se a um bárion que contém um ou mais quarks com o *flavor* estranho. Os mésons K também possuem essa propriedade de estranheza.

48. Tiomno (1966a); op. cit.

49. Ver Videira (1980), Leite Lopes (2004) e Cap. 5.

50. Guido Beck para John Wheeler, 9 de abril de 1957; Arquivos APHS.

51. Declaração de John Wheeler enviada em 24 de maio de 1957 ao Comitê de Seleção do Prêmio Moinho Santista; GB.

52. Videira (1980).

53. Gleick (1992); Gribbin e Gribbin (1997); Mehra (1994).

54. Leite Lopes (1988) e Leite Lopes (2004).

55. Feynman *et al.* (1964-2006).

56. O livro "O senhor está brincando, Sr. Feynman!", cujo título original é *Surely you're joking, Mr. Feynman*, foi publicado pela editora Campus, em 2006, e republicado pela editora Intrínseca, em 2019, sob o título "Só pode ser brincadeira, Sr. Feynman!".

57. Tanto Feynman como Tiomno concordam que o convite foi feito por Tiomno. Há, contudo, uma divergência quanto à ocasião. Tiomno afirmou que o convite foi feito durante a Escola de Verão de Michigan, em julho/agosto de 1949, mas isso não seria possível, pois a primeira visita de Feynman ao Brasil foi justamente em julho de 1949. Mais provável que o tenha sido feito durante o encontro da Sociedade Americana de Física (APS) em 1948, como afirma Feynman. Ver Leighton e Feynman (1985) e Tiomno (1977).

58. Jayme Tiomno foi perguntado mais tarde em uma entrevista se a presença de Feynman havia ajudado o CBPF, e ele respondeu que a chave para o sucesso inicial foi ter sido estruturado para realizar pesquisas, e não devido à publicidade ou à política. Ver Tiomno (1977).

59. Leighton and Feynman (1985); Mehra (1994); Leite Lopes (1988), Leite Lopes (2004);

60. Jayme Tiomno para Richard Feynman, 6 de março de 1950; JT.

61. Leite Lopes (1988); o artigo também foi publicado nos anais do Simpósio (CBPF, 16 a 19 de junho de 1952).

62. Gilder (2008).

63. Ver Cap. 8, seção sobre David Bohm.

64. Leite Lopes (1988) e Leite Lopes (2004).

65. Castro Moreira (2018).

66. Oswaldo Frota-Pessôa, Jornal do Brasil, 25 de maio de 1952. O artigo é reproduzido em Castro Moreira (2018) e no site da Sociedade Brasileira de Física. Disponível em: http://www.sbfisica.org.br/fne/Vol14/Num1/fne-14-1-a14.pdf.

67. Suas visitas ao CBPF, em 1953, 1957 e 1963 são descritas por Leite Lopes, assim como seus esforços para ajudar quando a biblioteca do Centro foi incendiada em 1959. Ver Leite Lopes (1988) e Leite Lopes (2004).

68. Feynman e Gell-Mann (1958).

69. Elisa Frota-Pessôa a Burhop, 2 de março de 1958 (esta carta está erroneamente datada como 2 de março de 1948); EFP.

70. Relatório de Elisa Frota-Pessôa sobre seu primeiro trimestre de bolsa, 15 de setembro de 1958; EFP.

71. Frota-Pessôa (1990).

72. Tiomno (1966); op. cit.

73. Kamefuchi publicou um artigo mais longo com Abdus Salam em 1961. Ver Kamefuchi *et al.* (1961).

74. Frota-Pessôa (1990); op. cit.

75. Comunicação pessoal de Sonia Frota-Pessôa em 2018/2019.

76. Silva Lima *et al.* (2004).

77. Ver relatório de Tiomno para a FNFi/UB de 1959, onde justifica o atraso no retorno ao Rio de Janeiro; JT.

78. Comunicação pessoal de Sonia Frota-Pessôa, 2018/2019.

79. Idem. Esta conferência (GR2) teve lugar em Royaumont, perto de Paris, e foi a segunda na série fundada por Bryce e Cécile (Morette) DeWitt, em 1957.

10

Tempos turbulentos

Intrigas universitárias

Ao retornarem de Londres em julho de 1959, Tiomno e Elisa retomaram suas atividades de pesquisa e ensino no CBPF e na Faculdade Nacional de Filosofia. Elisa também iniciou o tratamento para seus problemas de saúde. Um ano depois, em 29 de julho de 1960, faleceu Joaquim da Costa Ribeiro, o catedrático da cadeira de Física Geral e Experimental da FNFi com quem Tiomno e Elisa haviam começado suas carreiras científicas. Era necessário realizar um novo concurso para preencher a vaga deixada por Costa Ribeiro. Um de seus assistentes, o físico experimental Armando Dias Tavares, se considerava uma espécie de herdeiro científico de Costa Ribeiro e, portanto, o candidato natural para ocupar a posição. César Lattes, que havia se transferido temporariamente para a USP, apoiou a candidatura de Dias Tavares. O outro assistente de Costa Ribeiro era Elisa, mas ela não estava interessada em concorrer ao cargo. Ela ainda estava tentando se recuperar da depressão e estava disposta, no máximo, a entrar em um concurso para o cargo de professora adjunta, mas, mesmo nesse caso, não queria despender muito esforço e tempo preparando o material para a seleção. Leite Lopes e Tiomno, por sua vez, viram aí uma oportunidade de trazer o físico experimental Roberto Salmeron de volta ao Brasil. Ele tinha passado três anos no CBPF no início da década de 1950 e depois de seu doutorado na Inglaterra foi contratado pelo CERN, em Genebra. Se Salmeron voltasse e ocupasse a cátedra da Universidade, poderia também ser contratado como pesquisador pelo CBPF, reforçando o grupo de física experimental.

Leite Lopes, que era chefe do Departamento, não quis nomear nenhum dos dois assistentes de Costa Ribeiro como substituto interino, a fim de evitar que isso viesse a consolidar uma situação. Ele pediu a Tiomno que assumisse a posição temporariamente até a realização do concurso.[1] Para Tiomno, era um fardo adicional, mas ele concordou com a condição de que o concurso fosse realizado o mais breve possível e que todos os interessados teriam a mesma chance de participar, pensando na possibilidade de trazer alguém de fora. Ele também preferiu que, em vez de um contrato formal, fosse simplesmente designado temporariamente como responsável pela cadeira, a fim de evitar comentários de que estaria se aproveitando da situação. Além do fato de que o novo ocupante da cátedra teria que ser um experimentalista, ele não tinha interesse em se envolver na administração e na política universitária (o que seria inevitável se assumisse a cátedra), preferindo se dedicar às pesquisas e aos alunos de pós-graduação.

No entanto, quando se espalhou a notícia de que Tiomno iria assumir a responsabilidade pela cátedra, surgiu uma forte campanha contra ele: um físico teórico se apropriando da cátedra de Física Experimental! O caso chegou à Universidade de São Paulo, onde Lattes estava trabalhando, e transbordou para a imprensa. Como resultado, Tiomno recusou-se a aceitar o cargo temporário:

> Lamento, portanto, ter que responder a sua consulta afirmando que não aceito a indicação de meu nome para reger, mediante contrato, a Cadeira de Física Geral e Experimental da Faculdade Nacional de Filosofia. Espero que o Departamento de Física, juntamente com a Direção da Faculdade, encontrem uma solução para o caso à altura do que deve corresponder a uma instituição universitária.[2]

No final, apesar da depressão, coube a Elisa assumir interinamente a responsabilidade pela cátedra até que o concurso para o preenchimento da vaga fosse realizado. Ela foi nomeada em 2 de fevereiro de 1961, sem vencimento adicional, e ficou acordado com Leite Lopes que essa situação provisória não duraria mais de um ano. Sua indicação para o cargo evidentemente despertou a irritação de Armando Dias Tavares, causando atritos na relação entre ambos. Elisa também teve muita dificuldade no relacionamento com o diretor da Faculdade, Eremildo Viana, controlador e reacionário, que lhe causava diariamente todos os tipos de problemas e dificuldades.

Elisa pediu várias vezes para ser exonerada da função, mas o concurso era continuamente adiado e pediam para ela ficar só mais um pouco. Finalmente, em março de 1964, ela pediu incondicionalmente para ser liberada da posição, como se pudesse pressentir o golpe civil-militar que aconteceria no final daquele mês.[3]

Uma nova partícula

Na Conferência em Seattle, em 1956, Tiomno havia se interessado pelos mésons K (kaons)[4]. Essas partículas tinham sido descobertas por George Rochester e Clifford Butler em 1947 (originalmente chamadas de "partículas V").[5] Elas seriam posteriormente investigadas usando emulsões nucleares em K⁻, numa colaboração incluindo Eric Burhop, Cecil Powell e Giuseppe Occhialini, juntamente com muitos outros pesquisadores (entre os quais Elisa, que participou durante sua estadia em Londres em 1958/1959).[6] Tiomno era fascinado pela ideia de princípios de simetria na física e trabalhou durante sua estada em Londres na previsão de um novo méson. Quando voltou da Inglaterra, em 1959, ele propôs a seus dois assistentes, Nicim Zagury e Luciano Videira, trabalharem juntos nesse tema. Como Zagury mais tarde lembrou:

> [Tiomno nos propôs] um estudo sobre a possibilidade de existência de uma partícula nova, o K'. Então nós, eu e meu colega Luciano, passamos mais ou menos um ano fazendo contas, usando os dados experimentais que havia naquele momento, para ver se os dados experimentais casavam bem com a teoria, onde este méson poderia se encaixar... Era uma partícula que, se existisse, deveria decair em outras duas: uma o méson K e a outra o méson . Nesse decaimento deveria haver algumas propriedades que corresponderiam à existência do méson K'... o que nós fizemos foi tentar ver, se essa partícula existisse, que massa ela teria.[7]

No final de agosto de 1960, Tiomno viajou novamente para Rochester para participar da Conferência Internacional de Física de Altas Energias daquele ano, que havia sido inicialmente prevista para abril. "A conferência está muito fraca e com muitas reuniões simultâneas.", escreveu à Elisa.[8] Mas essa primeira impressão foi rapidamente alterada. Murray Gell-Mann apresentou uma comunicação sugerindo a existência de uma nova partícula com uma paridade oposta a do méson K, cuja existência tornaria certas interações de partículas mais simétricas. Na discussão que se seguiu, Tiomno apresentou os resultados incompletos de seu trabalho com Zagury e Videira, mostrando que seus cálculos indicavam de fato que tal partícula poderia existir e que eles haviam estimado sua massa provável. Suas observações receberam considerável atenção e foram publicadas nos Anais da Conferência (JT41). De volta ao Brasil, Tiomno orientou Videira e Zagury para finalizarem os cálculos o mais rápido possível e publicaram um artigo mais detalhado na *Physical Review*

Letters em 1º de fevereiro de 1961, intitulado *Possible Existence of a New K' Meson* (Possível existência de um novo méson K'; JT43).

Paralelamente, Luis W. Alvarez e seus colegas do *Lawrence Radiation Laboratory*, da Universidade da Califórnia, em Berkeley (atualmente *Lawrence Berkeley National Laboratory* – LBNL), se apressaram em verificar a previsão de Tiomno usando o Bevatron (o síncrotron de Berkeley que poderia produzir um feixe de prótons de mais de 6 GeV de energia de partícula), juntamente com uma recém-instalada câmara de bolhas de hidrogênio líquido de 72" como detector. Em 15 de março de 1961, Alvarez publicou sua confirmação da existência da partícula – também na *Physical Review Letters*, chamando-a de méson K*.[9] O grupo brasileiro havia calculado que sua massa deveria estar na faixa de 1.300 a 1.800 massas de elétrons e que a nova partícula decairia em um méson K e um méson π com um tempo de vida de decaimento da ordem de 10^{-23} s. Alvarez encontrou em seus experimentos uma massa correspondente a 1.732 massas de elétrons.[10] Alvarez recebeu o prêmio Nobel de Física de 1968 por suas muitas descobertas de partículas usando a combinação Bevatron – câmara de bolhas. Tiomno explicou sobre seus resultados teóricos:

> Nesses trabalhos e comunicações [JT41 e 43], fizemos a previsão da existência de um novo méson (K'), análogo ao méson K, mas de paridade oposta, de modo a permitir a existência da interação K' – K, π. Essa interação é necessária para explicar a forte assimetria observada na produção de méson K juntamente com partículas A, a partir da colisão π-p. A apresentação dos resultados preliminares na Conferência de Rochester, em 1960 [JT41], coincidiu com a sugestão de Gell-Mann de um méson, que ele também denominou de K', e que, tendo spin zero e a paridade oposta à de K, estaria relacionado com a estrutura das interações fracas.[11]

Os resultados obtidos por Tiomno, Videira e Zagury foram apresentados em uma reunião da Academia Brasileira de Ciências (ABC) em maio de 1961 e celebrados na imprensa brasileira (Fig. 10.1). A revista *Visão* destacou em sua manchete: "Uma nova partícula atômica, o méson K', foi descoberto pelo físico nuclear brasileiro Jayme Tiomno (Prêmio Moinho Santista de 1957) e seus dois assistentes no Departamento de Física Teórica do CBPF, Antônio Luciano Leite Videira e Nicim Zagury".[12]

Fig. 10.1 Antônio Luciano Leite Videira, Jayme Tiomno e Nicim Zagury no anúncio da previsão e confirmação do méson K' na Academia Brasileira de Ciências, em 1961. Fonte: Acervo CBPF. Publicada na revista Visão, 19 de maio de 1961.

Tiomno foi solicitado pela imprensa a dar várias entrevistas e numa delas mencionou a difícil situação financeira do CBPF e a necessidade de recursos para poder continuar suas atividades. Jânio Quadros tomou conhecimento e determinou ao seu assessor técnico, Cândido Mendes, que buscasse medidas concretas que poderiam ser tomadas no menor prazo possível para apoiar o Centro.

Em julho/agosto de 1961, Tiomno passou seis semanas na Universidade de Wisconsin, Madison/WI, EUA, durante a Escola de Verão de Física. Ele encontrou um de seus ex-colegas de pós-graduação de Princeton, Wayne R. Gruner, que trabalhava na *National Science Foundation* (NSF) como coordenador dos projetos de física. Discutiram a possibilidade da NSF apoiar projetos no Brasil, em particular uma proposta de equipamento a ser utilizado por Roberto Salmeron, que esperavam atrair para o CBPF, bem como a conclusão de um acelerador Cockroft-Walton no CBPF.[13] Tiomno também aproveitou a visita para verificar o progresso nos estudos sobre o méson K' no centro do acelerador em Brookhaven, NY, e se reuniu com C. N. Yang nas proximidades de Stony Brook. Além disso, teve a oportunidade de trabalhar com Abdus Salam e, como resultado, publicaram o artigo *Isotopic Spin Relations in Hyperon Production* (Relações de spin isotópico na produção de hyperon; JT42) no *Il Nuovo Cimento*, no qual haviam começado a trabalhar ainda durante a estada de Tiomno em Londres. Eles ainda prepararam uma palestra conjunta intitulada "$\Delta S/\Delta Q = -1$ *rule*" (JT45). Ela diz respeito a uma regra de seleção, indicando quais reações de partículas podem ocorrer e quais são "proibidas" e sustenta que a mudança no número quântico de "estranheza" S para os hádrons num decaimento fraco deve ser igual à mudança (negativa) da carga elétrica Q nesse mesmo decaimento. Essa regra foi testada inúmeras vezes e permaneceu importante na física de altas energias por vários anos. Sobre sua palestra conjunta, Tiomno explicou que foram "examinadas as consequências dos resultados experimentais de [Ugo] Camerini *et al.*, que indicavam evidência de violação da regra $\Delta S = -\Delta Q$ em desintegrações leptônicas de [méson] K⁰".[14] O artigo de Camerini a que ele se refere tratou da diferença de massa entre os dois tipos de mésons neutros K.

Mas, o mais importante para ele foi a chance de relaxar e esquecer brevemente os problemas no Brasil: "Eu estou aproveitando bastante, se bem que mais pela falta das preocupações do Centro e da Faculdade".[15] Tiomno, contudo, mal podia imaginar o quão rapidamente sua tranquilidade chegaria ao fim. Um ou dois dias após seu retorno ao Brasil, a revista *O Cruzeiro* publicou uma entrevista com César Lattes, na qual este afirmava que Tiomno havia roubado o crédito do trabalho de Gell-Mann. Além do mais, Lattes atacou os teóricos em geral, dizendo que as descobertas são feitas apenas pelos experimentalistas.

> "O crédito da descoberta deve ser dado àqueles que obtiverem a evidência experimental e objetiva, sobre a qual não poderá haver dúvidas… Esses são profetas, os grandes físicos teóricos. Eles constroem teorias e, a partir dessas ideias, preveem resultados que o experimentador objetivamente verifica, interrogando a natureza. Então, sim, se diz que houve descoberta. Nos outros casos se trata de promessinhas."[16]

No entanto, os pontos mais seriamente ofensivos na entrevista de Lattes foram dirigidos a Tiomno pessoalmente:

> Este [Tiomno], para mim, até prova em contrário, é um vigarista. Existe um livro de atas no Centro Brasileiro de Pesquisas Físicas, no qual consta, a pedido do Prof. Leopoldo Nachbin, uma declaração minha de que o Prof. Tiomno não tem idoneidade. Se este ou gente agindo por ele tentar tomar a cadeira de Física Experimental, no Rio, essa informação poderá ser útil.".[17]

Lattes misturava, na verdade, críticas ao anúncio do trabalho de Tiomno sobre o méson K' com os conflitos na Universidade relacionados à Cátedra de Física Geral e Experimental, deixada vaga pela morte de Costa Ribeiro; o resultado foi de fato bastante confuso.

Vários físicos brasileiros manifestaram solidariedade a Tiomno. Um grupo escreveu que, "Julgamos que a referida reportagem, pelas opiniões nela expressas, não é digna de maior consideração".[18] Outro grupo de físicos da Universidade do Rio Grande do Sul reafirmou a competência de Tiomno, destacando que

> A idoneidade e capacidade científicas do professor Tiomno foram mais uma vez evidenciadas pelo fato de haver sido o mesmo o único físico da América Latina convidado para o Seminário de Física Teórica que se realizou em julho de 1961 na Universidade de Wisconsin, com a participação de um pequeno e seleto número de físicos do mundo inteiro.[19]

Tiomno evitou entrar num debate público com Lattes e, em vez de dar uma entrevista para a imprensa, preferiu escrever uma nota respondendo às críticas de Lattes e ressaltando que esta seria sua única declaração sobre o assunto.[20]

Uma vez comprovada a existência da partícula K', Tiomno foi se dedicar a outras questões. Zagury e Videira continuaram trabalhando no tema juntamente com Samuel MacDowell, que tinha recém retornado do doutorado no Reino Unido, e publicaram mais dois trabalhos mostrando que K' era um méson vetorial entre outros aspectos.[21]

Em janeiro de 1962, Tiomno partiu mais uma vez para os EUA para realizar uma segunda visita de dois meses ao Departamento de Física em Madison, Wisconsin. Inicialmente, ele esperava que Elisa pudesse acompanhá-lo a Madison, mas sua saúde ainda não estava boa. Ele adiou a estadia e considerou cancelá-la por completo, mas, por insistência de Elisa, foi sozinho para Madison. Ele respondeu ao convite de Robert Sachs para retornar à Medison:

> ... Tenho a melhor recordação da minha estadia lá no verão passado e estou muito grato por esta nova oportunidade de quebrar o isolamento do meu trabalho aqui... Não respondi sua carta antes porque minha esposa esteve doente e não era claro se ela poderia ir. Ela está muito melhor agora e nós decidimos que eu deveria ir sozinho... eu devo estar chegando [em] Madison [em um dos] primeiros dias em janeiro.[22]

No início da década de 1960, Tiomno também completou vários trabalhos de pesquisa no CBPF juntamente com seus alunos de pós-graduação. Em 1962, retornando a um projeto inacabado iniciado com David Bohm enquanto ainda estavam em Princeton, em 1949, Tiomno escreveu o artigo *Representations of Dirac Equations in General Relativity* (Representações das equações de Dirac na relatividade geral; JT44), publicado em conjunto com seu colega Colber Gonçalves de Oliveira, assim descrito por Tiomno:

> Após reformular as equações de movimento de uma partícula num campo gravítico na Relatividade Geral em termos de quadrípodes é obtida a equação de Dirac generalizada na representação de Schrödinger. É obtida, então, a representação de Foldy-Wouthuysen em presença de campos gravíticos. O resultado mais interessante é que o fator "giromagnético" gravitacional é 1, e não 2, como ocorre no caso eletromagnético; o que está de acordo com o princípio de equivalência de massa inercial e gravítica. Os desvios para o vermelho dos níveis atômicos são obtidos, coincidindo com as previsões usuais da Relatividade Geral.[23]

Na mesma época, Tiomno também publicou o trabalho *Octonions and Super-global Symmetry* (Simetria super-global e de octônios; JT47) como único autor. Ele foi incluído em um volume chamado simplesmente "Física Teórica", publicado pela Agência Internacional de Energia Atômica (AIEA) em 1963. O artigo trata de um campo de pesquisa bastante diferente: a aplicação de princípios de simetria para a classificação das partículas elementares. No artigo, ele examinou "... a relação entre a álgebra hipercomplexa de Cayley e minha própria teoria de espaço de isospin a 7-dimensões, para a qual [Abraham] Pais havia chamado a atenção".[24]

Dentre suas diversas parcerias, uma das mais produtivas, tanto em termos da física como de organizações internacionais, foi com o físico paquistanês e ganhador do prêmio Nobel Abdus Salam.

Mohammad Abdus Salam (1926-1996)[25] nasceu em Punjab, hoje localizado no Paquistão, em 29 de janeiro de 1926. Ingressou na Universidade de Punjab aos 14 anos, com excelentes notas nos exames de admissão e, mais tarde, frequentou a Universidade de Lahore com uma bolsa obtida por mérito, onde recebeu seu bacharelado em matemática em 1944 e seu mestrado em 1946. Ele então foi com uma bolsa de estudos para o St. John's College, em Cambridge, no Reino Unido, onde fez um segundo bacharelado em matemática e física, com grandes honras, em 1949, seguindo para o doutorado no Laboratório

Cavendish, também em Cambridge, em 1951, com uma tese sobre eletrodinâmica quântica (QED, na sigla em inglês). Salam Ingressou na Universidade de Lahore como professor de matemática e também atuou na Universidade do Punjab desde 1952 como professor e chefe do Departamento de Matemática. Por conta da oposição ao estabelecimento de um instituto de pesquisa em Lahore e pelo fato de pertencer a um ramo minoritário do Islã, ele retornou para Cambridge como professor de matemática em 1954, mudando-se para o *Imperial College* em Londres em 1957, onde montou o Departamento de Física Teórica. Ele recebeu, no mesmo ano, um doutorado honorário da Universidade do Punjab e criou um programa de bolsas para levar estudantes paquistaneses talentosos para Londres. Em 1959, passou um ano sabático em Princeton trabalhando com Oppenheimer. Abdus Salam promoveu a física teórica no Paquistão e se tornou influente na política científica do país.

Os primeiros trabalhos de Abdus Salam concentraram-se na teoria QED e dos neutrinos, onde introduziu logo no início, em 1956, o termo simetria quiral (cf. Cap. 9). Mais tarde, trabalhou principalmente em física de partículas (na estrutura da interação forte, no mecanismo de Higgs e nos mésons vetoriais) e, em particular, na unificação eletrofraca. Foi durante o período após a Conferência de Física Teórica em Seattle, em setembro de 1956, que ele começou a colaborar com Tiomno.

Mais tarde, por volta de 1964, Abdus Salam começou a colaborar com Sheldon Glashow e Steven Weinberg sobre as interações eletromagnética e fraca e sua unificação, ajudando a formular sua estrutura matemática. Os três dividiram o prêmio Nobel de Física em 1979 por esse trabalho, incluindo sua previsão de correntes neutras fracas. A unificação eletrofraca constitui-se em outra pedra angular do Modelo Padrão. A ideia de correntes neutras fracas foi sugerida em paralelo por vários autores. José Leite Lopes, em sua história da física no Brasil, menciona suas próprias contribuições a partir de 1958 ao tópico das correntes neutras fracas e do bóson pesado neutro que faz uma mediação com elas (agora conhecido como o bóson do vetor intermediário Z^o).[27]

Abdus Salam foi o principal fundador e o primeiro diretor (até 1993) do Centro Internacional de Física Teórica (ICTP em inglês) em Trieste, Itália, que agora leva seu nome. Salam também foi um dos fundadores da Academia de Ciências do Terceiro Mundo (TWAS na sigla em inglês e atualmente denominada Academia Mundial de Ciências) (Fig. 10.2).

Especialmente durante a década de 1960, Salam fez grandes esforços para apoiar a pesquisa no Paquistão e foi fundamental para iniciar programas de energia nuclear e pesquisas espaciais em seu país. Seu papel no desenvolvimento de armas nucleares pelo Paquistão foi temporário: ele inicialmente apoiou o projeto, mas depois distanciou-se dele. Ele deixou o Paquistão definitivamente em 1974, mas manteve o apoio à ciência de seu país de origem, levando muitos jovens cientistas paquistaneses para estudar nos países do Ocidente. Ele continuou trabalhando em física fundamental nos últimos anos de vida, especialmente na busca por uma "grande teoria unificada", junto com suas muitas atividades de apoio ao ensino e à pesquisa científica, até sua morte aos 70 anos, em Oxford, em 21 de novembro de 1996.

O Centro Internacional de Física Teórica (ICTP)

No início dos anos 1960, Jayme Tiomno participou como coordenador de sessão no Seminário de Física Teórica, realizado em agosto de 1962 em Trieste, na Itália, patrocinado pela Agência Internacional de Energia Atômica (AIEA). Abdus Salam foi um dos principais organizadores desse seminário, que explorou a ideia de estabelecer um centro internacional de física; a sugestão original para o Centro havia sido feita em uma reunião sobre física de partículas realizada em Trieste dois anos antes. O sucesso do seminário de 1962 e de outro organizado quase ao mesmo tempo no Baixo Tatra (parte de uma cordilheira localizada na atual Eslováquia) deu forte impulso à proposta. Pouco depois, na 71ª Reunião Plenária da AIEA, em 26 de setembro de 1962, foi tomada a decisão de criar o Centro com o objetivo de atender cientistas de um grande número de estados-membros, ajudando a apoiar a pesquisa e o ensino de física nos países em desenvolvimento – em particular por meio de bolsas para que cientistas do chamado primeiro mundo pudessem passar períodos nesses países e apoio aos cientistas dos países em desenvolvimento para que pudessem passar períodos no Centro para desenvolver suas pesquisas.

Fig. 10.2 Abdus Salam em 1987. Fonte: Arquivos Nacionais Holandeses, Foto de Bart Molendijk. Usado sob licença Creative Commons, publicado com permissão. Disponível online em: https://commons.wikimedia.org/wiki/Category:Abdus_Salam#/media/Arquivo:Abdus_Salam_1987_(cortado).jpg.

A AIEA enviou a todos os estados-membros informações sobre a intenção de fundar o Centro e uma consulta sobre o interesse em sediá-lo. Receberam, como resposta, inúmeras sugestões e ofertas para hospedá-lo vindas da Áustria, Dinamarca, Itália, Paquistão, Turquia entre outros. Em função disso, o Conselho de Administração da AIEA recomendou ao seu Diretor Geral, Sigyard Eklund, criar uma pequena comissão de especialistas com três físicos teóricos para aconselhar sobre o programa científico, pessoal científico a ser contratado, instalações necessárias e analisar as ofertas recebidas, recomendando sua melhor localização. Foram convidados para participar da comissão Robert E. Marshak, dos EUA, Léon van Hove, da Holanda (representando a Europa) e Jayme Tiomno, enquanto originário de um país em desenvolvimento. Não sem ironia (e um pouco de inveja), eles foram chamados de "os três sábios".

A reunião da comissão de especialistas ocorreu no início de abril de 1963, em Viena.[28] A comissão considerou que o novo Centro deveria ter como seus principais objetivos ajudar e encorajar bons físicos teóricos de países em desenvolvimento a continuar e expandir seu trabalho de pesquisa; servir de projeto piloto para futuros institutos internacionais de pesquisa; promover a "fertilização cruzada" nos vários campos de atividade na física; e, finalmente, contribuir para a promoção dos contatos internacionais entre regiões periféricas e entre países em diferentes estágios de desenvolvimento científico e tecnológico. Os três principais campos de pesquisa seriam a física nuclear de baixa energia, a física do estado sólido e a física de partículas elementares. Também recomendaram que o Centro fosse localizado em Trieste, cuja universidade estava disposta a estabelecer duas cátedras e quatro vagas de professor assistente em física teórica para o Centro. "Se pudermos encontrar físicos teóricos excepcionais para ocupar essas cadeiras, sentimos que a Universidade de Trieste pode ser capaz de fornecer o clima científico adequado para a Centro", escreveram no relatório.[29]

Porém, para a implantação do Centro, houve problemas no financiamento do ICTP, e o governo italiano retirou sua promessa original de apoio. Após uma série de reuniões de planejamento em 1963 e 1964, e com o apoio da AIEA e da UNESCO, os problemas foram resolvidos e o Centro iniciou suas operações em Trieste em 1º de outubro de 1964, com Abdus Salam como seu primeiro presidente. Jayme Tiomno foi um dos seus primeiros associados, com o privilégio de passar períodos de um a três meses com os custos cobertos por até três vezes durante seu mandato de três anos. Os associados seriam eleitos anualmente pelo Conselho Científico do ICTP.[30]

O ICTP, hoje chamado *Abdus Salam International Centre for Theoretical Physics*, ainda mantém relações estreitas com o CBPF.[31]

Educação em ciências

Jayme Tiomno manteve, desde o início de sua carreira, um interesse especial no ensino e na orientação de alunos, intensamente compartilhado com sua esposa Elisa Frota-Pessôa. Ele começou a trabalhar como professor no início de sua carreira universitária dando aulas de apoio e, posteriormente, ministrou cursos de física em escolas secundárias particulares. No entanto, após obter sua licenciatura, ele recusou um cargo bem remunerado como professor do ensino médio em uma escola pública para se concentrar em sua pesquisa.[32] Mas seu interesse com a instrução secundária permaneceu, ainda que de forma latente. Apesar de Tiomno reconhecer a importância do ensino, ele não era um professor organizado: seus quadros (lousa) eram caóticos e ele era tímido – não o tipo de professor que gosta de contar histórias para tornar as aulas mais interessantes. Entretanto, ele tinha muita clareza sobre as limitações do sistema científico-educacional no Brasil, especialmente no que diz respeito à física, tanto no ensino médio como nas universidades. O ensino era muito formalista e não atualizava os alunos sobre os recentes resultados de pesquisas e os novos desenvolvimentos. Em suas aulas, Tiomno enfatizava a resolução de problemas dando exercícios aos alunos e os apresentava às publicações e às pesquisas mais recentes. Ele também acreditava que era muito importante para um físico, em particular um teórico, ser capaz de realizar cálculos rapidamente e com um mínimo de erros.[33] A falta de livros adequados em português era um problema adicional para os alunos. Apenas uma minoria deles era proficiente em inglês.

Quando Tiomno foi para o CBPF, em 1952, assumiu a responsabilidade de montar o Departamento de Ensino e os laboratórios para as aulas de graduação e, posteriormente, criou o Curso de Pós-Graduação. Em 1953, motivado por uma palestra de Feynman sobre o ensino de física no Brasil, dada no ano anterior, Tiomno publicou junto com José Leite Lopes o artigo *Ensino de Física no Ensino Médio*, onde diziam que:

> É nossa opinião que o livro-padrão adotado seja o de Blackwood, Herron e Kelly, "High-School Physics", convenientemente traduzido e adaptado às condições brasileiras. Ou um livro especialmente escrito, dentro do espírito acima mencionado. É conveniente que este livro seja também utilizado pelo estudante [do ensino médio].[34]

Os dois seguiram sua própria recomendação e alguns anos depois traduziram eles mesmos o mencionado livro-texto de física para o português, para que pudesse ser usado nas escolas brasileiras.[35] Durante muitos anos, esse foi o principal livro nos cursos de física. Sobre esse projeto, Leite Lopes comentou em uma entrevista, quinze anos depois:

> Depois disso [conversa com Feynman], o Tiomno e eu traduzimos e adaptamos para o Brasil, em português, um livro de física americano, ... do Blackwood [e Herron e Kelly]... Era um livro de física intuitivo, mostrando como se fazem as coisas. Contra o formalismo vazio exatamente daqueles que teriam tendências a cultivar a chamada "mecânica tradicional", ter fórmulas para o objetivo de obter [mais] fórmulas.[36]

Tiomno também foi docente do Curso de Aperfeiçoamento para Professores Secundários de Física, em São José dos Campos, em 1955, e escreveu diversos artigos sobre educação para a revista Ciência e Cultura durante a década de 1950.

No início da década de 1960, ele expandiu essas atividades para o âmbito internacional. Em setembro de 1960, após a Conferência de Rochester, Tiomno foi para Ottawa, no Canadá, para participar como delegado do Brasil na Assembleia Geral da União Internacional de Física Pura e Aplicada (IUPAP na sigla em inglês), escolhido pelo Comitê Nacional do Brasil na IUPAP.[37] Entretanto, ao chegar à assembleia, encontrou Oscar Sala, seu colega da USP, e ouviu surpreso que ele (Sala) era o delegado "oficial" do Brasil na Assembleia, tendo sido designado por César Lattes (que era então professor interino da USP). Após conversar com o secretário-geral da IUPAP, Pierre Fleury, que enfatizou que apenas os comitês nacionais da IUPAP podiam escolher os delegados, Sala deixou Ottawa sem participar da Assembleia. Foi, sem dúvida, uma situação muito constrangedora para todos os envolvidos.

Na Assembleia, foi criada a Comissão de Ensino de Física e Tiomno foi nomeado como um de seus membros. Ele propôs que Sala e Lattes fossem nomeados para duas outras comissões, tentando reduzir um pouco o conflito que tinha surgido anteriormente, mas não foram aceitos pela Assembleia. No encontro anterior, havia sido sugerido que o Brasil sediasse o encontro da IUPAP de 1963 (os encontros ocorriam a cada três anos), mas como o país não havia se pronunciado oficialmente até então, decidiu-se que o próximo encontro seria na Polônia, sugerindo que o Brasil sediasse o encontro de 1966. A Assembleia sugeriu também que o Brasil sediasse um encontro da nova Comissão de Ensino de Física.

As sugestões foram bem recebidas no Brasil, e em junho/julho de 1963, foi realizada a Conferência Internacional sobre Física na Educação Geral, no Rio de Janeiro, patrocinada pela União Internacional de Física Pura e Aplicada (IUPAP) e outras instituições, incluindo o CBPF. Tiomno foi designado membro do Comitê Organizador, copresidente da conferência (juntamente com Sanborn C. Brown, presidente da Comissão), e coeditor dos anais da conferência, que recebeu o título *Why Teach Physics* (Por que ensinar física; JT53).

A palestra de Tiomno, *Educação científica no mundo contemporâneo*, foi reimpressa de forma editada nos anais da conferência (JT54). Ele fez uma breve história da sociologia das realizações científicas e discutiu o papel social dos cientistas, tanto na educação quanto na busca por soluções para os problemas de seus países:

O reconhecimento da necessidade de uma drástica revisão e de reforma nos métodos e sistemas da educação científica, e em física, em particular, tem instigado experiências em vários países, cujos resultados vale a pena comparar. É interessante notar que a maioria dessas experiências foi feita com a participação de cientistas de renome, que foram os primeiros a perceber que a educação tinha que ser revista. A participação de destacados pesquisadores nesta e em outras conferências sobre o ensino da física é uma prova de que o cientista moderno não vive mais em sua lendária torre de marfim. Ao contrário, ele atua de forma ativa como cidadão médio, ou ainda mais ativo nos problemas de sua comunidade nacional e nos problemas de importância internacional. No presente caso, a responsabilidade dos cientistas e educadores é particularmente forte. Eles são as pessoas mais capazes para apontar soluções e alertar governos e instituições nacionais e internacionais da necessidade de planejar e de tomar medidas urgentes para evitar futuros desastres e os perigos de irreparáveis danos ao desenvolvimento de seus países.[38]

Seu artigo foi seguido pelo de outro físico brasileiro, Paulo Gomes de Paula Leite, destacando os problemas básicos no ensino de ciências, que se mantém até hoje. Reproduzimos aqui sua conclusão para refletirmos sobre o que (não) mudou no ensino de ciências nos últimos 70 anos no Brasil.:

Tendo que complementar a base totalmente inadequada dada na escola secundária, e tendo inclusive que sanar conceitos errôneos da mente dos alunos, os professores [universitários] falham novamente ao insistir numa cobertura enciclopédica. A falta de equipamentos experimentais, o excesso de alunos e a escassez de instrutores pioram a situação. A pressão para restringir o ensino de ciências básicas ao primeiro ano para que a formação profissional possa ser iniciada também tem seus efeitos nocivos. Como os alunos não têm tempo para pensar ou entender, eles não podem desfrutar do benefício de uma base sólida de ciência básica.[39]

Com relação aos resultados da conferência, Tiomno, Sanborn C. Brown e Norman Clarke apresentam, de forma resumida, na introdução:

O encontro tratou da física como parte de uma educação liberal. As sérias dificuldades práticas de ensinar física de uma forma que seja apropriada a este propósito são atualmente amplamente reconhecidas nos países altamente desenvolvidos cientificamente, e muitos projetos foram criados para resolvê-los. Relatórios sobre alguns desses projetos foram apresentados na conferência, e outros ainda mencionados no livro. Por outro lado, nos países comparativamente subdesenvolvidos, ainda é necessário estabelecer a importância de incluir física e outras ciências no currículo. O livro será útil para todos aqueles que estão preocupados com o ensino de ciências. Será particularmente útil para educadores de ciências que trabalham na América Latina, África e Ásia.[40]

A conferência coincidiu com a quinta estada de Richard Feynman no CBPF enquanto professor na 5ª Escola Latino-Americana de Física (ELAF), um curso cooperativo de física envolvendo Brasil, México e Argentina e organizado pelo Centro Latino-Americano de Física (CLAF). Este, por sua vez, tinha sido criado em 1959 por Marcos Moshinsky, do México, Juan José Giambiagi, da Argentina, e José Leite Lopes, do Brasil.

Evidentemente, Feynman, que também tinha grande interesse pelo ensino de física, participou da Conferência e, em seu discurso de abertura, que ele chamou de *The Problem of teaching physics in Latin America* (O problema de ensinar física na América Latina), repetiu e reforçou muitos dos pontos que ele havia comentado em sua palestra anterior em 1952 sobre o ensino de física no Brasil (cf. Cap. 9).[41] A palestra de Feynman, em 1963, foi analisada em detalhes por Castro Moreira, que aponta que ela se baseou na própria experiência de Feynman em dar os cursos introdutórios de física no *Caltech* para alunos iniciantes de graduação nos anos acadêmicos de 1961-1963.[42] Estas foram as famosas *Feynman lectures*, que se tornaram a fonte para o livro com o mesmo nome.[43]

Deve-se notar que, por mais excelentes que esses livros de Feynman possam ser enquanto obras de referência para estudantes avançados, suas palestras originais falharam em seu objetivo. Reza a lenda que os alunos de graduação do primeiro e segundo ano aos poucos começaram a faltar às aulas, pois simplesmente não conseguiam acompanhar o ritmo de Feynman e a profundidade de suas aulas (nem mesmo aquele pequeno e seleto grupo de alunos admitido na universidade de elite que era o Caltech). Eles foram substituídos por estudantes de pós-graduação, que tinham ouvido falar do brilhantismo das palestras e, já tendo uma base nos assuntos cobertos, puderam apreciar as sutilezas das exposições de Feynman. O próprio Feynman era cético quanto à eficácia do ensino "frontal" (em sala de aula) e ficou especialmente arrependido de ter incluído física avançada em suas palestras para torná-las interessantes para os melhores alunos, juntamente com um programa básico para a maioria. E ele era menos otimista do que Tiomno sobre "passar a tocha" para seus próprios alunos de pós-graduação.[44]

Tiomno manteve seu interesse no ensino de física e no ensino de ciências de uma forma geral, ao longo de sua vida profissional (Fig. 10.3). Antes, em 1960, ele também atuou como docente da Escola Latino-Americana de Física (ELAF) no Rio de Janeiro. A lista de docentes para a segunda edição, realizada no Rio de Janeiro em 1960, incluía, além de Tiomno, nomes como Chen Ning Yang, de Princeton; Giampietro Puppi, de Bolonha; e Gleb Wataghin, que veio de Turim para dar aulas na Escola. A oitava edição também foi planejada para ocorrer no Brasil, em 1966, mas nessa época Leite Lopes estava exilado na França, Tiomno estava em Trieste e o país passava por um momento extremamente difícil em função da ditadura civil-militar, de modo que não houve condições para organizá-lo e foi realizado em Caracas, Venezuela. Em 1963, Jayme Tiomno também foi responsável pela estruturação do currículo em meteorologia do CBPF.

Fig. 10.3 Jayme Tiomno no quadro de aula, final dos anos 1950; EFP.

No início de 1962, aproveitando sua estadia nos EUA, em Madison/WI, Tiomno também participou de um programa de ensino de física. Ele tinha sido convidado pela *American Association of Physics Teachers* e o *American Institute of Physics* como parte de um amplo programa nacional para estimular o interesse pela física, com o apoio da *National Science Foundation*. O programa consistia em dar palestras, participar de colóquios, reunir-se informalmente com equipes de física para discutir ensino e pesquisa, e visitas a uma variedade de faculdades e escolas secundárias para conhecer as diferentes condições em que a física era ensinada nos EUA.[45]

Tiomno teve uma agenda muito intensa: visitou o *Carleton College* e o *Williams College*, e as universidades de Minnesota, Chicago, Illinois, Tufts, Brandeis e Princeton, além do Instituto de Estudos Avançados desta última. Em cada uma dessas instituições, ele deu pelo menos uma palestra, geralmente sobre seu trabalho de pesquisa, física das partículas elementares ou relatividade. Nas faculdades (*colleges*), deu mais duas ou três palestras elementares para os alunos e palestras mais avançadas para os professores, entre outras atividades, e conversou com as equipes sobre o ensino de física.

Tiomno teve compromisso, ao longo de toda a vida, com a melhoria do ensino de física em todos os níveis no Brasil e a consciência pública sobre a ciência em geral. Certa vez, ele expressou sua atitude em relação ao ensino de física em seu sentido mais amplo:

> … no exterior, [eu] estaria produzindo muito, seria uma peça, talvez muito importante dentro de uma maquinaria na qual eu, realmente, não me sentiria integrado. Estaria contribuindo para o desenvolvimento científico universal, isso estaria, mas não estaria fazendo uma coisa que, para mim, é muito importante, contribuir para o desenvolvimento científico do meu país. Então, no Brasil, mesmo tendo feito muito menos do que poderia ter feito em pesquisa se ficasse no exterior, há uma coisa que fiz e que vai continuar mesmo depois da minha morte, que vai ser a minha contribuição ao desenvolvimento da atividade científica no Brasil. Quando fui aposentado [pelo regime militar], fiz uma lista de 50 físicos sobre os quais tive uma influência, pelo menos, significativa, porque reconhecida por eles [mesmos]. Atualmente, muitos deles certamente fazem parte dos 80 ou 100 melhores físicos do Brasil.
>
> Isso me dá uma satisfação muito grande, o fato de ver que esse pessoal está podendo produzir diretamente e através de seus próprios discípulos, muito mais do que representaria para o Brasil mais umas dezenas ou uma centena

de trabalhos que eu tivesse produzido se continuasse no exterior com o título de Professor Titular dessa ou daquela universidade. Não significaria tanto para o Brasil quanto o que pode sair dessa coisa que se perpetua, se autoperpetua.[46]

Elisa compartilhava das ideias de Tiomno sobre o ensino de física. Mas suas características pessoais eram bastante diferentes. Talvez devido à sua timidez, Tiomno mantinha-se distante dos alunos; era fechado para eles em termos pessoais. Em contrapartida, Elisa era muito aberta em suas relações com seus alunos, perguntando-lhes sobre seus problemas particulares e convidando-os para sua casa. Nas palavras de seu ex-aluno Mario Novello, "Elisa nos tratava como uma mãe."[47] Tiomno apreciava a abertura e o calor de Elisa para com os alunos e a ajudava sempre que possível. Os alunos responderam à dedicação e ao entusiasmo de Tiomno e Elisa, mantendo contato mesmo depois de seguirem suas carreiras autonomamente.

A chegada da tempestade

Apesar da vigorosa e produtiva atividade científica que Tiomno conseguiu manter no início da década de 1960, a situação política e econômica no Brasil estava cada vez mais crítica, influindo fortemente no CBPF: os salários eram baixos e havia falta de recursos para a pesquisa. O apoio prometido por Jânio Quadros, em função da previsão bem-sucedida de Tiomno sobre o méson K', foi posto de lado quando ele renunciou. Nas palavras de Tiomno,

> Depois, então, com a desvalorização do cruzeiro, e sem que fossem votadas novas verbas ou sem que fossem atualizadas as verbas, o Centro começou a entrar em decadência. Os salários ficaram cada vez mais baixos. Chegou um momento em que um professor titular ganhava pouco mais de 100 dólares [por mês]. Nesse momento, o Centro perdeu muitos professores, que foram para o exterior. Tive a oportunidade de entrar em contato com o presidente Jânio Quadros, que determinou que fosse dado um auxílio bastante grande, significativo, para restaurar o valor da verba inicial do Centro. Infelizmente, isso não chegou a ser cumprido porque, pouco tempo depois, ele renunciou.[48]

Paralelamente, em 1960, Leite Lopes assumiu a diretoria científica do CBPF e buscou articular com outros cientistas e administradores científicos para encontrar formas de implantar e financiar uma política científica para o país.[49] Uma das iniciativas foi fazer uso das reformas administrativas de João Goulart para tentar criar um Ministério da Ciência e Tecnologia, que absorveria o CNPq e garantiria uma política científica nacional. Outra linha de atuação foi junto ao Banco Nacional de Desenvolvimento Econômico (BNDE, depois transformado em BNDES incluindo o Social) para a criação do FUNTEC (Fundo de Desenvolvimento da Ciência e Tecnologia). Havia uma linha de financiamento do Banco para o desenvolvimento tecnológico com a obrigação da empresa de investir um percentual do valor em pesquisa científica. Como as empresas não cumpriam a determinação, Leite Lopes sugeriu a José Pelúcio Ferreira, que coordenava essa área no Banco, que fosse criado um fundo com o percentual que seria destinado às empresas para pesquisa, que seria aplicado diretamente pelo Banco em projetos de pesquisa e na implantação de cursos de pós-graduação.[50]

Também é do início da década de 1960 a criação do Centro Latino-Americano de Física (CLAF), financiado pelo o governo brasileiro e pela UNESCO (nos moldes do ICTP em Trieste), que contou com a participação fundamental de Paulo Carneiro, embaixador do Brasil na UNESCO e tendo o físico Gabriel Fialho como seu primeiro diretor.

Para resolver definitivamente o problema de recursos do CBPF, começava a tomar corpo a ideia de vinculá-lo à nova universidade que estava sendo construída em Brasília sob a coordenação de Anísio Teixeira e Darcy Ribeiro – a UnB. Vários pesquisadores do CBPF participaram da concepção do projeto da Universidade, tanto na área de física como de química, que teria uma vocação natural para a pesquisa científica.[51] Para tanto, numa disputada assembleia em 1963, o CBPF elegeu Darcy Ribeiro como seu presidente. Ele havia sido ministro da Educação de João Goulart e agora era seu chefe de gabinete. A escolha, entretanto, não foi unânime, alguns consideravam que se estava politizando o Centro, aproximando-o muito do governo, enquanto outros eram contrários a uma possível incorporação do CBPF a alguma universidade.

Com o golpe civil-militar de 1964, os planos foram todos suspensos: Anísio Teixeira foi para os Estados Unidos, e Darcy Ribeiro e João Goulart exilaram-se no Uruguai, a ideia de criação de um Ministério da Ciência e Tecnologia foi abortada, a UnB foi ocupada pelo exército e o CLAF passou a ser visto com suspeição devido ao seu caráter latino-americano. A postura em defesa dos interesses nacionais de muitos dos pesquisadores do CBPF, aliada à presença de Darcy Ribeiro como presidente, fazia com que o governo ditatorial o visse como um centro de comunistas.

Havia o receio de que, com o golpe, o CBPF fosse ocupado pelo exército, assim como várias universidades. O tenente-coronel Argos Fagundes Moreira, do corpo técnico do CBPF e que se dedicava à montagem de aceleradores de partículas, chamou um grupo de oficiais do Instituto Militar de Engenharia (na época Escola Técnica do Exército) para se postarem com metralhadoras à frente do Centro, mas, felizmente, a ameaça não se concretizou. Outras instituições tiveram menos sorte. Se por um lado, a ameaça de invasão foi sustada, havia o perigo iminente de suspensão dos recursos públicos para o CBPF, do qual ele era completamente dependente, implicando na sua consequente extinção.

A solução foi montar uma nova diretoria que se contrapusesse à imagem de ser uma instituição dominada pela esquerda. Apesar de não terem qualquer atuação político-partidária, Leite Lopes entregou o cargo de diretor-científico do Centro e Tiomno, que havia sido nomeado para mais um mandato como membro da Comissão de Educação em Física durante a 11ª Conferência Geral da IUPAP em Varsóvia, de 18 a 23 de setembro de 1963, renunciou à função.[52]

Para presidente, no lugar de Darcy Ribeiro, foi eleito o deputado conservador Lopo de Carvalho Coelho, para vice, o almirante Octacílio Cunha e, para diretor-científico, o físico Hervásio de Carvalho Dias. Octacílio havia sido presidente do Conselho Nacional de Pesquisas (CNPq) e da Comissão Nacional de Energia Nuclear (CNEN) e era visto pelos pesquisadores do CBPF como um defensor do desenvolvimento científico e tecnológico nacional. Hervásio de Carvalho estava coordenando uma colaboração com instituições italianas sobre reações fotonucleares e radioatividade natural e era favorável à deposição de João Goulart.

Pouco depois, Lopo Coelho foi indicado para representante do Brasil na Organização Internacional do Trabalho (OIT), na Suíça, e Octacílio Cunha assumiu a presidência, primeiro interinamente e depois como efetivo. Ele se mostrou, contudo, um grande apoiador do governo militar e um gestor fortemente autoritário. Ele afastou vários jovens recém-formados que eram fichados nos órgãos de informação por atividades consideradas subversivas durante os tempos de estudante.[53] Tentou ainda demitir o terceiro assistente Alberto Passos Guimarães, mas foi impedido pelo Conselho Técnico-Científico do CBPF, que precisava autorizar o ato. O físico Walter Ballensperger, que estava como visitante no CBPF, retornou para a Suíça e Guido Beck voltou para a Argentina.

Em agosto de 1964, Leite Lopes foi preso quando tentava obter um passaporte para ir à França. O telegrama de Tiomno para Wheeler foi curto e direto: "Leite Lopes preso. Por favor, entre em contato Peter Bergmann".[54] Bergmann conhecia Leite Lopes da época em que ele trabalhou no Instituto de Estudos Avançados de Princeton e era politicamente influente. Ele estava na Europa participando do Congresso para a Liberdade Cultural, em Paris, e Oppenheimer, diretor do Instituto de Estudos Avançados, enviou um telegrama pedindo que ele tentasse mobilizar os participantes do Congresso. Ao mesmo tempo, Wheeler insistia com Tiomno para que ele aceitasse um convite formulado em abril, logo após o golpe, para que fosse para Princeton.[55] Pouco depois, Leite Lopes foi liberado e partiu para a França com a esposa e o filho.

A situação nas universidades também era bastante difícil. O governo lançou a "operação limpeza" com o propósito de expurgar alunos e professores considerados de esquerda ou subversivos, o que para eles era a mesma coisa. Muitos professores foram presos, entre os quais Plínio Süssekind Rocha, da FNFi, e Mario Schenberg, da USP. Plínio era responsável pelo cineclube da Universidade do Brasil, que às vezes passava filmes considerados subversivos, como *O Encouraçado Potemkin*, de Sergei Eisenstein, de 1925. Já Mário Schenberg era um nome muito visado devido a sua ligação com o Partido Comunista Brasileiro. Ele já tinha sido deputado estadual em São Paulo em 1947, sendo deposto e se exilando no exterior. Nas eleições de 1962 para o Congresso e assembleias estaduais, Schenberg foi novamente eleito para a Assembleia do Estado de São Paulo. No entanto, como o Partido Comunista (PCB) continuava ilegal, ele concorreu pelo Partido Trabalhista Brasileiro, de João Goulart. Mas ele e outros três representantes do PCB não puderam tomar posse por serem considerados "notórios comunistas". Com o golpe de 1964, ele foi novamente preso e a comunidade científica internacional começou a mobilizar uma ação de protesto direcionada ao governo.

A situação na Faculdade Nacional de Filosofia era bastante tensa. Seu diretor, Eremildo Luiz Viana, um apoiador do golpe civil-militar, viu a "Operação Limpeza" como uma oportunidade para se livrar de todos aqueles que ele considerava comunistas, bem como aqueles que eram seus potenciais rivais na política acadêmica interna ou quem ele simplesmente não simpatizava. Ele era professor de História Antiga e Medieval da FNFi desde 1946 e tornou-se diretor da Faculdade em 1957.

Viana esteve envolvido numa ação logo após o golpe civil-militar, durante o qual ocupou uma estação de rádio operada pela Faculdade – com o auxílio das forças militares – alegando que era foco de uma conspiração subversiva e retirando a diretora da rádio, a professora de história Maria Yedda Linhares.[56]

Poucos dias antes do golpe, Viana tinha feito uma denúncia aos órgãos de segurança e informação contra 44 professores e vários estudantes da FNFi com o título "Professores comunistas da Faculdade Nacional de Filosofia", que ficou conhecida como a "lista do Eremildo". Ele listava todos aqueles que supostamente eram membros de uma célula do partido comunista chamada de "Anchieta" e que operava no laboratório de físico-química.[57]

Em 19 de abril, poucos dias após o golpe de Estado, o Ministro da Educação, Flávio Suplicy de Lacerda, ordenou que cada universidade estabelecesse uma comissão de investigação para procurar elementos subversivos e comunistas dentro da instituição. Na UB foi constituída a Comissão de Investigação da Universidade do Brasil, chefiada pelo General Arcy da Rocha Nóbrega, e a denúncia de Viana foi encaminhada àquela Comissão. Ele alegou que o suposto líder da "célula" era o ocupante da cátedra de Físico-Química, João Christóvão Cardoso, ex-presidente do CNPq. A lista incluía alguns dos assistentes de Cardoso, como Paulo Kobler Pinto Sampaio, Walter Faria e a irmã mais nova de Jayme Tiomno, Silvia Tiomno Tolmasquim. Ele também listou vários "desafetos" como subversivos, incluindo Jayme Tiomno e Elisa Frota-Pessôa, José Leite Lopes e sua esposa, a matemática Maria Laura Mousinho Leite Lopes, Darcy Ribeiro, entre outros.

O general Acyr não tomou providências imediatas, pois a denúncia não continha provas e pareceu-lhe ser principalmente uma denúncia contra desafetos por parte de Viana.[54] Por fim, a Comissão decidiu incriminar Eremildo Viana por uso indevido de fundos públicos durante o seu mandato como diretor da Faculdade. O inquérito concluiu que os professores da lista do Eremildo eram inocentes e que a célula Anchieta nunca existiu. A ação legal contra Eremildo, no entanto, nunca foi levada adiante por ser considerado um aliado do regime militar.[58]

Elisa descreveu, mais tarde, seu primeiro encontro com Eremildo, no final da década de 1950, antes de ser nomeado pela primeira vez diretor da Faculdade de Filosofia:

> Ele [Leite Lopes] disse: "Eu queria que você pelo menos almoçasse com o Eremildo Viana [diretor da FNFi] para conhecê-lo, porque ele é a salvação dessa Faculdade. É um camarada novo, entusiasmado, é disso que precisamos". Fomos almoçar juntos, no bar da Filosofia. Quando acabou o almoço eu disse ao Leite: "Se o Eremildo entrar para a direção, vai ser o fim. Esse homem é convencido, tem é sede de poder". Eu não suportei o Eremildo – aliás, o Leite Lopes depois mudou radicalmente de ideia.[59]

A situação no Rio de Janeiro se mostrava sem perspectiva para Tiomno e Elisa: o CBPF vivia um clima de autoritarismo, a Faculdade Nacional de Filosofia era um ambiente de repressão e denuncismo, e Leite Lopes estava exilado na França. Foi nesse contexto que Roberto Salmeron, que era diretor do Instituto Central de Ciências na Universidade de Brasília, chamou-os para montar o Instituto de Física da nova universidade, revivendo o projeto de levar o CBPF para a nova capital.

Notas

1. José Leite Lopes para Eremildo Viana. diretor da FNFi, 1º de agosto de 1960; JLL.
2. Jayme Tiomno para José Leite Lopes, 14 de outubro de 1960; JLL.
3. Elisa Frota-Pessôa a Eremildo Viana, diretor da FNFi, 12 de março de 1964; EFP.
4. Jayme Tiomno para Elisa Frota-Pessôa, 23 de setembro de 1956; EFP. Tiomno relata em suas memórias posteriores que ele teve uma intuição, já em 1956, que haveria outro méson K com paridade positiva. Ver Tiomno (2005).
5. Rochester e Butler (1947).
6. Bhowmik *et al.* (1959).
7. Entrevista de Nicim Zagury concedida à ATT em 18 de março de 2019.
8. Jayme Tiomno para Elisa Frota-Pessôa. 27 de agosto de 1960; EFP.
9. Ver Alston, Alvarez *et al.* (1961).
10. A ressonância encontrada por Alvarez *et al.* estava em 885 ± 3 MeV, correspondendo a 1731,9 massas de elétrons. A partícula é agora chamada K*(892), sendo 892 MeV o valor atual aceito de sua massa (1745,6 massas de elétrons). Ver o site do Particle Data Group (PDG), disponível em http://pdg.lbl.gov/2013/listings/rpp2013-list-K--star-892.pdf.
11. Tiomno (1966).
12. Mais uma do átomo, *Visão*, 19 de maio de 1961, pág. 21.
13. Relatório de atividades de Jayme Tiomno entre 1 de julho e 15 de agosto de 1961; JT.
14. Jayme Tiomno para Elisa Frota-Pessôa, 11 de julho de 1961; EFP.
15. Idem.
16. *O Cruzeiro*, edição nº 45, 19 de agosto de 1961, pp. 19-21.
17. Idem.
18. Cópia da petição citada, sem assinaturas, agosto de 1961, provavelmente enviada para Tiomno antes de ser divulgada; JT.
19. Darcy Dillenburg, Gerhard Jacob e Theodor Augusto Johannes Maris para José Leite Lopes, agosto 17, 1961; JT.

20. Nota à imprensa: Refutação do Prof. Jayme Tiomno de declarações recentes feito pelo Prof. César Lattes. 23 de agosto de 1961; JT.

21. MACDOWEL, S. W.: VIDEIRA, A. L.; ZAGURY, N. Production and spin of the K* resonance. *Physical Review* A, v. 126, n. 2, p. 878-880, 1962, e MACDOWEL, S. W.: VIDEIRA, A. L.; ZAGURY, N. Angular distribution and polarization of lambda's in Pi-P reactions. *Nuclear Physics* A, v. 31, p. 636-642, 1962.

22. Tiomno para Robert Sachs, Madison/WI, 4 de novembro de 1961; JT.

23. Tiomno (1966); op. cit.

24. Idem.

25. Para uma biografia de Abdus Salam ver Fraser (2008).

26. Ver Cap. 9 deste livro.

27. Leite Lopes (2004), pp. 13-18.

28. P. N. Bhandari, Diretor de Pessoal, AIEA Viena, para J. Tiomno, março 22, 1963; JT.

29. Jayme Tiomno para R. W. Lefler, 20 de junho de 1962, encaminhando o relatório final da comissão; JT.

30. Abdus Salam para J. Tiomno, 18 de dezembro de 1964; JT.

31. A história e o desenvolvimento do ICTP nas décadas que se seguiram à sua fundação foram resumidos em Roederer (2001).

32. Informações fornecidas por Silvia Tiomno Tolmasquim, irmã mais nova de Jayme Tiomno.

33. Entrevistas com Mario Novello para este livro por ATT em agosto/setembro de 2019.

34. Leite Lopes e Tiomno (1953).

35. Blackwood *et al.* (1962). O livro foi publicado no Brasil com o nome de *Física na Escola Secundária* pela primeira vez pelo INEP e republicado inúmeras vezes por diversas editoras.

36. Leite Lopes (1977).

37. Relatório de Jayme Tiomno ao presidente do CBPF sobre sua participação na 10ª Assembleia Geral da IUPAP, Ottawa, em setembro de 1960; 12 de novembro de 1960: JT. Relatório de José Leite Lopes (diretor científico do CBPF) sobre a participação do Brasil na 10ª Assembleia Geral da IUPAP, Ottawa, Canadá; 1º de dezembro de 1960); JT.

38. Disponível em: http://mitp-content-server.mit.edu:18180/books/content/sectbyfn?collid=books_pres_0&id=7236&fn=9780262523769_sch_0001.pdf (acesso pago).

39. Idem.

40. Ibidem.

41. A palestra de Feynman em 1963 foi publicada separadamente como: R. P. Feynman, The Problem of Teaching Physics in Latin America, *Engineering and Science*, vol. 27, p. 21, 1963.

42. Castro Moreira (2018).

43. Feynman, Leighton e Sands (1964-2006).

44. Ver Mehra (1994), Cap. 22 e Cap. 25.

45. Notícia do *American Institute of Physics* (AIP), 26 de fevereiro de 1962; JT.

46. Tiomno (1977).

47. Entrevistas com Mario Novello para este livro por ATT, agosto/setembro 2019; op. cit.

48. Tiomno (1977); op. cit.

49. Após a saída de César Lattes, foram diretores científicos Guido Beck, Oliveira Castro e o próprio Tiomno por um curto período.

50. Ver entrevista de Pelúcio sobre a ideia para a criação do FUNTEC em https://repositorio.enap.gov.br/handle/1/4291.

51. Sobre o período da ditadura militar, ver Tolmasquim (2024).

52. Jayme Tiomno para Sanborn C. Brown (Presidente da Comissão de Educação em Física, MIT), 13 de abril de 1964; e Sanborn C. Brown para Jayme Tiomno, 19 de maio de 1964; JT.

53. Foram afastados Adir Moisés Luis, instrutor de física nuclear, e Jaime Goldstein, instrutor no Departamento de Ensino. Já os recém-formados Mauricio Chaves e Fernando Bunchaft, que haviam recebido bolsa do Centro Latino-Americano de Física para desenvolver pesquisas e atuar como instrutores no CBPF, foram proibidos de usar os laboratórios do CBPF.

54. Telegrama de Jayme Tiomno para John Wheeler, agosto de 1964; JWA. Bergmann foi assistente de Einstein no IAS em Princeton de 1936 a 1941. Em 1964 ele era professor na Universidade de Syracuse.

55. Telegrama de John Wheeler para Jayme Tiomno, 12 de agosto de 1964; JT.

56. Ver Moraes Ferreira (2014).

57. Informes da Divisão de Polícia Política e Social, n° 23, de 4 de fevereiro de 1964. BR 23 de 04/02/64, folhas 12. APERJ.

58. Em 1965, a Universidade do Brasil foi reorganizada e transformada na Universidade Federal do Rio de Janeiro (UFRJ). Três anos depois, a FNFi foi separada em diferentes escolas e institutos e espalhados pela cidade. O Departamento de História foi retirado da FNFi e integrado ao novo Instituto de Filosofia e Ciências Sociais (IFCS), localizado no antigo prédio da Escola Politécnica, e Eremildo Viana voltou a ser diretor daquele Instituto, permanecendo no cargo até o fim da ditadura, em meados dos anos 1980. Ao mesmo tempo, foram criados o Instituto de Física e o Instituto de Química, ambos transferidos para a ilha do Fundão, onde estava em curso a construção do novo *campus* universitário.

59. Frota-Pessôa (1990).

11

Uma academia utópica

Uma nova universidade

A ideia de mudança da capital do Rio de Janeiro para o interior do país era antiga, data do início da República. A nova localização era uma forma de incentivar a povoação da região central, localizar a capital num local mais resguardado de eventuais ataques estrangeiros e marcar uma ruptura com a tradição monarquista. Já em 1892, uma comissão de astrônomos do Observatório Nacional elaborou a carta geográfica do Planalto Central, delimitando o quadrilátero onde seria erguida a futura capital. Esse projeto foi constantemente postergado até Juscelino Kubitschek, eleito em 1955, se lançar ao desafio de transformar a criação de Brasília na marca de sua gestão, amparada no lema do "desenvolvimentismo". Juscelino convidou Lúcio Costa para elaborar o plano urbanístico e o arquiteto Oscar Niemeyer para projetar as principais estruturas, como o Congresso, o Supremo Tribunal Federal, a sede do governo e os ministérios, bem como uma catedral, um museu e uma universidade.

A coordenação do projeto de criação da futura universidade foi dada a Anísio Teixeira, que havia sido o responsável pela fundação da Universidade do Distrito Federal (UDF) no Rio de Janeiro durante a década de 1930. Criada em 15 de dezembro de 1961, já no governo de João Goulart, a Universidade teve seu início de fato em 21 de abril de 1962, dois anos após a nova capital ter sido oficialmente inaugurada. A elaboração do plano foi fortemente apoiada por Darcy Ribeiro (Fig. 11.1). Ele compartilhava com Anísio Teixeira a visão de uma universidade moderna, que rompia com o modelo universitário majoritário no país. Sua concepção e planejamento se iniciaram em 1958, e muitos cientistas e intelectuais foram chamados para participar do planejamento de suas atividades acadêmicas e estrutura administrativa, levando à construção de seu Plano Orientador. Era um projeto novo no ensino superior brasileiro, com objetivos similares ao da antiga UDF, mas com um escopo muito maior.

Ao contrário da maioria das universidades existentes no Brasil, cuja principal função era a formação de profissionais, a Universidade de Brasília (UnB) tinha como objetivo primordial "formar cidadãos empenhados na busca de soluções democráticas para os problemas com que [se] defronta o povo brasileiro na luta por seu desenvolvimento econômico e social."[1] Em segundo lugar vinha o objetivo da formação de cientistas pesquisadores, e só depois disso a formação de profissionais. Convém lembrar que a USP também teve desde seu início uma forte vocação para a pesquisa.

Fig. 11.1 Reunião Inaugural da UnB, 1962. O orador (em pé, com microfone) é Darcy Ribeiro. Estão sentados Antônio Ferreira de Oliveira Brito, ministro da Educação e Cultura; Paulo de Tarso, prefeito do Distrito Federal; e o chefe de Gabinete da Presidência. Arquivo Central da UnB, AtoM UnB. Usado sob licença Creative Commons 4.0 Internacional.

Para atingir seus objetivos, a Universidade deveria ser gerida com base nos "princípios da liberdade de investigação, de ensino e de expressão", e manter-se "fiel aos requisitos do método científico e estar sempre aberta, com o objetivo de estudo, a todas as correntes de pensamento, sem participação em grupos ou movimentos político-partidários".[2] Sua estrutura de funcionamento também era bastante inovadora: haveria oito institutos centrais (Artes, Letras, Humanidades, Biologia, Geociências, Matemática, Física e Química) e várias faculdades.

Os institutos centrais deveriam ser espaços orientados para a pesquisa e a formação de professores, e forneceria os cursos básicos para todos os alunos nos dois primeiros anos de estudo. Quem quisesse se especializar nas atividades de ensino ou pesquisa permaneceria nos institutos centrais, enquanto que aqueles que buscassem uma educação técnico-profissional fariam as demais disciplinas nas faculdades. Dessa forma, a pesquisa poderia se combinar com o ensino desde o início. Além disso, cada aluno receberia na admissão um tutor que iria ajudá-lo a montar seu currículo. Havia alguns cursos de educação básica que seriam obrigatórios para todos os alunos e outros que seriam escolhidos individualmente, dependendo dos interesses e objetivos de cada aluno. Nos primeiros dois anos, os alunos seriam obrigados a se inscrever em pelo menos uma determinada disciplina obrigatória em cada semestre. Em adição, estava previsto que os cursos de pós-graduação seriam iniciados logo no início, para que os futuros assistentes de ensino pudessem ser formados na própria UnB, evitando reduzir os efetivos de outras universidades. Todos os institutos centrais ficariam próximos, constituindo o Instituto Central de Ciências (ICC), localizado no primeiro (e maior) prédio projetado por Niemeyer, que foi batizado de Minhocão (Fig. 11.2).

Fig. 11.2 O prédio dos institutos centrais (ICC) da UnB, projetado por Oscar Niemeyer e construído nos anos 1963-1971. Cortesia da Universidade de Brasília, Arquivo Central, AtoM UnB, Fotográfico - 2A58-00,729-08. Reproduzido com permissão. Disponível em: https://onsomething.tumblr.com/post/134878055996

A Universidade de Brasília não seria organizada no sistema de cátedras, mas gerida por comissões e conselhos, nos quais todos os seus membros estariam representados. À semelhança do modelo utilizado pelo CBPF, haveria um Conselho Deliberativo acima do reitor, ocupado por conceituados intelectuais e empresários, na maioria de fora da Universidade. Em termos administrativos, o modelo da UnB foi pensado com a intenção explícita de reduzir a burocracia e a incompetência, características das instituições públicas, e que infelizmente não mudou muito até os dias atuais.

Para a física, o CBPF foi chamado para ajudar a montar o projeto, e foi criado um grupo de trabalho presidido por José Leite Lopes e composto por Guido Beck, Gabriel de Almeida Fialho e Jayme Tiomno, contando ainda com a participação de consultores externos, como Roberto Salmeron.[3] O grupo elaborou toda a concepção inicial e planejamento para o Instituto de Física. O CBPF também participou, por meio de seu pesquisador Jacques Abulafia Danon, da elaboração do projeto do Instituto de Química. Com a forte crise financeira que o CBPF estava enfrentando e sem uma perspectiva de solução, foi pensado em transferi-lo para a UnB, tornando-o a base do novo Instituto de Física da UnB, com a transferência dos equipamentos, da biblioteca e dos pesquisadores para a nova universidade. Muitos anos depois, em entrevista, Tiomno comentou que

> Chegou-se a ter uma tabela de datas, um calendário para a implantação do Instituto. Num determinado ano começariam os outros cursos do primeiro ano e assim por diante, até o momento em que o Centro Brasileiro de Pesquisas Físicas seria deslocado em massa para Brasília e incorporado.[4]

Darcy Ribeiro foi o primeiro reitor da UnB, enquanto Anísio Teixeira assumiu a presidência do Conselho Deliberativo. Após 6 meses, Darcy foi convidado por João Goulart para assumir o Ministério da Educação, com isso, ele passou a reitoria para Anísio Teixeira e assumiu a função de presidente do Conselho. Na verdade, trocaram de lugar. Após a fundação da UnB, se iniciava a tarefa de preenchê-la de vida – com professores, pesquisadores e estudantes. Inicialmente, em abril de 1962, funcionaram apenas os cursos de Humanidades, bem como os de Artes e Letras, o que se manteve no ano seguinte. Em 1964, vários outros cursos foram iniciados, incluindo Química, Matemática e Biologia. Assim, em seu terceiro ano de funcionamento, a Universidade já oferecia 19 cursos.[5]

O Instituto de Física

No final de 1963, Roberto Salmeron chegou de Genebra com sua família para se tornar diretor do Instituto Central de Física Pura e Aplicada (ICFPA) – o Instituto de Física da UnB. Ele queria retornar ao Brasil, até então não tinha sido aberto o concurso para a Faculdade Nacional de Filosofia e essa era uma excelente oportunidade. Salmeron começou seu trabalho em janeiro de 1964 e, pouco depois, foi convidado a assumir a função adicional de Coordenador Geral dos Institutos Centrais, uma espécie de Decania dos institutos centrais.

Roberto Aureliano Salmeron era físico e engenheiro da mesma geração de Jayme Tiomno e Elisa Frota-Pessôa. Ele nasceu em 16 de junho de 1922 em São Paulo e estudou engenharia elétrica na Escola Politécnica antes de continuar com física na FNFi, no Rio de Janeiro. Concluiu seus estudos de graduação em 1947. Nesse mesmo ano, retornou a São Paulo para servir como instrutor na Escola Politécnica e como assistente de pesquisa no departamento de Gleb Wataghin na USP, estudando raios cósmicos por três anos. Em 1950, após a saída de Wataghin, ingressou no CBPF, sendo um de seus fundadores. Ele trabalhou no Centro por três anos antes de ir, em 1953, para a Universidade de Manchester, no Reino Unido, fazer seu doutorado sob orientação de Patrick Blackett, que havia se transferido de Cambridge. Depois de obter o doutorado em Manchester em 1955, Salmeron tornou-se um dos primeiros pesquisadores do CERN, o Centro Europeu para Pesquisa Nuclear, em Genebra.[6] Em 1963, quando foi convidado para retornar ao Brasil e contribuir no projeto da UnB, Roberto Salmeron tinha um contrato permanente como pesquisador sênior no CERN. Ele, contudo, tinha o mesmo idealismo dos demais fundadores do CBPF de construir um ambiente favorável à pesquisa e ao ensino de alto nível no Brasil.

No entanto, em março de 1964, três meses após Salmeron chegar à Brasília, e enquanto a Universidade ainda estava em seus estágios iniciais, houve o golpe civil-militar. A Universidade de Brasília era vista pelas forças armadas como um centro de subversão. Seus princípios de liberdade de educação e de pesquisa eram entendidos pelos militares como uma licença para divulgar ideias comunistas. Além disso, a ida de uma missão diplomática aos países do leste europeu (Tchecoslováquia, Polônia, Alemanha Oriental e União Soviética) para a compra de equipamentos e materiais para a UnB era vista como uma espécie de símbolo desse alinhamento da universidade com o comunismo. Na verdade, a Missão foi consequência da recusa do governo americano em fornecer equipamentos para a UnB por problemas com o governo de João Goulart.

Tropas ocuparam o *campus* universitário, o reitor Anísio Teixeira foi demitido do cargo, todos os membros do Conselho Deliberativo foram destituídos e 15 professores foram presos. Anísio Teixeira foi para a Universidade de Columbia e depois para a Universidade da Califórnia, retornando ao Brasil em 1966. Em 1971, num dos períodos mais violentos do regime militar, depois de ter desaparecido por dois dias, foi encontrado morto, num pretenso acidente, no poço do elevador do prédio de um amigo. Muitos anos depois, comprovou-se que ele havia sido preso pelos militares antes de ser encontrado morto, confirmando as suspeitas de que tinha sido assassinado.[7] Darcy Ribeiro, por sua vez, exilou-se na Venezuela, no Chile e no Peru, retornando ao Brasil somente após o fim da ditadura militar.

Um interventor foi nomeado como novo reitor da UnB – Zeferino Vaz, professor de medicina veterinária da USP. Além disso, foi montado um Inquérito Policial Militar (IPM) para investigar a existência de ações comunistas na UnB. No entanto, o inquérito não conseguiu determinar a existência de quaisquer grupos subversivos e foi encerrado depois de algum tempo. Apesar das tensões, o reitor prometeu que não haveria mais invasões no *campus*, e os novos cursos foram iniciados conforme planejado. Eles acreditavam que o pior já havia passado e esperava-se que a situação se normalizasse cada vez mais com o passar do tempo. Em função disso, Salmeron convidou Tiomno e Elisa para ajudarem a organizar e lecionar nos cursos de física. Tiomno foi nomeado Coordenador do Instituto Central de Física.

A expectativa é que outros cientistas do CBPF se juntariam ao pequeno grupo de professores do Instituto de Física da UnB. Mas devido ao golpe civil-militar e à instabilidade política no país, vários pesquisadores estavam receosos em ir para Brasília e outros, como Leite Lopes, estavam exilados no exterior. Tiomno e Elisa avaliaram a situação e decidiram ir, mas consideraram que era

> ...tudo ou nada. Ou começamos já no próximo ano todo o curso, do primeiro ao quarto ano, mais a pós-graduação, ou não poderemos ir para lá. Percebemos que a situação era de tal modo instável que, se não se implantasse a coisa logo, depois então poderia haver dificuldade de crescer normalmente.[8]

Apesar da difícil situação política que o país vivia, eles ainda acalentavam o sonho da Universidade de Brasília como havia sido planejada: uma universidade moderna voltada para o ensino e a pesquisa. Tiomno mais tarde a chamaria de "universidade para o desenvolvimento" ou uma "superuniversidade". Eles estavam muito entusiasmados com sua concepção e compartilharam com seus alunos o sonho de uma nova universidade tendo a pesquisa como uma de suas principais atividades e com cursos de pós-graduação. Alunos que já haviam concluído a graduação também se juntaram a eles; poderiam começar a pós-graduação na UnB e ser assistentes de ensino de Salmeron, Tiomno e Elisa, enquanto aqueles que ainda eram estudantes de graduação poderiam dar aulas em escolas da cidade e participar do ensino dos alunos ainda mais novos. Todos eles queriam fazer parte desse projeto ambicioso.[9] Muitos dos alunos desistiram ou recusaram empregos da ordem de um milhão de cruzeiros por mês para trabalhar como assistentes de ensino e frequentar os cursos de pós-graduação, com salários de cerca de 200 mil cruzeiros mensais. "Nós nunca conversamos sobre emprego", disse Mário Novello, um desses alunos, sobre seus motivos para seguir Tiomno e Elisa para Brasília, explicando: "Foi simplesmente a possibilidade de fazer física fundamental. Tiomno exalava física fundamental. 'Estou preparando vocês para fazer física fundamental', ele dizia. Isso era uma honra para nós".[10] O comentário do físico Marcelo Caminha Gomes foi no mesmo sentido:

> Não, não era a perspectiva de conseguir emprego… Tiomno e a Elisa vieram com a ideia de continuar o processo de construção de uma universidade nova em Brasília. Uma universidade que não tivesse aqueles vícios que a nossa Universidade do Brasil tinha. Isso nos entusiasmou: entrar no processo de construção de uma universidade onde nós poderíamos dar a nossa colaboração, por menor que ela fosse. E nós acreditávamos que daríamos uma contribuição importante.[11]

Outro aluno de Elisa e Tiomno, José Carlos Valladão de Mattos, escreveu sobre esse período:

> "O entusiasmo e a vontade de apoiar a transformação da nossa sociedade levou alguns de nós a seguir nossos professores para o deserto de Brasília em 1965, já completamente dominado pelos militares, forças que haviam assolado nosso país no ano anterior, e que persistiriam pelos próximos vinte anos".[12]

Muitos anos depois, Elisa também relembrou a mudança para Brasília:

Saímos em licença da Faculdade, em 1965, e fomos para lá levando mais de 30 estudantes que deixaram o curso no meio e partiram com a gente. Levei mais da metade da minha turma de alunos, que tinha desistido de ficar aqui e foi embora comigo para Brasília, entre eles: Carlos Alberto da Silva Lima, Mário Novello, Sérgio Joffily, José Carlos Valladão de Matos, Marcelo Gomes, Maria Helena Poppe de Figueiredo e Miguel Armony. Lá conseguimos o seguinte para que eles pudessem se sustentar: como havia muitas escolas do governo que não tinham professores, a UnB fez um arranjo para eles ensinarem nas escolas públicas e ganhavam para isso. Os alunos do ginásio de Brasília recebiam aulas destes estudantes. Era um tempo bonito esse.[13]

Além destes, também faziam parte do grupo de alunos da FNFi a própria filha de Elisa, Sonia Frota-Pessôa (na época Sonia Mattos), Miriná Lima, Jaime Warchawsky, Renato Laclette e Cassio Sigaud.[14]

A situação, tanto na UnB como em Brasília, como um todo, era bastante precária nestes primeiros anos. Faltava equipamentos de laboratório e técnicos, o orçamento da Universidade era de 4,2 bilhões de cruzeiros, cerca de 1/20 do da USP, que era em torno de 70 bilhões de cruzeiros, a biblioteca central era muito pequena, os alunos não tinham salas de estudo e alguns laboratórios foram improvisados, como os de ensino de física. Muitas vezes, os recursos financeiros não eram suficientes para pagar as despesas de funcionamento da universidade. A falta de infraestrutura na Universidade era agravada pela escassez de moradias em Brasília. Os professores e suas famílias tiveram que se contentar com quartos de hotel ou quartos alugados em residências. Brasília, apesar de sua inauguração oficial, ainda era uma cidade em construção, com ruas de terra e muitos canteiros de obras ainda inacabadas. "...Muitas vezes pensamos em você, empenhado na difícil tarefa de levar a ciência ao coração do Brasil e ensinar a estudantes esperançosos que chegavam de todos os cantos deste imenso país", escreveram os cientistas argentinos Myriam e Mario Giambiagi para Tiomno.[15]

Todos esses problemas, no entanto, não diminuíram o espírito e a visão da importância do projeto a ser desenvolvido na Universidade de Brasília. As lembranças guardadas por Elisa daqueles primeiros meses em Brasília foram dominadas por seu entusiasmo pelo que estavam construindo:

Em Brasília, conheci o pessoal das artes plásticas, de música, e outros. Tínhamos todos o mesmo espírito. A gente se sentia como uma família.

Na FNFi, eu nunca me senti assim. Na UnB todo mundo tinha o mesmo entusiasmo para botar o pessoal novo para frente. O oposto do que acontecia aqui na FNFi. Na Universidade de Brasília estava todo mundo que queria justamente fazer uma coisa diferente no Brasil. E, de fato, lá a gente conseguiu fazer. Foi um ano de sonho aquela Universidade.[16]

De fato, a Universidade estava em estado de efervescência, experimentando o que Salmeron chamou de "entusiasmo contagioso". Ele já havia trabalhado em diferentes instituições e universidades em vários países, mas nunca tinha visto tanto entusiasmo como o que encontrou na Universidade de Brasília.[17] Ela oferecia cursos, palestras, filmes e concertos para a população local. O maestro Claudio Santoro, diretor do Departamento de Música, montou uma orquestra sinfônica completa, ainda que pequena. Outro professor de música, Yulo Brandão, montou um conjunto de música barroca.

Havia também uma intensa atividade no Instituto de Física, liderado por Tiomno, Elisa e Salmeron, este último acumulando com a função de coordenador geral dos institutos centrais. Apesar de serem apenas três professores, resolveram oferecer cursos em todos os níveis da graduação e de pós-graduação, de forma a atender todos os alunos, cada um em diferente fase de seus estudos. Além dos alunos que vieram do Rio de Janeiro, havia de outras cidades do país e mesmo de outros países. Eles desenvolveram colaborações com o CBPF, com a Universidade de Paris e iniciaram uma parceria com a Universidade da Califórnia. Além disso, estava prevista a organização na UnB, no ano seguinte, da próxima Escola Latino-Americana de Física (ELAF); que duraria dois meses. Salmeron recorda daqueles dias:

Eu era procurado por físicos brasileiros que tinham postos de professores universitários ou em indústrias nos Estados Unidos, outros que trabalhavam na Inglaterra. Dez engenheiros recém-formados no ITA [Instituto Tecnológico de Aeronáutica] de São José dos Campos queriam ir juntos para a UnB e formar um grupo especializado em sistemas. Na qualidade de coordenador, praticamente todas as semanas era procurado por alguém interessado em trabalhar na Universidade.[18]

A carga de trabalho era muito pesada. Ao todo, havia cerca de 200 alunos estudando no curso de física. No primeiro ano do curso havia em torno de 100 alunos vindos de várias partes do país, no segundo havia uma parte de Brasília e outra que veio com Tiomno e Elisa, e no terceiro e quarto anos eram quase exclusivamente compostos por alunos do Rio de Janeiro. As aulas tinham duas horas de duração e cada um deles – Tiomno, Elisa e Salmeron – ministrava cursos para quatro níveis diferentes da graduação. Por sua vez, os instrutores, auxiliares e assistentes – na maioria alunos no final da graduação ou já na pós-graduação – tiravam dúvidas, desenvolviam e corrigiam os exercícios e eram monitores nas aulas de laboratório. Elisa montou um laboratório de ensino e um laboratório de física experimental. "Não havia outro jeito, porque era o preço que se estava pagando para ter uma estrutura que permitisse a vários outros físicos voltar do exterior, no ano seguinte e nos outros anos.", explicou Tiomno.[19]

Professor da Escola de Engenharia do Pará, José Maria Filardo Bassalo, foi um dos alunos convidados por Jayme Tiomno para completar seus próprios estudos em física na UnB, contratado como assistente de ensino. Ele lembra bem a intensa rotina diária:

> Nossa vida como alunos do ICFPA/UnB foi bastante dura. Eu, por exemplo, além resolver cerca de quarenta (40) exercícios por semana das disciplinas que eu cursava, ainda, como instrutor (juntamente com o Carlos Lima e o Miguel Armony) do professor Salmeron, das disciplinas de Física I, II, de corrigir em torno de seiscentos (600) exercícios de seus quase duzentos (200) alunos.[2]

Como Tiomno lembrou ano mais tarde,

> ... fizemos uma coisa que realmente acho que nunca foi feita na história da universidade brasileira, norte-americana ou de qualquer outro país. Três professores titulares: Salmeron, Elisa Frota-Pessôa e eu fomos pôr em funcionamento todo um curso de Física, do primeiro ao quarto ano e mais alguma coisa de pós-graduação.[21]

A grande maioria dos professores convidados a ir à Brasília era de profissionais de renome em suas áreas de atuação, tanto nacional como internacionalmente. E eles estavam cheios da mesma energia e vontade de construir algo novo. Os resultados foram impressionantes. Após três anos de funcionamento, a Universidade de Brasília já oferecia 19 cursos de graduação e tinha 1.600 alunos. Dentre estes, eram 156 alunos de pós-graduação, possivelmente o número mais alto em qualquer das universidades brasileiras na época. Tinham formado 31 alunos de mestrado e havia 6 teses de doutorado para serem defendidas. Várias fundações internacionais começaram a direcionar sua atenção para a nova universidade e apoiá-la financeiramente, como a Fundação

Ford, Fundação Rockefeller, UNESCO, Fundo Nacional das Nações Unidas, Agência Internacional de Energia Atômica, Cooperação Técnica Francesa, Comissão de Energia Atômica dos EUA, FAO, entre outros.

O começo do fim

Apesar (ou talvez por causa) dos bons resultados que vinham sendo obtidos, a Universidade de Brasília continuava sob ameaça. O governo ditatorial mantinha seu objetivo de defenestrar todas as pessoas consideradas inimigas em potencial ou que defendiam ideias que poderiam representar algum tipo de perigo para o regime. Em maio de 1965, o professor católico Ernani Maria Fiori foi contratado como professor no curso de filosofia. Houve pressão das agências de informação e segurança para que o reitor rescindisse o contrato, pois Fiori era considerado simpatizante do comunismo. Um estudante também foi expulso da Universidade por ordens externas. Os corpos docente e discente se opuseram à interferência externa, ressaltando que admissões e demissões deveriam ocorrer unicamente devido a critérios acadêmicos, e exigiam do reitor que fossem reconstituídos os órgãos colegiados desfeitos em abril de 1964. Os estudantes iniciaram uma greve, encerrada com a promessa de que as demandas dos alunos e do corpo docente seriam atendidas. Contudo, permanecia a pressão das autoridades militares e, aproveitando o período de férias de julho, o reitor Zeferino Vaz demitiu Fiori. Uma nova greve dos estudantes fez com que o reitor renunciasse. Ele era pressionado tanto pelos alunos e professores, como pelos próprios serviços de segurança, insatisfeitos por ele ter contratado Fiori sem consultá-los previamente e ter, com isso, criado essa tensão interna.

Embora houvesse um clima de instabilidade e incerteza, ninguém poderia imaginar a série de eventos que ocorreria após a nomeação do novo reitor Laerte Ramos Carvalho (professor da Educação da USP) no início de setembro. Em meados daquele mês, Tiomno viajou para o Reino Unido para participar da Conferência sobre Partículas Elementares em Oxford. Em princípio, a greve dos alunos ou a troca do reitor, apesar de trazer problemas na normalidade da universidade, não significavam uma crise que colocasse o projeto em risco. Ele aproveitou a viagem para conversar com vários físicos sobre o projeto que estava em andamento na Universidade de Brasília e convidou alguns deles para passar algum tempo na nova universidade. De Oxford, ele continuou para Paris e Genebra.[22]

Porém, em pouco tempo, o novo reitor decidiu demitir mais dois professores, Edna Soter de Oliveira e Roberto Décio de Las Casas do Instituto Central de Humanidades a fim de "erradicar os focos subversivos". Mais uma vez, os professores e os alunos exigiram que as demissões ocorressem apenas com base em critérios acadêmicos e não políticos. Os coordenadores dos institutos centrais e das faculdades tentaram arbitrar a crise, pedindo aos alunos e professores que dessem um voto de confiança ao novo reitor. Em contrapartida, ele suspenderia a demissão de Las Casas. Mas, provavelmente por pressão externa, o reitor demitiu Las Casas e censurou os coordenadores por tentarem colocá-lo sob pressão. Como resultado, os coordenadores sentiram-se impossibilitados de continuar desenvolvendo suas funções e pediram exoneração de seus cargos. Porém, eles se comprometeram a continuar respondendo pelos institutos e faculdades no seu dia a dia, evitando paralisar as atividades da Universidade. Ao mesmo tempo, os alunos decidiram realizar uma greve geral e os professores planejaram uma paralisação de 24 horas. Eles não podiam decretar greve, pois o governo militar havia promulgado um decreto suspendendo o direito de greve no serviço público.

No dia 10 de outubro, a pedido do reitor, as forças armadas invadiram a Universidade (Fig. 11.3). Qualquer um que se deslocasse no *campus* seria parado e preso; parlamentares e representantes de organizações internacionais foram impedidos de entrar no *campus*. O serviço de ônibus que operava dentro do *campus* foi suspenso. Muitos professores e alunos moravam no *campus*; seus filhos não foram autorizados a ir à escola e as pessoas que precisavam se locomover tinham que fazê-lo a pé. O físico francês Michel Paty e o arquiteto indiano Shyam Janveja foram presos. Quatro professores de biologia que haviam saído do carro foram levados para a delegacia e submetidos a interrogatórios sobre suas "atividades subversivas". O reitor e as forças militares estavam convencidos de que a UnB era um "foco de subversão" e alegaram que estavam erradicando as causas da suposta subversão.

Elisa comentou sobre esse período:

> Lembro-me do coronel Lázaro... encarregado de fechar a Universidade, dizendo: "Eu fecho essa Universidade com lágrimas nos olhos, porque o meu filho, antes dessa Universidade, antes de vocês chegarem aqui, vivia numa turma muito mal encaminhada. Hoje em dia, ele estuda e gosta de estudar, mas eu não posso admitir subversão."[23]

Fig. 11.3 A ocupação da UnB em outubro de 1965 pelos militares. Cortesia da Universidade de Brasília, Arquivo Central, AtoM UnB, Fotográfico — 1A2-00,007-01. Reproduzido com permissão.

O colapso

Uma semana depois da invasão do *campus*, em 18 de outubro, o reitor demitiu sumariamente mais 15 professores. Isso produziu uma situação inaceitável para o restante do corpo docente. Era impossível levar a cabo o projeto de implantação de uma universidade com a incerteza de que a qualquer momento um professor poderia ser demitido ou preso simplesmente porque os serviços de segurança do governo militar consideravam-no subversivo. Como resultado, 210 professores, mais de 80% do corpo docente, se demitiu da Universidade. Jayme Tiomno explicou os motivos da demissão coletiva:

> Um expurgo de dentro da Universidade, feito pelo reitor, não se poderia aceitar de maneira nenhuma. Se houvesse um expurgo de fora para dentro como o primeiro expurgo, ainda poderia haver esperança de que a intervenção não continuasse, mesmo que houvesse perda científica e tudo o

mais. Se não continuasse, pode ser que continuássemos a longo prazo, para o Brasil, fosse muito mais importante ficar do que sair. Mas com o expurgo feito de dentro, pelo próprio reitor, que acabou com todos os órgãos de decisão coletiva e passou a ser, realmente, o único a deliberar, nós não tínhamos condições de ficar lá.[24]

Foi criada uma Comissão Parlamentar de Inquérito (CPI) para investigar a crise na UnB. Paralelamente, cientistas e intelectuais de vários locais no Brasil e no exterior começaram a enviar mensagens de solidariedade aos professores que haviam se demitido. Tiomno recebeu dezenas de mensagens enviadas das universidades de Roma, Milão, Turim, Sorbonne, Buenos Aires, México, Reino Unido, Califórnia, Colômbia e do CERN, entre outros. Vários físicos, incluindo Feynman, Gell-Mann, S. Shale, Serge Lang, Abdus Salam e muitos outros ofereceram apoio e solidariedade.

Na verdade, os professores viam a demissão coletiva como uma forma de pressionar o governo e tinham a expectativa que a crise seria resolvida. Eles permaneceram em Brasília durante o mês seguinte esperando uma reversão da situação. Foi criado um fundo de emergência para auxiliá-los, pois não estavam mais recebendo seus salários. Finalmente, em 30 de novembro de 1965, os professores que permaneceram em Brasília tentando resolver a crise divulgaram uma nota dando por encerrada qualquer expectativa que ainda restasse: "Consideramos encerrada nossa tarefa na Universidade de Brasília." E previram que "A Universidade de Brasília constitui uma experiência irreversível: a ideia ficou para florescer um dia, apesar da determinação com que tentam destruí-la."[25]

A demissão em massa significou obviamente o fim do projeto idealista da Universidade de Brasília, pelo menos por um tempo. E sinalizou o fracasso das ambições, planos e todo o trabalho duro de Jayme Tiomno, Elisa Frota-Pessôa, Roberto Salmeron e demais professores e alunos e todo o otimismo para criar uma nova e melhor universidade para o Brasil. Para Tiomno e Elisa, a falência do projeto também implicava na frustração de ver o CBPF como um centro de ensino e pesquisa vinculado a uma universidade, ainda que independente.

Muitos dos professores que se demitiram foram para o exílio. Eles sabiam que seriam perseguidos se ficassem no Brasil. Roberto Salmeron e sua família inicialmente pretendiam permanecer no país. Ele tentou encontrar emprego em outra universidade brasileira, ou mesmo retomar a sua profissão original de engenheiro, mas ficou marcado pelo caso da UnB e pelo medo das instituições por represálias do regime militar. Ele recebeu várias ofertas para retornar ao

CERN e, após conversas com Victor Weisskopf, seu diretor na época, finalmente decidiu voltar para Genebra. Apesar de ser um convite profissionalmente interessante, significava admitir psicologicamente a derrota. Após um ano e meio no CERN, Salmeron foi convidado a se candidatar a um cargo de professor na École Polytechnique na França (em Paliseau, perto de Paris). Ele aceitou o cargo, em particular para dar aos filhos a chance de serem educados em Paris, e ali permaneceu até sua aposentadoria.[26] Salmeron tornou-se pesquisador emérito do CNRS, na França e, em 2005, foi agraciado com o título de doutor *honoris causa* pela Universidade de Brasília. Salmeron faleceu em 17 de junho de 2020 em Paris.

Além da sensação de frustração, Tiomno e Elisa tinham um problema adicional: seus alunos. Assim que retornaram ao Rio de Janeiro, se ocuparam em encontrar lugares para seus alunos de Brasília, que ficaram abruptamente sem universidade. Eles cuidaram para que todos os alunos pudessem continuar seus estudos sem perda de tempo. Como Elisa disse mais tarde,

> Ficamos com o problema de trazer todos os alunos de volta e colocá-los em outras Universidades. Não deixamos ninguém perder o ano. Como eu sempre fui muito decidida, não perguntava muito, dizia o que queria e, de um modo geral, dava certo.[27]

Foi um período amargo para eles, não só porque suas esperanças de estabelecer uma universidade nova e inovadora e, finalmente, ancorar o CBPF a um ambiente acadêmico estável foi destruído e o trabalho de seu ano foi exterminado, mas também porque saíram do Rio de Janeiro numa missão otimista e idealista e foram obrigados a retornar sentindo-se frustrados. Mas Tiomno consolou-se mais tarde com os frutos atrasados de seu trabalho:

> Saímos de lá [de Brasília], e a verdade é que se esfacelou todo esse trabalho. Agora, é impressionante que a grande maioria dessa meninada que nós reunimos lá, hoje [1977], está produzindo trabalhos de Física. São físicos, muitos de nome internacional, com doutoramento no Brasil e no exterior, e produzindo trabalhos científicos. Realmente a nossa satisfação é que aquele trabalho pioneiro foi interrompido e destruído, mas deixou frutos.[28]

O retorno para o CBPF também não foi fácil. Tiomno e Elisa foram boicotados por Otacílio Cunha, que tinha o suporte do diretor científico, Hervásio de Carvalho. Tiomno conseguiu autorização do CNPq para utilizar no CBPF o auxílio financeiro que havia recebido para projetos na UnB. Bastava apenas a concordância do diretor do Centro. Esta, contudo, não foi fornecida para que Tiomno não tivesse poder de gerir valores altos de recursos.[29] A situação na FNFi continuava muito difícil. Além disso, um dos principais motivos para ele permanecer na Universidade do Brasil era a possibilidade de recrutar jovens para o CBPF, o que agora se mostrava mais complicado. "A situação aqui no Rio era muito desfavorável para o nosso trabalho, e que deriva da atmosfera geral que existe atualmente no Brasil",[30] diria Tiomno mais tarde.

Já no período da crise em Brasília, em novembro de 1965, Abdus Salam havia escrito a Tiomno lembrando-o de que poderia ir à Trieste sempre que quisesse.[31] Chen Ning Yang também o convidou para passar o período acadêmico de setembro de 1966 a junho de 1967 com ele na Universidade Estadual de Nova York (em Stony Brook, perto de Brookhaven).[32] Mas Tiomno e Elisa preferiam permanecer no Brasil; e a opção que se mostrava possível era retornar para São Paulo. Tiomno tentou, inicialmente, promover um acordo de cooperação entre a FNFi e a USP que lhe permitisse trabalhar em São Paulo e ir semanalmente ao Rio de Janeiro para dar suas aulas, mas a cooperação não foi adiante. A USP tinha aberto concurso público para a cátedra de Física Superior e Tiomno pediu, então, licença sem vencimentos[33] e foi para São Paulo para se candidatar e se preparar. Como Tiomno explicou:

> Vim para São Paulo para não emigrar do Brasil, pois depois da trágica experiência da destruição da Universidade de Brasília e do Departamento de Física da Faculdade Nacional de Filosofia, bem como do esvaziamento do Centro Brasileiro de Pesquisas Físicas, pareceu-me ser esta a última possibilidade para permanecer no país.[34]

Notas

1. Estatutos da Universidade de Brasília, Brasília; JT.
2. Idem.
3. cf. Salmeron (2013). Uma versão completa pode ser encontrada no arquivo JT. Ver também Salmeron (1999-2012).
4. Tiomno (1977).
5. Os primeiros anos da história da UnB até o golpe militar foram descritos por Darcy Ribeiro num livro escrito durante seu exílio, Darcy Ribeiro (1978).
6. A fascinante história de como Roberto Salmeron começou a trabalhar no CERN é contada numa entrevista dada por ele em 2005 à revista *Passages de Paris*, Salmeron (2005).

7. Rocha, João Augusto de Lima, Desmontada a versão da ditadura de 1964 sobre a morte de Anísio Teixeira, *In*: Nassif, Lourdes, *Jornal GGN*, 2 de abril, 2018. Disponível online em: https://jornalggn.com.br/ditadura/desmontada-a-versaoda-ditadura--de-1964-sobre-a-morte-de-anisio-teixeira-por-joao-augusto-delima-rocha/.

8. Tiomno (1977), op. cit.

9. Sobre a crise na UnB, ver Salmeron (1999-2012), e de forma mais resumida em Salmeron (2013), bem como seu depoimento perante à Comissão Parlamentar de Inquérito sobre a Universidade de Brasília, realizada em novembro de 1965, Salmeron (1965). Ver também Tiomno (1977), Frota-Pessôa (1990), Bassalo (1998) e Bassalo (2012).

10. Entrevistas com Mario Novello, realizadas por ATT para este livro, agosto/setembro de 2019.

11. Entrevista com Marcelo Otávio Caminha Gomes, realizada por ATT para este livro em 30 nov. 2021.

12. Valladão de Mattos (2015), p. 408.

13. Frota-Pessôa (1990).

14. Informações fornecidas por escrito por Carlos Alberto da Silva Lima em dezembro de 2021.

15. Myriam e Mario Giambiagi para Jayme Tiomno, 22 de outubro de 1965; JT. Mario era químico e irmão de Juan José Giambiagi. Eles trabalharam no CBPF por muitos anos; ver Giambiagi (2001).

16. Frota-Pessôa (1990), op. cit.

17. Salmeron (2013).

18. Idem.

19. Tiomno (1977), op. cit.

20. Bassalo (1998); ver também Bassalo (2012).

21. Tiomno (1977), op. cit.

22. Jayme Tiomno para Elisa Frota Pessôa, 21/09/1965; EFP, e Jayme Tiomno para José Leite Lopes, 20/10/1965; JLL.

23. Frota-Pessôa (1990), op. cit.

24. Tiomno (1977), op. cit.

25. Nota para a imprensa dos ex-professores da Universidade de Brasília, 30/11/1965; JT.

26. Salmeron (2005); Salmeron (2013).

27. Frota-Pessôa (1990), op. cit.

28. Tiomno (1977), op. cit.

29. Declarações de que o Prof. Jayme Tiomno foi impedido pelo Presidente do CBPF de participar de sua Assembleia Geral em 12 dez. 1967; JLL e JT.

30. Tiomno (1977), op. cit.

31. Abdus Salam para Jayme Tiomno, 8 nov.1965; JT.

32. C.N. Yang para Jayme Tiomno, 8 jul. 1966; JT.

33. Jayme Tiomno para Plínio Süssekind Rocha, chefe do Departamento de Física da FNFi, 29 abr. 1966; JT, e Elisa Frota-Pessôa a Marcos Moshinsky, 24 jun. 1966; EFP.

34. Entrevista de Tiomno ao jornal Folha de São Paulo, 5 ago. 1968.

12

Os "anos de chumbo": repressão e resistência

Um prêmio Nobel no samba

Neste momento triste para o Brasil e para a ciência brasileira, que sofria um grande desmonte, o secretário de turismo do Rio de Janeiro, João Paulo do Rio Branco, organizava ativamente o carnaval de 1966. Ele planejava convidar nomes proeminentes da cultura, como Ingrid Bergman, Sean Connery, Gina Lollobrigida e até Salvador Dalí. A lista de convidados oficiais incluía também o físico Richard Feynman, que dividira com outros dois cientistas o prêmio Nobel de Física do ano anterior. Feynman já havia passado cinco temporadas no Brasil como docente e pesquisador visitante da FNFi e do CBPF (cf. Cap. 9). Durante essas visitas, em particular na segunda, em 1951/1952, ele ficou fascinado com o samba, aprendeu a tocar alguns instrumentos de percussão e ajudou a fundar o bloco de carnaval "Farsantes de Copacabana".

No final, os grandes nomes das artes e da cultura não puderam comparecer e apenas Feynman aceitou o convite, vindo com sua terceira esposa, a inglesa Gweneth Feynman. Os jornais gostavam de repetir a história de que sua esposa anterior havia pedido a separação porque não suportava Feynman tocando músicas de carnaval durante toda a noite.

De fato, em contraste com suas estadas anteriores no Rio de Janeiro, dessa vez a razão da sua visita não era nada científica. Ele não vinha como um físico relativamente desconhecido, como tinha acontecido antes, mas como uma celebridade: ganhador do prêmio Nobel. Originalmente, havia sido planejado que ele daria ao menos uma palestra no CBPF, mas, ao longo de sua estada, ela foi substituída por um almoço no restaurante Sol e Mar.

A intenção do secretário era recepcionar Feynman no aeroporto com um grupo de músicos do bloco de carnaval. Contudo, devido a restrições da segurança do aeroporto, a ruidosa manifestação foi substituída por algo mais modesto. Durante sua estada, ele participou de um baile no Hotel Copacabana Palace e desfilou com o grupo "Farsantes de Copacabana" (Fig. 12.1). Esta seria a última visita de Feynman ao Brasil. Tiomno explicou anos depois:

> [Feynamn] Voltou várias vezes ao Brasil, até que da última vez em que foi convidado para vir, já depois de 1964, tomou conhecimento da situação do Centro e nunca mais quis voltar nem ao Centro, nem ao Brasil.

> Nessa última vinda ao Brasil, ele foi convidado, não pelo Centro ou por qualquer instituição científica, mas pela Prefeitura da Cidade do Rio de Janeiro – que naquela época era Guanabara – para participar das comemorações carnavalescas do Rio de Janeiro. Ele foi recebido no aeroporto pela escola de samba a que pertencia, ou pertenceu, quando esteve no Brasil anteriormente, com uma grande faixa que dizia "Salve Richard Feynman, Primeiro Prêmio Nobel da Escola de Samba Unidos..." de algum lugar perto de Copacabana. Ele tocava frigideira na escola de samba e tinha muito orgulho, porque justamente a frigideira era um instrumento autenticamente brasileiro e ele acabou sendo a primeira frigideira da escola de samba. Passou todos e chegou a primeiro. Saía sempre na escola de samba. Inclusive, muitas vezes, foi com a escola de samba tocar em casa de milionários, em festas, para ganhar dinheiro para comprar as fantasias. Tinha muito orgulho disso.

> ...Não se esqueça que isso está ligado à época de decadência do Centro. O máximo que aconteceu foi o Centro oferecer um almoço ao Feynman.

> Mas é interessante que não foi seu Prêmio Nobel festejado como o primeiro Prêmio Nobel do Centro Brasileiro de Pesquisas Físicas, mas o primeiro Prêmio Nobel da Escola de Samba.[1]

Essa história um tanto melancólica da última visita de Feynman ao Brasil retrata bem o ano de 1966, um ponto baixo não apenas para o CBPF, mas também para as esperanças de Tiomno quanto à pesquisa e ensino de excelência na física. Não se sabe se o próprio Tiomno encontrou com Feynman durante sua visita; eles, no entanto, continuaram mantendo contato por muitos anos, como na visita de Tiomno à Pasadena e em outras ocasiões – mas nunca mais no Brasil.

Fig. 12.1 Richard Feynman (abaixo, segundo da esquerda) com o bloco de carnaval Farsantes de Copacabana, em 1952, no Baile do Teatro Municipal, Rio de Janeiro. Publicado em *O Cruzeiro*, 15 de março de 1952.

Itália, 1966/1967

Pouco tempo depois, em maio de 1966, Tiomno foi para São Paulo para preparar o memorial (JT55) e a tese (JT56) para o concurso para a cátedra na USP. Como o concurso em si ainda demoraria alguns meses, em julho de 1966, ele e Elisa partiram para um período na Itália. Era o momento de aproveitar o *status* de Tiomno como associado do Centro Internacional de Física Teórica (ICTP) e passar alguns meses em Trieste. Eles esperavam que isso proporcionasse um interlúdio para descansar após o colapso da UnB e se afastar por um tempo da situação política e científica no Brasil.

Elisa, como física experimental, trabalhou no Instituto Nacional Italiano de Física Nuclear, também em Trieste: "Eu tinha mais coisas de observações e ele [Tiomno] o lápis, o papel e os trabalhos sobre [teoria de] campos".[2]

Assim, eles puderam trabalhar em seus respectivos campos enquanto viajavam juntos, como haviam feito durante a estada em Londres 8 anos antes. Eles ficaram 8 meses em Trieste, até o término do mandato de Tiomno como associado do ICTP.

Em Trieste, Tiomno trabalhou com dois ítalo-argentinos, Carlos Guido Bollini e Juan José Giambiagi, que também estavam no ICTP. Giambiagi era apenas quatro anos mais novo que Tiomno. Ele nasceu em Buenos Aires e trabalhou por um tempo no CBPF em meados da década de 1950, quando publicaram um artigo juntos (JT23).[3] Mais tarde, tornou-se chefe do Departamento de Física da Universidade de Buenos Aires (UBA; 1959-1966) e desenvolveu seu trabalho com muito sucesso. Foi também um dos fundadores do CLAF (Centro Latino-Americano de Física), que promoveu a Escola Latino-Americana de Física (ELAF) na década de 1960 (Fig. 12.2).

Bollini era dois anos mais novo que Giambiagi e havia completado sua formação em física matemática em La Plata, na Argentina. Ele passou dois anos (1958-1960) no *Imperial College* em Londres, quando conheceu Tiomno. Bollini e Giambiagi se encontraram na Comissão Nacional de Energia Atômica da Argentina (CNEA), onde ambos trabalharam depois de 1956, e continuaram colaborando pelos próximos 30 anos.

Durante sua permanência no ICTP, em 1966, a ditadura militar assumiu o governo argentino. Ela teve efeitos negativos ainda mais drásticos na vida científica e acadêmica argentina do que a ditadura no Brasil, sem contar a enorme brutalidade na perseguição e eliminação de "subversivos". De volta à Argentina, Bollini e Giambiagi deixaram a Universidade de Buenos Aires, trabalharam privadamente por um tempo até que conseguiram ser contratados pela Universidade de La Plata, onde fizeram seu trabalho mais importante no início dos anos 1970.[5]

Mais tarde, com o agravamento da perseguição pela ditadura argentina, primeiro Giambiagi (em 1976), e depois Bollini, no ano seguinte, fugiram com suas famílias para o Rio de Janeiro, onde conseguiram trabalho no CBPF (ironicamente, numa época em que três dos seus fundadores, Tiomno, Leite Lopes e Elisa foram impedidos de trabalhar lá). Tiomno continuou a colaborar com Giambiagi e Bollini durante esse período, escrevendo mais seis artigos conjuntos entre 1970 e 1981, bem como outro com Bollini sozinho em 1980. Giambiagi foi chefe do Departamento de Física de Altas Energias do CBPF de 1978 a 1985 e novamente no período 1994-1996; continuando a trabalhar no Centro até sua morte em 1996.[4] Bollini retornou à Universidade de La Plata em 1985, pouco depois do fim da ditadura na Argentina, onde trabalhou até sua aposentadoria em 1995, e vindo a falecer em 2009.

Fig. 12.2 Juan José Giambiagi, Jayme Tiomno e Carlos Guido Bollini no ICTP, Trieste, durante o inverno de 1966/1967. EFP.

O primeiro artigo deles em conjunto com Tiomno, resultante da estadia em Trieste, foi publicado no *Il Nuovo Cimento* em 1967 com o título *On the Covariance of Equal-time Commutators and Sum Rules* (Sobre a covariância de comutadores de tempos iguais e regras de soma; JT57). Ele lida com detalhes do cálculo relativístico e as propriedades das regras de soma nas teorias de campo e é uma indicação do renascimento do interesse de Tiomno pela teoria de campo e gravitação.

Em entrevista, Elisa descreveu assim a estadia deles em Trieste (Fig. 12.3):

> Depois disso, estivemos trabalhando na Itália, em Trieste, por um ano. O Jayme [trabalhava] no Instituto de Física Teórica de Trieste [o ICTP], e eu no Instituto Nacional de Física..., eu tinha os meus trabalhos e ele tinha os dele, mas às vezes a gente discutia um o trabalho do outro. Nunca houve

nenhuma coisa que me favorecesse ou desfavorecesse por ser casada com ele. Nós éramos muito amigos, mesmo antes de ficarmos juntos, e tínhamos muitos amigos em comum.[6]

Fig. 12.3 Jayme Tiomno e Elisa Frota-Pessôa em Trieste, 1966/1967. Fonte Privada, [EFP].

Um ambiente agitado na USP

Elisa e Tiomno retornaram à São Paulo em agosto de 1967. A ditadura no Brasil parecia estar se tornando mais branda, apesar da permanência da paranoia com relação à "subversão". A Sociedade Brasileira para o Progresso da Ciência (SBPC) iniciou uma campanha para incentivar o retorno dos cientistas que tinham deixado o Brasil, chamada Operação Retorno. No primeiro semestre de 1967, Leite Lopes voltou da França e reassumiu suas funções no

CBPF e na UFRJ (antiga Universidade do Brasil). Ele, inclusive, foi convidado pelo reitor Raymundo Moniz de Aragão para tornar-se chefe do recém-criado Instituto de Física.[7] Paralelamente, o governo militar, seguindo uma política desenvolvimentista, ampliava os investimentos em ciência. O CNPq, que havia concedido 553 bolsas em 1963, tinha aumentado esse número para 1.300 em 1967. Em suma, a situação parecia estar melhorando.

O concurso para a cátedra de Física Avançada da USP, na qual Tiomno havia se inscrito no ano anterior, finalmente se aproximava da fase final. Seu memorial para o concurso, intitulado "Contribuições à Física das Partículas Elementares", resumia seu trabalho em física de partículas elementares a partir de sua tese de doutorado e nos 15 anos seguintes. Ele havia escrito uma considerável quantidade de artigos nesse período, muitos deles influentes dentro da comunidade internacional de física. A avaliação do memorial pela comissão examinadora ocorreu durante o período em que ele e Elisa estavam na Itália, e agora teria lugar a defesa do memorial e uma aula pública. Contudo, vários problemas ainda viriam pela frente.

Quando César Lattes deixou o CBPF em 1960, foi para o Departamento de Física da USP, onde foi contratado como professor temporário e instalou o Laboratório de Espectroscopia Nuclear. A partir de 1962, ele promoveu ativamente o Programa de Cooperação Brasil-Japão (CBJ) para pesquisa de raios cósmicos, proposto por Hideki Yukawa. Eles instalaram grandes placas fotográficas em camadas com emulsões nucleares no Laboratório em Chacaltaya na Bolívia para estudar a existência de novas partículas a partir dos raios cósmicos. O projeto exigia um esforço considerável, visto que uma grande quantidade de placas com emulsões nucleares e com substâncias absorventes tiveram que ser transportadas através de La Paz para Chacaltaya. Era tanto material que eles brincaram que estavam "exportando chumbo para a Bolívia".[8]

Mario Schenberg, chefe do Departamento de Física da USP, queria que Lattes assumisse a cátedra de Física Avançada do Departamento. Ele ainda tinha grande prestígio, que poderia ser utilizado para conseguir mais apoio e recursos. No entanto, quando o concurso foi anunciado em 1966, Lattes ficou muito aborrecido com Schenberg por considerar o momento impróprio devido às atividades da CBJ. O projeto estava entrando em sua fase crítica de passar do desenvolvimento da instrumentação e testes para as medições físicas reais. Além disso, Lattes considerou que o procedimento do concurso era muito burocrático e antiquado e avisou que não participaria.

A partir da desistência de Lattes, Ernst W. Hamburger resolveu se candidatar, mas desistiu ao tomar conhecimento do interesse de Tiomno em ir para a USP. "Eu também tinha pensado em me inscrever para o concurso, já que parecia que o prof. Lattes não estava mais interessado. Entretanto, prefiro muito se o senhor prestar o concurso e neste caso não prepararei a tese."[9] Depois que Tiomno já havia começado a trabalhar no memorial, os assistentes do grupo do Lattes conseguiram convencê-lo a participar do concurso: ajudaram a reunir os documentos, preparar o currículo e até na redação do memorial. Tiomno havia resolvido participar após a desistência inicial de Lattes. E, depois de tudo pronto, ele não voltaria mais atrás.

Um concurso disputado entre Tiomno e Lattes seria um desafio para qualquer comissão examinadora. Lattes era muito conhecido e reverenciado por suas primeiras contribuições científicas, mas não tinha publicado de forma significativa desde a fundação do CBPF. Ele tinha estado mais ocupado com a administração, planejamento e organização científica do que com a pesquisa propriamente dita. No final, a comissão examinadora foi poupada dessa difícil situação: Lattes não compareceu. Tiomno foi o único a fazer a prova de didática, cujo ponto sorteado foi "Noções sobre a teoria da relatividade e cinemática relativística".[10] Mario Schenberg ficou chateado, tanto com Lattes por não ter concorrido, como com Tiomno por ter se candidatado. Ele claramente tinha o desejo de contratar Lattes em caráter permanente e havia aberto o concurso apenas para satisfazer os requisitos formais.

Nessa época estava sendo implantada a Universidade de Campinas,[11] e Marcelo Damy foi convidado para montar o Instituto de Física. Sabendo da insatisfação de Lattes com Schenberg e com o Departamento de Física da USP, Damy convidou Lattes para se transferir para a Unicamp e contribuir para a criação do novo Instituto. Lattes criou então o Departamento de Raios Cósmicos e o Laboratório de Emulsões Nucleares na Unicamp, onde deu continuidade à CBJ – Cooperação Brasil-Japão. Um dos assistentes de Lattes, Igor Pacca, escreveu mais tarde sobre esse episódio.

> Infelizmente, como já havia ocorrido em concurso anterior, para a Cátedra de Física Nuclear da Faculdade Nacional de Filosofia, em 1962, ele [Lattes] também não compareceu a este concurso, para a Cátedra de Física Superior da FFCL/USP. Foi uma grande frustração para todos; o grupo havia trabalhado muito para ajudar o Lattes a preparar a tese, que nunca considerava pronta, e eu mesmo levei os documentos e teses para a inscrição na

FFCL/USP. Sobreveio uma grande crise, que passou com sua ida para a Unicamp, a convite do professor Marcelo Damy de Souza Santos.[12]

O memorial de Lattes ficou esquecido até 2004. Quando ele completou 80 anos, Alfredo Marques, físico e ex-diretor científico do CBPF, localizou uma cópia do memorial e, com a permissão de Lattes, publicou uma edição limitada pelo CBPF em 2005, em tempo para as comemorações do Ano Internacional da Física.[13]

O incidente permanece apenas como uma nota de rodapé na vida e na carreira de Tiomno e Lattes; no entanto, selou em definitivo o fim da antiga amizade entre ambos. Contrariado, Mario Schenberg pediu demissão do cargo de diretor e Ernst W. Hamburger assumiu, com a condição de que fosse mantido um clima de tranquilidade no Departamento.

Tiomno tomou posse em novembro de 1967 e iniciou suas novas funções na USP no início do ano letivo de 1968. Elisa foi então convidada por Hamburger para reorganizar o Laboratório de Espectroscopia Nuclear, que fazia uso de emulsões nucleares – sua especialidade, como pesquisadora visitante com bolsa do CNPq.

Como de praxe, quando Tiomno assumiu a cátedra na USP, ele proferiu, em 4 de março, uma conferência inaugural intitulada "Ciência, Universidade e Desenvolvimento" (JT 59). O tema, conforme indicado pelo título, era sobre o papel das universidades na melhoria da educação e no avanço da pesquisa científica, e sua crescente importância no mundo moderno. Ele começou citando seu discurso ao receber o Prêmio Moinho Santista em 1957, ressaltando que ele continuava válido ainda em 1968. Aproveitou a oportunidade para expressar sua repulsa e tristeza pela destruição de universidades e centros de pesquisa no Brasil durante aquele período ditatorial:

> Através do que foi caracterizado por Alceu de Amoroso Lima como "terrorismo cultural" a mediocridade implantada em setores vários da cultura brasileira conseguiu, com ou sem apoio do governo Castelo Branco, destruir ou esfacelar setores altamente desenvolvidos da ciência e universidade brasileiras. Entre esses, o Instituto Oswaldo Cruz, o Centro Brasileiro de Pesquisas Físicas e os Departamentos de Física e Matemática da Faculdade de Filosofia, no Rio de Janeiro, o Instituto Tecnológico da Aeronáutica de São José dos Campos e outros. Mesmo a Universidade de São Paulo não ficou imune. Mas, o mais terrível de todos, o crime de lesa-pátria cujo julgamento ainda será feito pela História, foi o da destruição em 1965 da

primeira "universidade para o desenvolvimento" da América Latina que foi a Universidade de Brasília, que já havia sofrido forte expurgo em 1964.[14]

Igor Pacca lembrou, numa entrevista realizada 50 anos depois, do olhar contrariado de Alfredo Buzaid, vice-reitor da USP e forte apoiador da ditadura, em relação à conferência de Tiomno. Posteriormente, Buzaid seria nomeado ministro da Justiça do governo Médici.[15]

Em agosto de 1968, cerca de seis meses após Tiomno assumir a cátedra, surgiu um novo conflito. O físico experimental Oscar Sala pediu a Tiomno para deixá-lo usar o Laboratório de Espectroscopia Nuclear, que havia sido montado por Lattes, para o trabalho dele com Elisa. Irritado, Schenberg acusou Sala e o Conselho do Departamento de desmontar o laboratório de Lattes e pediu para ser transferido para outro departamento. Como resultado, Sala apresentou seu pedido de demissão, seguido por outros dois pesquisadores. Hamburger, por sua vez, pediu exoneração da função de chefe do Departamento em função da crise.

As reclamações de Schenberg de que Tiomno estava desmontando o Laboratório de Espectroscopia Nuclear fez com que Tiomno solicitasse que o Departamento implantasse uma comissão de inquérito, deixando nas mãos do diretor do Departamento os assuntos relacionados à cadeira.[16] O caso ressoou na imprensa de São Paulo e do Rio de Janeiro, mas, no final, a situação foi contornada: Sala cedeu à pressão dos colegas, incluindo Tiomno, e concordou em permanecer na USP, enquanto Schenberg também aceitou permanecer no Departamento.[16]

Hamburger viu nesse caso mais uma comprovação da falência do modelo universitário que dava grandes poderes às cátedras dentro de uma estrutura departamental, o que deveria ser modificado. De fato, o debate em torno da necessidade de uma reforma universitária estava ganhando cada vez mais força. Desde 1945, quando o Brasil não tinha mais do que 5 universidades, o número de universidades públicas federais e estaduais havia crescido ao longo de 20 anos e chegava a 25. O número de alunos do ensino superior mais do que quadruplicou, passando de 30.000 para 142.000. Era um consenso que as universidades, em sua maioria criadas a partir da combinação das tradicionais faculdades de medicina, engenharia e direito, não funcionavam de forma integrada, tinham sérios problemas internos e eram muito ineficientes. Elas seguiam o padrão da antiga Universidade do Brasil de reunião de escolas e faculdades tradicionais independentes e o sistema de cátedras, que permitia poucas interações entre as diversas unidades. As demandas por uma reforma universitária refletiam as mudanças que o Brasil estava vivendo durante as décadas de 1950 e 1960, quando a ideia de desenvolvimento se tornou predominante. Nesse período, o país teve um crescimento econômico significativo, com expansão industrial, aumento da população e uma ampliação considerável da classe média. As novas universidades criadas ao longo dessa época eram, contudo, moldadas por padrões arcaicos e controladas por grupos tradicionais.

Apesar de seu colapso ocorrido por motivos políticos, o modelo proposto para a Universidade de Brasília, que combinava ensino e pesquisa, com uma maior integração das várias faculdades e o fim do sistema de cátedras, entre outros aspectos, ganhava cada vez mais força, mesmo dentro do governo. Além disso, a proposta de reforma tinha a justificativa de aumentar a eficiência das universidades, o que era muito bem-vindo pelos setores governamentais.

Em 1968, a discussão sobre a planejada reforma universitária tornou-se um tema de destaque nas universidades de todo o país. Foram criados comitês para discutir quais medidas deveriam ser tomadas. A atmosfera estava agitada, em particular por causa das manifestações estudantis, que aumentavam cada vez mais.

Apesar do clima de conflito dentro do Departamento e a agitação em toda a Universidade, Tiomno continuou desenvolvendo seu grupo de pesquisa em física de partículas e em gravitação, que mais tarde tornou-se o núcleo do atual Departamento de Física Matemática do Instituto de Física. Como titular da Cátedra de Física Avançada, ele estabeleceu um programa de pesquisa envolvendo tanto os físicos teóricos como experimentais que já estavam no Departamento e iniciou colaborações com outros grupos. Ele organizou novos cursos para alunos de graduação e pós-graduação e iniciou uma cooperação em física de partículas elementares, que envolveu vários teóricos. Rapidamente se tornou o maior grupo teórico do país, com 9 membros permanentes, 6 dos quais já possuíam seus doutorados, além de 8 alunos de pós-graduação, além de pesquisadores visitantes e alunos de graduação com bolsas, reunindo 26 membros no total. Ele também convidou vários professores visitantes, entre os quais Juan José Giambiagi, para períodos curtos de tempo. Os resultados começaram a aparecer: 10 artigos publicados em revistas especializadas, 6 teses de mestrado, doutorado e livre-docência e participação em conferências nacionais e internacionais. O grupo cresceu tão rapidamente que, em 1968, das 15 disciplinas de pós-graduação no Departamento de Física, 9 eram ministrados por membros do Grupo de Partículas. No entanto, devido ao seu envolvimento com funções administrativas e com o estabelecimento e coordenação da pesquisa, o próprio Tiomno não publicou nada durante esse período.

Perto do final de 1968, houve ainda mais mudanças. No dia 28 de novembro foi aprovada a Lei Federal nº 5.540, que deu início à reforma universitária. Ela foi em grande parte baseada no modelo da UnB: eliminou o sistema de cátedras, fortaleceu o poder da administração central da universidade face às várias faculdades e institutos, reforçou a conexão entre ensino e pesquisa, e tornou obrigatórios programas de extensão para a comunidade mais ampla. Ela formalizou os programas de pós-graduação e estabeleceu exames unificados para ingresso na universidade. Os professores da UnB que haviam profetizado, no final de 1965, que o ideal da Universidade de Brasília prevaleceria apesar de seu colapso, não poderiam imaginar que isso ocorreria tão rapidamente, em apenas três anos. Apesar da reforma ter sido inspirada no modelo da UnB, carecia das premissas liberais daquela instituição; em vez disso, foi baseada principalmente nas ideias de desenvolvimento e controle defendidas pelo governo militar.

Assim, tendo sido instituída de forma autoritária, a reforma terminou produzindo um grande caos nas universidades. Com a extinção das cátedras, as universidades perderam seus pontos de referência para a tomada de decisões. O Departamento de Física da USP daria origem ao Instituto de Física, para o qual os professores sugeriram a criação de nada menos do que 10 departamentos. No entanto, sem as cadeiras, não havia mais um mecanismo razoável para a tomada de decisões e a reitoria da Universidade pediu a Tiomno para propor uma estrutura organizacional para o Instituto que incluísse apenas três departamentos. Diante das brigas internas, numa visão bastante pragmática, Tiomno achou que seria melhor organizar os departamentos por afinidades em vez do que por tópicos. Mas isso no final não foi realizado.

Além disso, a modernização universitária vinha acompanhada pela repressão.

Tempos sombrios

Em 13 de dezembro de 1968, o presidente marechal Artur da Costa e Silva publicou o infame Ato Institucional nº 5, conhecido como AI-5. O decreto passava por cima da Constituição, dando permissão ao governo para suspender os direitos políticos e individuais, fechar o Congresso, prender pessoas sem o devido processo legal, intervir em governos estaduais e municipais, demitir e aposentar compulsoriamente funcionários públicos, reprimir reuniões e manifestações públicas, censurar publicações, entre outras atitudes autoritárias. O AI-5 forneceu a base para uma série de decretos como, por exemplo, a extinção da União Nacional dos Estudantes. As assembleias legislativas em várias cidades foram fechadas e muitas pessoas foram presas, tiveram seus direitos políticos cassados, demitidas de seus cargos, removidos da função ou aposentados compulsoriamente. Num primeiro momento, foram atingidas mais de mil pessoas, incluindo militares, parlamentares, escritores, professores, artistas, entre tantos outros.

O AI-5 marcou o início dos "anos de chumbo" no Brasil, quando ninguém estava a salvo da repressão arbitrária, punição, tortura ou morte. Havia uma enorme diferença em relação a 1964, quando o regime militar tomou o poder. Agora não havia mais comissões de inquérito – os atos eram tomados de forma autocrática, sem explicação ou justificativa.

Mesmo neste momento tão difícil, Tiomno tentou dar continuidade ao seu trabalho científico e, em janeiro de 1969, partiu para os EUA para participar da Conferência sobre Interações Fundamentais em Alta Energia em Coral Gables, que estava programado para começar em 22 de janeiro no recém-fundado Centro de Estudos Teóricos da Universidade de Miami, na Flórida.

Um dos principais alvos do regime ditatorial foram pesquisadores e professores universitários, considerados incitadores das agitações e protestos estudantis, e em 25 de abril de 1969 foi publicado um decreto aposentando compulsoriamente 33 professores – o primeiro de vários. Eram essencialmente da USP e da antiga Faculdade Nacional de Filosofia (FNFi) da UFRJ. Dentre os da universidade carioca, estavam 12 dos 44 acadêmicos denunciados por Eremildo Viana em 1964, incluindo Tiomno, Elisa e Leite Lopes. Já se haviam passado mais de 18 meses desde que Tiomno havia deixado a Universidade no Rio de Janeiro e se transferido para a USP, mas provavelmente os arquivos dos serviços de segurança não foram atualizados. Pouco a pouco, outras listas foram sendo publicadas, incluindo Mario Schenberg e aposentando Tiomno da instituição correta. Cerca de 200 renomados cientistas foram aposentados compulsoriamente. Havia uma outra diferença em relação a 1964, enquanto na primeira data a maioria dos professores acusados eram jovens, o regime agora visava as lideranças acadêmicas e intelectuais, muitos sem atividade política.

A lista de aposentados e demitidos incluía muitas pessoas proeminentes no meio científico e intelectual, o que os poderia tornar potencialmente perigosos para o governo; em muitos casos as pessoas foram incluídas nas listas negras por vingança dentro de sua instituição ou como uma forma de "eliminar" potenciais rivais. É mais um bom exemplo do uso nefasto da autoridade administrativa aliada ao poder de um regime ditatorial.

O Departamento de Físico-Química da FNFi oferece um bom exemplo disso: João Christóvão Cardoso, que ocupava a Cátedra de Físico-Química, foi denunciado na "lista do Eremildo" em 1964 e aposentado compulsoriamente pelo AI-5 em 1969. Alguns dias depois, a irmã mais nova de Jayme Tiomno, Silvia, que na época era professora de físico-química do Departamento de Cardoso na UFRJ, com 40 anos e mãe de três filhos, foi levada de sua casa por agentes de segurança sem que ninguém soubesse o motivo de sua prisão. Ela foi liberada após um esforço conjunto de amigos e colegas para libertá--la, mas não foi fornecida uma explicação sobre o motivo de sua prisão. Isso permaneceu sem resposta por mais de 50 anos, até recentemente, quando foram realizadas pesquisas nos arquivos do DOPS para este livro.[17] Depois da aposentadoria forçada de Cardoso, sua posição na Universidade ficou vaga e deveria haver um concurso para o cargo. Silvia, que já era livre-docente, seria uma potencial candidata, embora não estivesse interessada em concorrer. Um de seus "colegas" aproveitou a situação para denunciá-la como integrante do "Grupo de Ação Partisan", uma suposta célula radical, na tentativa de manchar sua reputação e eliminá-la de uma possível disputa pela vaga de Cardoso. Esse incidente fornece apenas mais um exemplo de como os regimes autoritários espalham corrupção e trazem à tona o que há de pior nas pessoas, mesmo aquelas não diretamente relacionados com o regime.[18]

Da mesma forma, os serviços de segurança mantinham um dossiê sobre Elisa, no qual ela era caracterizada como "comunista militante e técnica em emulsões nucleares"; informa ainda que ela era uma agitadora subversiva, estava ligada ao Comando dos Trabalhadores Intelectuais – que seria uma grande frente comunista, e esteve envolvida nos incidentes ocorridos na Universidade de Brasília. O resumo complementava: perigosa, vive sempre doente. De forma machista, dizia que vivia maritalmente com o físico comunista Jayme Tiomno e que ela e seu companheiro foram os responsáveis pela indicação de diversos estudantes comunistas, militantes da Faculdade Nacional de Filosofia, para estudarem em Brasília. "Depois de consumada a ida desses estudantes para a Universidade de Brasília, ela e seu companheiro também se dirigiram para lá, onde fizeram parte do corpo docente daquela organização de ensino." Consta ainda que: "Quando professora da FNFi, sistematicamente dava notas baixas, por maldade, aos estudantes democratas, reprovando-os." E completa "os alunos de física a detestam."[19]

As demissões e aposentadorias compulsórias afetaram universidades e centros de pesquisa em todo o país. No caso do Instituto Oswaldo Cruz, dez dos principais pesquisadores foram aposentados, o que correspondia a cerca de 10% da equipe de pesquisa. O aspecto mais grave era que, assim como na UFRJ e na USP, os alvos foram os líderes dos grupos, afetando diretamente as pesquisas. Na física, foram aposentados compulsoriamente José Leite Lopes, Elisa Frota-Pessôa, Plínio Süssekind Rocha, Sarah de Castro Barbosa Andrade, Jayme Tiomno e Mário Schenberg.

Novamente, à semelhança do que aconteceu na Universidade de Brasília, o único consolo de Tiomno foi que ele conseguiu plantar as sementes do progresso em física para o país no curto espaço de tempo em que pôde trabalhar na USP:

> Então, novamente, durante um ano – me deram só um ano –, tive a oportunidade de criar um outro grupo. Sozinho, porque, aí então, era uma cadeira só, só tinha força na cadeira, não tinha força fora. Dentro da cadeira, criei um grupo de pesquisa que conseguiu sobreviver sozinho depois que eu fui aposentado. Atualmente [1977] é o melhor grupo de pesquisa em Física Teórica na Universidade. Vamos dizer, o mais produtivo.[20]

No mesmo dia em que foi publicado o decreto aposentando compulsoriamente Tiomno, Leite Lopes e Elisa, Roland Koberle, assistente de física da USP, escreveu para Wheeler:

> Tenho o dever de informar que os professores. J. Tiomno, Leite Lopes e outros professores universitários foram compulsoriamente aposentados por decreto presidencial. É possível que se seguirão outras aposentadorias. Isso provavelmente significará o fim da pesquisa científica e em particular da física teórica no Brasil. Apelos diretos de pessoas influentes do exterior ao presidente Costa e Silva podem ser de extrema importância neste momento.[21]

Wheeler começou a mobilizar a comunidade internacional de físicos. Ao mesmo tempo, vários outros físicos começaram a enviar cartas e telegramas para o presidente do Brasil pedindo a revogação do decreto: Robert Marshak, Harry Gove, James Bruce French, Elliot Montreal, Chen Ning Yang, os presidentes da Sociedade Americana de Física, da Federação de Cientistas

Americanos e da Sociedade Mexicana de Física, bem como cientistas ganhadores do prêmio Nobel de outras áreas, como Fritz Lipman, Robert Holley, Linus Pauling, Marshall Nirenberg, John Bardeen e Harold Urey. Na França, 240 professores assinaram uma petição pedindo a revogação das aposentadorias compulsórias. Os principais jornais nos EUA, Europa e América Latina noticiaram a repressão aos cientistas e intelectuais no Brasil.

Wheeler não conseguia entender por que Tiomno, que nunca foi politicamente ativo, havia sido aposentado compulsoriamente da Universidade. Não fazia sentido para ele que o país dispensasse pesquisadores de seu calibre sem um motivo aparente. Em sua correspondência a vários brasileiros, ele pediu que explicassem o que estava realmente acontecendo para que pudesse intervir de forma mais eficaz a favor de Tiomno e dos outros físicos. Uma das melhores explicações partiu de José Goldemberg, secretário-executivo da Sociedade Brasileira de Física:

> A razão de tais decisões no governo está além do nosso conhecimento; o mesmo governo vem tentando dar um maior apoio à ciência e tecnologia nos últimos anos, e minha impressão pessoal é que a aposentadoria de professores foi feita por conta da cegueira de funcionários do governo em perceber as graves consequências que se seguirão. Há muito de vingança pessoal nisso, e também a influência de extremistas no governo que querem erradicar as chamadas "tendências de esquerda" a qualquer custo, independentemente dos meios e consequências. Os três componentes: ignorância, ódio e extremismo, podem ser vistos na lista de 67 "vítimas" [nos meses seguintes, haveria muitos mais]; eles abrangem uma ampla gama de ideias políticas e muitos deles não tiveram qualquer atividade política por muitos anos. Rotulá-los de "subversivos" é uma simplificação extremamente grosseira.[22]

Vários membros do Instituto de Estudos Avançados de Princeton, bem como Marvin (Murph) Goldberger, chefe do Departamento de Física da Universidade de Princeton, convidaram Tiomno para passar o ano letivo de 1969/1970 lá.[23] Eles ainda estavam meio atordoados com a situação, e Tiomno achou que seria melhor aproveitar os convites que havia recebido para dar seminários e palestras fora do Brasil, a fim de sondar a situação e esperar que a situação se tornasse mais clara. Ele estava particularmente preocupado com Elisa, cuja depressão havia retornado com força. Qualquer que fosse a solução encontrada, era importante pensar em um local onde Elisa pudesse trabalhar, mesmo sem remuneração. Não seria bom para ela ficar sem atividade, longe de seus alunos e de seu laboratório. Tiomno partiu no dia 14 de julho para Nova York, seguindo depois para Trieste para participar de uma grande conferência que duraria duas semanas.

Wheeler estava especialmente preocupado por não ter recebido resposta de Tiomno sobre seu convite para ir para Princeton. Ele tinha ouvido falar de muitos casos de pessoas que foram presas de forma arbitrária e da censura do correio. Wheeler temia que um convite enviado reiteradamente a Tiomno pudesse piorar sua situação. Em função disso, ele começou a enviar cartas a vários colegas de Tiomno perguntando o que estava acontecendo e pedindo-lhes para repassar o convite a ele.

Tendo recebido a mensagem, Tiomno viajou de Trieste para a Suíça, onde se encontrou com Wheeler na pequena cidade de Interlaken e depois continuou para Paris para se encontrar com Salmeron. A viagem de Tiomno também incluiu o retorno via Nova York para participar de uma conferência na Universidade de Columbia e para dar seminários em Rochester e Princeton. Ele fez contato com Behram Kursunoglu, da Universidade de Miami, que conheceu na reunião em janeiro, e que queria desenvolver uma cooperação com o grupo da USP. Tiomno não podia fazer promessas em relação ao grupo em São Paulo, mas poderia ir a Miami por alguns dias para dar um seminário sobre "Teorias da gravitação não-local, linear" e discutir a possibilidade dele e de outros membros do grupo passarem algum tempo em Miami em um futuro próximo. Kursunoglu acolheu a sugestão de Tiomno e organizou sua visita e palestra. Tiomno viajou depois para Los Angeles, onde encontrou Sonia, filha de Elisa, o marido José Carlos Valladão de Mattos e as filhas; ambos estavam fazendo pós-graduação na Universidade da Califórnia do Sul (USC). Na ocasião, aproveitaram para visitar Feynman em sua casa em Pasadena. Por fim, acertou com Marcos Moshinsky de retornar ao Brasil via México, onde poderiam discutir planos futuros e ele poderia dar uma palestra. Ao todo, ele passou três meses viajando, fazendo contatos e tentando se atualizar com as pesquisas que estavam sendo realizadas. Na reunião na Suíça, Tiomno acertou com Wheeler que ele iria para Princeton na primavera do ano seguinte. Ele também recebeu um convite de Philippe Mayer, do Departamento de Física Teórica da Faculdade de Ciências em Orsay, França, para trabalhar lá por um ano. A ideia de ir para a França o atraía bastante.

Tiomno queria usar os meses intermediários para ajudar a realocar membros de sua equipe, tanto alunos quanto assistentes. Em relação ao seu grupo teórico, que continuou trabalhando na USP, ele posteriormente fez os seguintes comentários:

> Conseguiram alguns professores visitantes, eu mesmo me empenhei. Naquele período, ninguém – nem os físicos estrangeiros que recebiam convite para vir pra o Brasil – ninguém queria vir, especialmente para São Paulo, para o lugar em que houve a aposentadoria de vários professores. Mas, então, eu me empenhei, como físico, mostrando que, na verdade, a Universidade de São Paulo não teve nenhuma culpa no processo, ou melhor, o Instituto de Física não teve nenhuma culpa, porque a lista foi feita fora da Universidade. Foram os professores visitantes que ajudaram na fase de sobrevivência.[24]

Ernst Hamburger queria manter Elisa como pesquisadora visitante no Departamento, apesar de sua aposentadoria compulsória da UFRJ. O CNPq estava disposto a manter a bolsa, mas em nome de outra pessoa, que repassaria o pagamento para Elisa. Ela se recusou a aceitar: ou recebia a bolsa oficialmente ou nada feito. Tiomno pediu ao CNPq que transferisse para André Swieca e outros pesquisadores os recursos que estava recebendo para o Departamento.[25]

Tiomno e Elisa planejaram retornar ao CBPF, onde tinham cargos efetivos. Tiomno acreditava que essa situação era transitória e logo melhoraria, enquanto isso, ele e Elisa poderiam continuar desenvolvendo suas atividades no CBPF. No entanto, o círculo em torno deles foi se fechando pela repressão e no dia 21 de outubro de 1969, o governo publicou um novo decreto determinando que quem tivesse sido aposentado compulsoriamente ou demitido não poderia ser contratado por nenhuma instituição pública ou privada que recebesse recursos públicos.

Em várias instituições, as administrações encontraram formas de contornar a lei através de repetidas consultas às agências governamentais, estabelecendo comissões para estudar o problema e adiar qualquer ação, ou simplesmente ignorando-os e esperando para agir caso fossem notificados oficialmente. No entanto, com apoio de Jacques Danon, diretor científico, o presidente do CBPF, almirante Otacílio da Cunha, apoiador do regime militar, viu a oportunidade para remover alguns de seus desafetos, exonerando Tiomno, Leite Lopes e Elisa. Até Mário Schenberg, que havia sido convidado para dar um curso na pós-graduação do CBPF, também foi demitido. Leite Lopes referiu-se a esta decisão como dupla penalização,[26] uma vez que eles já haviam sido punidos com aposentadoria compulsória de seus cargos nas universidades. Numa entrevista concedida 8 anos depois, Danon comentou sobre a demissão dos três:

> Consultei os meus colegas informalmente... A maioria não foi favorável [à demissão]. [Mas], era preferível manter viva a instituição, para que ela pudesse renascer. Inclusive, quem sabe um dia rever todos esses atos que, na minha opinião, não foram justificados em relação a esses colegas. O que certamente ocorrerá.[27]

A demissão do CBPF foi um duro golpe, pois era a "casa" deles, a instituição que haviam criado, e que agora os colocava para fora. Alguns cientistas que estavam no exterior fazendo pós-graduação ou em pós-doutorados, como Samuel MacDowell, Fernando Souza Barros, Moysés Nussenzveig e sua esposa Micheline, se demitiram do CBPF em solidariedade a Leite Lopes, Tiomno e Elisa.

Tiomno sofreu um forte período de depressão e não conseguia tomar qualquer iniciativa para organizar sua ida à Princeton como havia combinado com Wheeler. Para Tiomno e Elisa, com cerca de 50 anos, que haviam dedicado suas vidas ao ensino e à pesquisa, era um grande golpe serem impedidos de trabalhar. Em sua correspondência para instituições e editores científicos, Tiomno substituiu os endereços da USP e do CBPF pelo da sua residência.

Após a demissão

A situação dos outros físicos que haviam sido demitidos também não foi fácil. José Leite Lopes retornou do exílio em 1966 no âmbito da campanha para a "Operação Retorno" e na expectativa de que a ditadura estava arrefecendo. (Fig. 12.4) Nesse período, Tiomno e Elisa estavam na Itália e depois em São Paulo. Leite Lopes foi convidado para assumir a chefia do novo Instituto de Física (criado a partir do antigo Departamento de Física). Ele tentou implantar um acelerador de partículas na Universidade, mas terminou desistindo em janeiro de 1969 por perceber que não haveria recursos para a infraestrutura necessária. Paralelamente, ele também assumiu a chefia do Departamento de Física Teórica do CBPF, apesar do difícil momento que o CBPF estava vivendo.

De forma visionária, Leite Lopes orientou os jovens pesquisadores Mario Novello e Sérgio Joffily para que fossem para o exterior fazer suas pós-graduações durante aquele difícil período. Novello ainda lembra das palavras de

Leite Lopes: "Vocês serão mais importantes quando recomeçar a estrutura normal do CBPF. Agora nós estamos numa estrutura totalmente anormal, houve uma invasão externa, não são cientistas que controlam o CBPF. Então seria importantíssimo que vocês fossem fazer suas formações da mais alta qualidade fora e depois ajudar a reestruturar o CBPF."; e acrescentou: "...nós nos formamos, fizemos uma geração de bons cientistas e viemos ajudar o CBPF a se reerguer".[28]

Fig. 12.4 José Leite Lopes com sua esposa, a matemática Maria Laura, e seu filho José Sérgio, no Rio de Janeiro, c. 1955. (Compare a Fig. 16.2 no Cap. 16). Fonte: Canal Ciência – Ibict BiblVirtual. Usado sob a licença Creative Commons 3.0 com atribuição. Disponível em: https://www.canalciencia.ibict.br/ciencia-brasileira-3/notaveis/292-jose-leite-lopes

Pouco depois ele foi aposentado da Universidade. Ele também recebeu vários convites de instituições do exterior e aceitou a oferta de ir como professor visitante à Universidade Carnegie-Mellon, em Pittsburgh, num futuro próximo. No entanto, o consulado americano, que mantinha estreito contato com os serviços de segurança no Brasil, tomou conhecimento de que Leite Lopes estava sob grave perigo – seu nome constava numa lista de pessoas a serem assassinadas. Eles queriam que ele fosse embora no mesmo dia, mas depois concordaram em dar um dia para que ele e a família pudessem se organizar, e partiram num voo da Pan Am providenciado pelo consulado.[29] Leite Lopes gostava de brincar que tinha conseguido viajar de graça com a família para os Estados Unidos. Deixaram o Brasil no dia 11 de setembro. Poucos dias depois ele foi demitido do CBPF.

Leite Lopes permaneceu em Pittsburgh por um ano, mas por conta do apoio dos EUA ao golpe no Brasil, resolveu aceitar um convite da Université Louis Pasteur, em Estrasburgo, e ir para a França, onde se tornou professor titular do CNRS. Leite Lopes comentou mais tarde sobre esse período,

> Reafirmo o que sempre fiz, o que sempre disse, o que sempre escrevi, continuei a afirmar, a escrever e a dizer e até mais. O meu problema fundamental era lutar pelo desenvolvimento da ciência e da tecnologia no Brasil e no interesse do Brasil. Não, necessariamente, no interesse de outros países ou de outros interesses alheios ao interesse do Brasil.[30]

Pouco antes de ser aposentado compulsoriamente, Schenberg viajou à França, Suíça e México, e recebeu vários convites de trabalho, que agora poderia aceitar. No entanto, seu passaporte foi confiscado, inviabilizando a opção do exílio.[31] Ele viveu uma vida isolada nos dez anos seguintes, como escreveu à Clarice Lispector na década de 1970.[32] Schenberg recuperou seu passaporte em 1972, mas, por motivos particulares, já não queria mais sair do Brasil. Reduziu seu trabalho em física, apesar de ainda publicar vários artigos, dedicando seus esforços à filosofia da ciência e ao trabalho como crítico de arte, que era muito elogiado. (Fig. 12.5).

Fig. 12.5 Mario Schenberg trabalhando, 1937. Fonte: Acervo USP (domínio público).

Sarah de Castro Barbosa de Andrade foi fichada no DOPS como fundadora do Comando Geral dos Trabalhadores (CGT) e por suspeita de exercer atividades subversivas quando era professora do Colégio Estadual André Maurois, influenciando os alunos secundaristas.[33] Este ficava ao lado do Colégio de Aplicação da FNFi. Além disso, Sarah era casada com o cineasta Joaquim Pedro de Andrade. Após a aposentadoria compulsória, foi contratada como professora pela PUC-RJ, onde continuou desenvolvendo sua carreira.

Um dos casos mais tristes foi o de Plinio Süssekind Rocha (1911-1972). Ele não era um pesquisador no sentido estrito do termo, mas um excelente professor que inspirou gerações inteiras de físicos. Ele ocupou a Cátedra de Mecânica Clássica, Mecânica Celeste e Física Matemática na FNFi/UB de 1942 a 1969, mas não tinha conexões com universidades ou institutos fora do Brasil.

Após a aposentadoria compulsória, Plínio se desfez de seu apartamento em Copacabana e se mudou para um apartamento modesto na Lapa, mais próximo do centro da cidade, onde os aluguéis eram mais baratos. Alguns de seus ex-alunos fizeram uma "vaquinha" e levantaram algum dinheiro, que ele aceitou muito relutantemente.[33] Ele viveu uma vida isolada, visitado por alguns de seus ex-alunos, e desistiu inteiramente da física, dedicando-se ao cinema e à filosofia. Plínio Sussekind morreu em agosto de 1972, aos 61 anos, pouco mais de três anos após sua aposentadoria compulsória. (Fig. 12.6).

Antonio Luciano L. Videira, ex-aluno de Plínio Süssekind Rocha escreveu:

> Tendo sido uma das figuras mais críticas que me tem sido dado a conhecer, Plínio foi, coerentemente, o mais severo crítico de si mesmo. Plínio simplesmente não publicava. Daí que praticamente nada haja de seu gravado em letra de forma; daí o imperativo, para aqueles que tiveram o privilégio de privar com ele, de deixarem o registro, embora mero esboço incompleto, embora apenas arredia sombra, da lembrança, da memória de Plínio Süssekind Rocha. [34]

Fig. 12.6 Plinio Süssekind Rocha, década de 1950. Foto: Saulo Pereira de Mello, Arquivo Mário Peixoto. Usado com permissão.

Seus ex-alunos Jorge André Swieca e Antônio Videira escreveram um obituário intitulado "O tempo de Plínio". Nele, eles usaram um recurso levado a cabo por muitos autores e artistas de utilizar termos cifrados para burlar a censura e os órgãos de segurança. No caso, eles se referiam ao filme "O Limite", de Mário Peixoto, exibido no cineclube gerido por Plínio na FNFi e proibido pelo governo militar. Contudo, o texto ficou inédito até 2013, quando foi publicado na coleção Ciência e Sociedade do CBPF.

> Certamente o mais profundo conhecedor no seu tempo, no Brasil, de História e Filosofia da Ciência, a maior parte, senão quase que a totalidade de sua obra permanece inédita, enclausurada em manuscritos, que ele, levado pelo seu "espírito crítico", revia um sem número de vezes, buscando sempre um refinamento adicional, antes de alcançar senão uma versão definitiva, pelos menos uma que possibilitasse a sua divulgação. Ah, esse LIMITE jamais alcançado! Esse LIMITE das ideias, esse LIMITE da forma, da análise apurada, da erudição sem lantejoulas. Ah, esse LIMITE de Mário Peixoto![35]

No final da década de 1950, foi estabelecido o Instituto de Física da PUC-RJ e muitos dos alunos de Tiomno se transferiram ao longo de 1960 e início dos anos 70, como Nicim Zagury e Erasmo Madureira Ferreira, do CBPF, e depois Jorge André Swieca e Antonio Luciano Leite Videira da USP. Tiomno continuou a praticar física como um pesquisador autônomo, e eles o convidaram para usar seu departamento como uma base segura, mesmo que ele não fosse formalmente empregado lá – por decreto do governo, ele não poderia ser contratado inclusive por aquela universidade, entidade privada.

Elisa disse, mais tarde, daquela época,

> Sempre fizemos, Jayme e eu, muita questão de formar pesquisadores e entusiasmá-los para seguir em frente. Pouco antes de nossa aposentadoria forçada e, logo depois, muitos ex-alunos nossos foram para a PUC para desenvolver o Departamento de Física de lá.[36]

Entretanto, os órgãos de informação denunciaram o que eles considera-vam uma infiltração da esquerda nos setores de ciência e tecnologia (CNPq e outros órgãos). Um dos casos citados foi a concessão de bolsa à Elisa para desenvolver um projeto na PUC e o apoio a Erasmo Madureira Ferreira, "de notória posição esquerdista e ligado aos senhores José Leite Lopes (hoje na França), Jayme Tiomno e Gabriel de Almeida Fialho (hoje na UNESCO)..."[37]

Anos mais tarde, durante a celebração dos 80 anos de Tiomno, um de seus ex-alunos, Sergio Joffily, fez um paralelo entre o triângulo de Tiomno e a situação drástica de sua vida durante a ditadura, mostrando sua capacidade de resiliência e a busca permanente por um lugar onde pudesse simplesmente fazer física:

> Aí vemos um outro tipo de "Triângulo Tiomno", é o triângulo Rio – Brasília – São Paulo: um decaimento no Rio determina uma captura em Brasília, um decaimento em Brasília determina uma captura em São Paulo, um decaimento em São Paulo determina uma captura no Rio, e vice-versa. Todos provocados pela mesma interação: as forças militares.[38]

Os colegas de Tiomno nos Estados Unidos, em particular John Wheeler, continuavam preocupados com a situação no Brasil e em setembro de 1970 Freeman Dyson enviou um novo convite:

> Nós, do Instituto, discutimos com nossos colegas da Universidade de Princeton [sobre] como poderíamos convidá-lo para Princeton. Nós con-cordamos que eu deveria fazer uma oferta definitiva para [você] vir aqui para o ano civil de 1971. Você será apoiado pela Universidade de Princeton de janeiro a junho, e pelo Instituto [de Estudos Avançados] de julho a dezembro. É claro que você estaria livre para participar da vida científica em ambas as instituições tanto quanto você quiser. Uma vez que o Instituto,

no momento com pouco espaço nos escritórios, enquanto a Universidade não, você provavelmente terá um escritório em Jadwin Hall, o novo prédio de física da Universidade. Se essas datas não forem convenientes para você, por favor, nos avise o que você considera ser um arranjo mais adequado. Por favor, informe-nos também com brevidade se você está disposto a aceitar este convite, para que eu possa pedir ao nosso Diretor para lhe escrever um convite formal.[39]

Pouco a pouco, Tiomno e Elisa foram se recuperando da depressão. Em julho de 1970, Tiomno foi a La Plata a convite de Giambiagi e depois ao Chile e ao Uruguai. Na volta ao Rio de Janeiro, encontrou o novo convite de Dyson e finalmente aceitou ir para Princeton.

Sonia, filha de Elisa, que se formou em física na Universidade de Brasília em 1965, retornou ao Brasil no final de 1970 após fazer seu mestrado na USC, *University of Southern California* (USC), EUA – e, por uma ironia do destino, em novembro de 1971, enquanto Tiomno e Elisa estavam em Princeton, foi contratada como professora do Departamento de Física da USP, onde Tiomno havia sido aposentado compulsoriamente pouco tempo antes. Ela fez o doutorado na Unicamp sob orientação de Roberto Luzzi e recebeu o Ph.D. em 1975.

Notas

1. Tiomno (1977).
2. Frota-Pessôa (1990).
3. J. J. Giambiagi passou um ano de pós-doutorado em Manchester, Reino Unido, em 1952/1953. Nesse ano, a Universidade de Buenos Aires tinha sofrido um expurgo político e, ao retornar à América do Sul, ele foi para o CBPF a convite de Leite Lopes. Ele permaneceu lá como um exilado no período de 1953-1956, quando colaborou com Tiomno neste artigo. Informações biográficas sobre Giambiagi podem ser encontradas em: https://www.df.uba.ar/es/actividades-y-servicios/hemeroteca/6613- -juanjose-giambiagi e https://portal.ictp.it/icts/facilities/lecture_quartos/AGH/ giambiagi/giambiagi_biography.
4. cf. Giambiagi (2001)
5. Ver o artigo Bietenholz e Prado (2014) em *Physics Today* e Bietenholz e Prado "40 Years of Calculus in 4 + ε Dimensions", 8 nov. 2012. Ref.: arXiv:1211.1741v1 [physics. hist-ph]
6. Frota-Pessôa (1990).
7. A sessão solene da Congregação da UFRJ que transferiu o curso de física da Faculdade Nacional de Filosofia para o novo Instituto de Física ocorreu em 11 de junho de 1968.

8. De acordo com José Goldemberg, o projeto não trouxe resultados significativos, pois apareciam inúmeras partículas com diferentes energias, era uma quantidade extraordinária de informação, mas completamente caótica. Entrevista concedida em 03/12/2021 para ATT.

9. Carta de Ernst Hamburger para Jayme Tiomno, em 25 abril 1966. JT.

10. Comunicação do ponto sorteado para concurso de provimento efetivo da Cadeira de Física Superior. JT.

11. O governo militar pretendia que a Unicamp fosse uma espécie de vitrine contra críticas do desmonte que estava ocorrendo em várias universidades. Eles queriam mostrar que estavam preocupados com a ciência, e o orçamento para salários e equipamentos era mais generoso do que para a própria USP. Para coordenar o processo de implantação da nova Universidade, foi convidado Zeferino Vaz, o reitor-interventor na Universidade de Brasília que tinha se demitido em função da crise.

12. Igor Pacca, O "boy wonder" volta à USP em 1960, *Jornal da Unicamp*, 30 de março a 3 de abril de 2005, p. 8.

13. Marques (2011); ver também Marques (2005).

14. Tiomno (1968).

15. Entrevista com Igor Pacca publicada em Fioravanti, Carlos e Pierro, Bruno de. Em busca dos segredos no interior da Terra. *Pesquisa Fapesp*, 268, jun. 2018, p. 28-33.

16. Tanto Schenberg como Tiomno lembraram posteriormente desse caso. Ver Schenberg (1978) e Tiomno (1986).

17. Dossiê sobre Silvia Tiomno Tolmasquim no DOPS. Polpol, Informe nº 9, 14 de maio de 1969, série BR9, vol. 80. APP.

18. Sobre a perseguição de físicos durante o regime militar, ver, por exemplo, Knobel & Vieira (2016) e Clemente (2005).

19. Ficha sobre Elisa Frota-Pessôa no DOPS. Polpol, BR23 de 4 de fevereiro de 1969, página 12. APF.

20. Tiomno (1977); op. cit.

21. Roland Koberle para John Wheeler, 28 de abril de 1969; JWA.

22. José Goldemberg para John Wheeler, 19 de maio de 1969; JWA.

23. Nota de Wheeler para Goldberger, setembro de 1969; JWA.

24. Tiomno (1977); op. cit. Um dos pesquisadores visitantes na USP neste período foi Enrico Predazzi. Ver Cap. 15 deste livro.

25. Manoel da Frota Moreira (Diretor do CNPq) para Jayme Tiomno, 2 de julho de 1969; JT.

26. Leite Lopes (1977).

27. Danon (1977).

28. Entrevista com Mario Novello, realizada por ATT para este livro em 29 de agosto de 2019.

29. Leite Lopes (1977) e comunicação pessoal de Bert Schroer, 2019.

30. Leite Lopes (1977); op. cit.

31. Schenberg (1978).

32. Citado por Amélia I. Hamburger em Obras científicas de Mário Schenberg, 3 de agosto de 2009; cf. https://www.scielo.br/scielo.php?script=sci_arttext&pid =S0103-40142002000100012.

33. Polpol, série DOPS, notação 116, Folhas 234. APRJ.

34. Videira (1997).

35. Swieca e Videira (2013).

36. Frota-Pessôa (1990).

37. Ministério das Minas e Energia – Divisão de Segurança e Informações, Informação 30/1172/71, de 19/12/1971. BR_DFANBSB_V8_MIC_GNC_AAA_71043250_ d0001de0001; AN.

38. Sergio Joffily, "Homenagem aos 80 anos do Professor Jayme Tiomno", CBPF, CS-016/03, dezembro de 2003.

39. Freeman J. Dyson para Jayme Tiomno, 18 de setembro de 1970, Arquivo JT.

13

Novamente Princeton: gravitação e teoria de campos

Princeton *Redux*

Jayme Tiomno e Elisa Frota-Pessôa chegaram a Princeton no início de 1971. As coisas haviam mudado bastante desde que Tiomno fez sua pós-graduação. A "Velha Guarda" – Albert Einstein, J. Robert Oppenheimer, Hermann Weyl e John von Neumann – haviam falecido, e Kurt Gödel se afastou, mas outros com quem Tiomno havia trabalhado antes – como Abraham Pais, Eugene Wigner e, claro, John Wheeler – ainda estavam em atividade.[1]

Vinte anos antes, Tiomno era um estudante, ainda que não tão jovem, trabalhando longas horas em sua pesquisa, com poucas responsabilidades e morando no alojamento para os estudantes de pós-graduação na Universidade. Naquela época, ele tinha sonhado que Elisa poderia acompanhá-lo para que pudessem compartilhar a experiência juntos, mas isso nunca aconteceu. Além disso, ele estava ansioso para voltar ao Brasil, tanto para colaborar com um ensino e pesquisa de excelência no país, como pelo desejo de reencontrar Elisa.

Agora, ele retornava como pesquisador visitante sênior. Elisa o acompanhou em circunstâncias muito diferentes das viagens que fizeram juntos nos últimos 20 anos. Seus filhos, Sonia e Roberto, já eram adultos, estavam casados e terminando seus estudos. Nas outras instituições em que Tiomno e Elisa tinham ido juntos como visitantes ou pesquisadores titulares (Londres, Brasília, Trieste, São Paulo...), ela também teve oportunidade de trabalhar. Mas agora seria diferente: havia nos EUA regras rígidas contra qualquer tipo de nepotismo, que impedia que os dois membros de um casal pudessem trabalhar, seja juntos ou em funções separadas. Essas regras foram relaxadas mais recentemente, quando as instituições perceberam o benefício de ambos os parceiros poderem trabalhar. Além disso, Princeton tinha recém começado a aceitar mulheres como estudantes de pós-graduação e pesquisadoras, e não seria fácil para Elisa se inserir academicamente.

Por fim, Elisa ainda estava deprimida pela situação vivida no Brasil nos dois anos anteriores e a falta de um trabalho também não a ajudava a sair dessa situação. "O pior é que sinto um vazio imenso por não estar trabalhando e não tenho forças, mesmo físicas, para iniciar alguma coisa nova", escreveu aos amigos Caden e Haity Moussatché.[2]

Uma das coisas que mais a incomodava em Princeton era a situação das mulheres na comunidade universitária. Elas tinham o "papel de esposas" e eram conhecidas pelo nome de seus maridos – ela era a Sra. Jayme Tiomno. "As mulheres aqui em Princeton não têm nome!", exclamou ela. Era típico a realização de "programas de esposas", como cafés da manhã ou almoços com as esposas dos professores e pesquisadores. "Hoje é domingo e acordei com vontade de tomar café da manhã com Caden e Haity [Moussatché]". Mas isso infelizmente não era uma possibilidade: "O que existe aqui é um convite para café de senhoras às 10h30! Vocês estão realizando a tragédia? E eu não posso recusar, pois tudo é feito para agradar...".[3] Mais interessantes eram as reuniões sociais mistas com os homens e suas esposas, onde ela podia encontrar pessoas interessantes para conversar. Elisa passou a maior parte do tempo lendo, tendo aulas de inglês, indo a concertos, assistindo a palestras em museus, fazendo exercícios em casa e, claro, cuidando das tarefas domésticas.[4] Eles moravam em um apartamento no Caminho Von Neumann, num apartamento com uma agradável varanda e uma linda vista para os jardins.

No entanto, após os dois difíceis anos no Brasil, era um sonho poder viver uma vida tranquila nas bucólicas ruas nos arredores de Princeton. "É triste constatar que apesar disso [do *American Way of Life*] e das saudades que sinto de todos vocês, acho ótimo ter saído daí."[5] Sua filha Sonia escreveu certa vez sobre esse período da vida de Elisa:

> Elisa tinha 48 anos [na época da aposentadoria forçada]. Eles eram muito ativos, engajados em vários projetos, e sua aposentadoria foi um enorme revés. Jayme passava horas em seu quarto, bastante deprimido, e Elisa começou a dedicar toda a sua atenção a ele. Jayme era conhecido e logo convites começaram a chegar do exterior. Ele aceitou um cargo em Princeton, uma das universidades mais famosas dos EUA, e a mamãe o acompanhou, como sua esposa. Foi uma experiência bem diferente para Elisa. Jayme trabalhou muito tempo e com muito sucesso, e Elisa sempre foi uma apoiadora ativa, uma participante, dando-lhe qualquer ajuda que pudesse. Ela era uma excelente cozinheira e anfitriã, juntou-se à vida local, convidou colegas e trouxe jovens parentes do Brasil para visitar sua casa. Pelo menos três sobrinhos passaram vários meses com eles.[6]

Fig. 13.1 Jayme Tiomno e Elisa Frota-Pessôa em Princeton, em 1971. Fonte EFP.

Fig. 13.2 Os amigos Haity Moussatché e Jayme Tiomno, 1995. EFP.

A própria Elisa não menciona esse tempo em Princeton em entrevistas posteriores. Parece que não foi um período desagradável, mas também não teve muita importância para ela, talvez porque ela fosse simplesmente "dona de casa", um papel que ela cumpria eficientemente, mas sem nenhum interesse maior.

Para Tiomno, apesar de viver um momento cientificamente estimulante, permanecia uma tristeza de fundo pela forma como foi tratado no Brasil, apesar de seus esforços para criar um ambiente cientificamente desenvolvido no país. Por um lado, ir para Princeton era uma "volta para casa", mas para ele – e para Elisa – nunca seria o mesmo que o Brasil.

O período em Princeton foi extremamente produtivo para Tiomno em termos científicos, o que não deixava de ser um consolo para Elisa: "Jayme está trabalhando muito e já tem dois trabalhos que serão redigidos nos próximos dias. Creio que Princeton é ideal para o trabalho que ele faz e estou contente com isso."[7] Assim que chegou lá, ele começou a se atualizar sobre o que as outras pessoas estavam fazendo cientificamente e descobrir quais eram os problemas significativos que eles estavam tentando resolver. "Jayme parece outro homem!", escreveu Elisa.[8]

A nova escola de Wheeler

Cientificamente, Princeton, em 1971, também apresentava um aspecto muito diferente do que Tiomno havia encontrado em sua primeira estada. Seu antigo orientador John Wheeler havia feito uma "mudança de rota" (a primeira delas). Logo após a partida de Tiomno no final de 1950 – ele encerrou seu período de "Tudo é partícula", durante o qual trabalhou em física nuclear e de partículas por mais de 20 anos, e entrou na fase "Tudo é campo", onde se concentrou em relatividade, gravitação e teoria de campo. Ele já havia feito algumas tentativas nessa direção enquanto Tiomno estava terminando o mestrado, em 1948/1949, mas como Tiomno escreveu na época para Elisa, o próprio Wheeler ainda não estava muito seguro nesse campo.

Wheeler datou sua transição no ano acadêmico de 1952/1953.[9] Ele tinha anunciado um seminário sobre relatividade para aquele ano e planejava torná-lo a base para um livro. Esse foi o seu método de fazer a transição de partículas para campo – dar o curso o forçaria a aprender mais sobre o assunto. O livro, intitulado simplesmente *Gravitation* (Gravitação), foi finalmente publicado em 1973, em coautoria com seus ex-alunos Charles W. Misner e

Kip S. Thorne.[10] Wheeler provavelmente estava trabalhando na sua conclusão quando Tiomno esteve em Princeton em 1971/1972.

Deve-se lembrar que o campo da relatividade geral foi uma espécie de "Bela Adormecida" por mais de 25 anos. Após a publicação dos trabalhos seminais de Einstein nos anos 1915-1920, e alguns importantes trabalhos de outros autores naquele período, diminuiu o interesse nesse tema. Entre esses trabalhos estavam as equações de campo de Einstein, desenvolvidas por Karl Schwarzschild (1873-1916), onde ele mostrou que uma "singularidade gravitacional" poderia surgir se uma alta densidade de massa ocorresse numa região limitada do espaço; e iria colapsar para uma região de densidade infinita, onde a relatividade geral não valeria mais. Dentro de um determinado raio em torno daquela região singular, agora conhecida como o "raio de Schwarzschild", mesmo a luz não seria capaz de escapar do forte campo gravitacional. Isso define uma superfície ao redor da singularidade, agora denominada "horizonte de eventos". Schwarzschild obteve essa solução enquanto servia como soldado na Frente Russa durante a Primeira Guerra Mundial, em 1915. Morreu no ano seguinte de uma doença autoimune contraída na frente de batalha, aos 42 anos.

Várias outras consequências importantes da relatividade geral foram identificadas nesse período inicial, como a possibilidade de existência de ondas gravitacionais propagando-se através do espaço-tempo na velocidade da luz, o efeito de "lente gravitacional", bem como a solução que implica num universo em expansão (equações de Friedmann, obtidas em 1922, e as observações que se iniciaram a partir do final da década de 1920, especialmente por Edwin Hubble). O próprio Einstein, no entanto, era cético em relação à relevância dessas soluções matemáticas. Alguns autores ainda continuaram trabalhando em relatividade geral durante todo o período de 1925 a 1950, mas seu brilho foi roubado pela física quântica, que ocupava a maioria dos teóricos. O próprio Einstein passou seus últimos 30 anos na (infrutífera) busca por uma "teoria do campo unificado" que combinasse a gravitação e o eletromagnetismo (e, eventualmente, incluiria a mecânica quântica). Isso ainda não foi conseguido até os dias atuais.

Um dos cientistas que se manteve interessado na relatividade geral e na teoria gravitacional na década de 1940 foi Mario Schenberg, como vimos anteriormente, mas este ainda era um campo bastante aberto quando Wheeler voltou-se para ele em 1952.

Outro autor que havia considerado as implicações do colapso gravitacional no mundo real foi J. Robert Oppenheimer, no final da década de 1930.

Com seus alunos Hartland Snyder e George M. Volkoff, ele tratou o colapso de uma estrela "queimada", ou remanescente estelar, levando a uma estrela de nêutrons (quando a pressão dentro do remanescente estelar se torna tão alta que força os elétrons e prótons em seu plasma a se combinarem produzindo nêutrons e neutrinos, em um "decaimento beta reverso"). O objeto resultante tem a densidade da matéria nuclear e uma massa comparável à do Sol dentro de uma esfera de diâmetro de cerca de 20 km;[11] ou quando sua massa é ainda maior, o colapso do remanescente estelar continuará sem controle, levando a uma singularidade gravitacional (hoje chamada de "buraco negro"), como postulado por Schwarzschild.[12] Wheeler releu esses artigos em 1952, que o levaram a pensar sobre as implicações do colapso gravitacional para a astrofísica. Isso levou, nos 20 anos seguintes, a muitas contribuições importantes, a um número de estudantes de seu grupo de pesquisa altamente bem sucedidos e ao renascimento do campo, que se tornou um ramo da física teórica (e, mais recentemente, observacional): a astrofísica relativística.

Como vimos, Wheeler popularizou o termo "buraco negro" para uma singularidade gravitacional colapsada em 1967/1968, capturando a imaginação dos (astro-)físicos e do público em geral. Muitas de suas obras e de seus alunos, desde a década de 1950 até meados da década de 1970 (e mesmo posteriores), trataram de vários aspectos dos buracos negros. Wheeler deu uma forte contribuição à "reanimação" da relatividade geral e da teoria gravitacional, no sentido mais amplo, e à fundação da astrofísica relativística.[13] Alguns dos colaboradores de Wheeler, em particular Joseph Weber e Kip Thorne, também contribuíram de forma essencial para a observação experimental de ondas gravitacionais e, com isso, para a fundação de um novo ramo da astronomia observacional, ampliando a base teórica lançada em grande medida pela escola de astrofísica relativística de Wheeler.[14] Convém ressaltar, no entanto, que as raízes da astrofísica relativística remontam ao início da década de 1930 e a vários outros grupos além do grupo de Wheeler, em particular no Reino Unido, também pioneiros no campo na década de 1960.[15]

Novas colaborações

Quando Tiomno chegou a Princeton no início de 1971, ele já havia escrito alguns artigos relacionados à gravitação e à teoria de campo, e suas conexões com a mecânica quântica e a física de partículas, que incluem cinco publicações abrangendo os anos de 1955 a 1970, apesar de, certamente, não ter sido seu foco principal (JT27, 39, 44, 57 e 60.). No decorrer do ano e meio subsequentes, ele não trabalhou diretamente com Wheeler como havia feito em sua primeira estada, que provavelmente estava muito ocupado com outros projetos. Mas havia um grupo de pesquisadores mais jovens, estudantes de pós-graduação, visitantes e pós-doutorandos, tanto no Instituto de Estudos Avançados como na Universidade de Princeton, que haviam sido atraídos pela escola de astrofísica relativística de Wheeler e estavam ansiosos para trabalhar na área de rápido desenvolvimento da gravitação e de teoria de campo, especialmente a eletrodinâmica dos buracos negros. Tiomno, por sua vez, tinha uma sólida formação em teoria eletromagnética e colaborou com vários deles, culminando em mais de uma dúzia de publicações nos anos seguintes. Sua estadia foi, portanto, extremamente produtiva no sentido científico e pode ser caracterizada como uma renovação na sua vida e no seu trabalho como físico teórico. Em adição aos trabalhos colaborativos com esses físicos mais jovens, ele publicou vários artigos neste novo campo como único autor até 1975 e, posteriormente, com seus alunos no Brasil.

Os colaboradores mais seniores de Tiomno em Princeton foram Remo Ruffini e Leonard E. Parker, que já estavam bem estabelecidos cientificamente: Ruffini era professor assistente na Universidade de Princeton e Parker era professor associado na Universidade de Wisconsin trabalhando como pesquisador visitante no grupo do Wheeler em Princeton (e mais tarde no Instituto de Estudos Avançados).

Remo Ruffini, nascido em 17 de maio de 1942 em Briga Marittima, Itália (atualmente La Brigue, França),[16] estudou física e matemática na Universidade de Roma *La Sapienza*, completando seu doutorado em 1966. Ele foi então como bolsista de pós-doutorado para a Universidade de Hamburgo, na Alemanha, onde trabalhou em 1967 com Pascual Jordan, um dos pioneiros da física quântica. Em 1968, mudou-se para o *Palmer Physical Laboratory* da Universidade de Princeton, trabalhando com John Wheeler, e continuou trabalhando em Princeton no Instituto de Estudos Avançados até 1970, quando se tornou instrutor e depois professor assistente na Universidade de Princeton, posições que ocupava quando Tiomno esteve em Princeton. Mais tarde, em 1974-1976, foi novamente membro do Instituto de Estudos Avançados e esteve como pesquisador visitante em 1975 na Universidade da Austrália Ocidental, em Nedlands, Austrália, e na Universidade de Kyoto, no Japão. No ano seguinte, assumiu uma cátedra na Universidade de Catania, na Sicília, e em 1978 tornou-se professor titular de física em sua *alma mater*, La Sapienza, em Roma, cargo que ocupou até sua aposentadoria em 2012. Lá, ele foi também chefe do Departamento de Física Teórica.

Ruffini, além de suas pesquisas sobre teoria gravitacional e astrofísica relativística, tem sido muito ativo na organização de congressos e em consultorias científicas. Foi consultor da NASA sobre o potencial científico das estações espaciais em 1986-1988 e cofundou os *Marcel Grossmann Meeting* de astrofísica relativística (MGM) junto com Abdus Salam, em 1975; os quais são realizados a cada três anos em vários locais do mundo e continuam com grande sucesso. Ele ajudou a fundar o Centro Internacional de Astrofísica Relativística (*International Center for Relativistic Astrophysics* – ICRA), com sede em Pescara, na Itália, e foi eleito seu presidente em 1985, cargo que ocupa até hoje. Em 2003, fundou uma rede internacional, denominada ICRANet, e tem sido seu diretor desde então. Em 1987, Ruffini tornou-se copresidente dos *Italian-Korean Meetings on Relativistic Astrophysics* e nos anos de 1989-1993 foi presidente da Comissão Científica da Agência Espacial Italiana. Ele tem editado várias séries de anais de conferências e faz parte do conselho editorial de inúmeros periódicos. Ruffini é coautor de diversos livros sobre estrelas de nêutrons, buracos negros, ondas gravitacionais, astrofísica e cosmologia. Remo Ruffini e Jayme Tiomno colaboraram em quatro artigos científicos durante a estada deste último em Princeton (JT62, 63, 65 e 72).

Leonard Emanuel Parker[17] (originalmente Pearlman), nascido no Brooklyn, Nova York, em maio de 1938, obteve seu bacharelado em física na Universidade de Rochester em 1960 e fez a pós-graduação em Harvard, onde completou seu mestrado em 1962 e o doutorado em 1967 com a tese *The creation of particles in an expanding universe* (A criação de partículas num universo em expansão) sob a orientação de Sydney Coleman. Ingressou na Faculdade de Física da Universidade da Carolina do Norte (Chapel Hill) em 1966 como instrutor (seguindo os passos de John Wheeler 30 anos antes), continuando como professor assistente (1968), professor associado (1970) e professor titular (1975) na Universidade de Wisconsin (Milwaukee). Em 1971/1972, passou um ano como pesquisador visitante no grupo de John Wheeler na Universidade de Princeton e retornou várias vezes ao Instituto de Estudos Avançados de Princeton na década de 1970. Ele e Tiomno colaboraram em dois artigos (JT64 e 67).

A pesquisa de Leonard Parker se concentrou em eletrodinâmica quântica (QED, na sigla em inglês) em espaços curvos e em astrofísica relativística e cosmologia. Seu trabalho sobre a produção do par partícula-antipartícula em campos gravitacionais em transformação foi seminal para desenvolvimentos posteriores, incluindo a radiação de buracos negros (radiação Hawking) e as flutuações na radiação de fundo de microonda cósmica (*Cosmic Microwave Background* – CMB). Ele trabalhou sobre estrelas de nêutrons que giram rapidamente, nos efeitos do espaço-tempo curvo nos espectros atômicos e em modelos de inflação do universo primitivo.

Vários outros colegas mais jovens também desenvolveram trabalhos em parceria com Tiomno durante sua estada em Princeton, como C. V. Vishveshwara,[18] Marc Davis,[19] Jeffrey M. Cohen,[20] Frank J. Zerilli,[21] Robert M. Wald,[21] e Reinhard A. Breuer.[23]

Trabalhando em astrofísica relativística

A estadia de Jayme Tiomno em Princeton em 1971/1972 resultou em nada menos que treze publicações (JT62–74). Assim, percebe-se que Tiomno rapidamente se tornou proficiente em teoria gravitacional, atuando como pesquisador independente no tema e capaz de escrever artigos sozinho, em parceria com pesquisadores relativamente inexperientes e com cientistas bem estabelecidos.

Os primeiros sete desses artigos foram publicados em 1972, enquanto Tiomno estava em Princeton ou logo após seu retorno ao Brasil. Os outros foram publicados no ano seguinte, quando já estava de volta ao Brasil, mas foram, sem dúvida, escritos em Princeton e publicados com atraso de 6 a 8 meses pelos periódicos (na maioria das vezes na *Physical Review*). O artigo final datado da estadia em Princeton, com Breuer e Vishveshwara como coautores (JT74), foi uma continuação de um trabalho iniciado anteriormente (JT68). Ele foi publicado apenas em 1975 no *Il Nuovo Cimento* e aparentemente saiu atrasado por algum problema de formulação ou edição. Ambos os coautores de Tiomno já estavam trabalhando em outros lugares quando da publicação.

O primeiro desses artigos, publicado por Ruffini, Tiomno e Vishveshwara é intitulado *Electromagnetic Field of a Particle Moving in a Spherically Symmetric Black-hole Background* (Campo eletromagnético de uma partícula em movimento num contexto de um buraco negro esfericamente simétrico) e foi publicado como *Letter* (artigo curto normalmente utilizado para resultados muito importantes ou atualizados) no *Il Nuovo Cimento* (JT62). Ele trata da possibilidade de detectar buracos negros por meio da radiação emitida por partículas carregadas movendo-se em fortes campos gravitacionais. É uma continuação do trabalho de Ruffini e de outros pesquisadores de Princeton.

Essa publicação e outros artigos relacionados ganharam um significado especial com a primeira detecção direta de um buraco negro, anunciada em 10 de abril de 2019, fazendo uso das ondas de rádio de alta frequência emitidas por seu disco de acreção – o redemoinho de matéria orbitando e sendo puxada para dentro do buraco negro central. O buraco negro em questão é supermassivo (6,5 bilhão de massas solares) e fica no centro da grande galáxia M87, cerca de 55 milhões de anos-luz da Terra. Seu horizonte de eventos tem um diâmetro consideravelmente maior que nosso sistema solar. A detecção foi feita por 8 conjuntos de radiotelescópios trabalhando em sincronia sobre uma grande área do globo, e mostra um anel brilhante de emissões de rádio em torno de um disco preto – a sombra do enorme buraco negro. A detecção e a imagem foram realizadas pela Colaboração EHT[24] e representam o início de um novo campo na astrofísica observacional.

Seu artigo seguinte foi publicado na prestigiosa revista *Physical Review Letters* por Davis, Ruffini, Tiomno e Zerilli (JT63) e fazia a pergunta: *Can Synchrotron Gravitational Radiation Exist?* (Pode existir radiação gravitacional síncroton?). A radiação eletromagnética síncroton é produzida por partículas carregadas movendo-se a velocidades relativísticas em um caminho curvo e, portanto, sujeita a uma aceleração radial (por exemplo, elétrons no anel do acelerador síncrotron ou anel de armazenamento). Se o movimento de uma partícula massiva no campo gravitacional de um buraco negro exibe propriedades semelhantes, as ondas gravitacionais resultantes estariam fortemente "feixeadas" (no artigo, eles usam o termo em inglês *beamed*), tornando-os mais fáceis de serem detectados. Os autores usaram o formalismo de Regge-Wheeler, desenvolvido anteriormente no grupo de Wheeler, para responder à pergunta para a radiação gravitacional escalar, vetorial e tensorial, dependendo das massas das partículas e do buraco negro, e dos parâmetros orbitais das partículas. O resultado é que a concentração de energia dentro de um plano, como observada com a radiação eletromagnética síncroton, não é tão eficaz para as ondas gravitacionais emitidas por partículas orbitando em torno de um buraco negro. Os autores sugeriram que deveria ser realizada uma análise mais detalhada das propriedades da radiação gravitacional.

Em junho de 1972, Parker e Tiomno apresentaram uma breve nota, intitulada *Pulsars and Pair Production in Electric Fields* (Pulsares e produção de pares em campos elétricos, JT64) para a *Nature Physical Science*. Pulsares são objetos compactos que irradiam ondas eletromagnéticas (normalmente na região de radiofrequência) na forma de pulsos, numa taxa de repetição quase constante. Eles foram descobertos em 1967 por Anthony Hewish e Jocelyn Bell (o primeiro pulsar é indicado como PSR B1919+21). Hewish recebeu o prêmio Nobel de 1974 por sua descoberta. A natureza deles era inicialmente misteriosa e foi explicada mais tarde em termos de uma estrela de nêutrons em rotação que envia um feixe de ondas de rádio como um holofote – o feixe aparece como um pulso ao passar pelo observador. Em 1974, um sistema binário de duas estrelas de nêutrons, uma delas um pulsar (PSR 1913+16) foi descoberto por Russell Hulse e Joseph H. Taylor. Esse sistema irradia energia na forma de ondas gravitacionais, fazendo com que o período de pulso do pulsar aumente gradualmente, permitindo, assim, a primeira observação indireta da radiação gravitacional. Hulse e Taylor receberam o prêmio Nobel de 1993 por sua descoberta.

Parker e Tiomno, em seu artigo de 1972, escrito antes de ser amplamente aceita a explicação das estrelas de nêutrons para pulsares, propuseram um modelo consistindo de um forte campo elétrico de um objeto central, no qual a produção de pares (ou seja, de pares elétron-pósitron) está ocorrendo. O objeto central que produz o campo é rodeado por um plasma oscilante contendo os pares, que emitem pulsos de radiação. Eles calcularam a razão da largura dos pulsos emitidos para o período do pulso e encontraram boa concordância com os valores observados dos pulsares. Outras quantidades calculadas, como a mudança no período de pulso ao longo do tempo e a potência emitida, também concordaram com as observações. Eles especularam sobre a natureza do objeto central e sugeriram que podia ser um buraco negro. Eles, no entanto, admitiram que seu modelo provavelmente não se aplicaria a pulsares reais, mas poderia ser relevante para outros processos observáveis. Um artigo mais longo e detalhado foi publicado por eles no *Astrophysical Journal* (JT67).

Em dezembro de 1971, Davis, Ruffini e Tiomno submeteram a *Physical Review* o artigo *Pulses of Gravitational Radiation of a Particle Falling Radially into a Schwarzschild Black Hole* (Pulsos da radiação gravitacional de uma partícula caindo radialmente dentro de um buraco negro de Schwarzschild, JT65) – um título que descreve seu conteúdo de maneira bastante completa. A forma dos pulsos de energia e a distribuição angular das ondas gravitacionais emitidas por uma partícula caindo em um buraco negro são calculados usando métodos desenvolvidos por Regge, Wheeler e Zerilli, continuando o trabalho de Davis, Ruffini e outros membros do grupo de Princeton. Neste artigo, os autores observaram que há uma forte explosão de energia direcionada para dentro, o que pode afetar a trajetória da queda da partícula e, portanto, indiretamente, a radiação externamente direcionada (em princípio observável). Este artigo, juntamente com o primeiro artigo conjunto de Ruffini, Tiomno e Vishveshwara (JT62), foi selecionado para menção especial em um livro publicado posteriormente resumindo os avanços na astrofísica relativística.[25]

Tiomno publicou uma *Letter* no *Il Nuovo Cimento* como único autor, intitulada *Maxwell Equations in a Spherically-Symmetric Black-Hole Background and Radiation by a Radially-Moving Charge* (Equações de Maxwell no contexto de buracos negros esfericamente simétricos e radiação de uma carga movendo radialmente, JT66). Novamente, ele tratou da possibilidade de observar diretamente um buraco negro por meio da radiação gravitacional ou eletromagnética emitida pela matéria que se move nas proximidades. O modelo utilizado neste artigo é exato, idealizado de uma situação real muito complicada. Foram ainda computados os espectros de potência para ondas de entrada e de saída.

Quase ao mesmo tempo, Breuer, Tiomno e Vishveshwara apresentaram uma Letter para *Il Nuovo Cimento* intitulada *Polarization of Gravitational Synchrotron Radiation* (Polarização da radiação gravitacional síncroton, JT68). Eles também consideraram a possibilidade de que as ondas gravitacionais emitidas por partículas em órbita em torno de um buraco negro podem ter propriedades similares às da radiação síncrotron (eletromagnética), conforme originalmente sugerido por Charles Misner. Neste artigo, uma extensão do trabalho de Ruffini, Davis e Tiomno, a ênfase foi na polarização da radiação emitida, tanto gravitacional quanto eletromagnética, como base para futuras observações. Os autores calcularam os parâmetros de Stokes que caracterizam a polarização e os fluxos de energia das ondas emitidas. Eles prometeram as derivações detalhadas e os resultados numéricos num artigo posterior, que foi publicado pelos mesmos autores no *Il Nuovo Cimento*. A essa altura, Tiomno já estava de volta ao Brasil, Breuer terminava seu doutorado em Oxford e Vishveshwara estava na Universidade de Pittsburgh. Este artigo em sequência ao primeiro foi intitulado *Polarization of Geodesic Synchrotron Radiation* (Polarização de radiação geodésica síncroton; JT74) e, de fato, apresentava o detalhamento dos cálculos dos parâmetros de Stokes para radiação gravitacional e sua comparação com o caso eletromagnético.

Tiomno publicou como único autor num artigo chamado *Balancing of Electromagnetic and Gravitational Forces and Torques Between Spinning Particles at Rest* (Balanço de forças e torques eletromagnético e gravitacional entre partículas em rotação no repouso; JT69) na *Physical Review D*. Esse artigo se refere a trabalhos anteriores de Tiomno, de 1955 (JT27) e de Tiomno e Colber Oliveira, de 1962 (JT44), e trata da precessão de um objeto girando em um campo gravitacional com componentes pseudomagnéticos, discutindo a força sobre o objeto, calculada a partir da equação de Dirac e do princípio de correspondência (o "limite clássico" dos cálculos quânticos). Os resultados são comparados com trabalhos contemporâneos de Robert Wald, também em Princeton, e de Ruffini e Wilkins. Ele é baseado no princípio da equivalência (das forças inerciais e gravitacionais), que aparece no artigo de 1962 (JT44), para resultar que a "taxa giromagnética" gravitacional é exatamente a unidade (em vez de dois, como encontrado no caso eletromagnético para o elétron). Esse artigo é essencialmente uma continuação do trabalho de Tiomno de 1962, que ele prosseguiu durante seu período em Princeton, mas também é relevante para pesquisas mais recentes de outros pesquisadores sobre as soluções das equações de Maxwell-Einstein para girar massas carregadas, bem como para trabalhar em buracos negros em rotação.[26]

Um outro artigo de Tiomno com Jeffrey M. Cohen e Robert M. Wald foi publicado na *Physical Review D* e é intitulado *Gyromagnetic Ratio of a Massive Body* (Taxa giromagnética de um corpo massivo; JT70). A taxa giromagnética ou "fator g" é a razão entre o momento magnético e o momento angular de um corpo carregado em rotação (ou uma corrente circular) e classicamente tem valor 1. Mas se o corpo for muito massivo (como um buraco negro), ele curvará o espaço em seu entorno e o fator g não será mais exatamente 1. Nesse artigo é calculado o fator g de um envoltório (*shell*) massivo carregado, girando vagarosamente com uma densidade uniforme de carga. Quando seu raio é grande em comparação com o raio de Schwarzschild, g = 1 ainda é encontrado, mas aumentando a massa do envoltório aumenta g. À medida que o envoltório se aproxima do raio de Schwarzschild (com massa crescente), seu fator g se aproxima de 2 (o valor relativístico encontrado na equação de Dirac para elétrons). Esse artigo é resultado do trabalho anterior de Tiomno sobre rotação de partículas massivas (JT44) e o trabalho mais recente de Wald sobre o movimento de corpos de teste girando em campos gravitacionais fortes.[27]

Outro artigo individual de Tiomno publicado na *Physical Review D* foi *Electromagnetic Field of Rotating Charged Bodies* (Campo eletromagnético de corpos carregados em rotação; JT71). Esse é um tópico muito antigo, que remonta ao trabalho de André-Marie Ampère no início do século XIX, mas ele aparece aqui num sentido moderno de um corpo girando em um forte campo gravitacional, como um buraco negro. A solução de Kerr das equações de campo de Einstein descreve um buraco negro rotacional (não carregado) e a solução de Kerr-Newman estende para as equações de Einstein-Maxwell, descrevendo um buraco negro em rotação e carregado (ou seja, com carga elétrica e com momento angular ou "spin"). Seguindo um estudo de Werner Israel em 1967 para buracos negros estacionários e não carregados (métrica de Schwarzschild), Wheeler e seu aluno Jacob Bekenstein conjecturaram que os buracos negros podem exibir apenas três propriedades: massa, carga e giro. Isso foi chamado de "conjectura sem cabelo" ("buracos negros não têm cabelo", ou seja, nenhuma outra propriedade observável; são como (enormes) partículas elementares). Tiomno aqui fez uso da analogia com um sistema clássico: um elipsoide carregado com condutividade elétrica infinita e suscetibilidade magnética infinita (ou unitária). Ele calculou as propriedades de tal elipsoide em rotação e as aplicou para entender as soluções de Kerr-Newman para um buraco negro carregado e em rotação (em particular seu fator g = 2). Esse artigo é, portanto, intimamente relacionado com o artigo *Gyromagnetic Ratio of a Massive Body* (JT70).

Finalmente, Tiomno publicou como único autor o artigo *On Gravitation-Induced Electromagnetic Fields* (Sobre campos eletromagnéticos induzidos pela gravitação; JT73) na *Acta Physica Austriaca*. O artigo é presumivelmente um desdobramento de (JT63) e do artigo de Ruffini de 1972 sobre o *bremss-trahlung* (radiação eletromagnética de frenagem) produzido por uma partícula carregada num forte campo gravitacional (por exemplo, o campo de um buraco negro). Ambos são citados em um artigo de Stephen Boughn intitulado *Electromagnetic radiation induced by a gravitational wave* (Radiação eletromagnética induzida por uma onda gravitacional).[28]

O artigo *Vector and Tensor Radiation from Schwarzschild Relativistic Circular Geodesics* (Radiação vetorial e tensorial a partir da geodésica circular relativística de Schwazschild) de Breuer, Ruffini, Tiomno e Vishveshwara foi submetido para publicação na *Physical Review D* (JT72). Ele aborda um tema originalmente sugerido por Misner e dá um tratamento detalhado da radiação gravitacional e eletromagnética emitida por uma partícula carregada, ou não carregada, em uma órbita relativística em torno de um buraco negro de Schwarzschild (sem carga, sem spin) de massa M. Os autores calcularam a potência do espectro da radiação e compararam os casos de campos escalar, vetorial e tensorial [spin s = 0 (escalar), 1 (eletromagnético), 2 (gravitacional)] para múltiplos maiores. É um desdobramento do trabalho publicado anteriormente como uma *Letter* intitulado *Can Synchrotron Gravitational Radiation Exist?* (Existe radiação gravitacional síncroton? JT63), dando mais detalhes dos cálculos e seus resultados. Os autores forneceram uma fórmula simples para a potência do espectro da radiação, discutiram as implicações para a observação da radiação de ondas gravitacionais, e descreveram seu aumento devido a "feixagem", ou foco do plano orbital dos multipolos mais altos considerados nesse artigo.

Esse artigo foi, no entanto, objeto de tensão entre os seus autores – após ter sido submetido à *Physical Review* no início de junho de 1972, Remo Ruffini, por conta própria e sem discutir com o grupo, contatou o editor da revista, Simon Pasternack, pedindo a suspensão da publicação, apesar de ter sido amplamente discutido. Breuer, Tiomno, e Vishveshwara ficaram irritados com a atitude individual de Ruffini e estavam dispostos a publicar o artigo sem o seu nome. Wheeler foi envolvido na discussão e, no final, o artigo foi publicado com os nomes dos quatro autores.[29] Mas terminou deixando um mal-estar entre Tiomno e Ruffini.

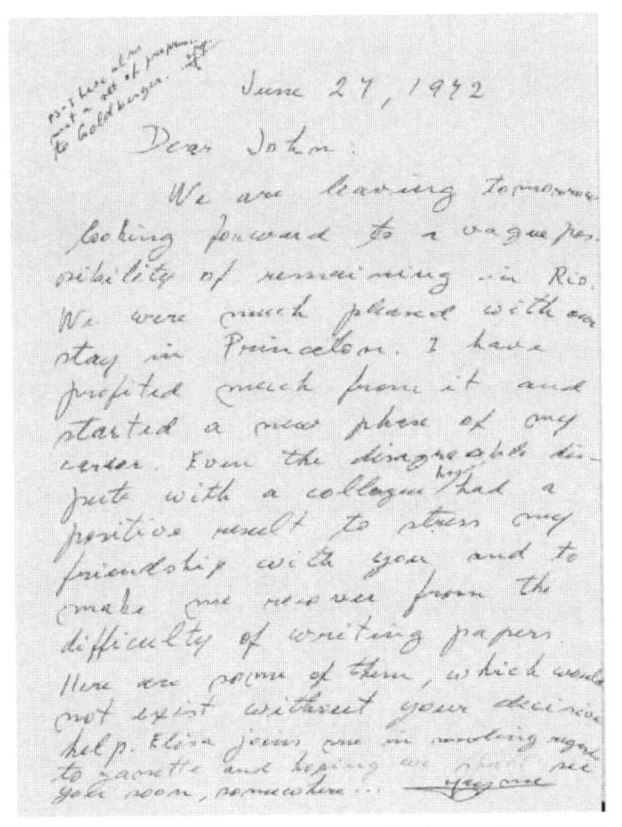

Fig. 13.3. Carta de despedida de Tiomno para John Wheeler, escrita pouco antes da partida dele e de Elisa de Princeton em junho de 1972. Fonte: JT; usado com permissão. Encontrado também em JWA.

Caro John,

Partimos amanhã na expectativa de uma vaga possibilidade de reassumir no Rio. Ficamos muito satisfeitos com a nossa estadia em Princeton. Aproveitei muito e iniciei uma nova fase na minha carreira. Até mesmo a desagradável desavença com um colega teve um efeito positivo para fortalecer minha amizade com você e para me fazer vencer a dificuldade de escrever artigos.

Aqui estão alguns deles, que não existiriam sem a sua decisiva ajuda. Elisa junta-se a mim para enviar lembranças a Janette [esposa de John Wheeler] e esperamos encontrar vocês em breve em algum lugar.

Jayme

PS. Também enviei um conjunto de artigos para Goldberger.

A quantidade de artigos submetidos para publicação em apenas 4 meses, entre março e julho de 1972 (9 artigos, sendo 3 como único autor), é impressionante, mesmo levando em conta que ele trabalhou em parceria com seus coautores. Tiomno fez um esforço tremendo para concluir todos esses artigos em seus últimos meses antes de deixar Princeton. Sua rotina diária era intensa, começava às 8h30 da manhã e ia até 14h, quando fazia uma hora de intervalo para o almoço em casa, e depois continuava ininterruptamente até às 20h. Ele ia jantar e frequentemente trabalhava em casa até meia-noite. Aos sábados ele trabalhava "somente" até às 14h.[30] Sua nota de despedida para Wheeler expressa bem seus sentimentos ao partir (Fig. 13.3).

A ideia inicial era passar um ano em Princeton e depois 6 meses no México, mas o Instituto de Estudos Avançados ofereceu estender a estadia em Princeton por mais meio ano, até junho de 1972.

Como se pode perceber na nota de Tiomno para Wheeler, eles viam como remotas as chances de conseguir reassumir suas atividades no Rio de Janeiro. Não é claro porque eles não tentaram contato com outras universidades ou institutos de pesquisa nos Estados Unidos ou em outro país para obter alguma posição ou convite. Independentemente de sua importante contribuição em física das partículas elementares anos antes, Tiomno tinha realizado um trabalho notável em astrofísica relativística, que o habilitaria a ser aceito em vários lugares. Uma possibilidade é que Tiomno estivesse tão ocupado com suas pesquisas que não teve tempo para se dedicar à tarefa de encontrar uma instituição para onde ir, e deixou esse assunto para mais tarde. É possível também que eles tivessem a expectativa de que a ditadura fosse abrandar nos próximos anos e que o pior já tivesse passado. O fato é que, apesar das dificuldades que eles sabiam que encontrariam pela frente, queriam retornar ao Brasil, mesmo que por um período restrito de tempo.

Notas

1. Wigner se aposentou em 1971 e Wheeler em 1976, mas ambos permaneceram ativos na física por mais alguns anos. Pais mudou-se para a Universidade Rockefeller em 1963.

2. Elisa Frota-Pessôa para Caden e Haity Moussatché, 21 de março de 1971; HM. Haity Moussatché nasceu em Izmir, na Turquia, em 1910. Emigrou para o Brasil, estudou medicina na Universidade do Brasil e tornou-se assistente de pesquisa no Instituto Oswaldo Cruz, especializando-se em biologia e fisiologia. Mais tarde, foi diretor do Departamento de Farmacodinâmica do IOC, participou da fundação da UnB em 1965 e atuou intensivamente na SBPC. Foi aposentado compulsoriamente durante a ditadura civil-militar e se exilou na Venezuela, de onde retornou em 1985. Foi cofundador da Sociedade Internacional de Toxicologia e da Sociedade Brasileira de Biologia, e membro de várias academias científicas. Ele e sua esposa Caden foram amigos íntimos de Tiomno e Elisa por muitos anos até sua morte em 1998.

3. Idem.

4. Elisa Frota-Pessôa para Caden e Haity Moussatché, 19 de maio de 1971; HM.

5. Idem.

6. Comunicação pessoal de Sonia Frota-Pessôa, 2019.

7. Elisa Frota-Pessôa para Caden e Haity Moussatché, 19 de maio de 1971; HM; op. cit.

8. Idem.

9. Ver Wheeler e Ford (1998).

10. Misner, Thorne e Wheeler (1973). Misner teve uma carreira em física gravitacional em Princeton e na Universidade de Maryland. Thorne ocupou a antiga cadeira de Feynman no Caltech até sua aposentadoria em 2009 e foi um dos agraciados pelo prêmio Nobel de Física de 2017 por suas contribuições para a detecção das ondas gravitacionais.

11. Oppenheimer e Volkoff (1939).

12. Oppenheimer e Snyder (1939).

13. Isso é descrito, por exemplo, na palestra *John Wheeler and the Recertification of General Relativity as True Physics*, dada por seu ex-aluno Charles Misner na Escola J. A. Wheeler, em Erice, na Itália, em 2006, em homenagem ao 95º aniversário de Wheeler, e incluído como artigo em um volume do *Festschrift*; cf. Misner (2010). Misner afirma que esta foi de fato a mais importante contribuição de Wheeler para a ciência.

14. Ver site da Colaboração LIGO/Virgo em https://www.ligo.org/.

15. O termo "astrofísica relativística" foi usado pela primeira vez em conexão com o *Texas Symposia on Relativistic Astrophysics*, que acontece a cada dois anos, começando em Dallas, no Texas, em 1963, e ainda ativo. Os *Marcel Grossmann Meeting*, originados por Remo Ruffini e Abdus Salam, em 1975, também continuam até hoje (ver Cap. 16), além de séries de conferências adicionais, refletindo a forte atividade de muitos grupos de pesquisa nesse campo em todo o mundo.

16. Ver a página web de Remo Ruffini em https://www.icra.it/People/Ruffini.htm. Ruffini também contribuiu para a popularização do termo "buraco negro"; cf. Ruffini e Wheeler (1971).

17. Ver a página web de Leonard Parker em https://uwm.edu/physics/people/parker-leonard/.

18. C.V. Vishveshwara (1938-2017), conhecido como "Vishu", foi um físico indiano que fez pós-graduação na Universidade de Columbia e na Universidade de Maryland, onde recebeu seu Ph.D. em 1968 trabalhando sob a orientação do ex-aluno de Wheeler, Charles W. Misner. Vishveshwara era oficialmente um pós-doutorando na Universidade de Boston e na Universidade de Nova York durante a estada de Tiomno em Princeton, mas ele evidentemente estava trabalhando com Ruffini depois de concluir seu doutorado em Maryland, e continuou a colaboração. Mais tarde, mudou--se para a Universidade de Pittsburgh e depois retornou a Bangalore, na Índia, em 1976, onde tornou-se professor no Instituto Raman e depois no Instituto Indiano de Astrofísica, aposentando-se deste último em 2005. Ele era chamado de "o homem do buraco negro da Índia".

19. Marc Davis (n. 1947) fez sua pós-graduação na Universidade de Princeton e trabalhou inicialmente com Ruffini. Foi coautor de quatro artigos com ele, dois dos quais também em coautoria com Tiomno, que lidam com radiação gravitacional. Ele migrou para a física experimental (cosmologia e astronomia observacional) e mais tarde foi professor na Universidade de Berkeley.

20. Jeffrey M. Cohen (1940–2003) recebeu seu Ph.D. na Universidade de Yale em 1966 e fez pós-doutorado no Instituto de Estudos Avançados de 1969-1971. Ingressou no corpo docente da Universidade da Pensilvânia, na Filadélfia, em 1971, e lá permaneceu até sua morte prematura em 2003.

21. Frank J. Zerilli (n. 1942) foi aluno de doutorado no grupo do Wheeler. Ele é conhecido pela equação de Wheeler-Zerilli, que descreve a emissão de radiação dos buracos negros. No início da década de 1970, mudou-se para a Universidade da Carolina do Norte (Chapel Hill), mas manteve a colaboração com Ruffini e outros em Princeton.

22. Robert M. Wald (n. 1947) também era um estudante de doutorado em Princeton durante a estadia de Tiomno e recebeu seu Ph.D em 1972. Após seu pós-doutorado na Universidade de Maryland e na Universidade de Chicago, foi contratado por esta última, onde é hoje professor emérito do Instituto Enrico Fermi.

23. Reinhard A. Breuer (n. 1946) é um físico alemão que estudou em Würzburg, na Alemanha, na Universidade de Michigan e na Universidade de Maryland, onde ficou lotado quando trabalhou com Ruffini e Vishveshwara, e com Jayme Tiomno, no início

da década de 1970. Ele obteve seu D.Phil. na Universidade de Oxford em 1974 e fez um pós-doutorado no Instituto Max Planck de Astrofísica, em Munique, depois do qual se voltou para o jornalismo científico. Ele se aposentou em 2010 como editor--chefe da *Spektrum der Wissenschaft*, a versão alemã da revista *Scientific American*.

24. Colaboração do *Event Horizon Telescope*: cf. https://eventhorizontelescope.org/.

25. Rees, Ruffini e Wheeler (1974).

26. Kerr (1963).

27. Robert M. Wald, na *Physical Review D*, 6, 406 (1972).

28. Boughn (1975).

29. Reinhard A. Breuer, Jayme Tiomno e C.V. Vishveshwara para Remo Ruffini, 12 de junho de 1972 e Reinhard A. Breuer, Jayme Tiomno e C.V. Vishveshwara para Simon Pasternack (Editor da *Physical Review*), s.d.; JWA.

30. Elisa Frota-Pessôa e Jayme Tiomno para Anita Tiomno e Riva Rosenthal (mãe e irmã de Tiomno), 23 de maio de 1971; STT.

14

Pontifícia Universidade Católica do Rio de Janeiro

Tiomno e Elisa voltaram ao Rio de Janeiro em meados de 1972 para encontrar a ditadura ainda em pleno vigor. Assessorias de Segurança e Informações (ASI) haviam sido instaladas em praticamente todas as universidades públicas. Eles acompanhavam tudo o que acontecia dentro da universidade, observando até os temas das teses de mestrado e doutorado em ciências sociais. As ASIs formaram uma rede de informações que incluíam o Serviço Nacional de Informações (SNI) e as Divisões de Segurança e Informações (DSIs), localizadas nos ministérios. Assim, os registros de determinada pessoa eram consultados antes de ser autorizada sua contratação para um novo cargo, concedida uma bolsa de estudos ou mesmo renovado o passaporte ou o visto para estudar ou participar de um congresso no exterior. Houve inúmeros casos de pessoas que passaram num concurso, mas não foram contratadas; foram indicadas para cargos, mas não foram efetivas; tiveram seus pedidos de bolsa e auxílio rejeitados, ou simplesmente não tiveram permissão de deixar o país (muitas vezes, a permissão era fornecida meses depois, como se tivesse sido um atraso de ordem burocrática.) Esse procedimento de impedir que um professor universitário ou pesquisador conseguisse desenvolver suas atividades acadêmicas e prosseguir em sua carreira por motivos políticos (ou melhor, por conta dos registros nos sistemas de informação) foi denominado de "cassação branca". As perseguições políticas eram disfarçadas em questões de mérito ou burocráticas. Constavam desses registros pessoas que haviam sido denunciadas; que foram demitidas ou aposentadas compulsoriamente; que tivessem participado de qualquer forma de protesto ou manifestação contra o governo, como assinar uma petição em apoio a um professor que havia sofrido alguma punição pelo regime; que tivessem desenvolvidos pesquisas acadêmicas consideradas subversivas, como o papel do negro na sociedade brasileira ou revoltas e movimentos antigovernamentais na história brasileira; entre outras. Nada era oficialmente divulgado ou justificado; apenas o contrato ou a bolsa não eram autorizados, o visto e o financiamento para uma viagem não eram concedidos.

Havia um clima de medo e desconfiança, pois qualquer colega da universidade poderia ser um agente infiltrado. Mesmo assim, havia várias organizações, como a Sociedade Brasileira para o Progresso da Ciência (SBPC), que denunciavam as arbitrariedades cometidas pelo regime. Suas reuniões anuais reuniram milhares de participantes e eram um ponto focal para as discussões dos problemas nacionais. Em 1977, o governo do Estado de São Paulo proibiu a realização da assembleia anual da SBPC na USP. Foi feito um grande esforço de última hora e o encontro foi transferido para a PUC de São Paulo. De fato, as universidades católicas estavam entre as poucas instituições de ensino superior de alta qualidade que não eram controladas pelo regime ditatorial, e muitas vezes se tornaram uma espécie de refúgio à arbitrariedade e ao autoritarismo, apesar da existência de casos de colaboração com as forças repressivas.

Nessa época, o Instituto de Física da PUC do Rio de Janeiro estava num período de consolidação e terminou sendo uma espécie de "porto seguro" para muitos dos ex-alunos e colegas de Tiomno e Elisa durante o período mais difícil da ditadura.

Driblando a repressão

O Instituto de Física foi fundado em 1957 pelo Padre Francisco Xavier Roser, especialista em radioatividade natural. Ele faleceu de afogamento na praia da Barra da Tijuca em 1967 e foi substituído pelo padre Thomas Lynch Cullen.[1] Cullen também era físico, formado nos Estados Unidos, e chegou ao Brasil em 1957 trazido por Roser. Ambos trabalharam juntos sobre a radioatividade natural. Os ex-alunos e colaboradores de Tiomno – Alceu Pinho, Erasmo Ferreira, Nicim Zagury, Jorge André Swieca e Antonio Luciano Leite Videira – já haviam tentado levá-lo para a PUC após a aposentadoria compulsória da USP e a demissão do CBPF, mas não tiveram sucesso na iniciativa.

Em dezembro de 1972, pouco depois do retorno de Tiomno e Elisa de Princeton, seus colegas tentaram novamente levá-lo para a PUC. Mas as informações arquivadas no DOPS não recomendavam sua contratação.[2] Essa situação foi alterada por uma discreta intervenção superior: o próprio Papa Paulo VI.[3] Uma possibilidade (não comprovada) é que essa demanda tenha vindo de Carlos Chagas Filho, antigo professor e orientador de Tiomno na Faculdade de Medicina. Chagas Filho tinha sido designado presidente da Pontifícia Academia de Ciências do Vaticano e tinha acesso ao Papa. Assim, no final de 1973, Tiomno foi autorizado a ingressar no corpo docente da PUC: "Saiu o contrato de Jayme na PUC, o reitor resolveu assinar sem consultas [grifo no original]. Esperamos que a situação permaneça estável. Vocês acreditam?", Elisa escreveu aos amigos Caden e Haity Moussatché.[4]

Se essa intervenção foi feliz para Tiomno e Elisa, também o foi para a PUC. Sua presença, uma personalidade integradora e figura de destaque da física brasileira, foi, sem dúvida, importante para o sucesso e a reputação do Instituto de Física. De qualquer forma, sua posição na PUC deu a Tiomno e Elisa uma casa num período em que as únicas alternativas teriam sido o isolamento ou um exílio de longo prazo, opções que nenhum dos dois desejava.

Além de Tiomno e Elisa, outros professores aposentados compulsoriamente em função do AI-5 foram acolhidos na PUC do Rio de Janeiro, como a física Sarah de Castro Barbosa Andrade e o químico João Christóvão Cardoso, ambos oriundos da Faculdade Nacional de Filosofia.[5]

O Quarteto PUC

Em 1974, quando Tiomno ingressou em seu corpo docente, o Departamento de Física da PUC era pequeno e homogêneo, mas com uma reputação cada vez mais positiva devido especialmente ao grupo de física teórica, composto em sua maioria por seus próprios alunos. A PUC, por ser da Igreja Católica, era mais resguardada dos ímpetos autoritários presentes nas universidades públicas, tinha bons salários e seu Instituto de Física estava em pleno crescimento com ótimas perspectivas. O primeiro a se transferir para a PUC foi Alceu Gonçalves de Pinho Filho. Ele era físico experimental e havia trabalhado com Camerini no CBPF. Ele retornou do doutorado na França em novembro de 1964 e pouco depois seguiu para a PUC. Algum tempo depois, em 1967, também chegavam do exterior Erasmo Madureira Ferreira e Nicim Zagury que, após não conseguirem desenvolver suas atividades no CBPF e em função dos baixos salários, também se transferiram para a nova universidade, levados por Antonio Cesar Olinto. Por fim, em 1969, Jorge André Swieca e Luciano Leite Videira se desligaram da USP e retornaram para o Rio de Janeiro, vinculando-se à PUC. Tiomno comentou sobre esse grupo numa entrevista em 1977, pouco tempo depois de ter ingressado na PUC:

> ...Mas muitos estão aqui na PUC, por exemplo, o professor Jorge André Silveira, Luciano Leite Videira, Alceu Pinho, Erasmo Ferreira, Nicim Zagury e outros. Praticamente, toda a estrutura da PUC foi montada

> com o pessoal formado nessas condições, quer dizer, a turma de alunos da Faculdade de Filosofia, que depois se especializou no Centro e que, com as condições adversas do Centro, encontrou refúgio aqui. Mesmo no Centro [CBPF] – praticamente todos que estão lá – a maior parte dos mais velhos foram nossos alunos.[6]

Desses, o único experimental e que não havia trabalhado diretamente com Tiomno era Alceu Pinho. Os demais, Jorge André Swieca, Nicim Zagury, Antonio Luciano Leite Videira e Erasmo Madureira Ferreira, formavam o que poderíamos chamar de o "Quarteto PUC". Eram jovens, todos na casa dos trinta anos, teóricos, e haviam sido alunos de Tiomno e Elisa na Faculdade Nacional de Filosofia e no CBPF. Eles formaram dezenas de novos pesquisadores e foram fundamentais para consolidar o ensino e a pesquisa em física no Brasil.

Jorge André Swieca nasceu em Varsóvia, na Polônia, em dezembro de 1936, como Jerzy Andrzej Swieca (Fig. 14.1). Sua família, de origem judaica, conseguiu escapar da Polônia no início da Segunda Guerra Mundial em setembro de 1939. Eles viajaram de trem para Vladivostok e de lá para o Japão, com o pequeno Andrzej, de 3 anos, e sem documentos de identidade. Após dois anos no Japão e na Argentina, eles finalmente se estabeleceram no Rio de Janeiro, logo antes do Brasil entrar na guerra. Jorge André, como passou a ser chamado, fez sua formação no Rio de Janeiro e cursou o bacharelado em física e matemática na FNFi no período de 1954 a 1958. Em 1959, Swieca foi para a USP fazer pós-graduação sob orientação de Werner Güttinger, um físico teórico de partículas. Güttinger, reconhecendo o talento de Swieca, tanto para matemática quanto para suas aplicações físicas, conseguiu que ele fizesse um estágio da pós-graduação no Instituto Max Planck de Física e Astrofísica, em Munique, na Alemanha, na época ainda dirigido por Werner Heisenberg (o próprio Güttinger havia sido orientando de Heisenberg). Swieca retornou à USP para defender sua tese em 1963, seguindo para fazer o pós-doutorado junto ao grupo de Rudolf Haag (Escola Haag) na Universidade de Illinois, nos Estados Unidos. Retornou à USP em 1966 e, pouco depois, em 1968, foi agraciado com o prestigiado Prêmio Moinho Santista. Ele foi o segundo físico a receber o prêmio, o primeiro havia sido Tiomno, em 1957. Na USP, Swieca integrou o grupo de pesquisa liderado por Tiomno em física de partículas.

Após as aposentadorias compulsórias de Schenberg e Tiomno, Swieca deixou a USP e transferiu-se em 1970 para a PUC do Rio de Janeiro, onde ficou por quase 8 anos. Na segunda metade da década de 1970, Swieca precisou fazer uma operação cardíaca para colocação de um *bypass*, um procedimento difícil e arriscado naqueles dias. Seus médicos sugeriram que ele morasse numa região mais tranquila e, em 1978, transferiu-se para a Universidade Federal de São Carlos. Ele teve uma forte depressão em consequência da cirurgia, levando ao seu suicídio aos 44 anos, no final de 1980. Swieca foi considerado um dos mais talentosos jovens físicos teóricos do Brasil. Seu nome está associado à Escola de Verão de Partículas e Campos, promovida anualmente pela Sociedade Brasileira de Física (SBF).[7]

Fig. 14.1 Jorge André Swieca, década de 1970. Fonte: Arquivo da família de J. A. Swieca. Reproduzido com permissão. [Disponível em https://jaswieca.if.uff.br/reminiscencias/reminiscencias_moyses.pdf. Uma foto muito semelhante, mas distinta, pode ser encontrada no Arquivo Emilio Segré da AIP.]

Nicim Zagury, nascido em 9 de março de 1934, estudou física na FNFi de 1955 a 1958 e trabalhou no CBPF até 1967. Ele foi coautor do importante artigo de Tiomno prevendo o méson K' em 1961 (JT43).[8] Em 1962, pediu licença do CBPF e foi estudar na Universidade da California, em San Diego, com bolsa do CNPq, concluindo seu mestrado em física de partículas em 1963 e seu doutorado em 1965. Ambas foram realizadas no grupo de William S. Frazer, um físico de partículas que se juntou à Faculdade em Berkeley em 1959 ao mesmo tempo em que trabalhou no novo *campus* de San Diego de

1960-1981. Zagury fez o pós-doutorado em Harvard em 1966/1967, retornando então ao CBPF. Boicotado pela administração do CBPF e com salários extremamente baixos, se juntou ao Instituto de Física da PUC, mas procurou continuar colaborando com o Centro. Lá, no entanto, ele foi submetido a um inquérito administrativo pelo Almirante Otacílio Cunha por trabalhar sem um vínculo formal. Por fim, deixou definitivamente o CBPF e permaneceu na PUC até 1994, quando se transferiu para a UFRJ. Foi bolsista Guggenheim na Universidade da Califórnia, nos Estados Unidos, em 1974/1975, e professor visitante na École Normale Superieure na França, em 1992. Zagury especializou-se em física de partículas, magnetismo e física estatística, e mais tarde trabalhou em óptica e teoria da informação quântica. Hoje é professor emérito da UFRJ.[9]

Antonio Luciano Leite Videira nasceu em Lisboa, Portugal, em 12 de junho de 1935. Mudou-se com os pais para o Brasil aos 7 anos, em 1942, onde permaneceu até 1986. Estudou física na FNFi de 1954 a 1958. Videira iniciou as pesquisas no CBPF com Jayme Tiomno em 1956, permanecendo até 1962, depois passou vários anos nos EUA (na Universidade de Princeton, 1962-1964, e na Universidade Carnegie-Mellon, 1965-1967) antes de retornar para apresentar sua tese de doutorado na USP em 1967 (Momento magnético bariônico no Modelo SU(6)), sob orientação de Tiomno.[10] Após dois anos na USP, mudou-se para a PUC em 1969, seguindo os passos do colega Zagury, e permaneceu na faculdade até 1987. Ele foi coautor de duas publicações com Tiomno, incluindo o artigo sobre o méson K' (JT43) e um segundo artigo publicado em 1978, quando ambos estavam na PUC (JT75). Em 1970, iniciou uma colaboração com o Departamento de Física Matemática em Lisboa, e mais tarde dividiu seu tempo entre o Brasil e Portugal, transferindo o seu principal local de trabalho para Portugal em 1986, onde ocupou a Cátedra de Física Matemática da Universidade de Évora de 1988 até sua aposentadoria em 2005. Foi também professor da Academia Militar, em Lisboa, e dedicou-se ao ensino e pesquisa da história da ciência nos seus últimos anos. Ele foi autor de vários artigos sobre Tiomno.[11] Videira faleceu em 15 de outubro de 2018 em Portugal.[12]

Erasmo Madureira Ferreira nasceu em 8 de outubro de 1930 no Rio de Janeiro. Ele estudou física na FNFi de 1948 a 1952. Trabalhou no CBPF de 1953 até agosto de 1967, mas esteve de licença entre 1957-1961 para fazer a pós-graduação no Imperial College de Londres sob orientação de Abdus Salam e com bolsa da CAPES. Ele foi, portanto, um dos primeiros orientandos de Salam depois que ele montou seu grupo no ICL em 1957. Ferreira obteve seu mestrado em 1958 e o doutorado em 1961, com uma tese sobre Espalhamento Kaon-Deuteron. Voltando ao Rio de Janeiro, trabalhou simultaneamente no CBPF e na Universidade Federal do Rio de Janeiro, onde completou sua livre-docência em 1967, e ingressou no Departamento de Física da PUC no mesmo ano. Permaneceu na Faculdade até 1994, quando voltou para a UFRJ como professor titular. Ele passou um período como pesquisador visitante (Guggenheim Fellow) em Stanford, nos Estados Unidos em 1975/1977; na Universidade Claude Bernard, em Lyon, na França, como bolsista do CNPq em 1985/1986; e no CERN, em Genebra, como bolsista do CNPq em 1992/1993. Sua área de especialização tem sido física de altas energias, partículas e campos. Atualmente é professor emérito da UFRJ.[13]

Esses quatro físicos, todos alunos de Jayme Tiomno e Elisa Frota-Pessôa da "primeira geração", formaram o núcleo do grupo teórico da PUC-RJ no início da década de 1970 e o distinguiu como uma instituição de excelência naquela época, apesar de seu tamanho relativamente pequeno.

Um ambiente tranquilo

Se, por um lado, Tiomno teria preferido estar num departamento maior, onde pudesse novamente iniciar uma grande escola de física com mais impacto sobre a pesquisa no Brasil, por outro, o porte e a harmonia do Departamento de Física da PUC eram muito bem-vindos. Tanto ele como Elisa entraram em depressão quando regressaram ao Brasil e perceberam que as perseguições continuavam. Videira tentava retirá-los dessa situação acompanhando ambos à terapia. Consequência disso é que a produção científica de Tiomno no período logo depois da volta de Princeton e nos quatro primeiros anos de trabalho na PUC, de 1974 a 1977, consistiu apenas num artigo, que pode ser considerado um produto atrasado de sua estadia em Princeton. Isso deve ter sido particularmente perturbador para ele, uma vez que, em Princeton, ele havia conseguido retomar seu trabalho após um período estéril em sua pesquisa durante os anos de 1965 a 1971, devido aos problemas no Centro, ao seu envolvimento com a criação da UnB e os esforços para o concurso para a USP.[14]

Essa situação começou a mudar nos últimos anos de sua estada na PUC, quando conseguiu retomar seu trabalho e produziu uma série de artigos na sua nova área de pesquisa, que envolvia gravitação, teoria de campo e astrofísica relativística (JT75 a 83).

Fig. 14.2 Palestra de Jayme Tiomno, 1979 (durante o Ano Internacional de Einstein, o 100º aniversário do nascimento de Einstein). Fonte: Acervo IF/USP. Reproduzido com permissão [Online em: http://acervo.if.usp.br/bio15].

Como o próprio Tiomno enfatizou em sua carta a John Wheeler em junho de 1972, tinha sido sua estadia em Princeton e as interações com físicos mais jovens que havia "quebrado o feitiço" e permitido que ele escrevesse uma dúzia de artigos em menos de dois anos. Mas esse período de grande produtividade teve um término abrupto quando voltou ao ambiente hostil do Brasil dos anos 1970, onde ele era, até certo ponto, *persona non grata*, pelo menos para o *establishment* militar dominante.

> ... os prejuízos causados por tais vicissitudes [o clima de perseguição] ainda não tinham terminado, e ameaçariam a própria saúde de Tiomno... a hostilidade que aqueles militares exerciam contra os professores cassados pelo AI-5 fez com que Tiomno tivesse uma depressão nervosa, que o obrigou a fazer um tratamento terapêutico-analítico, em 1974-1975.[15]

O ambiente protegido na PUC e suas interações com os colegas permitiu que, a partir de 1978, ele retomasse seu fluxo constante de trabalho, produzindo novos resultados de pesquisa:

> Depois [da estada em Princeton] voltei para o Brasil e, nessa ocasião, recebi convite da PUC. Estou lá desde 1973 [esta entrevista foi em 1977]. A fase da PUC é uma fase, digamos, relativamente modesta, porque a PUC é uma instituição pequena, que não tem a mesma possibilidade de crescimento das outras instituições de que eu participei. Bom, tem mais possibilidade de crescimento do que tinha a Faculdade de Filosofia naquela época, que realmente era esclerosada. Mas, por exemplo, em relação ao Fundão atual [novo *campus* onde está o Instituto de Física da UFRJ], a PUC não tem a mesma possibilidade de crescimento. Ou em relação a Brasília ou São Paulo. Em São Paulo, eu sozinho, com uma cadeira, tinha um grupo maior do que o Departamento de Física Teórica daqui. De modo que, aqui, estou com um grupo pequeno.

> Nos Estados Unidos, passei de partículas elementares – eu tinha parado vários anos de trabalhar em pesquisas – para relatividade geral e trabalho com um grupo pequeno, não havendo condições de fazer realmente o que me dá mais entusiasmo, que é trabalhar pelo crescimento, em massa, da física no Brasil. Com três experiências bastante boas – CBPF, UnB e USP –, aqui eu me contento em dar os cursos de pós-graduação e dirigir esse pequeno grupo, sem nenhuma perspectiva imediata de um crescimento maior

> Tenho, por outro lado, a satisfação de estar num lugar tendo como colegas muitos alunos. O Departamento de Física é homogêneo, então, sempre há uma maior calma. Num lugar que é muito grande, há grandes disputas internas.[16]

Aos poucos, a situação de Tiomno e Elisa foi se normalizando. "Jayme está trabalhando muito atualmente e diz que está se sentindo muito bem. Agora já estou pensando em cuidar da minha vida."[17] Elisa também conseguiu uma vaga em um laboratório na PUC-RJ. Em 1975, ela conseguiu fazer um acordo, movendo o Laboratório de Emulsão Nuclear da USP para a PUC. Ela começou, então, a desenvolver estudos sobre decaimentos e reações de partículas elementares. Esse acordo foi possível graças aos recursos financeiros que Ernst Hamburger conseguiu mobilizar junto a agências de apoio à pesquisa para comprar equipamentos e pagar uma bolsa à Elisa. Depois de 1975, ela também passou a trabalhar meio período no Departamento de Física Experimental da USP desenvolvendo um programa de pesquisa em física nuclear.

> Em 1972, voltamos para o Rio quando tivemos grande apoio da PUC-RJ. O padre Collins era o diretor do Departamento de Física naquela época e nos convidou. Apesar de nós não termos nada de católicos, eles nos ajudaram muito – pensavam como a gente. E para eles não era ruim, porque os trabalhos saíam como da PUC. Lá, me deram uma sala e me deixaram usar o computador e tudo que eu quisesse. Montei um laboratório para mim nessa sala, com pessoal pago pela USP e material de lá. Um laboratório que pertencia à USP e à PUC. Eu recebia pela USP, pois o Ernst Hamburger conseguiu verba para me pagar.[18]

Por influência de Nicim Zagury, que tinha uma casa em Arraial do Cabo, Tiomno e Elisa compraram uma pequena casa na mesma região. Era um local pouco povoado, no litoral norte do Estado, a 3 horas de carro do Rio de Janeiro. Não havia eletricidade e a água era bombeada manualmente de um poço cavado no terreno. À noite, acendiam lampiões a gás e a geladeira funcionava à base de blocos de gelo comprados localmente. Para Tiomno, era uma espécie de retorno aos tempos tranquilos das pequenas cidades de sua juventude em Minas Gerais. Ele passava o tempo cuidando do jardim ou se ocupando com "fifi".

Teoria quântica de campo

O primeiro artigo científico de Tiomno publicado como resultado de seu trabalho na PUC foi em coautoria com seu ex-aluno e colega Antonio Luciano Videira. O artigo *A Cartesian Operator Algebra for Expansion of Tensor Quantities and Equations in a Spherically Symmetric Background* (Álgebra cartesiana de operadores para expansão de quantidades e equações tensoriais num contexto esfericamente simétrico; JT75) foi publicado apenas em 1978 na Revista Brasileira de Física (hoje *Brazilian Journal of Physics*). É evidentemente crédito de Videira que Tiomno tenha conseguido quebrar o imobilismo, saindo da depressão e publicando seus resultados de pesquisa. O artigo lida com detalhes da física matemática e não é abrangente ou visionário em termos de percepção física, mas foi uma boa introdução na volta à pesquisa ativa. No mesmo ano, Tiomno publicou um artigo um pouco mais "físico" com um estudante de mestrado do seu grupo na PUC, Ricardo Amorim, na Revista

Brasileira de Física; e trazia o título *Charged Point Particles with Magnetic Moments in General Relativity* (Partículas pontuais carregadas com momentos magnéticos na relatividade geral). Ele se relaciona com alguns dos trabalhos anteriores de Tiomno sobre partículas puntiformes em relatividade geral e contém essencialmente os resultados da dissertação de mestrado de Amorim.

Todas as publicações restantes de Tiomno durante sua permanência na PUC, em 1979/1980 (JT77-82), foram em coautoria com Carlo Guido Bollini e Juan José Giambiagi, que haviam se transferido para o CBPF em 1977, fugindo da ditadura na Argentina. A exceção foi o artigo *Hidden Singularities in Non-Abelian Gauge Fields* (Singularidades ocultas em campos não abelianos de gauge; JT81), publicado em 1980 somente com Bollini. Não deixa de ser irônico que eles, refugiados do regime ditatorial na Argentina, pudessem trabalhar onde Tiomno tinha sido proibido. Mas, felizmente, o CBPF os acolheu e puderam desenvolver um importante trabalho, inclusive em parceria com Tiomno.

Dentre os 5 artigos que publicaram juntos, quatro eram relacionados a campos e um com loops de Wilson (JT82). Para completar, também incluiremos aqui o sexto e último artigo conjunto de Tiomno com Bollini e Giambiagi, intitulado *Wilson Loops in Kerr Gravitation* (Loops de Wilson em gravitação Kerr) e publicado como uma *Letter* ao *Il Nuovo Cimento* em 1981 (JT83). Ele foi escrito depois que Tiomno deixou a PUC em 1980, mas pertence à série iniciada enquanto ele ainda estava trabalhando lá.

Os quatro artigos sobre campos tratam especificamente de "campos de gauge"; e pertencem à categoria da teoria quântica fundamental de campos/ física matemática (JT77-81). A ideia de uma "teoria de gauge" (também conhecida como teoria de calibre) remonta à teoria do eletromagnetismo de Maxwell de meados do século XIX. Nessa teoria, os fenômenos eletromagnéticos podiam ser descritos alternativamente em termos de campos vetoriais (os campos elétricos e magnéticos) ou de potenciais – o potencial elétrico (escalar) e o potencial magnético (vetorial). Enquanto os campos têm valores definidos em cada ponto no espaço e no tempo, os potenciais são relativos e seus pontos zero podem ser arbitrariamente escolhidos. Assim, o potencial da superfície da Terra é geralmente escolhido como o zero do potencial elétrico e os circuitos elétricos são "aterrados", ou seja, eletricamente conectado em algum ponto à superfície da Terra. No entanto, qualquer outro valor também poderia servir como o zero do potencial; um experimentador dentro de uma caixa de metal com um potencial de 1 milhão de volts acima do potencial do solo sente perfeitamente normal e pode medir pequenas diferenças de potencial dentro desse ambiente, não afetado pela grande queda potencial para o solo. Todas as leis da eletrostática são, portanto, invariantes em relação às mudanças no zero do potencial elétrico (escalar) (assim como as leis da mecânica são invariantes em relação às translações das coordenadas espaciais, ou seja, movendo o zero (origem) dos eixos coordenados linearmente no espaço, e também às translações do zero de tempo). No capítulo 4 apontamos que tais invariâncias levam às leis de conservação – invariância em relação à translação espacial para a conservação de momento linear e invariância da translação do tempo em relação à conservação de energia. De maneira semelhante, a translação da invariância em relação à eletricidade potencial, chamada invariância de calibre (global), leva à conservação da carga elétrica.

Esse conceito pode ser generalizado e aplicado a toda uma classe de teorias que são invariantes em relação às "transformações de calibre", que são exemplos de um certo tipo de transformação de simetria. (Há também transformações de calibre mais complexas, nas quais o potencial é deslocado por uma função dependente da posição e do tempo. Se as funções forem escolhidas corretamente, os campos ainda serão invariantes sob tal transformação. Isso é chamado de invariância de calibre local). Tais transformações de simetria podem ser representadas matematicamente por grupos de simetria, e eles dão origem a campos vetoriais, chamados de "campos de calibre". Assim, o campo elétrico é o campo de calibre do grupo de calibre correspondente à invariância sob deslocamentos do ponto zero (global ou local) do potencial elétrico.

Em uma teoria quântica de campos (QFT na sigla em inglês), esses campos de calibre também dão origem a partículas, os quanta dos campos de calibre, chamados bósons de calibre. Um exemplo é a eletrodinâmica quântica (QED, na sigla em inglês), descrevendo o eletromagnetismo em termos da física quântica; é uma teoria de calibre, cujo potencial é o potencial escalar (elétrico) e o potencial vetorial (magnético) combinados em um vetor de 4 que satisfaz a invariância de Lorentz, ou seja, obedece à relatividade restrita. Seu bóson calibre (sem massa) é o fóton, o *quantum* da interação eletromagnética. A QED foi formulada entre 1930 e 1950 por Werner Heisenberg, Paul Dirac, Richard Feynman, Julian Schwinger, Shin'ichiro Tomonaga e Freeman Dyson, entre outros. (Observe que a QED é uma teoria abeliana,[19] e seu bóson de calibre deve ser sem massa por simetria de calibre, correspondente ao grupo de calibre U(1).]

Analogamente, no período de 1955-1975, foram formuladas as teorias quânticas de campo, descrevendo a interação fraca (e combinando-a com a interação eletromagnética na unificação eletrofraca devido a Steven Weinberg, Sheldon Glashow e Abdus Salam) e a interação forte [cromodinâmica quântica (QCD), devido a Murray Gell-Mann, David Gross, Hugh Politzer, Frank Wilczek e outros] e juntas possibilitaram a fundação do Modelo Padrão. Elas contêm, além do fóton, três bósons vetoriais intermediários (massivos, o $W^{\pm}$ e o Z^{o}) que mediam as interações fracas e oito bósons vetoriais, os glúons, que mediam as interações fortes, distinguida por sua propriedade quântica "carga de cor", e presumivelmente também sem massa.

O campo de Higgs fornece massa a partículas com carga fraca, ou seja, os bósons vetoriais intermediários. Ele não carrega nenhuma carga elétrica ou colorida e, portanto, deixa o fóton e os glúons sem massa. As interações eletromagnéticas e fracas pertencem à mesma teoria (gauge) – a teoria eletrofraca, mas ocorre uma quebra de simetria, e a parte fraca da teoria é não-abeliana, como é a cromodinâmica quântica. A interação fraca também é quiral, como vimos no capítulo 9.

Os artigos publicados por Tiomno com Bollini e Giambiagi (BGT) em 1979-1981 são principalmente trabalhos fundamentais em teoria quântica de campo (QFT), ou seja, física matemática, sem uma aplicação imediata a uma teoria específica. No primeiro deles, *On the Relation between Fields and Potentials in Non-Abelian Gauge Fields* (Sobre a relação entre campos e potenciais em campos de calibre não abelianos; JT77), eles discutiram o problema de campos de calibre ambíguos, onde não existe um potencial único (até uma transformação de calibre, evidentemente) correspondente ao campo. Eles foram indicados por Tai Tsun Wu e Chen Ning Yang alguns anos antes. BGT encontraram uma condição matemática para qualquer grupo de calibre que seja satisfeito por todos os grupos com tais campos ambíguos e deram exemplos de famílias de campos ambíguos, também denominados "cópias de calibre".

No artigo seguinte, intitulado *Singular potentials and analytic regularization in classical Yang-Mills equations* (Potenciais singulares e regularização analítica nas equações clássicas de Yang-Mills; JT78), BGT discutiram um "procedimento de regularização" para encontrar soluções bem definidas das equações de Yang-Mills. As teorias de Yang-Mills foram introduzidas por Chen Ning Yang e Robert Mills em meados da década de 1950; são uma classe de teorias de calibre que eram usadas na formulação da unificação eletrofraca e na cromodinâmica quântica. "Regularização" é um procedimento matemático para modificar as integrais que ocorrem em QFT, de forma que elas não divirjam, ou seja, para que não se tornem infinitas em valores de alta energia ou momento. Tais divergências produzem infinitos no cálculo quântico e tornam as teorias não físicas. Um desses métodos para evitar as divergências é a "regularização dimensional", na qual as integrais são primeiro formuladas em dimensões superiores $(4 + \varepsilon)$, então as divergências são localizadas no termo $1/\varepsilon$ e parâmetros divergentes são usados para cancelar as divergências resultantes no limite $\varepsilon \to 0$, ou seja, ao retornar ao caso físico de 4 (três dimensões espaciais e uma temporal). Bollini e Giambiagi estabeleceram esse método enquanto ainda estavam na Argentina em 1971/1972, por volta da mesma época em que também foi publicado pelos físicos holandeses Gerard 't Hooft e Martinus Veltman, que o usaram para regularizar a teoria unificada eletrofraca e foram agraciados com o prêmio Nobel em 1999 por sua participação em seu desenvolvimento.[21] Bollini e Giambiagi foram assim especialistas em regularização e colaboraram com Tiomno nesse trabalho de aplicação a uma determinada classe de teorias.

No artigo *Gauge Field copies* (Cópias de campo de gauge; JT79), BGT trataram de teorias que possuem mais do que um único potencial correspondente a um determinado campo; estes estão relacionados com os campos ambíguos descritos acima. Quando dois potenciais distintos levam ao mesmo campo de calibre, eles são chamados de "cópias". Nesse artigo, os autores propuseram um método para encontrar todas as cópias possíveis de um dado calibre, sem restrições sobre o calibre. Eles deram alguns exemplos, incluindo aquele em que não apenas a intensidade do campo, mas também a intensidade da corrente são a mesma para duas cópias. Esse foi um tema importante no final da década de 1970.

O próximo artigo da série, publicado no *Il Nuovo Cimento* em janeiro de 1980 por Tiomno e Bollini, foi intitulado *Hidden singularities in non-Abelian gauge fields* (Singularidades ocultas em campos de calibre não-abelianos; JT81). Eles lidaram aqui com um subgrupo particular de teorias de calibre não-abelianas que têm "pontos singulares", ou seja, pontos em seu espaço de parâmetros onde as quantidades derivadas da teoria se tornam infinitas. Para tais teorias, o procedimento de regularização deve ser escolhido com cuidado para garantir um potencial e um campo bem definidos. Os autores deram um exemplo e mostraram que o campo em um subespaço contendo a singularidade dependerá do procedimento de regularização, mesmo que não o faça globalmente.

Os dois últimos artigos da série publicados pela colaboração BGT, no início dos anos 1980, trataram de um tema diferente, um pouco menos abstrato que nos quatro anteriores. Eles estavam relacionados ao loop de Wilson, que foi introduzido por Kenneth G. Wilson em 1974 (Wilson também foi o criador da teoria de grupo de renormalização, que se mostrou útil para resolver vários problemas envolvendo transições de fase, matéria condensada e física de partículas, e lhe proporcionou o prêmio Nobel de Física de 1984). O loop de Wilson (WL, na sigla em inglês) em uma teoria de calibre é uma variável invariante de calibre, que é formada ao longo de uma curva fechada (loop) e representa uma excitação elementar do campo quântico, localizado no loop. O loop de Wilson foi introduzido na esperança de melhorar a interpretação da QCD no regime de interação forte. Ele forneceu motivações para teorias modernas de cordas e gravidade quântica em loop, ambos os campos muito ativos da física teórica na atualidade. Nesses trabalhos, BGT trataram de soluções de "instanton" das teorias de Yang-Mills, ou seja, soluções que estão localizadas no espaço e no tempo (análogo a sólitons numa teoria clássica de campo em um espaço euclidiano), que eles também consideraram em (JT78). No primeiro desses artigos, intitulado *Wilson loop and related strings for the instanton and their variational derivatives* (Loop de Wilson e cordas relacionadas para o *instanton* e suas variações derivativas; JT82) e publicado no *Il Nuovo Cimento* em outubro de 1980, eles calculam as variáveis do loop de Wilson para soluções *instanton*, usando-as para obter derivadas para cordas abertas e fechadas.

No último artigo escrito pela colaboração BGT, submetido como *Letter* para *Il Nuovo Cimento* em fevereiro de 1981 (JT83), eles novamente lidaram com o loop de Wilson, mas agora em um contexto diferente, o da relatividade geral, em particular sua solução Kerr, que se aplica a um buraco negro em rotação.[22]

A colaboração BGT baseou esse artigo metodologicamente no anterior (JT82), citando seus cálculos da variável do loop de Wilson, mas agora aplicando à configuração do campo gravitacional descrito pela solução de Kerr. Nesse caso, o loop de Wilson tem um significado geométrico claro: é o deslocamento de um vetor ao longo do circuito fechado (por exemplo, em torno de um buraco negro em rotação). Os próprios autores resumiram da seguinte forma o problema:

> O valor da invariante de calibre no loop de Wilson é calculado para o campo gravitacional correspondente à métrica Kerr, que contém a métrica

Schwarzschild como caso especial. Expressões para o loop de Wilson correspondente a uma curva fechada são obtidos, as quais estão relacionadas ao deslocamento paralelo de um vetor ao longo de um caminho fechado, e nota-se que um valor do loop de Wilson igual a 4 é uma condição necessária, mas não suficiente, para o vácuo ou estado plano. Isto mostrou que a curvatura métrica está relacionada com as derivadas do loop de Wilson. O comportamento do loop de Wilson dentro da esfera de Schwarzschild também é examinado.[23]

Esse artigo contou com a participação de um jovem físico do CBPF recém doutorado, Ívano Damião dos Santos, que estava trabalhando com métrica de Kerr em relatividade geral. Ele calculou os coeficientes de Fock e Ivanenko no espaço-tempo de Kerr. Ívano não entrou como mais um autor na parceria dos três, mas com os agradecimentos no artigo. Posteriormente, Ívano Damião e Tiomno realizaram vários trabalhos em colaboração.

O motivo pelo qual a colaboração BGT foi encerrada naquele momento não é claro, principalmente porque Tiomno estava retornando para o CBPF. Uma possibilidade é que tenha se envolvido com questões administrativas e estivesse montando seu novo grupo de pesquisa. Tanto Bollini quanto Giambiagi permaneceram no CBPF por vários anos, Giambiagi foi chefe do Departamento de Física de Altas Energias até 1985 (seu sucessor nessa função foi Tiomno). Nesse mesmo ano, Bollini retornou à Argentina, para a Universidade de La Plata, onde havia iniciado sua carreira científica e tinha, possivelmente, realizado seu trabalho mais importante. Giambiagi permaneceu no CBPF até sua morte em 1996.[24]

Em agosto de 1980, Tiomno pediu licença na PUC e retornou ao CBPF. Ele era muito grato à Universidade, como expressou ao chefe do Departamento.

> Entre as condições aceitas pela direção do CBPF está a de que durante a vigência de meu contrato com aquele Centro poderei continuar a dar minha colaboração... a esta Universidade com a qual tenho grande dívida de gratidão pelo apoio que recebi em momento difícil de minha vida.[25]

Notas

1.   Nobre e Videira (2018). Ver também Martinho, Videira e Nobre (2018).

2. Em 7 de dezembro de 1972, foi feito um pedido de informação sobre Tiomno à Divisão de Inteligência do DOPS (Pedido de busca nº. 2143/72/SI/BB/GB). Arquivo de Polícia Política, setor INF, nº 118, pág. 419; APERJ.

3. Citado por Bassalo e Freire (2003) a partir do depoimento feito a eles por Jayme Tiomno e Elisa Frota-Pessôa em agosto de 2003.

4. Elisa Frota-Pessôa a Caden e Haity Moussatché, 19 de janeiro de 1974; HM.

5. Sarah de Castro Barbosa Andrade conseguiu concluir sua tese de mestrado na PUC-Rio em 1973, trabalhando com Erasmo Madureira Ferreira. O título de sua tese foi "Interações Kaon-Nucleon a baixas energias".

6. Tiomno (1977).

7. Schroer (2010), artigo, em inglês, de memórias científicas do trabalho da vida de Swieca, e Marino (2015), memória mais recente da vida de Swieca, em português.

8. Ver Cap. 10 deste livro.

9. CNPq, Currículo LATTES.

10. A tese pode ser encontrada em: https://bdpi.usp.br/single.php?_id=000712251.

11. Videira (1985).

12. Ver os obituários da Universidade de Évora, Portugal, outubro 18, 2018; on-line em: www.spf.pt/news/morreu-no-passado-dia-15-antnio-luciano-leite--videira-professor-catedrtico-jubilado-da-universidade280devora; e do CBPF em 21 de janeiro de 2019, online em: portal.cbpf.br/pt-br/ultimas-noticias/pesquisador-titular-do-cbpf-relembraa-vida-e-obra-de-ex-professor-2.

13. CNPq, Currículo LATTES.

14. Nesses 7 anos, ele havia produzido apenas quatro trabalhos científicos, sendo um deles sua tese para concurso, outros dois artigos junto com Bollini e Giambiagi (incluindo o importante artigo "A linear theory of gravitation", JT60), resultado de sua primeira visita ao ICTP, em Trieste, e o último um artigo publicado por Tiomno sozinho, mas baseado na colaboração anterior no ICTP (JT61).

15. Bassalo e Freire (2003).

16. Tiomno (1977).

17. Elisa Frota-Pessôa a Caden e Haity Moussatché, outubro de 1974; HM.

18. Frota-Pessôa (1990).

19. O termo "abeliano" refere-se à questão de saber se a ordem em que se aplicam operadores ou elementos de um grupo é significativa. Se A e B são dois elementos de um grupo, eles podem formar um produto A · B. Se for igual ao produto B · A, diz-se que os elementos comutam, e seu comutador (A · B – B · A) é zero. O grupo é então denominado "abeliano". Isso é banal se A e B são simplesmente números reais; a multiplicação de números reais é comutativa. No entanto, muitos grupos podem ser representados por matrizes, e estas não podem necessariamente comutar. Caso contrário, o grupo é então chamado de não-abeliano. Algumas teorias fisicamente relevantes (por

exemplo, as teorias de Yang-Mills) não são abelianas e o Modelo Padrão é baseado em tais teorias (interações eletrofracas, QCD).

20. Bietenholz e Prado (2014); ver também https://www.df.uba.ar/es/actividadesy-servicios/hemeroteca/6613-juan-jose-giambiagi.

21. Ver Cap. 17 deste livro.

22. Kerr (1963).

23. JT83.

24. Seu irmão Mário, químico, continuou trabalhando no CBPF até sua morte em 2002. Veja as memórias da esposa de Mário, Myriam Giambiagi (2001). Mario e Myriam também eram amigos de Jayme Tiomno e Elisa Frota-Pessôa, e de Haity e Caden Moussatché.

25. Jayme Tiomno a Carlos Mauricio Chaves, chefe do Departamento de Física da PUC-RJ, 7 de agosto de 1980; JT.

15

Anistia e retorno para o CBPF

Prestando contas com a história

A posse de Ernesto Geisel, em janeiro de 1974, marcou o início de um processo lento e gradual de abertura política, que demoraria mais de 10 anos para se concretizar. Apesar de continuarem as prisões arbitrárias, torturas e assassinatos, começava um processo de arrefecimento da opressão. Em dezembro de 1978 foi revogado o AI-5, permitindo maior liberdade de expressão e, diante de um forte movimento popular, foi aprovada a lei da Anistia em dezembro de 1978. Foi um processo planejado e controlado pelo regime, que permitia o retorno dos exilados, a restauração de direitos civis aos políticos que foram afastados de seus cargos, a paulatina liberação dos presos políticos e a reintegração aos seus antigos cargos de servidores públicos que foram demitidos ou aposentados compulsoriamente. A anistia, contudo, também foi aplicada aos agentes da ditadura, como torturadores e assassinos de presos políticos. A extensão da anistia aos agentes da ditadura deixou uma ferida que permanece aberta até hoje na sociedade brasileira.

A Lei de Anistia exigia que aqueles que haviam sido demitidos ou aposentados teriam que solicitar sua reintegração dentro de um prazo de 120 dias, e suas petições seriam avaliadas por uma comissão. Muitos dos professores aposentados compulsoriamente recusaram-se a solicitar sua reabilitação. O diretor do Instituto de Física da USP e colega e amigo de Tiomno, Elisa e Leite Lopes – Hersch Moyses Nussenzveig, enviou uma carta a Tiomno convidando-o a solicitar sua reintegração e dizendo que seria muito bem-vindo. Mas Tiomno recusou-se a aceitar convite: "O que foi feito à minha revelia deve ser corrigido à minha revelia – somente depois devo manifestar-me."[1] Mario Schenberg tomou a mesma posição: não aceitou ter que solicitar seu retorno à Universidade, onde lhe foi proibido até mesmo de entrar. Porém, mesmo sem ter sido formalmente reintegrado, Schenberg simplesmente começou a dar palestras, participar de seminários e orientar estudantes, e ninguém se atreveu a reclamar. Da mesma forma, Elisa recusou-se a solicitar sua reintegração à UFRJ.

O CBPF, por sua vez, estava se recuperando de uma grave crise em que esteve mergulhado, tanto acadêmica como financeiramente. No início da década de 1970, o Centro se mantinha principalmente com recursos do MEC e do Fundo Nacional de Desenvolvimento Científico e Tecnológico (FNDCT), gerido pelo Banco Nacional de Desenvolvimento Econômico (BNDE). Porém, o banco mudou sua política e decidiu que os recursos do fundo deveriam ser destinados exclusivamente a projetos, e não mais a custear despesas administrativas e de pessoal. Isso fez com que os pesquisadores do Centro buscassem uma vinculação com a universidade pública, que garantisse sua manutenção. A primeira tentativa foi com a UFRJ, mas não se concretizou em função da exigência da universidade de que o CBPF fosse extinto enquanto instituição privada e incorporado à estrutura da Universidade. Foi então realizado um convênio com a Federação das Escolas Isoladas do Estado da Guanabara (Fefieg, atual Unirio). Mas a situação financeira continuava crítica.

Em 1975 faleceu o Almirante Octacílio Cunha, que foi substituído pelo general Macedo Soares, que já havia sido presidente do CBPF na década de 1950 e início da década de 1960. Macedo Soares havia sido professor de Geisel e enviou-lhe uma carta falando sobre a história e o potencial do Centro, a crise econômica que havia se abatido sobre a instituição e pedindo que fosse encontrada uma forma de mantê-lo. A solução foi extinguir a sociedade civil e criar um instituto de física dentro do CNPq, que já era responsável por vários institutos de pesquisa, como o Instituto de Matemática Pura e Aplicada (IMPA), o Instituto Brasileiro de Biblioteconomia e Documentação (IBBD) e o Instituto de Pesquisas da Amazônia (INPA). Com isso, o CNPq passaria a ter também um instituto de física vinculado a ele. Assim, numa assembleia em dezembro de 1975, a sociedade civil foi extinta, seu patrimônio foi incorporado pelo CNPq e todos os funcionários foram demitidos e recontratados pelo Conselho. A extinção do CBPF, temida em 1964, quando do golpe civil-militar, e posteriormente em 1969, quando da demissão de Leite Lopes, Tiomno e Elisa, vinha a acontecer no final de 1975. Bem verdade que neste momento as condições permitiram sua recriação enquanto um instituto federal, o que não se sabe se teria sido possível anteriormente.

A direção do Centro foi dada ao físico Antonio Cesar Olinto, que iniciou sua carreira na PUC-RJ, mas estava há vários anos chefiando a área de estatística do IBGE. Ele viu no convite a possibilidade de retornar ao ambiente da física. Para os pesquisadores do Centro era uma sensação ambígua. Por um lado, havia uma tristeza pelo fim da Associação privada, mas, por outro, o alívio de ter seus salários recompostos e recursos para a pesquisa. Para marcar a nova fase do CBPF, em seu discurso de posse, Olinto repudiou as discriminações feitas pela direção do antigo Centro. Mas não havia condições políticas para trazê-los de volta, o que só ocorreria com a promulgação da lei da anistia.

Logo após a publicação da anistia, todos os integrantes do Centro assinaram uma carta aberta enviada ao presidente do CNPq, José Dion Melo Teles, solicitando a reintegração de Tiomno, Elisa e Leite Lopes.[2] O retorno deles não foi uma questão simples. Em primeiro lugar, os órgãos de informação estavam acompanhando a movimentação para reintegração dos três. Além disso, havia muito ressentimento por terem sido demitidos do Centro que eles mesmos fundaram. Um exemplo disso é que o grupo de cosmologia e gravitação, criado após o retorno de Mario Novello do pós-doutorado no Reino Unido, convidou Tiomno a participar de seus seminários, mas ele recusou dizendo que não poderia colocar os pés no Centro. A solução foi, semanalmente, o grupo de cerca de 10 pesquisadores do CBPF irem à PUC fazer os seminários para que Tiomno pudesse participar.[3]

Além de Tiomno, Leite Lopes e Elisa, houve outras demissões e vários físicos foram boicotados e se desligaram do Centro. Nessa época, Olinto se transferiu para o recém-criado LNCC, assumindo a direção do CBPF o físico Roberto Lobo. Ele montou, então, uma "estratégia de reabilitação" dos antigos membros para superar os ressentimentos. Em 23 de novembro de 1979, o CBPF realizou uma cerimônia para a qual foram convidados ex-membros que haviam sido afastados em decorrência de perseguições, que pediram demissão em protesto ou simplesmente deixaram a instituição por oposição às atitudes autoritárias da direção. O nome já era bastante indicativo: "Sessão pública de reparação moral e reinício da colaboração". Não foi uma situação fácil, pois era um momento de muita emoção. Tiomno fez um discurso em nome dos perseguidos e começou dizendo que o CBPF foi "onde passei muitos dos melhores momentos, mas também os piores, de minha vida como cientista."[4]

Acontecia ali uma espécie de processo de prestação de contas com a história. Não era possível simplesmente esquecer o passado e continuar como se nada tivesse acontecido. Em sua fala, Tiomno listou algumas das injustiças que haviam sido perpetradas no "antigo Centro" pelo almirante Otacílio Cunha e por alguns diretores científicos. Ele mencionou as muitas pessoas que foram forçadas a pedir licença, tiveram suas bolsas e, às vezes, até seus contratos de trabalho arbitrariamente cancelados simplesmente por conta da ordem de algum oficial militar. Isso incluía muitos dos alunos que ele e Elisa levaram para Brasília e que haviam obtido bolsas ao retornar ao Rio de Janeiro, mas que ficaram expostos a represálias quando Tiomno e Elisa foram para Trieste em 1966/1967 e depois para a USP. Era preciso afirmar e reafirmar o que aconteceu para haver uma possibilidade de trabalharem juntos novamente no novo Centro:

> Fico por aqui... esperando ter cumprido a finalidade desta descrição da atmosfera deletéria que caracterizou o finado CBPF, esperando que isso ajude a conduzir o atual CBPF por rumos que o engrandeçam e contribuam ao desenvolvimento da física no Brasil.[5]

Elisa comentou numa entrevista, anos depois:

> Quando veio a anistia, nós tínhamos que pedir para voltar para a UFRJ (antiga FNFi). Resolvi não pedir porque achava um absurdo esse pedido. O CBPF teve uma atitude completamente diferente, nos convidou, com todas as honras, para voltar. Não é questão de querer honras, mas é muito deprimente, depois de injustiçada, você pedir para voltar. Além disso, havia uma porção de condições. Entre elas, não se podia ter tempo integral – que acabaram dando. Não se podia ser um professor igual aos outros. Seria sempre um professor com restrições. Foi um absurdo, principalmente, porque o pessoal que lutou mais pela Faculdade é que foi afastado. Na época em que fomos afastados, pensávamos: "Vamos voltar!". Mas depois da anistia, pensei: "Não. Eu não volto". Escrevi uma carta, dando as razões pelas quais eu não voltava.[6]

De fato, para muitos professores e pesquisadores, o retorno não era fácil, pois além de ressentimentos e velhas animosidades, não era simples se adaptar à instituição após uma ausência de mais de 10 anos. Por exemplo, segundo as normas do CNPq, o *curriculum vitae* de Tiomno teria que ser avaliado por um pesquisador do CBPF para decidir se era qualificado para ser admitido. Essa tarefa recaiu sobre seu ex-aluno Mario Novello, que redigiu, constrangido, sua recomendação. Já para os membros mais jovens do CBPF, Tiomno, Elisa e Leite Lopes eram nomes quase míticos, participaram da criação do Centro e viveram seus tempos de glória e declínio, além de serem físicos de renome internacional.

Leite Lopes era professor do Centro de Pesquisas Nucleares da Universidade Louis Pasteur, em Estrasburgo, na França. Depois de conversar com Tiomno e Elisa, ele aceitou seu retorno ao CBPF e também decidiu aceitar sua readmissão na UFRJ, desde que pudesse continuar a passar parte do seu tempo em Estrasburgo, onde já tinha sua vida estabelecida. Mas ele também sentiu dificuldade com o retorno: "A verdade é que somos marcados, somos ex-exilados, quer dizer, ex-condenados, e tanto no CNPq como na Universidade, apenas toleram-me.", escreveu ao amigo e colega, também exilado, Haity Moussatché.[7]

Em agosto de 1980, Tiomno solicitou autorização à PUC para retornar ao CBPF, expressando sua gratidão pelo apoio que recebeu em um momento difícil da sua vida.[8] Em seu último artigo conjunto com Bollini e Giambiagi, submetido para publicação em fevereiro de 1981, ele deu seu endereço profissional como CBPF, mas acrescentou uma nota de rodapé informando que estava de licença da PUC, como se esta ainda fosse a instituição a qual estava vinculado de fato.

Ainda como parte desse processo de reconhecimento e reabilitação, seus colegas na PUC, Nicim Zagury, Jorge André Swieca e Antonio Luciano Videira, organizaram uma homenagem a Tiomno pelo seu 60º aniversário, ocorrida durante o II Encontro Nacional de Partículas e Campos, em setembro de 1980, sob os auspícios do Sociedade Brasileira de Física, em Cambuquira, Minas Gerais. Coube a Videira fazer um discurso historiando a vida e a obra de Jayme Tiomno, sem imaginar que a produtividade científica de Tiomno ainda estava longe do fim.

Tiomno foi inicialmente designado como chefe do Departamento Científico, correspondente ao cargo de diretor científico do "antigo Centro". Entretanto, no período enquanto fundação privada, o presidente do Centro não era um físico, mas uma figura com prestígio nacional, que tinha importantes funções de representação, enquanto o diretor científico era o responsável por coordenar a atividade científica da instituição. Agora não havia mais presidente, e o diretor, Roberto Lobo, era físico e queria ser o responsável pela condução científica do Centro, causando alguns atritos com Tiomno. Além disso, até então ainda não tinha sido estabelecido um regimento interno definindo as responsabilidades inerentes a cada cargo. No final, depois de dois anos, Tiomno pediu demissão de sua função como chefe do Departamento Científico e foi estabelecida uma estrutura organizacional que não contemplava mais essa função.

Tiomno também foi muito ativo nas discussões sobre a constituição de uma carreira de pesquisador e os critérios para avaliação e promoção de seus membros. Ele assumiu uma posição muito firme quanto à importância da publicação nas revistas de maior prestígio para ascensão na carreira e da excelência científica. Ele logo ficou conhecido como um avaliador extremamente rigoroso. O físico Luiz Alberto Oliveira, um dos alunos de Mario Novello, ainda lembra, mesmo após sua aposentadoria, como ficou em pânico quando soube que Tiomno estaria em sua banca de doutorado. Por um lado, o rigor de Tiomno tornou-se uma espécie de garantia de excelência para o Centro, enquanto, por outro, lhe proporcionou alguns desafetos entre os membros mais jovens do CBPF.

Tendo organizado grupos de pesquisa no CBPF, UnB e USP, entre 1950 e 1969, decidiu, uma vez de volta ao CBPF, se juntar a Mario Novello e seu ex-aluno Ivano Damião Soares na construção do grupo da Gravitação e Cosmologia. Foi criado o Departamento de Relatividade e Partículas (DRP), que passou a ser chefiado por Tiomno. Era um departamento quase totalmente de física teórica. No entanto, alguns de seus membros como Alberto Franco de Sá Santoro e João dos Anjos, entre outros, tinham manifestado seu interesse em se envolver em trabalhos experimentais e juntar-se a grandes centros de física de altas energias.

No início de 1982, Tiomno participou de uma reunião em Cocoyoc, no México, organizada por Leon Lederman, diretor do Fermilab, nos EUA, para discutir como estimular a formação de grupos experimentais em física de partículas na América Latina. Lá, ele tomou conhecimento de um grupo de física no México, inicialmente organizado e dirigido por físicos teóricos e que depois tornaram-se experimentais. Ele estava convencido de que o mesmo poderia ser feito no CBPF com a ajuda do Fermilab. Para testar essa ideia, ele organizou o Grupo de Altas Energias e, em 1984, enviou três físicos teóricos do CBPF e um da USP para o Fermilab para passar por uma "transmutação", em suas palavras. Isso foi bem sucedido e, como resultado, foi firmado um acordo entre o CBPF e o Fermilab em 1985. Em 1988, esse grupo formou um novo departamento do CBPF, chamado LAFEX. O próprio Tiomno, no entanto, permaneceu no Departamento de Relatividade e Partículas.

A física da relatividade restrita

Após seu retorno ao Centro, Tiomno publicou mais trabalhos científicos do que em qualquer outro período comparável em sua carreira. Na verdade, em termos de publicações, seus últimos anos foram os mais produtivos, contrariando a opinião de Dirac de que um físico (teórico) com mais de 30 anos "seria como já estar morto". Não só o número de publicações foi maior (mais do dobro da difícil década de 1960), mas a variedade de tópicos também foi surpreendente. Ele retomou alguns temas antigos, como a teoria da relatividade restrita, que tinha lhe interessado vários anos antes, a física do hádron – as interações fortes, que haviam sido seu principal objeto de pesquisa nas décadas de 1950 e 1960; e também deu continuidade às suas pesquisas em teoria de campo, gravitação e cosmologia. Ele, inclusive, revisitou seu antigo tema favorito, as interações fracas, e escreveu vários artigos abordando a história e a sociologia da física.

A primeira das novas linhas de pesquisa de Tiomno começou quando ele discutiu o tema da relatividade numa palestra no encontro da Sociedade Brasileira de Física, realizado em 1980, em Cambuquira, durante a sessão em homenagem ao seu aniversário de 60 anos. Evidentemente, ele já vinha pensando nisso há algum tempo, embora não tenha publicado nenhum trabalho sobre o tema. Sua entrada ativa no campo foi estimulada pouco depois por um artigo publicado em 1982 na revista *Foundations of Physics*, por D.G. Torr e P. Kolen, onde propunham um método usando dois relógios atômicos para medir a velocidade da luz de uma maneira nova, com a intenção de mostrar a validade da teoria do éter de Lorentz sobre a teoria da relatividade restrita de Einstein. Tiomno colaborou com Waldyr A. Rodrigues, seu ex-aluno na USP em 1968, que se tornou professor da Unicamp, para escrever uma crítica à experiência proposta por Kolen-Torr. Voltava assim a um campo que tinha lhe interessado no início de sua carreira, mas não tinha dado sequência.

Waldyr Alves Rodrigues Jr. nasceu em 1946 em uma pequena cidade do interior do Estado de São Paulo. Estudou física na USP com Mario Schenberg, completando seu bacharelado em 1968, período em que Tiomno assumiu sua cátedra. Rodrigues foi então para a Universidade de Turim, na Itália, e obteve seu doutorado em física teórica nuclear em 1971. Ao retornar ao Brasil, tornou-se professor da Unicamp, onde trabalhou com César Lattes na detecção de eventos de raios cósmicos. No entanto, ele gradualmente mudou seu campo de interesse para a física matemática e, finalmente, mudou-se para o Instituto de Matemática, Estatística e Computação Científica da Unicamp em 1981. Lá permaneceu até sua aposentadoria em 1998 e depois trabalhou na França por algum tempo. Rodrigues faleceu em abril de 2017.

Entre 1982 e 1985, Tiomno e Rodrigues publicaram juntos três artigos sobre relatividade restrita (JT84, 91 e 93), culminando em sua resposta a Kolen e Torr, submetida à mesma *Foundations of Physics* em setembro de 1982

(JT93). O editor enviou o manuscrito para avaliação, cujo parecerista era um dos autores que eles criticavam, e foi rejeitado. Tiomno escreveu para John Wheeler em 1983 pedindo sua opinião e Wheeler, por sua vez, escreveu para o editor da revista defendendo a integridade científica de Tiomno e apoiando a publicação do artigo.[10] Ele finalmente foi publicado em meados de 1985.

Tiomno continuou trabalhando na questão da teoria do éter de Lorentz *versus* teoria da relatividade restrita, publicando mais sete artigos nos quatro anos seguintes, cinco deles em colaboração com Arthur Maciel, seu ex-aluno na PUC.

Arthur Kos Antunes Maciel iniciou sua graduação na PUC-RJ em 1970, fazendo em seguida o mestrado na mesma instituição sob a orientação de Humberto Brandi, com tese em teoria do estado sólido (centros de cores), intitulada "Cálculo da estrutura eletrônica e parâmetros hiperfinos de contato do centro U2 em halogenetos alcalinos". Seguramente foi aluno de Tiomno nesse período. Após terminar seu mestrado em 1977, foi para Oxford, no Reino Unido, como bolsista do CNPq, onde obteve seu doutorado em 1981, trabalhando com Jack Paton com a tese "Acoplamentos Hadrônicos". Após um pós-doutorado no CBPF em 1983-1985, tornou-se pesquisador associado desta instituição e, em 1995, foi para o Fermilab, nos Estados Unidos, como pesquisador visitante no âmbito da colaboração em física experimental de altas energias. Lá, ele dirigiu o experimento D-Zero por dois anos. Em 1999, tornou-se professor na Universidade Northern Illinois, nos Estados Unidos, onde permaneceu até 2005. Retornou então ao CBPF, tornando-se pesquisador titular em 2007. Maciel se aposentou formalmente do CBPF em novembro de 2017.

Na reunião da SBF em Cambuquira, em 1980, Tiomno apresentou de forma sucinta suas ideias sobre a teoria da relatividade restrita (SRT, na sigla em inglês).[11] Ele considerou a possibilidade de que, ao contrário da teoria da relatividade restrita de Einstein, onde não há referencial "em repouso" em relação ao universo, poderia ser possível definir um quadro de repouso absoluto, análogo ao "éter" da física clássica, que foi originalmente considerado o meio para a propagação da radiação eletromagnética como descrito pela teoria de Maxwell. Como uma definição plausível de tal quadro, ele sugeriu um contexto de microondas cósmico (CMB), o remanescente da radiação originada durante a expansão do universo primitivo (o "Big Bang"), que vem se expandindo e esfriando ao longo de 13,5 bilhões de anos. O referencial no qual o CMB é isotrópico pode ser considerado como o "referencial de repouso absoluto" do universo. A CMB foi descoberta por Arno Penzias e Robert W. Wilson em 1964, o que os levou a receber o prêmio Nobel de 1978 e tem sido objeto de intenso estudo desde então.

A "transposição" de um referencial inercial para outro, movendo-se em uma velocidade diferente, ainda estaria em conformidade com a invariância de Lorentz e essa abordagem alternativa é chamada de "teoria do éter de Lorentz" (LFT, na sigla em inglês). Tiomno e seus coautores sugeriram vários experimentos para distinguir entre SRT e LET e fizeram uma análise dos resultados experimentais existentes. Eles trataram um corpo rígido girando dentro de um referencial em movimento e como sua forma seria influenciada pela transformação para outros referenciais. Eles consideraram experimentos do tipo Michelson-Morley, entre outros. Maciel e Tiomno publicaram um resumo na *Physical Review Letters* em 1985, intitulado *Experiments to Detect Possible Weak Violations of Special Relativity* (Experimentos para detectar possíveis violações fracas da relatividade restrita; JT97); e Tiomno listou algumas considerações adicionais em um artigo publicado como anais de conferência na Revista Brasileira de Física (JT94). Esta última publicação foi uma revisão de trabalhos anteriores sobre o assunto, proferida no simpósio em homenagem aos 70 anos de Mario Schenberg, em agosto de 1984.

Tiomno também escreveu um artigo como palestrante convidado no 4º Encontro Marcel Grossmann de Astrofísica Relativística (MG-IV, na sigla em inglês), realizado em Roma, em junho de 1985, e publicado em seus anais no ano seguinte. Intitulava-se *Experimental Evidence against a Lorentz Aether Theory* (Evidência experimental contra uma teoria do éter de Lorentz; JT103). Outros dois artigos de Maciel e Tiomno sobre a análise teórica e os aspectos experimentais de teorias do espaço-tempo absoluto (ou seja, LET's) foram publicados na *Foundations of Physics* em 1989 (JT112 e 113). O último artigo de Tiomno sobre o assunto, também publicado junto com Maciel, apareceu na *Foundations of Physics Letters* em 1989 (JT117). Era uma resposta a uma crítica a seus primeiros trabalhos daquele ano, apontando que os efeitos devidos apenas a transformações de coordenadas são arbitrários e não têm significado físico. Sua prometida revisão do assunto – *Test Theories of SR: A General Critique* (Teorias de teste da relatividade restrita: uma crítica geral) – aparentemente nunca foi publicada, mas está disponível como *preprint* do CBPF (JT110).

Revisitando as interações fortes

Durante o período de 1984 a 1990, Tiomno também trabalhou na área de física de hádrons (interações fortes, SI na sigla em inglês). Em julho de 1983, frequentou o 3º Workshop de Física de Partículas do Centro Internacional de Física Teórica (ICTP), em Trieste, uma indicação de seu renovado interesse nas interações fortes. Nesse campo, publicou junto com vários físicos mais jovens como parte de uma colaboração maior que se concentrou em torno do teórico italiano Enrico Predazzi. A história dessa longa colaboração, cujas origens remontam aos anos 1950 e envolve Gleb Wataghin, de volta à Turim após mais de 15 anos no Brasil, é contada em detalhes na homenagem a Predazzi no seu 60º aniversário, escrita por dois de seus colaboradores brasileiros – Ignácio Bediaga e Francisco Caruso.[12]

Enrico Predazzi nasceu na Itália em 1935, estudou na Universidade de Turim, iniciando seus estudos logo após o retorno de Gleb Wataghin para a Itália. Predazzi foi influenciado por Wataghin, como tantos jovens físicos antes dele, embora não tenha trabalhado diretamente com ele. Predazzi obteve sua láurea, equivalente ao mestrado, em 1958, e tornou-se assistente de pesquisa em Turim, iniciando sua carreira profissional. Em 1964, ele foi para a Universidade de Chicago por dois anos, trabalhando com Yoichiro Nambu, entre outros pesquisadores. Nambu havia sugerido pouco tempo antes que a carga de cor era uma propriedade da interação forte. Posteriormente, em 2008, ele recebeu o prêmio Nobel de física por suas contribuições teóricas sobre quebra de simetria.

A longa colaboração de Predazzi com físicos brasileiros deveu-se, principalmente, a duas pessoas: uma foi Henrique Fleming, brasileiro nascido em 1938, que foi da USP para Turim em 1967 para fazer seu doutorado, onde trabalhou com Predazzi. Eles continuaram a colaborar após o retorno de Fleming ao Brasil, e este (hoje professor emérito da USP) convidou Predazzi para passar alguns meses como professor visitante em São Paulo, após seu ano sabático na Universidade de Indiana, nos Estados Unidos, em 1969. Ele tomou conhecimento da difícil situação no Brasil com as demissões e aposentadorias compulsórias e consultou Tiomno sobre a pertinência de ir à USP naquele momento. Tiomno, contudo, encorajou-o a ir e apoiar seu jovem grupo de física teórica. Não só Predazzi ficou um período na USP, como encorajou outros pesquisadores a irem como visitantes, o que deu importante força ao grupo teórico. Predazzi também foi convidado por Erasmo Ferreira para dar um curso numa escola de verão de física teórica, no Rio de Janeiro, no início de 1970.

A segunda figura-chave na conexão com Predazzi com o Brasil foi Alberto Franco de Sá Santoro. Nascido em 1941, em Manaus, ele foi um dos alunos que iniciaram seus estudos na UnB em meados da década de 1960, e concluiu sua graduação na UFRJ em 1968.[13] Obteve seu doutorado na Université de Paris VII em 1977 e conheceu Predazzi numa escola de verão enquanto estava na França. Posteriormente, trabalhou na Universidade do Estado do Rio de Janeiro (UERJ) e no CBPF. Ele foi um dos membros do grupo experimental interessado em física de partículas e foi para o Fermilab patrocinado pelo projeto de Física Experimental de Altas Energias do CBPF.

No início de 1981, quando Tiomno já havia retornado ao CBPF, Predazzi passou um mês no Centro, iniciando uma colaboração que envolveria, além de Santoro e Tiomno, vários outros pesquisadores, como Ignacio Bediaga,[14] que realizou seu doutorado em Turim com Predazzi, e Francisco Caruso,[15] que passou alguns meses na universidade italiana durante seu mestrado. O resultado dessa parceria foi um grande número de publicações nos anos de 1984-1987 (JT89, 92, 95, 96, 101 e 104) que, além dos já citados, envolveu também Antonio Carlos Baptista Antunes, Moacyr Henrique Gomes de Souza e o físico francês Jean-Louis Basdevant. O último desses artigos, intitulado *A new Hadronization Scheme: The case of explicit Charm Decay* (Um novo esquema de hadronização: o caso do decaimento explícito charme), foi publicado na *Nuclear Physics* por Tiomno, juntamente com Basdevant, Bediaga e Predazzi. Depois dessa publicação, Tiomno parou seu trabalho no campo da física hadrônica, que havia começado na USP 40 anos antes, em 1946/1947. Seu trabalho tratou da "nova física" inaugurada pela revolução de novembro de 1974, quando a descoberta da primeira partícula de "charmonium", o méson J/Ψ, forneceu evidências para a existência do quark charme, completando a segunda geração de quarks.[16]

Gravitação, teoria de campo e cosmologia

Tiomno também continuou seu trabalho em teoria de campo, gravitação e cosmologia, iniciado com Mario Schenberg na USP ainda em 1946, e que recebeu um impulso revigorante durante sua segunda estada em Princeton em 1971/1972. Na década de 1980, ele escreveu oito artigos sobre teoria de campo e gravitação, começando em 1983 com um artigo publicado em conjunto com Mario Novello e Ivano Damião Soares na *Physical Review* (JT85). Outras colaborações incluíam alunos de pós-graduação do CBPF, como

António Fernandes da Fonseca Teixeira, José Duarte de Oliveira, Marcelo José Rebouças, Bartolomeu Donatila Bonorino Figueiredo, Fernando Deeke Sasse, José Ademir Sales de Lima e Mauricio Ortiz Calvão. Tiomno passava para eles trabalhos para desenvolver os cálculos para situações de espaço tipo Kerr ou espaço tipo Gödel, que era bem mais trabalhoso do que os cálculos para espaço-tempo *flat* (plano). Muitos desses alunos procuravam Tiomno solicitando indicação de trabalhos para desenvolver sob sua orientação. Suas pesquisas neste campo foram até 1992, pouco após sua aposentadoria por idade.

Mario Novello foi um dos alunos de Elisa e Tiomno que os acompanhou à UnB em 1965. Nascido no Rio de Janeiro em 1942, fez mestrado no CBPF em 1968 sob orientação de Leite Lopes e doutorado na Universidade de Genebra, na Suíça, com a tese *Algèbre de l'espace-temps* (Álgebra do espaço-tempo), sob orientação de Josef Maria Jauch em 1972. De volta ao CBPF, após um pós-doutorado em Oxford, onde foi "infectado pelo vírus" da cosmologia, fundou o Grupo de Gravitação e Cosmologia em 1976 e, mais tarde, fundou e foi o diretor do ICRA (Instituto de Cosmologia, Relatividade e Astrofísica), uma espécie de braço do ICRANet – *International Center for Relativistic Astrophysics Network*, com sede em Pescara, na Itália.[17] (Fig. 15.1).

Ívano Damião Soares obteve sua licenciatura em engenharia eletrônica em 1969, depois completou o mestrado em física no CBPF em 1972 e obteve seu doutorado também no CBPF com Mario Novello, em 1976, com o título "Um estudo da interação neutrino-gravitacional". Novello e Soares já haviam iniciado pesquisas em teoria da gravitação e cosmologia enquanto Tiomno ainda estava na PUC na década de 1970 e, com seu retorno ao CBPF, passou a colaborar com eles nessas áreas. Sua colaboração com Ívano Soares na verdade continuou até bem depois de sua aposentadoria formal.[18]

As publicações de Tiomno tratavam em particular do "universo de Gödel", uma solução às equações de campo de Einstein encontradas por Kurt Gödel em 1949 (quando Tiomno era seu vizinho em Princeton). O primeiro artigo de Tiomno sobre esse tema, publicado em 1983 com Novello e Soares, foi intitulado *Geodesic Motion and Confinement in Gödel's Universe* (Movimento geodésico e confinamento no universo de Gödel; JT85).

Geodésicas são a distância mais curta entre dois pontos num determinado espaço-tempo. No espaço euclidiano, plano e homogêneo, basta uma linha reta; em um espaço curvo (por exemplo, na superfície da Terra aproximadamente esférica), geodésicas são linhas curvas ("grandes círculos"). Em espaços mais complexos (ou espaços-tempos), elas podem ser curvas complicadas, ao longo das quais os raios de luz se propagam e as partículas podem passar. No espaço-tempo riemanniano, que Einstein usou para sua formulação inicial da relatividade geral, as geodésicas são curvas, pois o próprio espaço-tempo é curvo, e sua curvatura gera gravitação. No espaço-tempo de Einstein-Cartan, investigado pelo matemático francês Élie Joseph Cartan no início década de 1920 e, mais tarde, redescoberto por Einstein (como espaço "tele-paralelo") e usado em sua busca por uma teoria de campo unificada, o espaço-tempo tem uma "torção", que é responsável pela gravitação. O universo de Gödel descreve um universo fechado, rotativo, estacionário (isto é, não evolutivo, sem expansão ou contração) e homogêneo, contendo circuito fechado e linhas de mundo no "cone de luz" (que poderiam representar caminhos que permitiriam viagens no tempo! – Esse é um dos paradoxos introduzidos por uma teoria tão sóbria e não quântica como a gravitação geral).

Fig. 15.1 Jayme Tiomno, Mario Novello e Elisa Frota-Pessôa, 1991. EFP.

Trabalhos posteriores, nesse mesmo ano de 1983, (JT87 e 88) trataram das propriedades geométricas da métrica de Gödel (em espaços de Einstein-Cartan, o espaço "tele-paralelo" utilizado por Einstein no final da década de 1920), publicado em conjunto com Antônio Teixeira e José Duarte de Oliveira; e no espaço-tempo riemanniano (o espaço-tempo curvo da relatividade geral padrão) com Marcelo Rebouças. Outro artigo sobre modelos tipo Gödel (não homogêneo) foi publicado no *Il Nuovo Cimento* em 1985, também escrito em conjunto com Rebouças (JT98).

Mais duas publicações, com Ívano Soares em 1984 e com Figueiredo e Soares em 1989, trataram do acoplamento da matéria microscópica à "vorticidade" em um espaço-tempo de Einstein-Cartan (ou seja, à sua "torção", que produz a vorticidade da matéria) (JT90 e 111). Os dois últimos artigos dessa série foram publicados em 1990 e 1992, em coautoria com Ívano Soares e Mauricio Calvão, e com Bartolomeu Figueiredo e Ívano Soares, respectivamente. Eles foram intitulados *Geodesics in Gödel-Type Spacetimes* (Geodésicas em espaços-tempos do tipo Gödel; JT118) e *Gravitational Coupling of Klein-Gordon and Dirac Particles to matter vorticity and spacetime torsion* (Acoplamento gravitacional de partículas de tipo Klein-Gordon e Dirac para vorticidade da matéria e torção do espaço-tempo; JT119). Esse artigo, publicado na revista *Classical Quantum Gravity*, foi o último sobre teoria gravitacional publicado por Tiomno.

No campo da cosmologia, Tiomno publicou 7 artigos durante a década de 1980, começando em 1986 com o artigo *Homogeneous Cosmos of Weyssenhoff fluid in Einstein-Cartan Space* (Cosmo homogêneo de fluido de Weyssenhoff no espaço Einstein-Cartan), publicado com José Duarte Oliveira e Antônio Teixeira na *Physical Review* (JT102); e continuando com dois artigos sobre universos antipodais, com Ívano Soares e Fernando Sasse, em 1988 (JT106, 107). O segundo deles, intitulado *Neutrinos in Antipodal Universes: Parity Transformation and Asymmetries* (Neutrinos em universos antipodais: transformação da paridade e assimetrias), remonta aos primeiros trabalhos de Tiomno sobre as interações fracas.

O último trabalho de Tiomno sobre cosmologia, intitulado *Thermodynamic Analysis of Cosmological Models* (Análise termodinâmica de modelos cosmológicos) foi publicado em 1989, juntamente com José Ademir Sales de Lima, que atualmente é professor de astronomia da USP, São Paulo.[20] Ele foi aluno de doutorado de Jayme Tiomno no CBPF em 1985-1990, quando escreveu quatro artigos junto com Tiomno sobre o fluxo de calor e termodinâmica em vários modelos cosmológicos (JT105, 108, 114, 115). Todos foram publicados em 1988 e 1989. Os quatro são derivados da tese de doutorado de Ademir Lima "Propriedades geometrotermodinâmicas de modelos cosmológicos", defendida no CBPF.

Além desses inúmeros trabalhos puramente científicos, Tiomno publicou 6 artigos durante a década de 1980, que podem ser considerados como histórico-científico, com base em suas próprias experiências durante sua longa carreira (JT 59, 86, 100, 109, 116 e 121). O primeiro e último deles tratavam de seu envolvimento muito anterior e bem-sucedido com as interações fracas, que foi revivido em meados da década de 1980, como veremos a seguir.

Interlúdio das interações fracas

A partir dos anos 1980, físicos e historiadores da ciência se lançaram à tarefa de reconstruir a história da teoria das interações fracas. O primeiro encontro nesse sentido foi um simpósio no Fermilab sobre a História da Física de Partículas, realizado em 1980. Neste, Robert Marshak omitiu a autoria de Tiomno do diagrama que representava a Interação Universal de Fermi. Isso reforçava uma omissão que tendia a se repetir na literatura. O diagrama foi mostrado pela primeira vez no segundo artigo de Wheeler e Tiomno de 1949 (JT9; cf. Cap. 6) e ficou inicialmente conhecido como o "triângulo de Tiomno-Wheeler". Mais tarde, Giampietro Puppi também foi associado ao diagrama, que, sem referência a Wheeler, veio a ser chamado de "triângulo de Puppi-Tiomno". E finalmente, foi referido simplesmente como o "triângulo de Puppi". Esse nome para o triângulo foi o utilizado por Robert Marshak em seu artigo *Particle physics in rapid transition during the period 1947–1952* (A física de partículas em rápida transição durante o período 1947-1952), publicado nos Anais do Simpósio do Fermilab de 1980 (que saiu em 1983).[21] Esse artigo incomodou muito Wheeler, principalmente porque Marshak conhecia o trabalho de Tiomno e Wheeler.

Foi planejado para novembro de 1983, por David Cline, um encontro num centro de conferências perto de Racine, em Wisconsin, Estados Unidos, intitulado "50 anos de interações fracas" (datado da publicação inicial de Fermi da "interação de quatro férmions" em 1933/1934).[22] A Conferência, contudo, foi adiada para o ano seguinte, ocorrendo de 29 de maio a 1º de junho de 1984. Wheeler ficou sabendo da Conferência e considerou que esta seria uma ótima oportunidade para registrar as contribuições de Tiomno no período inicial das interações fracas, quando a Interação Universal de Fermi era o principal modelo na época. Ele escreveu a Tiomno em fevereiro de 1984, alcançando-o na Itália, onde estava visitando a Universidade de Pádua, sugerindo que ele participasse da conferência e reivindicasse a autoria de algumas das ideias iniciais que contribuíram para o desenvolvimento teórico do campo. Enfatizando a urgência do assunto, ele recorreu a Napoleão, falando sobre sua campanha russa: "...*chaque heure perdue était irréparable, fut retardée de deux mois...*" ("cada hora perdida era irreparável, um atraso de dois meses...").[23] Tiomno levou a sério a convocação, se inscreveu na conferência e apresentou um artigo intitulado *The Early Period of the Universal Fermi Interactions* (O período inicial das interações universais de Fermi; JT86). Ele foi publicado nos anais da Conferência pela Universidade de Wisconsin e está disponível na série Notas de Física do CBPF.[24]

Um ano depois, houve outro simpósio realizado no Fermilab, intitulado *From Pions to Quarks: Physics in the 1950s* (Dos píons aos quarks: física na década de 1950)[25] e; em fevereiro de 1993, houve uma quarta reunião, realizada em Santa Mônica, Califórnia, sobre o tema *Discovery of Weak Neutral Currents: The weak interaction before and after* (Descoberta de correntes neutras fracas: a interação fraca antes e depois). Tiomno participou apenas da segunda dessas quatro reuniões, mas seu artigo foi reimpresso mais tarde de forma revisada nos Anais da Conferência de Santa Mônica (JT121).[26]

A Conferência de Racine, que Tiomno compareceu, contou com a presença de muitos dos participantes dos primeiros trabalhos sobre interações fracas, entre eles Robert E. Marshak (1916-1992), que deu uma palestra sobre a teoria universal V–A, elaborada com seu aluno Ennackal Chandy George Sudarshan, conhecido como E.C.G. Sudarshan, no final de 1956 e início de 1957, onde também não mencionou os primeiros trabalhos de Tiomno. A palestra de Marshak (tendo Sudarshan como coautor) foi posteriormente corrigida incluindo referência aos trabalhos de Tiomno, e também reimpressa nos Anais da Conferência de Santa Mônica.[27]

Tiomno, em seu artigo para a Conferência de Racine, enfatizou que o "triângulo de Tiomno-Wheeler" apareceu pela primeira vez em seu trabalho com Wheeler em 1948/1949, no qual ele ilustrou de maneira clara o que significava uma interação universal de Fermi.[28] Ele se referiu a isso ironicamente como "o caso do triângulo mutante"; ele havia "mutado" ao longo dos anos até ser chamado de "triângulo de Puppi", embora Puppi não houvesse incluído nenhum diagrama em seu artigo de dezembro de 1948.

Após a Conferência de Racine, Marshak escreveu para Tiomno, com cópia para Wheeler, anexando o artigo que ele havia publicado e comentou "Sua menção à minha referência ao 'triângulo de Puppi' em meu artigo no livro de Brown-Hoddeson é compreensivelmente irônica...".[29] Ele justificou o erro à sua falta de contato com a literatura nos últimos anos devido às pesadas funções administrativas, o que o fez tomar simplesmente informações disponíveis na bibliografia recente. Marshak fez a correção para os Anais da Conferência da Califórnia, conforme já mencionado, e enviou uma segunda carta a Tiomno, em 28 de setembro de 1984:

> Espero que a versão em anexo faça justiça às suas contribuições para o programa universal V–A. É claro para mim que você estava ciente da transformação γ_5 antes do resto de nós (por exemplo, na sua tese), e que, se você não estivesse tão isolado no Brasil, você teria feito a mesma análise abrangente da situação experimental que George [Sudarshan] e eu fizemos, e provavelmente teria chegado à mesma conclusão V–A.[30]

A observação de Marshak sobre o isolamento de Tiomno no Brasil refere-se ao desconhecimento posterior das discussões em torno da situação experimental nas interações fracas.[31] Na versão revisada (impressa) de sua palestra, Marshak fez as seguintes declarações sobre as contribuições de Tiomno, o qual reproduzimos aqui um grande trecho devido à clareza e importância de sua explicação:

> Os artigos que estavam mais próximos em espírito à invariância de quiralidade subjacente à teoria V–A foram escritos por Tiomno e por Stech e Jensen. Tiomno concebeu a ideia da invariância de reversão de massa (a ideia de que a equação de Dirac é invariante sob a transformação $\psi \rightarrow \gamma_5\,\psi$, $m \rightarrow -m$), e postulou a invariância da corrente fraca $\psi_1\,O_\mu\,\psi_2$ (onde O_μ é o operador S, V, P, A ou T) sob a transformação *simultânea* (para conservar a paridade): $\psi_1 \rightarrow \pm\,\gamma_5\,\psi_1, \psi_2 \rightarrow \pm\,\gamma_5\,\psi_2$. Tiomno descobriu que se os sinais nas transformações γ_5 são os mesmos, O_μ tem que ser uma combinação de V e A, enquanto que, se os sinais forem diferentes, a combinação deve ser S, P, T. Este claro corte de separação nas duas classes de interações de Fermi foi interessante, mas ainda bastante diferente da ideia de aplicar separadamente a invariância da quiralidade a cada campo de Dirac, o que levou à violação de paridade e à interação V–A.
>
> ... Estávamos cientes desses artigos na época em que escrevemos o nosso, mas optamos por não nos referir a eles por causa de sua limitação no caso da conservação da paridade. Em retrospectiva, consideramos esses artigos como contribuições valiosas para a abordagem da invariância da quiralidade, e desejo corrigir o registro nesse ponto.

... Desconhecido para nós, o artigo de Tiomno sobre "Não-conservação da paridade e a Interação Universal de Fermi" foi enviado para o *Nuovo Cimento* no início de julho de 1957 e publicado em outubro. Ele foi além de Salam na tentativa de reconciliar a combinação aceita (S,T,P) para a interação com a interação do múon (V,A) postulando helicidades opostas para o neutrino e assim acabando com uma característica deselegante e incorreta da UFI.

... Com este conjunto complicado de fatos, como resolver a questão da prioridade na qual os historiadores da ciência estão interessados? Neste caso, talvez a solução mais simples seja citar Feynman, que disse há uma década: "Temos uma teoria convencional de interações fracas inventada por Marshak e Sudarshan, publicada por Feynman e Gell-Mann e completada por Cabibbo – eu chamo de a teoria convencional das interações fracas – aquela que é descrita como a teoria V–A'.[32]

Leite Lopes expressou com frequência as consequências de ser um pesquisador fora dos países cientificamente centrais; na verdade, ele era em geral muito crítico das relações científicas entre os países do *mainstream* e da periferia. Em sua opinião, "este é apenas um exemplo da tendência bem conhecida na comunidade de físicos dos países industrializados pela raridade de citação de artigos cujos autores estão fora de um dos grupos desses países".[33]

A mesma confusão sobre a autoria do triângulo e de outros trabalhos iniciais de Tiomno foi involuntariamente realizada por Yang em sua apresentação no segundo simpósio do Fermilab, em 1985, onde se referiu ao "triângulo de Puppi". Ele foi alertado do erro por colegas de Tiomno que lhe deram uma cópia do artigo de Tiomno publicado no evento em Wisconsin (JT86). Logo que terminou o simpósio, Yang escreveu para Tiomno dizendo que, quando preparou a conferência, percebeu que diferentes grupos chegaram independentemente à mesma ideia da força universal para as interações fracas e que o primeiro a propor tinha sido Puppi. Contudo, após ler o artigo de Tiomno via que não deveria se referir a Puppi como o primeiro pesquisador e que corrigira sua palestra no texto para publicação. Yang ainda complementou que publicou um livro *Collected Papers with Commentary* (Trabalhos selecionados comentados), onde havia citado o nome de Tiomno 5 vezes e que "...Nosso trabalho de 1950 foi importante para o meu subsequente trabalho sobre paridade e foi citado no artigo sobre a paridade de 1956."[34]

De maneira semelhante, também a "invariância de reversão de massa" de Tiomno sofreu mutação (com o auxílio de Abdus Salam) e passou a ser denominado de "invariância quiral", o nome usado posteriormente por Sudarshan e Marshak.[35] No entanto, o "triângulo de Tiomno (Wheeler/Puppi)" tinha só um significado simbólico. Originalmente, ele foi um dispositivo heurístico chamando a atenção para a universalidade da interação do tipo Fermi, mas essa função já tinha feito seu trabalho por volta de 1955. Posteriormente, para Wheeler, Tiomno, Leite Lopes e outros, ele tornou-se um símbolo da falta de reconhecimento dos primeiros trabalhos de Tiomno sobre a UFI, e por isso que ele o mencionou novamente em seu trabalho para a Conferência de Racine. Mas, como podemos ver pelas observações de Marshak citadas acima, a real e importante contribuição de Tiomno foi a introdução do operador γ_5 e da invariância da reversão de massa (ou quiral), e isso foi reconhecido tanto por Marshak como por Yang.

George Sudarshan publicou sua própria visão dos eventos da década de 1950 como contribuição para o Simpósio do Fermilab de 1985. Ele estava seguramente bastante amargurado pela falta de reconhecimento de sua descoberta precoce da Interação Universal V–A, que foi baseada em uma revisão da situação experimental e de uma boa compreensão da teoria. A cadeia de eventos que conduz à falta de reconhecimento da prioridade do trabalho de Sudarshan e Marshak é detalhada por Marshak em sua palestra na Conferência em Racine. Contudo, a observação final de Sudarshan em sua palestra no simpósio no Fermilab foi mais pessimista:

> Foi uma experiência triste, mas esclarecedora reconhecer que a universalidade da ciência não implica numa aclamação imparcial da verdade científica e de uma verdadeira história da ciência e, se a pessoa não tiver nem alianças poderosas nem patrocinadores influentes, ele deve aprender a fazer ciência para seu próprio bem e não ficar deprimido por falta de reconhecimento.[36]

Essa afirmação poderia ser aplicada também a Jayme Tiomno. Sudarshan foi indicado nove vezes ao prêmio Nobel e, aparentemente, por pouco não o recebeu em pelo menos duas ocasiões.[37] Ele faleceu em abril de 2018.

De qualquer modo, a Conferência Racine estimulou Tiomno a dar uma contribuição para a história da teoria das interações fracas e trouxe a ele um merecido reconhecimento por seus primeiros trabalhos sobre o assunto, graças a John Wheeler.

O "incidente do Pará", 1986

Em 1986, Tiomno foi convidado a ministrar a palestra inaugural do semestre na Universidade Federal do Pará (UFPA). O Departamento de Física da UFPA havia sido apoiado pelo CBPF, assim como ocorreu em outros estados como Pernambuco, Ceará e Rio Grande do Sul. Este programa consistia na concessão de bolsas para levar alunos dessas universidades para o CBPF e, eventualmente, ajudar para fazerem suas pós-graduações no exterior, após o que eles poderiam voltar para seus estados de origem e ajudar a implantar cursos de física de qualidade.

A iniciativa do convite a Tiomno foi do físico José Maria Filardo Bassalo que, já formado em engenharia, integrou, em 1965, a iniciativa para criação do Instituto de Física da UnB como assistente de Roberto Salmeron e Jayme Tiomno, completando seu bacharelado em física. Ele se tornou uma figura chave nas relações entre o CBPF e a UFPA.[37]

Tiomno estava especialmente preocupado com os caminhos que as universidades no Brasil estavam tomando após a reforma universitária de 1968. O desmantelamento do sistema de cátedra, embora desejável, foi mal implementado e trouxe um grande caos para as universidades, uma vez que acabou com a autoridade científica e acadêmica, colocando um pesquisador com grande experiência e reconhecimento internacional no mesmo nível que jovens que estavam começando suas carreiras universitárias. A ditadura tinha, ao mesmo tempo, destruído o sistema de mérito dentro das universidades e subvertido seus princípios de governança acadêmica. O sistema departamental e a dificuldade para implementá-lo em substituição ao sistema de cátedra sem a devida preparação (ou seja, sem estabelecer um sistema de mérito) produziu muitos dos problemas enfrentados pelas universidades em 1986. Assim, Tiomno decidiu dar uma palestra autobiográfica, na qual ele poderia fazer uso de sua própria carreira e experiências como exemplos para discutir as questões políticas, sociais e o desenvolvimento educacional no Brasil durante os últimos 50 anos, apresentando algumas sugestões sobre as ações que deveriam ser tomadas no futuro para garantir a qualidade das universidades brasileiras. Isso, segundo ele, era necessário porque "o Brasil é um país sem memória" e repetimos ciclicamente os mesmos erros e tentativas falhas de solucioná-los.

Em sua palestra, Tiomno destacou a extraordinária influência de "bons professores" e dos "professores ruins" no Brasil e em outros lugares, e o valor do estudo no exterior (na Europa, particularmente), bem como o desenvolvimento de suas universidades de origem, tornando possível o retorno desses estudantes. Ele também ressaltou a necessidade de um idealismo baseado não no simples nacionalismo, mas no reconhecimento da necessidade de contribuir para o desenvolvimento nacional. Ele concluiu listando 7 pontos fundamentais que as universidades deveriam perseguir para se tornarem centros de excelência e fossem importantes para o país e que permanecem atuais:

1. A universidade não pode receber cheques em branco sem prestar serviços reais à comunidade local e ao país;

2. Democracia não é prestigiar a mediocridade nem é inimiga da qualidade;

3. Se a universidade não impuser pela qualidade de ensino e da pesquisa, será substituída por universidades militares, reduzindo-se a fábricas de diplomas;

4. As universidades devem se diversificar e experimentar soluções – "que floresçam cem flores e cem escolas de pensamento"...;

5. A ampliação de vagas tem como pré-condição a formação de um quadro de professores e pesquisadores competentes, baseado no sistema de mérito;

6. Essa ampliação exige novas oportunidades para os estudantes com carreiras correlatas de nível intermediário;

7. Qualquer tipo de bolsa de estudos e pesquisas deve exigir retribuição em auxílio ao ensino.[39]

A palestra de Tiomno foi noticiada nos jornais locais e o senador paraense Jarbas Passarinho, ministro da educação durante o regime militar, reagiu com uma crítica na grande imprensa.[40] Ele foi o autor anos antes da vergonhosa frase dita ao presidente Costa e Silva, quando da assinatura do AI-5: "Sei que a Vossa Excelência repugna, como a mim e a todos os membros desse Conselho, enveredar pelo caminho da ditadura pura e simples, mas me parece que claramente é esta que está diante de nós. [...] Às favas, senhor presidente, neste momento, todos os escrúpulos de consciência".[41] Ele ficou evidentemente irritado com a descrição que Tiomno fez da ditadura e de seus efeitos nas universidades no Brasil, e defendeu as ações do governo militar enquanto acusou Tiomno de dar uma palestra banal, de se colocar em primeiro plano, além de ser um agente comunista infiltrado.

Tiomno publicou, então, uma resposta no mesmo jornal, onde se refere a Jarbas Passarinho como jornalista.[42] Além de se defender dos ataques e ofensas, Tiomno dividiu o artigo de Passarinho em três partes e refutou sistematicamente seus argumentos em cada uma delas. Ele enfatizou que o simples aumento do financiamento para as universidades (para "prédios e terrenos", como citado por Passarinho) não resolverão os problemas das universidades e que elas não estavam suficientemente preparadas para uma "democratização forçada" (o sistema departamental), abrindo a porta para a mediocridade, uma vez que nenhum sistema de mérito foi implementado. Por fim, defendeu-se da tentativa de Passarinho de criar uma intriga dele com a UFPA, afirmando que havia falado mal da Universidade.

O Conselho Executivo de Ensino e Pesquisa (CONSEP) da UFPA emitiu uma declaração oficial solidarizando-se com Tiomno e contra as acusações de Passarinho. Eles reafirmaram apoio à iniciativa de convidar Tiomno para proferir a palestra e corroboram com seu conteúdo, acusando Passarinho de chegar a conclusões precipitadas e emocionais sem conhecer o conteúdo da palestra. A declaração foi enviada, tanto para Tiomno como para Passarinho, deixando clara a posição da Universidade. Decidiram também publicar a palestra num jornal de grande circulação para tornar evidentes as mentiras ditas por Passarinho. Um pouco depois, em 1987, Bassalo publicou um artigo explicando a razão do convite à Tiomno para fazer a palestra de abertura e esclarecendo o público sobre os motivos da polêmica.[42]

Olhando posteriormente, o ataque de Passarinho se junta a outras iniciativas, muitas das quais presentes até hoje, de tentar justificar a ditadura implantada no Brasil, considerando as perseguições, torturas e mortes como uma espécie de "dano colateral". A aparente dicotomia existente durante a ditadura civil-militar de perseguir pesquisadores, professores e alunos ao mesmo tempo em que apoiou financeiramente as universidades e a pesquisa tem sido objeto de estudo de vários historiadores da ciência.[44]

Reencontro dos "Mosqueteiros"

Em 1982, após sua aposentadoria da UFRJ, Leopoldo Nachbin também voltou ao CBPF. Em 1985, foi criado o Ministério da Ciência e Tecnologia, e o novo ministro, Renato Archer, iniciou um esforço para trazer de volta os cientistas que tinham ido para o exterior durante a ditadura ou, ao menos, incentivar uma colaboração com aqueles que já estavam bem estabelecidos e não tinham desejo ou possibilidade de retornar. Os pesquisadores do CBPF iniciaram um movimento para trazer Leite Lopes de volta da França e torná-lo diretor do Centro. Finalmente, após mais de 40 anos, os quatro amigos da Faculdade Nacional de Filosofia que sonhavam em criar uma instituição de pesquisa em física no Rio de Janeiro – Jayme Tiomno, Elisa Frota-Pessôa, José Leite Lopes e Leopoldo Nachbin – voltavam a se reunir em sua antiga casa – o CBPF (Fig. 15.2).

Além do ensino e pesquisa, Tiomno assumiu algumas funções administrativas no CBPF e em outros órgãos. De 1985 a 1988, foi coordenador de Projetos de Física de Altas Energias e coordenou o convênio com o Fermilab, levando à fundação do LAFEX. Tiomno também foi coordenador de projetos de computação algébrica de 1985 a 1992 e contribuiu para a modernização da infraestrutura de informática. Tiomno e Leite Lopes chegaram a procurar o ex-diretor do CBPF, Antonio Cesar Olinto, que havia assumido a direção do Laboratório Nacional de Computação Científica para que trouxesse o LNCC de volta para o Centro. Mas a separação do LNCC do CBPF já tinha se tornado irreversível. Um pouco mais tarde, de 1988 a 1996, Tiomno foi presidente do Conselho Executivo da FAPERJ.

Fig. 15.2 Os "Três Mosqueteiros", 50 anos depois (da esquerda para a direita): Jayme Tiomno, Elisa Frota-Pessôa, José Leite Lopes, e Leopoldo Nachbin, em 1989, EFP.

Em 1985, Tiomno publicou uma versão revisada de seu discurso de posse como professor catedrático da USP em 1968 (JT59) e, em 1988, um relato sobre a fundação do ICTP em Trieste em 1964 (JT 109), no qual teve um importante papel. No ano seguinte, ele contribuiu com um capítulo nos Anais do 3º Simpósio sobre Colaboração Pan-Americana em Física Experimental, editado por Roy Rubinstein e Alberto Santoro, intitulado "Colaboração em Física na América Latina" (JT116).

O final da década marcaria seu septuagésimo aniversário e, por conseguinte, nova aposentadoria compulsória – dessa vez por idade.

Notas

1. Jayme Tiomno para José Goldemberg, vice-diretor do Instituto de Física da USP, 12 de dezembro de 1979; JT.

2. Relatório do Departamento Geral de Investigações Especiais do DOPS, 30 de agosto de 1979; APERJ—Série DGIE, n. 2719-D, p. 124.

3. Entrevista com Mario Novello para ATT para este livro, agosto/setembro de 2019.

4. Jayme Tiomno, Palestra proferida na Sessão pública de reparação moral e reinício da colaboração, CBPF, 23 de novembro de 1979, JT.

5. Idem.

6. Frota-Pessôa (1990).

7. Leite Lopes para Caden e Haity Moussatché, 27 de janeiro de 1982; [HM].

8. Jayme Tiomno a Carlos Mauricio Chaves, chefe do Departamento de Física da PUC-RJ, 7 de agosto de 1980; JT.

9. Leite Lopes para Caden e Haity Moussatché, 27 de janeiro de 1982; HM.

10. John Wheeler para Alwyn van der Merwe (Editor do *Foundations of Physics*), 13 de setembro de 1983; JWA. Ver também Bassalo & Freire (2003).

11. Jayme Tiomno, Palestra proferida na sessão em homenagem ao seu 60º aniversário; Anais do II Encontro Nacional de Partículas e Teoria de Campos, Cambuquira, MG (set. 1980), Sociedade Brasileira de Física.

12. Bediaga & Caruso (1996).

13. Ver Caruso *et al.*, (2011).

14. Ignacio Alfonso de Bediaga e Hickman estudou na PUC de 1974 a 1980, enquanto Tiomno era professor; hoje é professor do CBPF.

15. Nascido no Rio de Janeiro em 1959, Francisco Caruso estudou na UERJ de 1976 a 1980, hoje professor emérito da UERJ.

16. A "partícula J/ψ" foi descoberta simultaneamente pelo grupo de Samuel Ting em Brookhaven, Nova York, que a chamou de partícula J, e pelo grupo de Burton Richter

de Stanford, Califórnia, (anel de armazenamento de elétrons de pósitrons de Stanford, SPEAR na sigla em inglês, do SLAC National Accelerator Laboratory), que o denominou de ψ. Este méson é um exemplo de "charmonium", pois consiste num par partícula-antipartícula de quarks charme. A descoberta do méson J/ψ anunciou a "revolução" de novembro de 1974, dando origem à "nova física" (ou seja, a física de hádrons, que contém quarks "charme", da segunda geração de quarks. Richter e Ting dividiram o prêmio Nobel de 1976 "por seu trabalho pioneiro na descoberta de uma partícula elementar pesada de um novo tipo".

17. Ver Cap. 13 deste livro.

18. Fig. 16.5 em Cap. 16 deste livro.

19. Ver Gödel (1949). Gödel originalmente escreveu este trabalho como uma contribuição para o *Festschrift* para o aniversário de 70 anos de Einstein em março de 1949. Diz-se que Einstein o teria desapontado ao observar que não tinha aplicação ao mundo real. Para uma discussão geral do universo de Gödel, ver Rindler (2009).

20. Ver Fig. 17.1 no Cap. 17 deste livro.

21. Brown & Hoddeson (1983).

22. Fermi (1934a, b).

23. John Wheeler para Jayme Tiomno, fevereiro de 1984, JT.

24. Cline & Riedasch (1984). O artigo de Tiomno está disponível online em: http://cbpfindex.cbpf.br/publication_pdfs/nf05084.2011_10_07_09_52_59.pdf.

25. Brown, Dresden & Hoddeson (1989).

26. Mann & Cline (1994). Este volume inclui reimpressões de artigos de edições anteriores sobre as contribuições para o desenvolvimento inicial da teoria das interações fracas / UFI. O artigo de Tiomno está nas páginas 99-109, disponível online em https://doi.org/10.1063/1.45451.

27. A citação de Feynman no artigo de Marshak é de uma conferência na Filadélfia em 1974, quando Feynman tentava "fazer as pazes" com Sudarshan pela (involuntária) falta de reconhecimento de seu trabalho. Marshak repetiu essa citação em uma comunicação pessoal para Jagdish Mehra, em 1990. Ver Mehra (1994) e Cap. 21 deste livro.

28. Ver Cap. 6 e Cap. 7 deste livro.

29. Robert E. Marshak para Jayme Tiomno, 27 de julho de 1984; JT. Também citada em Bassalo & Freire (2003).

30. Robert E. Marshak para Jayme Tiomno, 28 de setembro de 1984; JT.

31. Ver Cap. 9 deste livro.

32. Sudarshan, E. C. G.; Marshak, R. E. Origin of the Universal V-A theory. *In: Mann & Cline* (1994), pp. 110-124.

33. Leite Lopes (1996).

34. C.N. Yang para Tiomno, 10 de maio de 1985; JT.

35. Ver Cap. 9 deste livro.

36. Marshak (1997).

37. cfr. www.tifr.res.in/TSN/article/Sudarshan.pdf.

38. Bassalo nasceu em Belém do Pará em 1935. Estudou engenharia civil na antiga Escola de Engenharia do Pará (posteriormente absorvida pela UFPA) em 1954-1958 e foi instrutor, de 1961 a 1965, no Curso de Física e Matemática da UFPA, núcleo do posterior Departamento de Física. Em 1965, integrou o grupo que instituiu o Instituto de Física na UnB como assistente de Roberto Salmeron e Jayme Tiomno (uma experiência que descreve em Bassalo (1998) e Bassalo (2012), e citado também no Cap. 11). Concluiu o bacharelado em física em Brasília em 1965 e obteve seu mestrado e doutorado na USP em 1973 e 1975, ambos no grupo de Mauro Sergio Dorsa Cattani. O tema de sua tese de doutorado foi "Cálculo Quântico do Alargamento e do deslocamento da Linha 43 s - 23 p do Hélio em um Plasma Quente", um tópico da teoria da espectroscopia atômica/plasmática. Bassalo foi professor titular do Departamento de Física, de onde se aposentou em 2005, e um importante agente no desenvolvimento da física no Pará, principalmente por meio de seu relacionamento com a equipe do CBPF. É autor de inúmeros livros sobre história da ciência.

39. Tiomno (1986).

40. Passarinho, Jarbas. Lembrando Lacerda, *O Liberal*, 23 de fevereiro de 1986. Reproduzido em Tiomno (1986).

41. Essa frase foi dita durante uma reunião do Conselho de Segurança Nacional na noite de 13 de dezembro de 1969 para votar o texto do AI-5. A reunião foi gravada em áudio e posteriormente divulgada em vários veículos de imprensa. O texto citado foi retirado do Wikiquote, disponível em: https://pt.wikiquote.org/wiki/Jarbas_Passarinho.

42. Tiomno, Jayme. Considerações sobre o artigo "Lembrando Lacerda" de Jarbas Passarinho, *O Liberal*, 1 de março de 1986. Reproduzido em Tiomno (1986).

43. Bassalo (1987).

44. Ver, por exemplo, Freire, Videira & Ribeiro Filho (2009)

16

Pesquisador emérito

Física de fronteira

Em 16 de abril de 1990, Tiomno comemorou seu 70º aniversário. Foi realizada uma sessão em sua homenagem no encontro da Sociedade Brasileira de Física, em setembro, em Caxambu e, pouco depois, em novembro, foi realizado no CBPF um simpósio internacional dedicado à data. As palestras dadas no simpósio originaram um *Festschrift* (publicação comemorativa) intitulado *Frontier Physics: Essays in Honour of Jayme Tiomno* (Física de fronteira: ensaios em homenagem a Jayme Tiomno), editado por Samuel Wallace MacDowell, Herch Moysés Nussenzveig e Roberto Aureliano Salmeron (Fig. 16.1).[1]

Roberto A. Salmeron foi colega de Tiomno durante os primeiros anos do CBPF, parceiro no projeto de criação da Universidade de Brasília e um de seus melhores amigos, conforme já mencionado.

Samuel W. MacDowell é membro de uma conhecida família do Norte, imigrante da Escócia, com ancestrais ilustres no Pará e Pernambuco durante o século XIX. Nascido em São Lourenço da Mata (próximo a Recife) em março de 1929, MacDowell foi um dos alunos talentosos "descobertos" por Luis Freire no início da década de 1950 e enviado para o Rio de Janeiro para estudar na Faculdade Nacional de Filosofia, onde foi um dos primeiros alunos de Tiomno e Leite Lopes. No CBPF, foi coautor com Tiomno de um artigo sobre polarização por espalhamento nuclear (JT29), originado de sua tese de mestrado sob orientação de Tiomno. Ele seguiu, então, para a Universidade de Birmingham, no Reino Unido, onde obteve seu doutorado em 1958, trabalhando com o pioneiro quântico Rudolf Peierls com uma tese sobre física quântica. No início da década de 1960, MacDowell retornou ao Brasil e tornou-se professor do CBPF. Do final de 1963 a meados de 1965, foi pesquisador visitante no Instituto de Estudos Avançados em Princeton, e contratado depois como professor na Faculdade de Física Matemática da Universidade de Yale, nos Estados Unidos, onde passou o resto de sua carreira, aposentando-se em 2001. Durante a maior parte de sua vida científica atuou em teoria de partículas elementares (física de hádrons), mas também trabalhou em teoria da gravitação, fundamentos da mecânica quântica e teoria eletrofraca.

Herch Moysés Nussenzveig nasceu em São Paulo, em janeiro de 1933, e estudou física na USP, graduando-se em 1954 e obtendo seu doutorado em 1957. Foi então para a Universidade de Birmingham para um pós-doutorado no grupo de Peierls, onde foi contemporâneo de MacDowell. Ele também realizou pós-doutoramentos em Zurique com Res Jost e, em Utrecht, com Léon van Hove. Pediu licença do cargo de professor adjunto da USP e foi para o CBPF como professor, de 1962 a 1968, passando períodos no Instituto de Estudos Avançados em Princeton (1964-1965) e na Universidade de Rochester (1969-1975). Em 1975, retornou à USP como professor, tornando-se diretor do Instituto de Física e participando da criação do Departamento de Física Matemática, originado a partir do grupo formado em 1968/1969 por Tiomno. Em 1984, transferiu-se para a PUC-RJ, permanecendo em seu corpo docente até 1994, quando se vinculou à UFRJ. Ele se aposentou compulsoriamente aos 70 anos em 2003. Nussenzveig mudou sua área de interesse de física de partículas para ótica quântica no final de sua carreira e teve grande sucesso nesse campo, colaborando, entre outros, com o grupo francês de Serge Haroche, que dividiu o prêmio Nobel de Física de 2012 por seu trabalho sobre a "medição e manipulação de sistemas quânticos individuais".[2] (Fig. 16.2).

Fig. 16.1 Capa do livro *Frontier Physics*. World Scientific, usado com permissão.

O livro *Frontier Physics* foi uma justa homenagem à carreira científica de Tiomno, que entrava em uma fase menos intensa de trabalho. Os editores escreveram no Prefácio:

> A vida, o entusiasmo e a dedicação de Jayme Tiomno são fontes de inspiração para nós e para as futuras gerações de físicos, e nos dá um grande prazer participar desta celebração. Desejamos a ele muitas felicidades.[3]

Ele traz artigos de uma longa lista de colaboradores de Tiomno ao longo de seus cinquenta anos de carreira, começando com Chen Ning Yang e John Wheeler, duas importantes referências de seu primeiro período em Princeton. O artigo de Yang remonta ao início da vida científica de Tiomno, e é particularmente relevante como uma reflexão sobre seus primeiros trabalhos e seu estilo colaborativo de pesquisa. Por conta disso e da clareza de Yang, reproduzimos aqui um trecho mais extenso:

> Soube do nome de Tiomno pela primeira vez no início de 1949, quando era assistente na Universidade de Chicago e fui informado por A. Ore que Tiomno e Wheeler tinham feito algo semelhante ao que T. D. Lee, M. Rosenbluth e eu tínhamos acabado de desenvolver. O trabalho de Tiomno e Wheeler, o nosso e vários outros artigos dessa época serviram para classificar as interações das partículas elementares em quatro classes, um desenvolvimento esclarecedor naqueles anos.
>
> Mais tarde, no outono de 1949, quando me mudei de Chicago para o Instituto de Estudos Avançados em Princeton, conheci Tiomno pessoalmente. Ele estava naquela época na Universidade de Princeton. Discutimos muitos tópicos em física e escrevemos um artigo juntos no início de 1950. O artigo foi intitulado *Reflection Properties of Spin-½ Fields and a Universal Fermi-Type Interaction* (Propriedades de reflexão de campos de spin-½ e uma Interação Universal do Tipo Fermi). Essa foi provavelmente a primeira vez que o termo interação universal do tipo Fermi foi usado...
>
> O conteúdo deste artigo acabou por não ser particularmente relevante. No entanto, algumas considerações posteriores foram de importância crucial para o meu trabalho (1956) com T. D. Lee sobre a não-conservação da paridade...
>
> Seis anos depois, esses cálculos de 1950 levaram diretamente ao meu trabalho com T.D. Lee sobre considerações de todos os 10 termos simultaneamente,[4] um desenvolvimento que nos permitiu calcular vários efeitos da

violação de paridade em decaimentos ß, levando ao experimento inovador sobre ^{60}Co por C.S. Wu.[5]

Estou muito feliz por estar aqui hoje para ajudar a comemorar o septuagésimo aniversário de Jayme. Ele contribuiu com muitas coisas para a física e muitas coisas para o desenvolvimento da física no Brasil. É uma carreira da qual ele pode se orgulhar...[6].

Já o capítulo de Wheeler é uma reflexão científico-filosófica sobre o surgimento do universo. Esses capítulos introdutórios são seguidos por outros capítulos de colaboradores dos primeiros tempos das interações fracas, incluindo Lederman, Sudarshan e Marshak, e um capítulo do primeiro colaborador e amigo de longa data de Tiomno, José Leite Lopes. Em seguida, vem uma série de artigos de seus ex-alunos e colaboradores das décadas de 1970 e 1980, além de colegas do CBPF e outras instituições brasileiras, argentinas e mexicanas que trabalharam temas similares aos estudados por Tiomno. Seguem-se as contribuições de alguns dos seus colaboradores durante sua segunda estadia em Princeton. O livro termina com um artigo de Salmeron sobre um tópico atual em física experimental de alta energia: as colisões relativísticas de íons pesados.

O simpósio e o livro deram certamente uma grande satisfação a Tiomno, cujos esforços em pesquisa e educação científica muitas vezes foram frustrados ou não foram devidamente reconhecidos. Junto com as comemorações, seu aniversário marcava uma transição em sua carreira com a aposentadoria compulsória (pela segunda vez). Outros fundadores do CBPF já tinham chegado ou estavam próximos dos 70 anos. Assim, para acomodá-los, o Centro criou a figura do pesquisador emérito, que permitia que continuassem dando aulas, orientando estudantes, mantendo suas salas de trabalhos e o acesso à infraestrutura do CBPF. Em cerimônia em 27 de agosto de 1992, o título foi conferido conjuntamente a Jayme Tiomno, Elisa Frota-Pessôa, José Leite Lopes, Leopoldo Nachbin, Hervásio Guimarães de Carvalho e Francisco Mendes de Oliveira Castro, iniciando uma tradição que tem sido continuada com as novas gerações de pesquisadores.

Fig. 16.2 Em pé, a partir da esquerda: Roberto Salmeron, Jayme Tiomno e Herch Moysés Nussenzveig; sentadas: Sonia Salmeron, Elisa Frota-Pessôa, Micheline Nussenzveig e Maria Laura Leite Lopes, agosto de 2003. EFP.

Tiomno (como os demais) tornou-se uma espécie de "conselheiro sênior" da ciência, ainda trabalhando, mas não mais pesquisando e ensinando com tanta energia e disposição como nos anos anteriores. Ele, no entanto, permaneceu ativo em várias organizações científicas. A partir de 1991, foi presidente da Comissão Especial do CNPq para coordenar as interações de grupos brasileiros com grandes laboratórios de Física de Altas Energias e em 1992/1994 foi membro da Comissão de Seleção de Acadêmicos da Academia Brasileira de Ciências (ABC). Durante esse período (até 1997), também foi membro do Comitê Executivo da Sociedade Internacional de Relatividade Geral e Gravitação, com sede na Universidade de Victoria, no Canadá.

Expressões de reconhecimento continuaram a chegar de várias partes. Em 1993, o Departamento de Física Matemática do Instituto de Física da USP nomeou sua sala de seminários como Sala Jayme Tiomno e, no ano seguinte, recebeu a Grã Cruz da Ordem Nacional do Mérito Científico, entregue pelo presidente Itamar Franco. No ano de 1995, Tiomno viajou para Trieste para receber o Prêmio de Física da Academia de Ciências do Terceiro Mundo (TWAS) e fazer a palestra de honra (JT121). Pouco depois, ele foi eleito membro permanente desta Academia.[7]

Os Encontros Marcel Grossmann

Em 1975, três anos depois de Tiomno ter deixado Princeton após sua segunda estada e assumido o posto na PUC-RJ, seus colegas e colaboradores Abdus Salam e Remo Ruffini fundaram uma série de conferências em Trieste dedicadas a reunir a crescente comunidade de pesquisadores em gravitação e astrofísica relativística, grande parte dela oriunda da Escola de Wheeler em Princeton. Eles nomearam as conferências de *Marcel Grossmann Meetings* (Encontros Marcel Grossmann, conhecidos pela sigla MG), em homenagem ao matemático suíço, colega e amigo de Albert Einstein, que forneceu a Einstein em 1912/1913 a matemática que ele precisava para terminar sua teoria da relatividade geral. Sem Grossmann, Einstein certamente não teria sido capaz de completar a teoria em 1915, que poderia ter sido publicada por David Hilbert em vez de Einstein.[8] Os encontros MG são realizados a cada três anos em diferentes localidades além de Trieste, onde aconteceram os primeiros encontros.

Dada sua associação com os fundadores dos encontros e seu próprio trabalho em teoria de campo, gravitação e cosmologia, era natural que Tiomno tivesse interesse nessas reuniões. Ele, contudo, não participou dos dois primeiros, MG-I (1975) e MG-II (1979), ambos em Trieste. Era o período da ditadura e ele sabia que provavelmente seria boicotado numa eventual solicitação de apoio financeiro para a viagem, fora o fato de que ele estava saindo de um longo período de depressão e ainda com poucos resultados relevantes. Na época do MG-III, realizado em Xangai, na China, em 1982, Remo Ruffini convidou Mario Novello para participar da reunião, mas novamente Tiomno não compareceu. Finalmente, para o MG-IV em 1985, ele foi convidado a apresentar um trabalho e falou sobre a questão da teoria do éter de Lorentz – teoria da relatividade restrita (JT103). Provavelmente contribuíram em sua decisão para participar a recente ida ao encontro em Rochester, que lhe lembrou o gosto de participar dos encontros internacionais, e o entusiasmo de Novello com o encontro ocorrido na China. Seguramente Wheeler e Ruffini ficaram muito satisfeitos com sua decisão de participar.

Após o encontro em Roma, Tiomno retomou os contatos com antigos colaboradores e, em 1994, ano do MG-VII, realizado na Universidade de Stanford, na Califórnia, foi designado membro do *Committee of the Americas*, parte do comitê internacional das conferências, mas não participou da reunião em si. Já com 74 anos, ele começava a reduzir suas viagens ao exterior e a participação em conferências.

Mario Novello ofereceu para sediar no Brasil o MG-X, previsto para 2003, que poderia se tornar uma grande oportunidade para o país. Em 1985, Ruffini e Salam fundaram, juntamente com vários outros cientistas proeminentes, o ICRA (*International Center for Relativistic Astrophysics*), uma fundação para financiar e organizar as conferências Marcel Grossman, sediada em Roma. No início dos anos 2000, Ruffini iniciou um movimento para a criação do ICRANet (Rede Internacional de Centros para Astrofísica Relativística), uma rede internacional de institutos vinculados ao ICRA (ver Cap. 13). Ruffini precisava de pelo menos três países para criar a rede e, na época, tinha apenas dois: o Estado do Vaticano e a Armênia. Ele pretendia que o Brasil, bem mais conceituado, fosse o terceiro, e a realização do Encontro Marcel Grossman no Brasil poderia ser uma boa oportunidade para oficializar a participação do país.

O MG-X foi realizado como previsto em 2003 no Rio de Janeiro. O prêmio institucional, entregue a cada conferência a uma instituição de destaque na área, foi concedido ao CBPF "por seu papel como instituição de ensino e pesquisa, e como lugar de origem para ideias de física fundamental na exploração do universo" junto com uma homenagem aos seus fundadores: César Lattes, José Leite Lopes e Jayme Tiomno (Figs. 16.3 e 16.4).

Com relação ao ICRANet, Tiomno foi inicialmente contra o ingresso do Brasil, possivelmente pela desconfiança que tinha de Ruffini em função dos problemas que teve com ele em Princeton. Além disso, os países signatários conseguidos por Ruffini até então (Vaticano e Armênia) não eram exatamente o que se poderia denominar de referências em cosmologia e relatividade. De qualquer forma, Novello levou adiante a proposta e, em 2005, o Brasil assinou uma carta de intenções, mas seu ingresso formal foi mais lento, pois dependia da gestão junto ao governo federal e da aprovação do parlamento brasileiro. Com isso, o terceiro país a completar a tríade foi a própria Itália, sede do ICRA, e sua criação foi oficializada por uma lei do governo italiano em 2005 (ver Cap. 13). A adesão oficial do Brasil ocorreu apenas em 2011, completando 4 países membros, e Mario Novello foi indicado para a *Cesar Lattes ICRANet Chair* (Cadeira Cesar Lattes do ICRANet), como representante do Brasil. A rede se consolidou ao longo do tempo e hoje é composta por dezenas de universidades e institutos de pesquisa em todo o mundo.[9]

Fig. 16.3 José Leite Lopes, Jayme Tiomno e Remo Ruffini na conferência MG-X no Rio de Janeiro (2003), após a entrega do prêmio institucional Marcel Grossmann, concedido ao CBPF. Foto cortesia do CBPF.

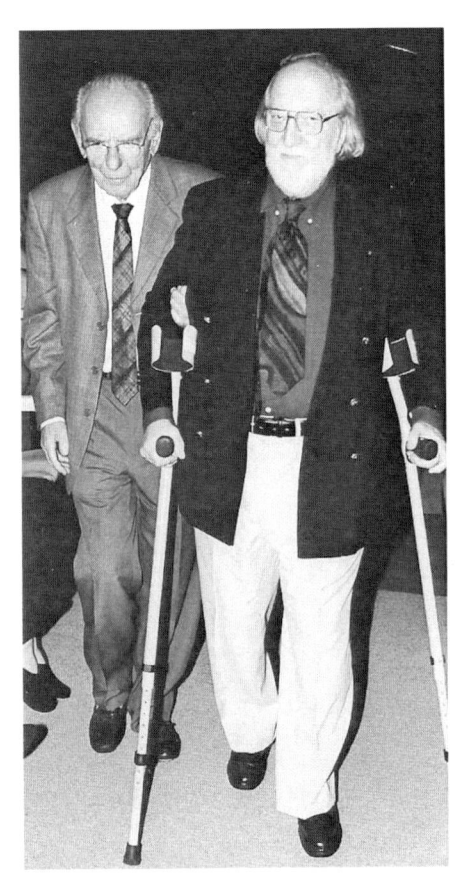

Fig. 16.4 Jayme Tiomno e José Leite Lopes, homenageados como fundadores do CBPF no MG-X.

A física dos sistemas rotativos relativísticos

Quando foi nomeado pesquisador emérito em 1992, os projetos e colaborações de Tiomno em relatividade especial, física hadrônica e em teoria de campo, gravitação e cosmologia estavam diminuindo, mas ele não estava disposto a abandonar completamente a pesquisa. Tiomno e Ívano Damião Soares, que realizaram uma intensa colaboração em gravitação e teoria de campo, começaram uma nova parceria em meados da década de 1990 sobre um novo tema, provavelmente decorrente da pesquisa de Tiomno sobre a teoria do éter de Lorentz (LET) iniciada na década de 1980. Nesse trabalho inicial, ele usou como modelo um corpo giratório dentro de um referencial inercial em movimento (translacionalmente) para considerar como distinguir o LET da teoria einsteiniana convencional da relatividade restrita (SRT). Muito possivelmente, isso despertou seu interesse em sistemas relativísticos rotacionais. Este era um antigo assunto que remonta a mais de 85 anos, mas que não tinha tido uma conclusão satisfatória ao longo de todo esse tempo. Ele abarcava um aspecto inicial – o efeito Sagnac, e um de seus refinamentos mais recentes – o efeito Mashhoon.

O efeito Sagnac foi descrito por Georges Sagnac em 1913.[10] Ele envolve a passagem da luz em um interferômetro em anel, no qual dois feixes de luz se dividem a partir de uma única fonte de luz – um no sentido horário e outro no sentido anti-horário – ao redor do mesmo *loop*, então recombinados e viabilizando a interferência. Ele é extremamente estável, pois os dois subfeixes percorrem precisamente o mesmo caminho. Quando todo o aparelho é girado a uma velocidade angular ω, é observada uma mudança de fase entre os subfeixes recombinados. Esse caso já havia sido tratado relativisticamente por Max von Laue em 1911.[11] Sagnac utilizou a mudança observada como evidência para um quadro de referência absoluto, o "éter", em contraposição à teoria da relatividade restrita de Einstein, mas isso foi visto mais tarde como incorreto. Desde o advento das guias de luz de fibra óptica e dos lasers de estado sólido, os interferômetros de Sagnac podem ser muito compactos e robustos, e podem ser usados como "giroscópios de luz", que são adequados, por exemplo, em aplicações espaciais. O efeito também foi demonstrado com partículas quânticas (por exemplo, nêutrons[12] e elétrons,[13] e até átomos de hélio superfluido), que também podem mostrar efeitos de interferência devido à sua onda mecânica-quântica característica. Um desenvolvimento muito posterior é o efeito Mashhoon, descrito em 1988 por Bahram Mashhoon.[14] É uma pequena mudança de fase adicional devido ao acoplamento do spin de uma partícula usada no interferômetro de Sagnac (por exemplo, o spin-½ de nêutrons ou elétrons) ao movimento orbital do aparato rotacional, análogo ao acoplamento spin-órbita observado para elétrons atômicos, onde seus spins se acoplam ao momento angular orbital de seus estados quânticos dentro do átomo.

Em meados da década de 1990, Jayme Tiomno e Ivano Soares se propuseram a dar uma correta derivação dos efeitos Sagnac e Mashhoon no limite relativístico. O primeiro artigo deles sobre o assunto foi publicado na revista *Physical Review D* em 1996, intitulado *The Physics of the Sagnac-Mashhoon Effects* (A física dos efeitos Sagnac-Mashhoon; JT120). Foi, em muitos aspectos, um *tour de force* teórico, e fez uso não apenas de *insights* do trabalho anterior de Tiomno sobre a controvérsia LET-SRT, mas também de seu artigo de 1970 sobre a equivalência das transformações de Lorentz e das transformações de Foldy-Wouthuysen (F-W) (JT61). Este último artigo foi publicado pouco antes de sua partida para Princeton em 1971 e foi resultado de sua colaboração com Bollini e Giambiagi no ICTP em 1966/1967. O último artigo de Tiomno sobre teoria gravitacional, publicado em conjunto com Bartolomeu Figueiredo e Ívano Soares em 1992 (JT119), também é citado e utilizado em seu artigo de 1996 sobre a física dos sistemas rotacionais.

A transformação F-W foi introduzida por Foldy e Wouthuysen em 1950 como uma forma de simplificar a transformação hamiltoniana (operador de energia total) em aplicações da equação de Dirac. Tiomno estava familiarizado com isso devido a seu trabalho de tese usando essa equação. Ele caiu em desuso no final do século XX, mas foi revivido nos últimos 15 anos devido à sua eficácia no tratamento de problemas em ótica vetorial. Na sua forma original era uma transformação unitária (preservando o comprimento) para uma nova base dentro do espaço de Hilbert, subjacente às soluções da equação de Dirac. Tiomno fez uso de generalizações das transformações de Lorentz e de F-W em seu artigo de 1970 (JT61) e mostrou que eles são matematicamente equivalentes, exceto por um fator numérico.

Fig. 16.5 Jayme Tiomno e seu jovem colaborador Ivano D. Soares no CBPF em 1995. Este foi o período em que eles estavam trabalhando no artigo sobre o efeito Sagnac-Mashhoon. EFP.

No artigo de 1996, Ívano e Tiomno abordaram o problema da rotação dentro de um quadro de referencial inercial, obedecendo à relatividade restrita. Tal rotação produz efeitos não visíveis em quadros puramente inerciais com movimento apenas de translação, e isso deu origem à alegação original de Sagnac de que ele havia detectado o éter com seu interferômetro em anel. De fato, todos os experimentos realizados na Terra estão num quadro rotacional, devido à rotação axial da Terra, e isso foi empregado nos experimentos de nêutrons.[15]

A mudança de fase observada no efeito Sagnac é proporcional a $\omega.\mathbf{A}$, onde ω é a velocidade de rotação (angular) e $\mathbf{A}$ é a área delimitada dentro do interferômetro em anel, ambos expressos como vetores. O "produto escalar" significa que apenas os componentes paralelos dos dois vetores contribuem para o efeito (ou seja, se o eixo de rotação for perpendicular ao vetor de área, quer dizer, dentro do plano do anel, não haverá nenhum efeito). O efeito Mashhoon é proporcional a $\omega.\mathbf{S}$, onde $\mathbf{S}$ é o spin (vetorial) da partícula.

Ívano e Tiomno iniciam seu trabalho afirmando que, "Com exceção do artigo de Dresden e Yang[16] (onde é dada uma derivação semi-clássica do efeito Sagnac), todas as derivações do efeito Sagnac-Mashhoon estão incorretas ou incompletas". Eles continuaram dizendo que,

> A origem deste problema está no uso de referenciais não físicos para descrever o movimento do aparato experimental. Mostramos também que devem ser distinguidos dois conjuntos de efeitos no experimento com o aparato rotativo. A origem dos efeitos em ambos os casos deve-se a transformações ativas de Lorentz realizadas no sistema, levando-o do repouso a um estado de rotação uniforme em torno de um eixo.[17]

Eles usam um procedimento semelhante ao de Dresden e Yang – mas totalmente relativístico, não semi-clássico – e consideram um aparelho cilíndrico girando em torno de seu eixo cilíndrico. Eles identificaram a origem do efeito Mashhoon e mostraram que ele pode determinar se partículas livres de spin-½ num referencial giratório se comportam como giroscópios. Eles também derivaram o efeito Sagnac, devido ao "arrasto" das partículas no referencial rotacional e, por fim, mostraram que os referenciais utilizados em artigos anteriores na literatura não produziriam o efeito Sagnac, embora não fossem matematicamente incorretos. Eles concluíram com a afirmação: "Um efeito Sagnac não nulo indica que o experimento está girando em relação ao referencial inercial em repouso, definindo um referencial rotacional conectado ao referencial inercial em repouso por um impulso ativo (instantâneo) de Lorentz"[18] (ou seja, uma transição para um referencial movendo-se com uma velocidade diferente – incluindo a rotação – dentro da teoria da relatividade restrita).

Tiomno voltou a esse assunto várias vezes nos anos seguintes. Em sua palestra em Trieste em 1996, quando recebeu o prêmio de Física da TWAS (Academia de Ciências do Terceiro Mundo), ele discutiu um aspecto de seu trabalho com Ívano Soares, que ele chamou de *Spin-rotation Coupling* (Acoplamento do spin rotacional; JT121). Em 2002, num livro em homenagem aos 80 anos de Roberto Salmeron, ele publicou *The Physics of Rotating Experiments* (A física dos experimentos rotacionais; JT122). Finalmente, ele publicou nos Anais do 28º Encontro Nacional de Física de Partículas e Campos, realizado em Águas de Lindóia, SP, em setembro de 2007, o artigo intitulado *On the exact relativistic dynamics of the Sagnac effect* (Sobre a dinâmica relativística exata do efeito Sagnac; JT125), tendo Mauricio Calvão, Fernando Sasse e Ívano Soares como coautores. Este foi o último tópico de interesse de Tiomno, e ocupou sua atenção por uma década, começando por volta de 1995. Mesmo com sua idade avançada – ele estava com 80 anos em 2000 – foi capaz de juntar as cordas de trabalhos anteriores e aplicá-las num novo problema que ocupou os físicos por quase um século.

Nessa época, em 2005, ele publicou também um artigo de caráter histórico-biográfico, fruto de uma palestra no Museu de Astronomia e Ciências Afins, onde lembra os primórdios da física de partículas no Brasil durante o período de 1946-1961 e seu próprio papel naquela saga. Ele também lançou luz sobre o início de seu trabalho em interações fracas e a previsão do méson K' (JT124).

Com família e amigos

A aposentadoria ofereceu a Jayme Tiomno e Elisa Frota-Pessôa a oportunidade de desacelerar um pouco e aproveitar seus outros interesses e sua família, já grande e se ampliando. Eles estiveram nos EUA em 1993 e visitaram os Wheelers, que estavam de volta a Princeton (Fig. 16.6) e, como mencionado, viajaram à Europa em meados da década de 1990, quando Tiomno recebeu o prêmio de Física da TWAS.

Após a anistia e a reintegração como "cidadãos normais", Tiomno e Elisa se mudaram em janeiro de 1980 para um novo apartamento na Barra da Tijuca, ainda pouco povoada na época. Elisa, em particular, era uma ávida colecionadora de arte e apoiou muitos artistas comprando suas pinturas, e as paredes do apartamento logo se encheram de quadros, numa espécie de museu privado (Fig. 16.7).

Fig. 16.6 John A. Wheeler e Elisa Frota-Pessôa em Princeton, 1993. Elisa e Jayme Tiomno estavam viajando nos EUA. Fonte privada, [EFP].

Em novembro de 1981, eles também trocaram a casa de veraneio em Arraial do Cabo, a cerca de 100 km do Rio de Janeiro, por uma em Itaipú, uma região bem mais próxima. Lá, eles tinham uma casa agradável com um amplo jardim, uma pequena piscina e espaço para receber visitas. Elisa e Tiomno sempre gostaram de receber convidados e agora tinham tempo e lugar para fazê-lo (Fig. 16.8). Frequentemente convidavam seus antigos alunos e colaboradores para suas casas, onde discutiam física, política, música e arte, e suas vidas e carreiras. Ambos gostavam de acompanhar o progresso de seus ex-alunos e ficavam felizes com seus sucessos, que refletia o sucesso de seus próprios esforços.

Além de receber os colegas, Tiomno e Elisa passavam períodos com a família e amigos em hotéis rústicos, mas confortáveis, principalmente nas regiões próximas, como Alcobaça, Teresópolis, ou Barra do Piraí, onde havia uma fazenda de café do século XIX. Esse era um programa típico para o período das férias de julho, quando seus netos (e bisnetos) podiam acompanhá-los (Fig. 16.9).

Fig. 16.7 Elisa e Tiomno em seu apartamento na Barra da Tijuca, 1990. Podemos ver ao fundo algumas das muitas pinturas que enchiam as paredes. EFP.

Fig. 16.8 Grupo descontraído no sofá da Barra da Tijuca, 1992. Da esquerda para a direita: Elisa Frota-Pessôa, Jayme Tiomno, Leopoldo Nachbin, José Leite Lopes e Roberto Salmeron. Este grupo compreende os "Três Mosqueteiros" de seus dias de estudante, bem como "d'Artangnan", além de Salmeron, que vinha da França. Fonte: arquivo privado, [EFP].

Fig. 16.9 Elisa, sua neta mais velha Carla (Carla Mattos Roberts) e Jayme, em seu apartamento na Barra da Tijuca, 1995. Carla é bioquímica e atualmente faz parte do corpo docente da Northeastern University, em Boston, EUA. EFP.

Notas

1. MacDowell *et al.* (1991).

2. NUSSENZVEIG, H. Moysés. Os Três Mandamentos. Discurso de Nussenzveig em comemoração aos 70 anos da SBPC, em 14 de agosto de 2018. Disponível em: http://www.sbfisica.org.br/v1/home/images/acontece-na-sbf/2018/agosto/acontece-moyses-2018-08-14.pdf. Ver também Freire, Videira & Ribeiro Filho (2009).

3. Prefácio de S. MacDowell, H. M. Nussenzweig, R.A. Salmeron ao livro *Frontier Physics*, in MacDowell *et al.* (1991).

4. Lee & Yang (1956).

5. Wu *et al.* (1957).

6. YANG, C.N. To Jayme Tiomno, *In*: MacDowell *et al.* (1991), pp.1-2. Citado com permissão de Yang e da World Scientific.

7. A TWAS foi fundada em Trieste em 1983 por iniciativa de Abdus Salam para incentivar e reconhecer a pesquisa científica nos países em desenvolvimento e fornecer uma voz internacionalmente reconhecida para a ciência do terceiro mundo. Começou a operar em 1985 e funcionava como um complemento ao ICTP, localizado em seu *campus* em Trieste, e era mantida pelo Ministério das Relações Exteriores da Itália, pelo próprio ICTP e por várias academias, ministérios e organizações de outros países, bem como algumas empresas com interesse no desenvolvimento científico. Em 2013, ela passou a se chamar *The World Academy of Sciences for the Advancement of Science in Developing Countries* (Academia mundial de ciências para o avanço da ciência em países em desenvolvimento).

8. Ver Graf-Grossmann (2018), biografia de Marcel Grossmann escrita por sua neta Claudia Graf-Grossmann.

9. Juntamente com a adesão do Brasil à ICRANet, Novello propôs a criação de um centro brasileiro da rede, o Instituto de Cosmologia, Relatividade e Astrofísica, conhecido pela mesma sigla ICRA. Houve, inclusive, uma articulação com o apoio do Ministério da Ciência e Tecnologia para que o novo instituto se instalasse no prédio do antigo Cassino da Urca, que estava desocupado. Ver Giacconi (2012) (Relatório da reunião do Comitê Científico do ICRANet em dezembro de 2012). Entretanto, devido à oposição da direção do CBPF e de outros institutos de física brasileiros, o ICRA nunca foi criado como um instituto de pesquisa independente e constitui-se num núcleo dentro do próprio CBPF.

10. Ver Sagnac (1913).

11. Laue (1911).

12. Werner, Staudenmann & Colella (1979); ver também Greenberger & Overhauser (1979).

13. Hasselbach & Nicklaus (1993).

14. Mashhoon (1988).

15. Werner, Staudenmann & Colella (1979); ver também Greenberger & Overhauser (1979); op. cit.

16. Dresden & Yang (1979).

17. JT120.

18. Idem.

17

Uma vida para a ciência

Olhando para trás

A virada para o século XXI marcou o aniversário de 80 anos de Jayme Tiomno, em 16 de abril. Foi novamente homenageado por instituições científicas, como a Sociedade Brasileira de Física (SBF), que realizou uma sessão em sua homenagem no encontro anual em Caxambu, Minas Gerais, em abril de 2001 (um ano atrasado, mas não importa!). Na mesma reunião, seu ex-aluno Erasmo Ferreira (um dos membros do "Quarteto PUC") também foi homenageado por seu 70º aniversário (Fig. 17.1).

Ele também recebeu outras homenagens, como da Câmara Municipal e do prefeito de Muzambinho, a pequena cidade mineira onde iniciou o ensino médio, que lhe concederam o título de Cidadão Honorário. Ele viajou com Elisa, suas três irmãs e o cunhado Israel Rosenthal (marido de sua irmã Feiga), foi homenageado na Câmara Municipal, recebido pelos vereadores e pelo prefeito, e recebeu de presente uma cesta de produtos da região.[1] Após mais de 60 anos, a família retornava à cidade onde haviam morado na infância com uma recepção calorosa, o que deu muita satisfação não só a Tiomno, mas também às suas irmãs e à Elisa.

Nos anos seguintes, Tiomno continuou recebendo vários prêmios e reconhecimentos. Foi homenageado no 35º aniversário da fundação do Instituto de Física da USP (IF/USP) em 2004 e, em 2005, recebeu o título de "pesquisador emérito" do CNPq. Em setembro daquele ano, o Instituto Nacional de Pesquisas Espaciais (INPE) organizou o Primeiro Curso Avançado de Cosmologia do INPE, em homenagem a Jayme Tiomno. Nesse mesmo ano, foi premiado com mais duas medalhas: o "Centenário de João Christovão Cardoso", do Instituto de Química da UFRJ; e a medalha "Carlos Chagas Filho do Mérito Científico", concedida pela FAPERJ. A medalha foi entregue em uma grande cerimônia no Teatro Municipal do Rio de Janeiro (Fig. 17.2), em comemoração aos 25 anos da fundação da FAPERJ.[2] No ano seguinte, Tiomno recebeu o título de "aluno eminente" de sua antiga escola, o Colégio Pedro II. Mais tarde, em 2010, o Observatório Nacional organizou a Escola de Cosmologia Jayme Tiomno.

Fig. 17.1 Sessão em homenagem aos 80 anos de Jayme Tiomno. Reunião anual da SBF, em Caxambu, Minas Gerais, em abril de 2001; A partir da esquerda: Sergio Joffily, Marcelo Otavio Caminha Gomes, Jayme Tiomno, Elisa Frota-Pessôa, Ívano Damião Soares e José Ademir Sales de Lima. Fonte: SBF. Usado sob uma Licença Creative Commons. Revista Brasileira de Física, vol. 31, n° 2. São Paulo, junho de 2001. Ver https://dx.doi.org/10.1590/S0103-97332001000200001

Fig. 17.2 Jayme Tiomno (à direita) na cerimônia de 25 anos da FAPERJ, com o matemático Jacob Palis (à esquerda; presidente da ABC na época), após Tiomno receber a medalha "Carlos Chagas Filho de Mérito Científico", 14 de dezembro de 2005, Teatro Municipal, Rio de Janeiro. JT.

A homenagem mais inusitada para Tiomno e Elisa veio, contudo, de seus ex-alunos da Faculdade Nacional de Filosofia. Em março de 2002, Carlos Alberto da Silva Lima, Mario Novello, Sergio Joffily, José Carlos Valladão de Mattos, Marcelo Gomes, Maria Helena Poppe de Figueiredo, Sonia Frota-Pessôa e Miguel Armony comemoraram o aniversário de 40 anos de ingresso na FNFi em 1962 e, em homenagem a Elisa, sua professora nos quatro semestres em que foi professora do curso introdutório de física, "Física Geral e Experimental I-IV", criaram o GOEL-62 (Grupo dos Oito da Elisa) (Fig. 17.3). Dois anos depois, em 2004, eles ampliaram o escopo do grupo, acrescentando Jayme Tiomno, que havia começado a dar o curso avançado de eletromagnetismo para a classe em 1964. Com isso, o grupo foi renomeado para GOELTI-64 (Grupo dos Oito da Elisa e Tiomno). Todos esses oito alunos acompanharam Tiomno e Elisa na aventura de fundar o Instituto de Física da Universidade de Brasília em 1965. O físico Carlos Alberto da Silva Lima, um dos principais incentivadores do grupo, fez o seguinte comentário em seu discurso durante uma de suas reuniões:

> O entusiasmo e a vontade de promover a transformação de nossa sociedade levou alguns de nós a seguir nossos dois mestres para a deserta Brasília em 1965, já totalmente dominada pelo poder militar que assolou nosso país no ano anterior e durante os vinte anos seguintes."[3]

O grupo continuou a se reunir todos os anos, cada vez com mais ex-alunos e colegas, tornando-se uma espécie de data regular do calendário para uma parte da comunidade de físicos. Além desses encontros, eles recebiam frequentemente seus ex-colegas no apartamento do casal na Barra da Tijuca ou na sua casa em Itaipu. Elisa e Tiomno, mesmo com idade avançada e após tantos anos, continuavam a exercer certa "atração magnética" (Fig. 17.4).

Fig. 17.3 Encontro no apartamento de Tiomno e Elisa na Barra da Tijuca em 2003, onde o último colaborador de Tiomno, Ívano Damião Soares (no canto superior esquerdo), assim como alguns integrantes do GOEL-62 (atrás, da esquerda depois de Soares): Sergio Joffily, Carlos Alberto da Silva Lima, Mario Novello e Miriná da Sousa Lima, com Jayme Tiomno e Elisa Frota-Pessôa em primeiro plano. Fonte: EFP.

Fig. 17.4 Reunião do grupo GOELTI-64 no Rio de Janeiro, 2004. Da esquerda: Maria Helena Castro Santos (em 1964, Poppe de Figueiredo), Sergio Joffily, Marcelo Otavio Caminha Gomes, Sonia Frota-Pessôa, Elisa Frota-Pessôa, José Carlos Valladão de Mattos, Miguel Armony e Carlos Alberto da Silva Lima. Fonte privada, [EFP].

Os 90 anos de John Wheeler

Um evento significativo para Jayme Tiomno foi a comemoração de 90 anos do seu primeiro orientador em Princeton e permanente apoiador, John Archibald Wheeler, em julho de 2001, em Princeton. Tiomno e Elisa já tinham reduzido muito suas viagens internacionais, mas esse era um caso especial, que merecia todo o esforço deles. A ida não foi sem alguns percalços. O convite, em vez de ser enviado para a residência deles, foi endereçado para a sede da Academia Brasileira de Ciências (ABC), onde ficou retido por algum tempo. Quando finalmente recebeu o convite, o tempo já era curto e ele não conseguiria obter apoio junto às agências de fomento. Assim, coube à ABC socorrê-lo providenciando a passagem de forma rápida e sem burocracia.[4]

No ano seguinte, de 15 a 18 de março de 2002, ainda como parte das comemorações pelos 90 anos de Wheeler, foi realizado um simpósio em Princeton com o título *Science and Ultimate Reality* (Ciência e realidade última). Ele reuniu colaboradores das várias áreas de interesse de Wheeler, desde fundamentos da mecânica quântica até cosmologia e teoria da complexidade. Jayme Tiomno não deu palestra, ele já estava com quase 82 anos e já não estava muito ativo em pesquisa desde a década anterior. Ele até havia trabalhado sobre a física complexa de sistemas relativísticos rotacionais[5] e poderia ter falado sobre o tema, mas possivelmente não quis ter o trabalho em preparar a comunicação e preferiu deixar as palestras para os mais jovens. De qualquer forma, o fato dele poder comparecer e reunir-se com muitos ex-colegas e amigos, em particular com John Wheeler, foi uma recompensa (Fig. 17.5). Wheeler viu ali a oportunidade de promover o entendimento entre Tiomno e Ruffini, ambos importantes colaboradores seus, brigados desde a estada de Tiomno em Princeton em 1971/1972. Ele estimulou os dois a um fraterno aperto de mão, devidamente registrado numa fotografia. Esse entendimento entre Tiomno e Ruffini ajudou a distensionar o clima para a reunião do *Marcel Grossmann Meeting*, que aconteceria no ano seguinte no CBPF.

O Simpósio foi documentado em um livro comemorativo publicado em 2004, sob o título *Science and Ultimate Reality – Quantum Theory, Cosmology, and Complexity* (Ciência e a realidade última: teoria quântica, cosmologia e complexidade).[6] Os tópicos científicos abordados foram física quântica – teórica e experimental; cosmologia, incluindo teoria gravitacional; e a teoria do sistemas complexos (emergência, vida, auto-organização…).[7]

A simetria da carreira de Wheeler e suas três "fases" é notável: as duas primeiras duraram quase exatamente 20 anos cada uma, enquanto que a terceira

(Tudo é informação) coincidiu com seus 10 anos como professor sênior em Austin, Texas.[8] Wheeler começou sua segunda fase (Tudo é campos) com um curso de dois semestres sobre relatividade, e o terceiro com um curso em informações quânticas. Sua filosofia de "passar a tocha" para seus alunos e colaboradores – "Se você quer aprender, ensine!" – foi muito semelhante a de Jayme Tiomno e de Elisa Frota-Pessôa.

Fig. 17.5 Wheeler, ao centro, juntando as mãos de Tiomno e Ruffini, março de 2002, no simpósio em comemoração ao aniversário de Wheeler em Princeton. JT.

Festschrift para Roberto Salmeron

Outro dos colegas e amigos de longa data de Tiomno, Roberto Salmeron, comemorou seu 80º aniversário em junho de 2002. Ele foi homenageado pela publicação de um livro comemorativo, publicado em 2003, e intitulado *Roberto Salmeron Festschrift: A Master and a Friend* (Livro comemorativo de Roberto Salmeron: um mestre e amigo).[9] Dessa vez, Jayme Tiomno escreveu um artigo junto com Ívano Soares com o título *Physics of Rotating Experiments* (Física dos experimentos rotacionais). Emanuele Quercigh, pesquisadora do CERN e do Instituto Nacional de Física Nuclear (INFN, Divisão Padova), escreveu uma resenha do livro para o *CERN Courier*, revista do laboratório onde Salmeron trabalhou por mais de 10 anos, que merece ter um trecho aqui transcrito:

Dificilmente existe um domínio na ciência e na cultura brasileira onde Roberto não teve um papel importante. Ele é lembrado, por exemplo, por seu apoio ao Instituto de Física Teórica em São Paulo na década de 1950. Ele também propôs a criação da primeira Escola de Instrumentação em Física das Partículas Elementares (ICFA) no Brasil, bem como a criação de um laboratório de luz síncrotron em Campinas. Então veio seu apoio ao desenvolvimento da instrumentação a ser utilizada em experimentos, tanto no CERN como no Fermilab.

Os 32 artigos que compõem a publicação cobrem um amplo espectro de tópicos, desde relatividade geral e cosmologia à interação entre ciência e sociedade. Elas tocam, por sua vez, na física de massas e misturas de neutrinos, no estudo de raios cósmicos e a física de partículas, na busca pelo plasma quark-gluon, na origem das massas, no desenvolvimento da nanotecnologia e em várias questões da física quântica.

Eles também fornecem vívidos flashes da personalidade de Roberto, como seu entusiasmo para o ensino de física, o desejo de desenvolver ciência em benefício de toda a sociedade, e sua consciência sobre as responsabilidades sociais dos cientistas. Um dramático artigo de Michel Paty evoca sua luta comum, em 1963-1965, na construção do Instituto de Física da Universidade de Brasília e na defesa de sua liberdade contra a intervenção do regime ditatorial. Essa foi uma luta que culminou com a demissão da maioria dos docentes e com o exílio de Roberto – um exemplo de sua coragem e determinação em defender a dignidade da ciência. Viva o Roberto![10]

O prêmio Nobel

John Wheeler repetidamente chamou a atenção para as primeiras contribuições de Jayme Tiomno à Interação Universal de Fermi e, em 1987, indicou-o para o prêmio Nobel,[11] junto com George Sudarshan e Robert Marshak, que primeiro sugeriram a interação universal V–A,[12] e C.S. Wu, que iniciou e orientou a primeira prova experimental da não conservação da paridade nas interações fracas.[13] Caso selecionado, este teria sido o único prêmio para pesquisadores de quatro subcontinentes representando a colaboração nas ciências: o norte-americano Marshak, o brasileiro Tiomno, o indiano Sudarshan e a chinesa Wu. (Fig. 17.6).

A sua proposta, no entanto, estava fadada ao fracasso. Em primeiro lugar porque as interações fracas eram então já um "chapéu velho"; elas haviam recebido prêmios Nobel em 1957 (a T.D. Lee e C.N. Yang, por sua sugestão de não conservação da paridade) e em 1979 (a Sheldon Glashow, Abdus Salam e Steven Weinberg, por suas contribuições para a unificação eletrofraca). E, em segundo lugar, porque teria violado a "Regra dos Três", que limita o número de agraciados com o prêmios Nobel em cada área (exceto os prêmios da Paz) até um máximo de três em um determinado ano (uma regra que muitos atualmente consideram ultrapassada).[14] Além disso, houve um excitante novo desenvolvimento em 1987, que foi o anúncio no ano anterior da descoberta da supercondutividade de alta temperatura, que levou Johannes Georg Bednorz e Karl Alexander Muller, que fizeram a descoberta, ao prêmio Nobel de Física daquele ano.

Elisa Frota-Pessôa, entre outros, também especulou que Jayme Tiomno poderia ter recebido o prêmio Nobel se em 1957 ele tivesse considerado seu artigo de 1950[15] sobre a razão de ramificação do decaimento do píon levando diretamente aos elétrons e, portanto, poderia ter publicado a teoria correta das interações universais V–A antes dos outros.[16] Mas isso também é altamente improvável devido à discussão pouco clara de prioridade na época.[17] Nenhum dos vários autores da teoria V–A recebeu o prêmio, e eles aparentemente nem sequer foram nomeados para tal. Se Jayme Tiomno tivesse publicado a teoria correta em seu artigo de 1957 (JT34), ele teria sido apenas mais um competidor, junto com Sudarshan e Marshak, que comprovadamente foram os primeiros a sugerir a ideia (se não os primeiros a publicar), com Feynman e Gell-Mann, que receberam amplamente o crédito como seus autores (nenhum deles havia ainda recebido o prêmio Nobel e quando receberam não foi pela teoria V–A), e com J.J. Sakurai, que publicou a teoria correta, mas aparentemente só depois de ver as ideias dos outros autores.

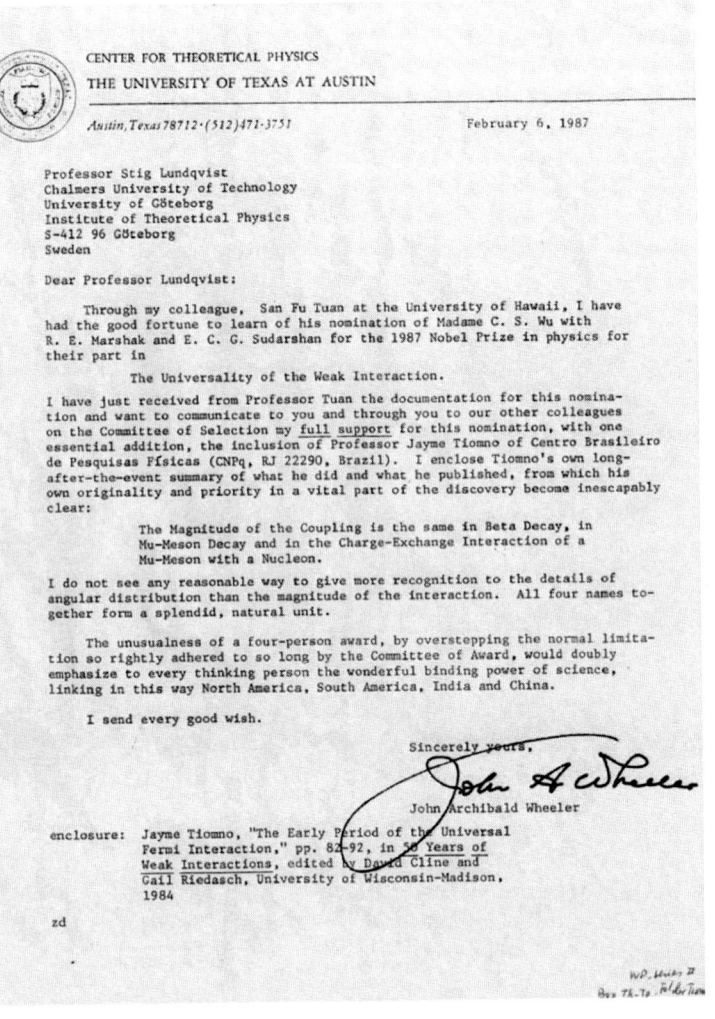

Fig. 17.6 Carta enviada em 1987 por J. A. Wheeler para Stig Lundqvist, presidente do Comitê Nobel de Física, recomendando que o prêmio de física daquele ano fosse concedido a C.S. Wu, E.C.G. Sudarshan, R. E. Marshak e Jayme Tiomno por seus trabalhos nas interações fracas. APhS. Reproduzido também em Freire & Bassalo (2008).

Uma especulação semelhante foi publicada por Daniel Piza após uma entrevista em 2006 com Jayme Tiomno e Elisa Frota-Pessôa.[18] Piza – e Elisa – confundiram três tópicos relacionados ao trabalho de Tiomno sobre as interações fracas que, na verdade, não estão diretamente relacionados: (i) a tese de Tiomno (JT16), que continha novas ideias importantes, mas não era realmente matéria para o prêmio Nobel; (ii) a questão da conservação da paridade, considerada pela maioria dos físicos antes de 1957 como um princípio básico da natureza (Yang e seu orientador Fermi eram exceções);[19] e (iii) a escolha da combinação dos operadores de corrente (S + P–T ou V–A), que daria a descrição correta das interações fracas. Tiomno nunca considerou seriamente a não conservação da paridade antes de 1957 e não foi candidato ao prêmio Nobel de Física naquele ano, concedido a Lee e Yang precisamente por essa descoberta. A publicação da Elisa de 1950[20] não era relevante para essa discussão, mas sim para a combinação correta dos operadores, mas que, como vimos acima, não era em si um tópico digno de prêmio.

Há muitas discussões sobre prêmios Nobel "perdidos" e, no caso de cientistas dos países do terceiro mundo, há muitas vezes alegações de que estes são sistematicamente negligenciados. Isso, por exemplo, foi comentado com relação a César Lattes, assim como Giuseppe Occhialini, que deveriam ter sido codestinatários do prêmio de Física de 1950 dado a Cecil Powell sozinho.[21] Isto foi salientado em particular por Leite Lopes, que tinha uma visão bastante crítica da organização mundial da ciência e o papel atribuído aos cientistas do terceiro mundo (ou da periferia).[22] Por outro lado, alguns autores sustentam que o prêmio foi concedido apenas a Powell por seu desenvolvimento da emulsão fotográfica enquanto método de detecção de partículas, e não por sua primeira aplicação importante: a descoberta de píons (embora esta última certamente tenha despertado o interesse internacional para o método). Contudo, se o prêmio de 1950 foi de fato atribuído ao desenvolvimento do método de emulsão, poder-se-ia argumentar que Marietta Blau deveria ter compartilhado esse prêmio, já que foi seu trabalho pioneiro que estimulou Powell a iniciar seu programa de pesquisa em emulsões fotográficas (nucleares), no qual foi o primeiro.[23]

Roberto Salmeron criticou a ideia de que era uma injustiça que Lattes e Occhialini não tivessem dividido o prêmio de 1950 com Powell. Salmeron escreveu à Tiomno e Elisa, incluindo o rascunho de um artigo que ele havia escrito que menciona esse tópico:

> Hesitei em enviar o artigo ['Desafios da física no século XXI'] de física porque é elementar; decidi enviá-lo porque na seção 1.2 faço um resumo histórico de assuntos que no Brasil são deformados e apresentados inteiramente fora da realidade, de modos mentirosos que nos ridicularizariam se fossem conhecidos no exterior. Refiro-me ao Prêmio Nobel atribuído ao Powell pelo desenvolvimento da técnica de emulsões nucleares: no Brasil

criou-se a lenda de que Powell teria recebido o Prêmio pela descoberta do [méson] pi e teriam feito injustiça ao Lattes e ao Occhialini.[24]

Outro caso em que o "efeito terceiro mundo" parece ter desempenhado um papel significativo diz respeito ao prêmio Nobel de Física de 1999, concedido aos teóricos holandeses Gerard 't Hooft e Martinus Veltman, que demonstraram a renormalização da teoria eletrofraca unificada em uma série de artigos no início de 1970. Na verdade, os teóricos argentinos Juan José Giambiagi e Carlos Guido Bollini[25] haviam desenvolvido o método de regularização dimensional antes de 't Hooft e Veltman, embora de forma menos completa. No entanto, eles não receberam praticamente nenhum reconhecimento, apenas uma breve menção em uma das palestras do Nobel.

Outro ponto que tem sido apontado nas discussões sobre o Nobel é o preconceito contra as mulheres. Uma olhada nas estatísticas dos prêmios Nobel nos últimos 119 anos, em particular para o prêmio de física, parece apoiar esta afirmação. Basta recordar as polêmicas discussões sobre o fato de Lise Meitner não ter sido reconhecida pela explicação da fissão nuclear (nem por seus muitos anos de trabalho com Fritz Strassmann e Otto Hahn, que lançaram as bases pela descoberta da fissão em 1938/1939), enquanto Hahn recebeu sozinho o prêmio de química por essa descoberta em 1944. Da mesma forma, pode-se argumentar que seu sobrinho Otto Frisch, que participou de forma importante na explicação teórica dos experimentos de fissão (e mesmo em sua confirmação experimental), bem como Strassmann, que foi durante muitos anos um membro indispensável do grupo Hahn-Meitner e realizou as experiências decisivas levando à descoberta da fissão, também deveriam ter sido ganhadores. Essa descoberta foi suficientemente importante para que ganhassem simultaneamente o prêmio de química (para Hahn e Strassmann) e o de física (para Frisch e Meitner), mas, novamente, a discussão sobre a prioridade foi complexa e outros teóricos rapidamente desenvolveram suas próprias explicações para a descoberta de Hahn-Strassmann, mesmo antes das publicações de Frisch e Meitner aparecerem. A liberação dos arquivos do Comitê Nobel 50 anos após a premiação também não lançaram muita luz sobre essa discussão.[26]

Esses debates não são simples e estão carregados de emoções. O que parece ser um consenso é a importância de se reconhecer as falhas do passado no processo de seleção dos laureados com o Nobel para poder reformular (e modernizar) para o futuro. Na verdade, tanto Jayme Tiomno como César Lattes foram muito discretos em relação a essa questão, e nenhum deles jamais expressou publicamente desapontamento por não ter sido premiado.[27]

John Wheeler, por sua vez, continuou a reforçar pelo resto de sua vida a importância do trabalho científico de Tiomno e ainda em 1998 escreveu a respeito de Tiomno: "Eu sempre penso em Tiomno como um dos físicos mais desvalorizados. Seu trabalho sobre decaimento e captura de múons em 1947-1949 foi pioneiro e ainda merecia reconhecimento por algum prêmio adequado".[28]

Algumas razões para ser um cientista

Numa entrevista concedida em 2005 para um livro publicado pelo CBPF, intitulado "Algumas razões para ser um cientista", que contém declarações de 25 cientistas proeminentes do Brasil e do exterior, um terço deles ganhadores do prêmio Nobel, Tiomno fez algumas observações sobre suas motivações para se tornar um físico e suas experiências como professor e pesquisador no Brasil do século XX. De forma bastante compreensível, seu capítulo chama-se "Trabalho duro" (JT123). O resumo da entrevista com Tiomno feito por Carolina Cronemberger fornece uma boa indicação sobre sua forma de ver a atividade científica:

> Segundo o professor Jayme Tiomno, trabalhar duro e estar pronto para tudo foi o que lhe garantiu tanto sucesso profissional. Nas suas palavras: "É necessário ser agressivo, não no sentido pessoal, mas no sentido de se apresentar disposto a tudo. E procurar o que está fora do que os outros fazem."... Tendo trabalhado durante sua carreira principalmente em teoria, foi a prática de laboratório e o contato com professores e pesquisadores que o motivaram a seguir uma carreira acadêmica, englobando pesquisa, aulas e orientação de estudantes. Conta que só teve contato com a Física Moderna quando foi para São Paulo, depois de formado.
>
> ... Continuou colaborando com universidades de todo o mundo e ajudou a criar diversas instituições científicas no Brasil e fora do país. Foi um dos fundadores do Instituto de Física da Universidade de Brasília, um projeto pioneiro que não resistiu às arbitrariedades comuns nos anos do regime militar no Brasil. Essa é uma das poucas decepções que o professor Tiomno teve com a Física. Seus desconfortos, quando existentes, eram mais de origem humana que profissional. Não é qualquer pessoa que fala com tanta calma e tranquilidade sobre sua carreira. O segredo, nos seus trabalhos ou nas conquistas políticas desta geração, fica evidente quando ele diz: "tínhamos a convicção de que íamos chegar lá".[29]

Últimos anos

A saúde de Jayme Tiomno já não era estável desde meados da década de 1990. Ele sofria de problemas pulmonares, em parte talvez hereditário, mas sem dúvida exacerbado pelo tabagismo em seus primeiros anos e por uma doença renal. Ele foi tratado com algum sucesso, e Elisa se certificava de que ele se exercitasse adequadamente e tomasse os remédios regularmente.

Após 2005, com 85 anos, a saúde de Jayme pareceu se estabilizar, e ele e Elisa continuaram sua vida tranquilamente, não fazendo mais longas viagens, mas ainda recebendo familiares e amigos em seu apartamento na Barra da Tijuca e na casa em Itaipu. Em abril de 2010, ele comemorou seu aniversário de 90 anos sem muitas agitações, fora algumas notas em jornais de organizações científicas.[30] (Fig. 17.7).

Fig. 17.7 A foto acima mostra Jayme e Elisa com sua família estendida em um resort perto do Rio de Janeiro, em meados de 2007, quando ele já tinha 87 anos. Grupo familiar no Hotel Fazenda Arvoredo, Barra do Piraí/RJ, 2007. Primeira fileira (sentados, a partir da esquerda): marido de Lídia, Renata, Suely, Roberto, Claudia. Atrás, em pé: Flávio, Negrita; Sonia, seu parceiro Noel, Lidia; Elisa, Jayme (sentado); Laura, Matias, Gabriel, sua namorada. Atrás, na porta: os filhos de Laura, Pedro e Bia; e o marido de Claudia, Marcio.[31] Fonte privada, [EFP].

Na madrugada de 12 de janeiro de 2011, precisamente 60 anos da cerimônia informal de casamento, Elisa acordou cedo e foi buscar água e os remédios de Tiomno e ambos voltaram a dormir. Só quando Elisa acordou de novo mais tarde é que percebeu que Tiomno tinha dormido para sempre. Faltavam 5 dias para o 90º aniversário de Elisa.

Muitas mensagens de solidariedade chegaram de todo o mundo. Uma pesquisa na Internet revela várias notícias de óbito e reminiscências. Houve, no entanto, algumas vozes sugerindo que o falecimento de Jayme Tiomno não foi adequadamente notado na grande imprensa brasileira.[32] Na verdade, a atenção da mídia estava completamente voltada para uma tragédia em Teresópolis, na região serrana do estado do Rio de Janeiro, quando mais de 900 pessoas morreram em decorrência de um temporal e de quedas de barreiras.

Tiomno continuou a receber homenagens postumamente e, em outubro de 2011, o Instituto de Física da Universidade de Brasília organizou o Primeiro Simpósio Jayme Tiomno. Essa reunião destacou contribuições de cientistas que atuavam nas áreas da física tratadas por Tiomno durante sua vida científica. Vários de seus colegas e ex-alunos estiveram presentes, entre eles Elisa Frota-Pessôa e a irmã mais nova de Tiomno, Sílvia. Mais recentemente, em 2018, o Instituto de Física da USP estabeleceu um encontro científico anual chamado "Escola Jayme Tiomno de Física Teórica", que já está em sua terceira edição.

Seu velho amigo e colaborador Enrico Predazzi, da Universidade de Turim, estava entre as muitas pessoas que escreveram obituários, memórias e elogios para Jayme Tiomno, e seu artigo em uma revista brasileira é particularmente tocante:

> Foi realmente uma notícia muito triste saber que Jayme havia morrido na manhã de 12 de janeiro de 2011. Embora eu o tivesse conhecido há pouco tempo, minha primeira interação direta com ele e minha lembrança mais vívida dele remonta aos dias sombrios da ditadura militar no Brasil, quando Jayme, junto com muitos outros ilustres físicos brasileiros (acredito que este foi o destino de mais de 200 professores universitários), acabava de ser expulso de sua posição na USP. Na época, eu estava nos EUA de licença sabática e um amigo brasileiro entrou em contato comigo para me convidar para passar um tempo no Brasil para ajudar os (então) muitos jovens e promissores físicos locais a superar as dificuldades do momento. Era um período difícil para mim e uma visita prolongada ao Brasil fazia sentido também tendo em vista as tradicionais relações entre minha *alma mater*

(Universidade de Turim) e a física brasileira. Antes de aceitar o convite, no entanto, senti o dever de verificar com os físicos brasileiros veteranos como minha ida ao Brasil seria percebida. O receio era que alguém veria isso como um endosso da ditadura, o que certamente não era o caso...

Entre eles estava Jayme, que entusiasticamente me encorajou a aceitar o convite e que, quando chegou a hora, deixou bem claro quais tinham sido minhas intenções e seu apoio nessa empreitada...

Foi depois (nos anos oitenta) que pudemos colaborar e trabalhar regularmente juntos. Na época, compartilhávamos até certo ponto a responsabilidade de dar aulas a um agora proeminente físico brasileiro que estava fazendo seu doutorado sob minha orientação em Turim. Acabamos escrevendo vários trabalhos juntos (6 para ser mais preciso) sobre um assunto que era então muito quente. Foi uma época de relacionamento próximo e uma excitante colaboração. Jayme veio várias vezes a Turim e eu fui muitas vezes ao Rio. Na verdade, lembro-me quando, durante uma dessas visitas, num jantar, ele e Elisa pediram perdão por terem ligado a TV: estava iniciando a novela do momento com a trama emocionante que havia ficado em aberto no dia anterior e eles estavam muito ansiosos para descobrir o que iria acontecer. Uma agradável e muito calorosa fraqueza humana que é tão agradável descobrir em homens importantes...

... Como tudo isso mostra, uma personalidade complexa e muito conhecedora, e um grande cientista. Acima de tudo, um bom amigo; outro amigo que nos deixou.

Sua memória, no entanto, continuará e permanecerá conosco.[33]

Notas

1. Tolmasquim (2014), pág. 146.
2. A cerimônia está documentada em uma página da web, disponível online em: https://www.faperj. br/?id=655.2.9.
3. Discurso de Carlos Alberto da Silva Lima durante uma das reuniões do grupo GOELTI-64; [EFP]. Citado por Valladão de Mattos (2015), pág. 408; ver também Frota-Pessôa, Roberto (2019); e entrevistas com Sonia Frota-Pessôa (ATT, março de 2019) e Mario Novello (ATT, agosto/set. 2019).
4. Bassalo & Freire (2003).
5. Cf. Cap. 16.

6. Barrow, Davies & Harper (2004) (A página de rosto e o índice podem ser encontrados em https://www.gbv.de/dms/goettingen/37147213X.pdf. Ver também o resumo do simpósio em https://www.aps.org/publicações/apsnews/200205/princeton.cfm).

7. Entre os palestrantes estavam Lee Smolin e Fotini Markopoulou, dois jovens físicos que eram na época um casal e ambos trabalhando em gravidade quântica. Nenhum deles havia trabalhado diretamente com Wheeler, mas ele era, em grande medida, seu *spiritus rector* (orientador espiritual). Smolin tinha feito pós-doutorado no IAS em Princeton, mas isso foi durante o período em que Wheeler estava na Universidade do Texas como professor sênior. Markopoulou foi educada no Reino Unido e obteve seu doutorado com Christopher Isham no *Imperial College*, em Londres, em 1998. Durante o Simpósio, ela tinha 31 anos e foi agraciada (junto com outro pesquisador) com o Prêmio Jovens Pesquisadores por seu artigo *Planck-scale models of the universe* (Modelos do universo em escala de Planck). Ambos foram cofundadores em 1999 do Perimeter Institute (PI), em Waterloo, Canadá, numa experiência que lembra a história da CBPF, e sua evolução de uma estrutura altamente democrática para uma autoritária — embora menos dramática no caso do PI.

8. Wheeler & Ford (1998), p. 176. Ver também Misner *et al.* (2009).

9. Aldrovandi *et al.* (2003).

10. Querigh, Emanuele. *CERN Courier*, Seção Estante de livros, 5 de setembro de 2004. Disponível online em: https://cerncourier.com/bookshelf-47/.

11. Wheeler para Tiomno, 1987; JT. Ver também Bassalo & Freire (2003), e Freire & Bassalo (2008).

12. Sudarshan & Marshak (1958).

13. Wu *et al.* (1957); ver também Hargittal (2012) sobre a questão do prêmio Nobel.

14. Ver, por exemplo, o blog de Joel Achenbach no Washington Post de 9 de outubro de 2013, onde escreve sobre o prêmio Nobel de Física daquele ano, conferido a Peter Higgs e François Englert por sua contribuição para elucidar o "mecanismo de Higgs", que confere massa a algumas das partículas elementares no Modelo Padrão. A descoberta no CERN do "bóson de Higgs", o *quantum* do campo de Higgs, anunciado em 2012, havia feito esse prêmio iminente. Outros contribuintes iniciais para o trabalho foram, no entanto, deixados de fora, eliminados pela "Regra dos Três" (e sua falta de publicidade). O artigo está disponível online em: https://www.washingtonpost.com/news/achenblog/wp/2013/10/09/nobel-prizes-the-rule-of-three/?noredirect=on&utm_term=4e08a849116e.

15. Frota-Pessôa & Margem (1950).

16. Frota-Pessôa (1990).

17. Ver Cap. 9 e Cap. 15 deste livro.

18. Piza (2006).

19. Ver Cap. 9 deste livro.

20. Frota-Pessôa & Margem (1950); op. cit.

21. A este respeito, ver também Ferreira Nascimento (2015).

22. Ver Leite Lopes (2004).

23. Ver Sime (2012).

24. Este artigo de Salmeron foi apresentado no XXIX Congresso Paulo Leal Ferreira, organizado pelo Instituto de Física Teórica da UNESP, 18-20 de setembro de 2006, mas aparentemente nunca foi publicado; cf. a carta de Roberto Salmeron para Jayme Tiomno e Elisa Frota-Pessôa, 24 de março de 2008. Tanto o artigo quanto a carta podem ser encontrados em JT.

25. Bietenholz & Prado (2014). Ver também os capítulos 12 e 14, bem como o blog de Francisco R. Villatoro, disponível em: https://francis.Naukas.Com/2012/11/11/nota-Dominical-Los-Dos-Argentinos-Que-Descubrieron-Hace-40-Anos-Como--Calcular-En-4%CE%B5-Dimensões/.

26. Ver, por exemplo, Hanel (2015); Sime (1996); e Stephanie Hanel, "Lise Meitner - Fame without a Nobel Prize" no site do Lindau Nobel Laureate Meetings, em: https://www.lindau-nobel.org/lise-meitner-fame-without-a-nobel-prize/. Ver também Hargittal (2012) sobre a questão do prêmio Nobel para outras mulheres na ciência.

27. No blog de Daniel Piza, ele sugere que Jayme Tiomno se arrependeu de não ter levado o artigo de Elisa em consideração. Ver Piza (2011).

28. Wheeler & Ford (1998), p. 176. Ver também Misner *et al.* (2009); op.cit.

29. Cronemberger *et al.* (2005).

30. Ver, por exemplo, a palestra organizada pelo Instituto de Astronomia, Geofísica e Ciências Atmosféricas da USP, em 13 de outubro de 2010, em homenagem aos 90 anos de Tiomno, disponível em: https://www.usp.br/agen/?p=36625.

31. Renata e Lydia são filhas de Roberto (Renata com sua primeira esposa, Vasni, e Lídia com sua segunda esposa, Suely Braga). Carla (que não está na foto), Claudia e Laura são filhas de Sonia. Flavio é neto da cozinheira de Tiomno e Elisa na década de 1990. Ele veio morar com a avó no apartamento deles na Barra quando ele tinha cinco anos, e após a morte da avó, quando tinha 12 anos, permaneceu morando com Tiomno e Elisa, que custearam seus estudos universitários. Nesta foto, ele está acompanhado de sua esposa Negrita. Atualmente mora em São Paulo e trabalha com tecnologia da informação. Matias e Gabriel são os filhos mais velhos de Claudia. Informações fornecidas por Sonia Frota-Pessôa em 2018/2019.

32. Ver blog de Daniel Piza; op. cit.

33. Predazzi (2011); citado com permissão do autor.

18

Epílogo

Elisa viveu por mais quase oito anos cercada por sua família e em seu ambiente familiar. Ela deixou de ir à Itaipu depois de alguns anos, permanecendo em seu apartamento cheio de lembranças na Barra da Tijuca. Aos poucos ela foi se afastando do mundo exterior, mas permaneceu amigável e acolhedora para sua família.

No final de 2018, ela contraiu pneumonia e, após várias semanas no hospital, onde os medicamentos se mostraram ineficazes, faleceu em 29 de dezembro de 2018, três semanas antes de seu aniversário de 98 anos. Ela foi um dos últimos cientistas fundadores do CBPF a nos deixar. Elisa Frota-Pessôa tornou-se um exemplo para o Brasil como uma mulher pioneira na ciência (Fig. 18.1).

A ciência, e em particular a física, mudou enormemente no Brasil desde que Jayme Tiomno decidiu ingressar na antiga Universidade do Distrito Federal em 1939 para se especializar numa área bem pouco popular. Seu objetivo e de seus colegas da mesma geração de educar os físicos mais jovens e estabelecer um ambiente favorável à pesquisa no país foi, sem dúvida, bem-sucedido, apesar de todas as dificuldades que tiveram de enfrentar. Hoje, no Brasil, existe uma comunidade organizada de físicos, com numerosos cursos de graduação e vários programas de pós-graduação, periódicos científicos e uma participação significativa em projetos multinacionais. Em 2017, por exemplo, as instituições no Brasil ofereciam 41 cursos de doutorado em física, formando mais de 350 doutores a cada ano.[1] De acordo com o SJR – *Scimago Journal & Country Ranking*, em 2020, o Brasil ocupou o 15º lugar mundial em publicações de física.

Fig. 18.1 Elisa em seu aniversário de 96 anos, em janeiro de 2017, com a filha Sonia. Fonte privada, [EFP].

Nas próprias palavras de Tiomno:

> Isso me dá uma satisfação muito grande, o fato de ver que esse pessoal [seus ex-alunos] está podendo produzir diretamente e através de seus próprios discípulos, muito mais do que representaria para o Brasil mais umas dezenas ou uma centena de trabalhos que eu tivesse produzido se continuasse no exterior com o título de professor titular dessa ou daquela universidade. Não significaria tanto para o Brasil quanto o que pode sair dessa coisa que se perpetua, se auto-perpetua.[2]

As vidas longas e ativas de Jayme Tiomno e Elisa Frota-Pessôa foram vividas na verdade para a ciência e para o Brasil.

Notas

1. Coordenação de Aperfeiçoamento de Pessoal de Nível Superior (CAPES): Relatório Quadrienal de Avaliação nas áreas de Astronomia e Física, abrangendo o período 2013-2016: Avaliação Quadrienal 2017; ver https://www.capes.gov.br/images/stories/download/avaliacao/relatorios-finaisquadrienal-2017/20122017-ASTRONOMIA-E-FISICA-quadrienal.pdf.
2. Tiomno (1977).

Anexo: Cronologia e lista de publicações de Jayme Tiomno

Parte 1. Cronologia: Vida e Carreira

1920 - 16 de abril: Nasce Jayme Tiomno no Rio de Janeiro, RJ, filho de Mauricio Tiomno e Anita Aizen Tiomno.

1924 - Muda-se com a família para o interior de Minas Gerais.

1926 - Frequenta a Escola Municipal de São Sebastião do Paraíso, MG.

1932 - Frequenta o Ginásio Mineiro em Muzambinho, MG.

1934 - Retorna para o Rio de Janeiro e continua o ensino médio no Colégio Pedro II.

1936 - Aceito no curso complementar de dois anos (preparatório) para medicina.

1938 - Admitido como aluno para o curso de medicina da Faculdade Nacional de Medicina da Universidade do Brasil (UB), no Rio de Janeiro.

1939 - Matricula-se no curso de física da Universidade do Distrito Federal (UDF), o qual é logo em seguida extinto e transferido para a Universidade do Brasil.
Designado como aluno assistente da cadeira de Biofísica (professor Carlos Chagas Filho) na Faculdade Nacional de Medicina.

1940 - Precisa escolher entre os dois cursos, e escolhe a física.
Designado como aluno assistente da cadeira de Física Geral e Experimental (professor Joaquim da Costa Ribeiro) na Faculdade Nacional de Filosofia (FNFi).

1942 - 31 de agosto: O Brasil declara guerra aos países do Eixo, professores italianos e alemães são expulsos do Brasil e Tiomno é convocado para o esforço de guerra.
dezembro: Obtém o diploma de bacharel em física e é contratado como professor assistente da Cátedra de Física Geral e Experimental.

1943 - dezembro: Obtém a licenciatura em física.

1944 - Ingressa no Centro de Treinamento de Oficiais da Reserva (CPOR), onde é liberado para continuar trabalhando como assistente de ensino na UB.

1945 - maio: Fim da guerra na Europa.

dezembro: Conclui o curso do CPOR e é dispensado do serviço militar.

1946 - março: Transfere-se para a Faculdade de Filosofia, Ciências e Letras (FFCL) da USP, em São Paulo, com bolsa da própria USP, atuando no grupo do Mario Schenberg.

1947 - fevereiro: Retorna à FNFi e trabalha com Guido Beck, de Córdoba, Argentina, que estava de licença no Rio de Janeiro.

Contratado como assistente da Cátedra de Física Teórica e Matemática da FFCL / USP e retorna para São Paulo.

Submete sua primeira publicação a uma revista internacional, sobre dispersão de prótons, com J. Leite-Lopes: (JT4).

1948 - fevereiro: Vai para a Universidade de Princeton, EUA, para fazer pós-graduação com bolsa de estudos do Escritório de Educação do Departamento de Estado dos EUA e se junta ao grupo de J.A. Wheeler.

Juntamente com John Wheeler, encontra com Albert Einstein.

Início do planejamento para implantação do Centro Brasileiro de Pesquisas Físicas (CBPF) no Rio de Janeiro, juntamente com José Leite Lopes e Cesar Lattes.

1949 - 15 de janeiro: Registro oficial do CBPF como fundação, no Rio de Janeiro.

fevereiro: Recebe bolsa da Fundação Rockefeller para continuar seus estudos em Princeton.

março: Encontra-se com José Leite Lopes, Cesar Lattes, Hervásio de Carvalho e Walter Schützer em Princeton e planejam a organização do CBPF.

Publica vários artigos com Wheeler (JT8, 9, 11, 12, 14]). Colabora brevemente com C.N. Yang e com David Bohm, e conhece Richard Feynman.

junho: Conclui o mestrado em física.

verão: Frequenta o curso de teoria de campo na Escola de Verão em Michigan, ministrada por Richard P. Feynman.

Torna-se membro associado eleito da Sigma Xi (Sociedade dedicada à promoção da pesquisa científica, EUA)

1950 - julho: Frequenta a Escola de Verão na Universidade de Wisconsin.

setembro: Conclui o doutorado em física (Ph.D.) com a tese *Theories of neutrino and the double beta decay*, sob a orientação de Eugene Wigner.

outubro: Retorna à São Paulo e ao Departamento de Física da USP, onde é assistente.

1951 - 12 de janeiro: Celebra seu casamento "não oficial" com Elisa Frota-Pessôa no Rio de Janeiro.

1952 - março: Pede demissão do cargo na USP e se transfere definitivamente para o Rio de Janeiro. É contratado como professor titular do Centro Brasileiro de Pesquisas Físicas, onde também organiza os laboratórios de ensino e a coleção de *preprints* "Notas de Física".

março: Eleito membro titular da Academia Brasileira de Ciências.

Contratado como professor adjunto de Física Teórica da FNFi / UB no Rio de Janeiro.

1954 - julho: Viaja com Leite Lopes à Europa para participar da Conferência em Glasgow sobre Física Nuclear e do Méson e, juntos, aproveitam para visitar várias instituições em Lisboa, Paris, Londres e Manchester.

Torna-se professor responsável pelo curso de Teoria do Eletromagnetismo e, enquanto Leite Lopes está viajando no exterior, assume temporariamente a responsabilidade pela Cátedra de Física Teórica e Física Avançada da FNFi / UB e como chefe do Departamento de Física Teórica do CBPF.

1955 - Atua como professor no curso final para professores do ensino médio de física, em São José dos Campos, São Paulo (instituído pelo Ministério da Educação e Cultura e pelo Instituto Tecnológico da Aeronáutica – ITA).

Eleito secretário-geral da Academia Brasileira de Ciências.

1956 – setembro/outubro: Viaja para os EUA para participar da Conferência Internacional de Física Teórica, em Seattle, Washington, e aproveita para visitar a Universidade da Califórnia em Berkeley, e retorna brevemente à Princeton.

1957 - abril: Viaja com a mãe, Anita, para Nova York para fazer exames médicos, e para Rochester para participar da Sétima Conferência Anual de Física de Altas Energias de Rochester.

Viaja para Buenos Aires, Argentina, para participar do Simpósio sobre Partículas Elementares.

Recebe o Prêmio Moinho Santista.

1958 - setembro: Professor visitante por um ano no *Imperial College* de Londres, Reino Unido, onde trabalha com Abdus Salam. Elisa viaja com ele.

Assiste à Conferência sobre Física Nuclear em Oxford.

1959 - junho: Participa da Conferência sobre Relatividade e Gravitação em Paris.

agosto: Retorna ao Rio de Janeiro e reassume suas funções na FNFi e no CBPF. Assume a chefia do Departamento de Ensino do CBPF.

1960 - agosto: Participa da 10ª Conferência Internacional Anual sobre Física de Altas Energias em Rochester, onde apresenta seus resultados preliminares sobre a existência do méson K'.

setembro: Participa da Assembleia Geral da União Internacional da Física Pura e Aplicada (IUPAP), em Ottawa, Canadá, como representante do Brasil, e torna-se membro da Comissão de Ensino de Física da IUPAP.

Docente na Escola Latino-Americana de Física (cooperação entre Brasil, México e Argentina), Rio de Janeiro.

Assume provisoriamente a função de Diretor Científico do CBPF (em função da ausência de Leite Lopes).

1961 - maio: Recebe reconhecimento público por sua previsão do méson K' e é eleito "Personalidade do Ano" pelo Comitê Cultural "Ruy Barbosa" do Instituto de Educação, Rio de Janeiro.

julho/agosto: Frequenta a Escola de Verão na Universidade de Wisconsin, Madison, EUA, e visita Brookhaven, reunindo-se com Yang e outros.

Designado chefe do Departamento de Física Teórica do CBPF.

Designado diretor da Seção de Pesquisa em Física do CNPq.

1962 - janeiro/fevereiro: Estada na Universidade de Wisconsin, onde colabora com Abdus Salam.

fevereiro: Participa da Conferência Americana de Reitores Acadêmicos, Cleveland, Ohio.

julho: Líder de discussão no Seminário de Física Teórica patrocinado pela Agência Internacional de Energia Atômica, em Trieste, Itália.

1963 - abril: Membro do Comitê de Especialistas para o planejamento do Centro Internacional de Física Teórica (ICTP); participando da sua reunião em Viena.

Junho/julho: Copresidente da Primeira Conferência Interamericana de Ensino de Física, intitulada "Conferência Internacional sobre Física na Educação Geral", patrocinada pelo IUPAP e realizada no Rio de Janeiro.

Estrutura o currículo em Meteorologia da FNFi/UB.

Fundação do Centro Internacional de Física Teórica (ICTP), em Trieste, Itália.

1964 - Responsável pelo ensino na Cátedra de Teoria Física e Física Avançada da FNFi/UB, Rio de Janeiro.

Membro associado do Centro Internacional de Física Teórica, Trieste, Itália.

1965 - março: Fundação do Instituto de Física da Universidade de Brasília (UnB).

Professor de Física Teórica, coordenador do Instituto Central de Física e responsável pelos cursos de Mecânica Teórica, Teoria Eletromagnética, Física Teórica e Introdução à Mecânica Quântica.

setembro: Participa da Conferência Internacional sobre Partículas Elementares, em Oxford, Reino Unido.

outubro: Renuncia à Universidade de Brasília juntamente com 210 outros professores, correspondendo a 80% do corpo docente, devido às ações arbitrárias do reitor.

1966 - julho: Cofundador e vice-presidente da Sociedade Brasileira de Física (SBF).
setembro: Viaja com Elisa para o Centro Internacional de Física Teórica, em Trieste, para uma estadia de um ano, onde colabora com C.G. Bollini e J.J. Giambiagi.

1968 - janeiro: Contratado como professor catedrático de Física Avançada na FFCL/USP, São Paulo.

1969 - abril: aposentado compulsoriamente da USP; Elisa também foi aposentada da UB.
julho/setembro: Viaja para Trieste, Paris, Nova York, Rochester, Princeton, Miami, Los Angeles e México, participando de conferências, dando palestras e sondando possibilidades de trabalho no exterior para ele e Elisa.
outubro: Demitido do CBPF juntamente com Elisa e Leite Lopes.

1970 - Viaja para Buenos Aires e para o Chile.

1971 - janeiro: Pesquisador Visitante no Instituto de Estudos Avançados, Princeton, EUA.

1972 - julho: Retorna ao Brasil e usa seu apartamento como escritório.

1973 - dezembro: Contratado como professor titular da Pontifícia Universidade Católica (PUC) no Rio de Janeiro.

1977 - 27 de setembro: Casamento oficial de Jayme Tiomno com Elisa Frota-Pessôa.

1980 - Após a anistia, pede demissão da PUC-RJ e é (novamente) contratado como pesquisador titular do Centro Brasileiro de Pesquisas Físicas, no Rio de Janeiro.
Homenageado com uma sessão dedicada ao seu 60º aniversário durante encontro da Sociedade Brasileira de Física (SBF), em Cambuquira, MG.

1983 - junho/julho: Viaja para Trieste para participar do 3º Workshop do Centro Internacional de Física Teórica sobre Física de Partículas.

1984 - Participa da Conferência Wingspread (Racine, Wisconsin) sobre "50 Anos de Interações Fracas" e apresenta um trabalho sobre "O período inicial da Interação Universal de Fermi".

1985 - Eleito membro da Academia Paulista de Ciências, São Paulo.

Coordenador do Projeto de Física de Altas Energias, concomitante com a criação do LAFEX (Laboratório de Física de Altas Energias) no CBPF.

Coordenador do projeto de Computação Algébrica do CBPF.

1988 - Nomeado Presidente do Conselho Deliberativo da FAPERJ, Rio de Janeiro.

1990 - Homenageado no Simpósio Internacional de Física no CBPF, Rio de Janeiro.

Homenageado na Sessão dedicada ao seu 70º aniversário da Sociedade Brasileira de Física, em Caxambu, Minas Gerais.

Aposentado oficialmente do CBPF aos 70 anos.

1991 - Publicação do *Frontier Physics: Essays in Honour of Jayme Tiomno*, editado por S. MacDowell, H. M. Nussenzweig e R. A. Salmeron.

Presidente da Comissão Especial do CNPq para orientar as interações de grupos de pesquisa brasileiros com grandes laboratórios internacionais para Física de Altas Energias.

1992 - Recebe o título de "Pesquisador Emérito" do CBPF, Rio de Janeiro.

Designado membro da Comissão de Seleção de Acadêmicos da Academia Brasileira de Ciências.

1993 - Homenageado com a criação da sala de seminários "Professor Jayme Tiomno" do Departamento de Física Matemática do Instituto de Física da USP.

1994 - Condecorado com a Grã Cruz da Ordem Nacional do Mérito Científico pela Presidência da República, Brasília, DF.

Designado membro do "Comitê das Américas", comissão organizadora do VII Encontro Marcel Grossmann de Astrofísica Relativística (MG-VII), Stanford, California, EUA.

1995 - Recebe o Prêmio de Física da Academia de Ciências do Terceiro Mundo (TWAS) em Trieste.

1996 - Eleito membro permanente da Academia de Ciências do Terceiro Mundo.

Designado membro do comitê executivo da Sociedade Internacional de Relatividade Geral e Gravitação, com sede na Universidade de Victoria, Canadá.

1999 - Homenageado como Fundador do CBPF por ocasião do 50º aniversário de sua fundação.

2000 - Recebe o título "Cidadão Honorário de Muzambinho" da Câmara Municipal da cidade, Muzambinho, Minas Gerais.

2002 - Participa do *Symposium on Science and Ultimate Reality* dedicado ao 90º aniversário de John Archibald Wheeler, no Merrill Lynch Center, Princeton, Nova Jersey, EUA.

2004 - Homenagem do Instituto de Física da USP em seu 35º aniversário.

2005 - Recebe o título de "Pesquisador Emérito" do CNPq, em Brasília.

Homenageado com a organização do Primeiro Curso Avançado do INPE *Roadmap for Cosmology*, Instituto Nacional de Pesquisas Espaciais, São José dos Campos, São Paulo.

Premiado com a medalha "Centenário de João Christovão Cardoso" pelo Instituto de Química da UFRJ, Rio de Janeiro.

dezembro: Premiado com a medalha "Carlos Chagas Filho do Mérito Científico" pela FAPERJ, Rio de Janeiro, na comemoração de 25 anos da Instituição.

2006 – Homenageado com o título "Aluno Eminente" pelo Colégio Pedro II, Rio de Janeiro.

2011 - 12 de janeiro: Falece tranquilamente enquanto dorme em casa na Barra da Tijuca, no Rio de Janeiro.

Parte 2. Publicações e contribuições

Notas: * indica publicações relacionadas na *Academic Tree*; § indica artigos incluídos pelo próprio Tiomno numa lista com seus artigos mais importantes.

Década de 1940_____ (14 itens).

[JT1] Sobre um problema da Teoria da Elasticidade, *F.N.F.*, n. 3, 1942.

[JT2] Sobre o teorema de unicidade da distribuição de cargas em condutores, *F.N.F.*, n. 2, 1942.

[JT3] Sobre as derivadas do campo de radiação do elétron puntiforme com spin. *Anais da Academia Brasileira de Ciências*, v. 19, p. 333, 1947 (com W. Schützer).

[JT4]* On the proton-proton scattering at 14.5 MeV. *Physical Review*, v. 72, p. 731, 1947 (com J. Leite Lopes).

[JT5] Sobre o teorema fundamental da álgebra hipercomplexa de Sobrero, 1947 (com L. Nachbin; não publicado).

[JT6] The deflection of light in a gravitational field, 1947 (com M. Schenberg; não publicado).

[JT7] Test particles in General Relativity, fev.-jun. 1948. (com J.A. Wheeler; não publicado).

[JT8]*§ Energy spectrum from mu-meson decay. *Reviews of Modern Physics*, v. 21, p. 144, 1949 (com J.A. Wheeler).

[JT9]*§ Charge-exchange reaction of the mu meson with the nucleus. *Reviews of Modern Physics*, v. 21, p. 153, 1949 (com J.A. Wheeler; republicado em *Phys. Soc. Japan, Series of Selected Papers on the Weak interactions*, 1972).

[JT10] Distribuição angular na difusão proton-proton a 14.5 MeV. *Anais da Academia Brasileira de Ciências*, v. 21, p. 56, 1949.

[JT11] On the coupling of pi and mu-mesons. *Physical Review*, v. 75, p. 1306, 1949 (com J.A. Wheeler; Abstract M6, Proceedings of the APS New York Meeting, jan. p. 26-29, 1949).

[JT12] On the spin of pi and mu-mesons. *Physical Review*, v. 75, p. l306, 1949 (com J.A. Wheeler; Abstract M7, Proceedings of the APS New York Meeting, jan. p. 26-29, 1949).

[JT13]* On the spin of mu-meson. *Physical Review*, v. 76, p. 856, 1949.

[JT14]* Guide to the Literature of Elementary Particle Physics, Including Cosmic Rays. *American Scientist*, v. 37, n. 2, p. 202-218, 1949 (com J.A. Wheeler).

Década de 1950 _____ (26 itens).

[JT15]*§ Reflection properties of spin-½ fields and a Universal Fermi-type Interaction. *Physical Review*, v. 79, p. 495, 1950 (com C.N. Yang).

[JT16]§ Theories of neutrino and the double beta decay. Tese de doutorado, Universidade de Princeton, 1950 (não publicada).

[JT17]*§ On the connection of the scattering and derivative matrices with causality. *Physical Review*, v. 83, p. 249, 1951 (com W. Schützer).

[JT18] Singularidades da Matriz S no plano complexo, 1951 (com Leo Borges Vieira; não publicado).

[JT19]§ Gamma radiation emitted in the pi-mu decay. *Anais da Academia Brasileira de Ciências*, v. 24, p. 245, 1952 (com G.E.A. Fialho; republicado em Phys. Soc. Japan, *Series of Selected Papers;* e em Rio de Janeiro: CBPF - Notas de Física, v.1, n.1, 1952).

[JT20] *Non-relativistic equations of charged particles with spin* $^3/_2$. Rio de Janeiro: CBPF - Notas de Física, 09/52, 1952 (com A. Silveira).

[JT21] On the connection of the scattering matrix with causality. *In*: Simpósio sobre Novas Técnicas de Pesquisa em Física. *Anais* [...], Rio de Janeiro, 1952 (com W. Schutzer).

[JT22] O ensino de física no curso secundário. *Ciência e Cultura*, v. 5, p. 45, 1953 (com J. Leite Lopes).

[JT23]'Non-relativistic equation for particles with spin 1. *Anais da Academia Brasileira de Ciências*, v. 26, p. 327, 1954 (com J.J. Giambiagi).

[JT24] *Invariance of field theory under time inversion*. Rio de Janeiro: CBPF - Notas de Física, 16/54, 1954.

[JT25]*§ Mass Reversal and the Universal Interaction. *Il Nuovo Cimento*, v. 1, p. 226, 1955.

[JT26]* A causal Interpretation of the Pauli equation. *Il Nuovo Cimento*, v. 1, p. 18, 1955 (com D. Bohm e R. Schiller).

[JT27] Relativistic theory of spinning point particles. *Anais da Academia Brasileira de Ciências*, v. 27, p. 259, 1955.

[JT28]* Diagrams for processes involving hyperons. *Physical Review*, v. 103, p. 1589, 1956.

[JT29] Polarization of spin-one particles by nuclear scattering. *Anais da Academia Brasileira de Ciências*, v. 28, p. 157, 1956 (com S.W. MacDowell).

[JT30] Histórico e realizações do Departamento de Física Teórica do Centro Brasileiro de Pesquisas Físicas. *Ciência e Cultura*, v. 8, p. 8, 1956.

[JT31]*§ On the theory of hyperons and K mesons. *Il Nuovo Cimento*, v. 6, p. 69, 1957.

[JT32]* Note on the gamma decay of neutral pi mesons. *Il Nuovo Cimento*, v. 6, p. 255, 1957.

[JT33] Baryon and Meson Interactions. *In:* International Conference on High Energy Nuclear Physics, Rochester. *Proceedings* [...]. New York: Interscience, 1957.

[JT34]*§ Non-conservation of parity and the Universal Fermi Interaction. *Il Nuovo Cimento*, v. 6, p. 912, 1957.

[JT35] O ensino da física nas universidades brasileiras. *Ciência e Cultura*, v. 9, 1957 (com J. Leite Lopes).

[JT36] Discurso de recebimento do Prêmio Moinho Santista de Ciências Exatas. *Ciência e Cultura*, v. 9, p. 241, 1957.

[JT37]* On the masses of elementary particles. *Nuclear Physics*, v. 9, p. 585, 1958 (com A. Salam).

[JT38] π-Electron Decay and the Universal Interaction. *Anais da Academia Brasileira de Ciências*, v. 30, p. 455, 1958 (com C.G. Oliveira).

[JT39] Some Reflections in Quantum Field Theory. *Academia Brasileira de Ciências*, 1959 (com S. Kamefuchi; comunicação, não publicada).

[JT40] The failure of the space reflection principle. *Proceedings of the Mathematical Society of the University of Southampton*, v. 21, p. 9, 1959.

Década de 1960 _____ (19 itens).

[JT41]§ On the K' meson. International Conference on High-Energy Physics, Rochester, 1960. *Proceedings [...]*. New York: Interscience Pub., 1960, p. 466 e 513.

[JT42]* Isotopic Spin Relations in Hyperon Production. *Il Nuovo Cimento*, v. 22, p. 1287, 1961 (com A. Salam).

[JT43]*§ Possible existence of a new (K') Meson. *Physical Review Letters*, v. 6, p. 120, 1961 (com N. Zagury e A.L.L. Videira).

[JT44]* Representations of Dirac Equations in General Relativity. *Il Nuovo Cimento*, v. 24, p. 672, 1962 (com C.G. Oliveira).

[JT45] On $\Delta S = -\Delta Q$. University of Wisconsin, 1962 (com Abdus Salam; palestra, não publicada).

[JT46] Inter-American Cooperation in Higher Education. *In*: 18th Annual Meeting of the American Conference of Academic Deans, Ohio, 1962. *Proceedings* [...].

[JT47] Octonions and Super-global Symmetry. *In*: Seminar on Theoretical Physics, IAEA, Trieste, 16 jul.- 25. ago. 1962. *Proceeding Series* [...]. Viena: IAEA, p. 251, 1963.

[JT48] *The International Centre for Research in Theoretical Physics* (ICTP, Trieste). Report Gov/Inf/98. Viena: IAEA, mai. 1963 (com R.E. Marshak e L. Van Hove; não publicado).

[JT49] *O Instituto de Física Pura e Aplicada da Universidade de Brasília*, 1963 (com J. Leite Lopes, G. Beck, G.E.A. Fialho, R.A. Palmeira e R.A. Salmeron; não publicado).

[JT50] *Eletromagnetismo I*. Coleção Monografias de Física X. Rio de Janeiro: CBPF, 1963.

[JT51] *Eletromagnetismo II*. Coleção Monografias de Física XI. Rio de Janeiro: CBPF, 1963.

[JT52] *Eletromagnetismo III*. Coleção Monografias de Física XVI. Rio de Janeiro: CBPF, 1964.

[JT53] *Why Teach Physics?* Boston: M.I.T. Press, 1964. (com S.C. Brown, N. Clarke, eds.)

[JT54] Science Education in the Contemporary World: *In*: *Why Teach Physics?* Boston: M.I.T. Press, 1964, p. 7.

[JT55] *Contribuições à Física das Partículas Elementares*. Tese do concurso para a cadeira de Física Avançada da FFCL/USP, São Paulo, jul. 1966 (não publicada).

[JT56] *Memorial Relativo às Atividades Profissionais de Jayme Tiomno:* submetida para o concurso para a cadeira de física Avançada da FFCL/USP, São Paulo, jul. 1966 (não publicada).

[JT57]* On the Covariance of Equal-time Commutators and Sum Rules. *Il Nuovo Cimento A*, v. 51, p. 717, 1967 (com C. Bollini e J.J. Giambiagi).

[JT58] Perspectivas da física no Brasil e reforma universitária. *Ciência e Cultura*, v. 20, n. 4, p. 702, 1968.

[JT59] Ciência, Universidade e Desenvolvimento. *Ciência e Cultura*, vol. 20, n. 4, p. 781-790, 1968. (Republicado em Rio de Janeiro: CBPF - Ciência e Sociedade, 11/85, mar. 1985.)

Década de 1970 _____ (21 itens).

[JT60]* A Linear Theory of Gravitation. *Lettere al Nuovo Cimento*, n. 3, p. 65, 1970 (com C.G. Bollini e J.J. Giambiagi).

[JT61]* Equivalence of Lorentz Transformations and Foldy-Wouthuysen Transformation for Free Spinor Fields. *Physica*, vol. 53, p. 581-601, 1971.

[JT62]* Electromagnetic Field of a Particle Moving in a Spherically Symmetric Black-Hole Background. *Lettere al Nuovo Cimento* v. 3, p. 211, 1972 (com C.V. Vishveshwara e R. Ruffini).

[JT63]*§ Can Synchrotron Gravitational Radiation Exist? *Physical Review Letters*, v. 28, p. 1352, 1972 (com Marc Davis, R. Ruffini e F. Zerilli).

[JT64]* Pulsars and Pair Production in Electric Fields. *Nature Physical Science*, v. 238, p. 57, 1972 (com L. Parker).

[JT65]*§ Pulses of Gravitational Radiation of a Particle Falling Radially into a Schwarzschild Black Hole. *Physical Review D*, v. 5, p. 2932, 1972 (com Marc Davis e R. Ruffini).

[JT66]* Maxwell Equations in a Spherically Symmetric Black Hole Background. *Lettere al Nuovo Cimento* v. 5, p. 851-855, 1972.

[JT67] Pair-Producing Electric Fields and Pulsars. *Astrophysical Journal*, v. 178, p. 809, 1972 (com L. Parker).

[JT68]* Polarization of Gravitational Synchrotron Radiation. *Lettere al Nuovo Cimento*, v. 4, p. 857, 1972 (com R.A. Breuer e C.V. Vishveshwara).

[JT69]* Balancing of Electromagnetic and Gravitational Forces and Torque Between Spinning Particles at Rest. *Physical Review D*, v. 7, p. 356, 1973.

[JT70]* Gyromagnetic Ratio of a Massive Body. *Physical Review D*, v. 7, p. 998, 1973 (com J. M. Cohen e R.M. Wald).

[JT71]* Electromagnetic Field of Rotating Charged Bodies. *Physical Review D*, v. 7, p. 992, 1973.

[JT72]*§ Vector and Tensor Radiation from Schwarzschild Relativistic Circular Geodesics. *Physical Review D*, v. 7, p. 1002, 1973 (com R.A. Breuer, R. Ruffini e C.V. Vishveshwara).

[JT73]* On Gravitation-Induced Electromagnetic Fields. *Acta Physica Austriaca*, v. 38, p. 206, 1973.

[JT74]* Polarization of Gravitational Geodesic Synchrotron Radiation. *Il Nuovo Cimento B*, v. 25, p. 851, 1975 (com R.A. Breuer e C.V. Vishveshwara).

[JT75] A Cartesian Operator Algebra for Expansion of Tensor Quantities and Equations in a Spherically Symmetric Background. *Revista Brasileira de Física*, v. 8, n.2, p. 304-335, 1978 (com A.L.L. Videira).

[JT76] Charged point particles with magnetic moments in General Relativity. *Revista Brasileira de Física*, v. 8, n.2, p. 350-367, 1978 (com Ricardo M. Amorim).

[JT77] On the relation between fields and potentials in non-abelian gauge fields. *Revista Brasileira de Física*, v. 9, n. 1, p. 229-242, 1979 (com J.J. Giambiagi e C.G. Bollini).

[JT78]* Singular potentials and analytic regularizations in classical Yang Mills Equations. *Journal of Mathematical Physics*, v. 20, p. 1967, 1979 (com C.G. Bollini e J.J. Giambiagi).

[JT79]* Gauge field copies. *Physics Letters B*, v. 83, p. 185, 1979 (com J.J. Giambiagi e C.G. Bollini).

[JT80] Contribuição de Albert Einstein à teoria da gravitação e cosmologia. *Ciência e Cultura*, v. 31, n.12, dez. 1979.

Década de 1980 _____ (37 itens).

[JT81]* Hidden Singularities in non-abelian gauge fields. *Il Nuovo Cimento A*, v. 55, p. 91, 1980 (com C.G. Bollini).

[JT82]* Wilson Loops and Related Strings for the instanton and its variational derivatives. *Il Nuovo Cimento*, v. 59, p. 412, 1980 (com C.G. Bollini e J.J. Giambiagi).

[JT83]* Wilson Loops in Kerr Gravitation. *Lettere al Il Nuovo Cimento*, v. 81, p. 13, 1981 (com C.G. Bollini e J.J. Giambiagi).

[JT84] On the Proposed Kolen-Torr Experiment. *In*: International Conference on Space-time Absoluteness, Graz, Austria. *Proceedings* [...], p. 147, 1982 (com W. Rodrigues).

[JT85]*§ Geodesic Motion and Confinement in Gödel's Universe. *Physical Review D*, v. 27, p. 779, 1983 (com M. Novello e I.D. Soares).

[JT86] The early period of the Universal Fermi Interaction. *In*: Racine Conference on 50 Years of Weak Interactions, University of Wisconsin, Madison/WI, 1984. *Proceedings* [...], *1984*. (Publicado também em Rio de Janeiro: CBPF - Notas de Física, 50/84, 1984 e *In*: Mann, A. K.; Cline, D. B. (eds.). *Discovery of Weak Neutral Currents: The weak interaction before and after*. 3 – 5 fev. 1993, Santa Monica, California. *AIP Conference Proceedings*, v. 300, 1994, pp. 99-109.)

[JT87] Gödel-type metric in Einstein-Cartan Spaces. *In*: X International Conference on General Relativity and Gravitation. *Contributed Papers to* [...], p. 507, 1983 (com A. Teixeira e J. Duarte).

[JT88]* Homogeneity of Riemannian Space-times of Gödel type. *Physical Review D*, v. 28, p. 1251, 1983 (com M. Rebouças).

[JT89]*§ Pseudoscalar Mesons and Scalar diquarks-decay constants. *Il Nuovo Cimento A*, v. 81, p. 485, 1984 (com I. Bediaga, E. Predazzi, A.F.S. Santoro e M.H.G. Souza).

[JT90] Gravitational coupling of scalar and fermionic fields to matter vorticity: microscopic asymmetries. *Revista Brasileira de Física*, v. 14, p. 274, 1984 (com I.D. Soares).

[JT91] Einstein's special relativity vs. Lorentz ether theory. *Revista Brasileira de Física*, supl. v. 14, p. 450, 1984 (com W. Rodrigues).

[JT92]* Lifetimes in a quark-diquark system. *Lettere al Nuovo Cimento*, v. 42, p. 92-96, 1985 (com A.F.S. Santoro, I. Bediaga, M.G.H. Souza e E. Predazzi).

[JT93]*§ On Experiments to detect possible failures of Relativity Theory. *Foundations of Physics*, v. 15, n. 9, p. 945-961, 1985 (com W. Rodrigues).

[JT94] Possíveis Violações da Teoria da Relatividade. *Revista Brasileira de Física*, supl. v. 15, 1985. (Republicado *In*: ROCHA BARROS, A.L. (org.). Perspectivas em Física Teórica. São Paulo: IFUSP, 1987, p. 80-108.)

[JT95]* Vector meson and axial-vector diquark decay constants. *Lettere al Nuovo Cimento*, v. 42, p. 54, 1985 (com A.F.S. Santoro, I. Bediaga, E. Predazzi e M.G.H. Souza).

[JT96]* Gluon and qq mixing: [1440] system. *Zeitschrift fur Physik C*, v. 30, n.3, p. 493-500, 1985 (com A.C.B. Antunes, F. Caruso e E. Predazzi).

[JT97]*§ Experiments to Detect Possible Weak Violations of Special Relativity. *Physical Review Letters*, v. 55, p. 143, 1985 (com A.K.A. Maciel).

[JT98]* A class of Inhomogeneous Gödel-type models. *Il Nuovo Cimento B*, v. 90, n. 2, p. 204-210, 1985 (com M. Rebouças).

[JT99]* Stefan Marinov and "Friends". *Nature*, v. 317, p. 772, 1985.

[JT100] *Experiências de uma vida na Universidade Brasileira*. Rio de Janeiro: CBPF - Ciência e Sociedade, 05/86, 1986.

[JT101]*§ A New Scheme For Nonleptonic Decays: Predictions of F Meson. *Physics Letters B*, v. 181, p. 395, 1986 (com I. Bediaga e E. Predazzi).

[JT102]* Homogeneous Cosmos of Weyssenhoff fluid in Einstein-Cartan Space. *Physical Review D*, v. 34, 1986 (com J. Duarte de Oliveira e A.F. da F. Teixeira).

[JT103] Experimental Evidence Against a Lorentz Aether Theory (LAT). *In*: Fourth Marcel Grossmann Meeting on Relativistic Astrophysics. Ruffini, R. (ed.). *Proceedings* [...], Elsevier, 1986, p. 1347.

[JT104]*§ A new Hadronization Scheme: The case of explicit Charm Decay. *Nuclear Physics B*, v. 294, p. 1071, 1987 (com J.L. Basdevant, I. Bediaga e E. Predazzi).

[JT105]* Inhomogeneous two-fluid Cosmologies. *General Relativity and Gravitation*, v. 20, p. 1019, 1988 (com J.A.S. Lima).

[JT106] *Antipodal Universes in the Topology S 3X R and H 3X R*. Rio de Janeiro: CBPF - Notas de Física, 04/88, 1988 (com I.D. Soares e F.D. Sasse).

[JT107] *Neutrinos in Antipodal Universes: Parity Transformation and Asymmetries*. Rio de Janerio: CBPF - Notas de Física, 05/88, 1988 (com I.D. Soares e F.D. Sasse).

[JT108] A class of Inhomogeneous Cosmologies with Heat Flow. *In*: Fleury, N.; Joffily, S.: Simões, J.A.M.; Tropper A. (eds.). *Leite Lopes Festschrift*. Singapure: World Scientific, 1988, p. 303 (com J.A.S. Lima).

[JT109] *Origens do Centro Internacional de Física Teórica (ICTP–Trieste)*. Rio de Janeiro: CBPF - Ciência e Sociedade, 07/88, 1988.

[JT110] *Test Theories of Special Relativity, A General Critique*. Rio de Janeiro: CBPF - Notas de Física, 66/88, 1988 (com A.K.A. Maciel).

[JT111]* On the Detection of Matter Vorticity and Spacetime Torsion. *Physics Letters A*, v. 137, p. 99, 1989 (com B. Figueiredo e I.D. Soares).

[JT112]* Analysis of absolute space-time Lorentz theories. *Foundations of Physics*, v. 19, p. 505-519, 1989 (com A.K.A. Maciel).

[JT113]* Experimental Analysis of absolute space-time Lorentz Theories. *Foundations of Physics*, v. 19, p. 521-530, 1989 (com A.K.A. Maciel).

[JT114]*§ On the Thermodynamics of one-fluid Szekeres-like Cosmologies. *Classical Quantum Gravity*, v.6, L93, 1989 (com J.A.S. Lima).

[JT115] Thermodynamical Analysis of Cosmological Models. *In: Encontro de Física Teórica do Rio de Janeiro*, Ed. UFRJ, 1989, p. 95-110 (com J.A.S. Lima).

[JT116] Collaboration in Physics in Latin America (Round Table). *In*: 3rd Symposium on Pan-American Collaboration in Experimental Physics. Rubinstein, R.; Santoro, A. (eds.). *Proceedings* [...]. *Singapore: Wor*ld Scientific, 1989, p. 266 - 370.

[JT117]* Reply to 'Comment on Recent Interpretation of Lorentz Ether Theory. *Foundations of Physics Letters*, v. 2, n. 6, p. 601, 1989 (com A.K.A. Maciel).

Década de 1990 _____ (4 itens).

[JT118]*§ Geodesics in Gödel-Type Space-times. *General Relativity and Gravitation*. v. 22, p. 683, 1990 (com I.D. Soares e M.O. Calvão).

[JT119]* Gravitational Coupling of Klein-Gordon and Dirac Particles to matter vorticity and space-time torsion. *Classical Quantum Gravity*, v. 2, p. 1593, 1992 (com B. Figueiredo e I.D. Soares).

[JT120]* The Physics of the Sagnac-Mashhoon Effects. *Physical Review D*, v. 54, p. 2808, 1996 (with I.D. Soares).

[JT121] *The Physics of Spin-rotation Coupling*. Award Lectures of the Third World Academy of Sciences (TWAS), 1996 (conferência, não publicada).

Década de 2000 _____ (5 itens).

[JT122] The Physics of Rotating Experiments. *In*: Santoro, A.; Aldrovandi, R.; Gago, J.M. (eds.). *Roberto Salmeron Festschrift*. Rio de Janeiro: Ed. Aiafex, p. 327, 2003 (com I.D. Soares).

[JT123] Trabalho Duro. In: Cronemberger, C. (ed.). *Algumas razões para ser cientista*. Rio de Janeiro: CBPF, 2005, p. 96.

[JT124] A física de partículas: o início dos trabalhos de física de partículas no Brasil. *In*: DOMINGUES, H.M.B. (org.). *MAST Colloquia - Memória da Física*, vol. II. Rio de Janeiro: MAST, 2005.

[[JT125] On the exact relativistic dynamics of the Sagnac effect. *In*: XXVIII Encontro Nacional de Física de Partículas e Campos, 24-28 set. 2007 (com M.O. Calvão, F.D. Sasse, I.D Soares).

[JT126] *Jayme Tiomno (depoimento, 1977)*. Rio de Janeiro: CPDOC, 2010.

Total _____ 126 itens.

Fontes e Bibliografia

Entrevistas
Antonio Cesar Olinto
Carlos Alberto Silva Lima
Henrique Lins de Barros
Ívano Damião Soares
José Goldemberg
Marcelo Otávio Caminha Gomes
Mario Novello
Miriná Barbosa de Souza Lima
Nicim Zagury
Roberto Frota-Pessôa
Silvia Tiomno Tolmasquim
Sonia Frota-Pessôa

Acervos consultados:
Acervo Hervásio de Carvalho, Arquivo MAST
Acervo Jacques Abulafia Danon, Arquivo MAST
Acervo Guido Beck, Arquivo CBPF
Acervo Jayme Tiomno, Arquivo MAST
Acervo Elisa Frota-Pessôa, Arquivo MAST
Acervo Silvia Tiomno Tolmasquim, Arquivo pessoal
Acervo Joaquim da Costa Ribeiro, Arquivo MAST
Acervo Leopoldo Nachbin, Arquivo MAST
Acervo Faculdade Nacional de Filosofia, Arquivo PROEDES/UFRJ
Acervo José Leite Lopes, Arquivo CPDOC/FGV
Acervo Instituto de Física da USP, Arquivo Histórico IF-USP
Acervo John Wheeler, Arquivo da American Philosophical Society
Acervo DOPS, Arquivo Público do Estado do Rio de Janeiro
Acervo Lélio Gama, Arquivo MAST
Acervo Cesar Lattes, Arquivo CLE/Unicamp
Acervo Haity Moussatché, Arquivo COC/Fiocruz
Arquivo Nacional

Publicações

ALDROVANDI, R.; SANTORO, A. F. S.; GAGO, J. M. (eds.). *Roberto Salmeron Festschrift: a master and a friend.* Rio de Janeiro: Ed. Aiafex, 2003.

ALSTON, M.; ALVAREZ, L. W. *et al.* Resonance in the K–π system. *Physical Review Letters*, v. 6, n. 6, p. 300-302, mar. 1961.

ANDRADE, A. M. R. *Físicos, mésons e política: a dinâmica da ciência na sociedade.* Rio de Janeiro: Hucitec/MAST, 1998.

ASSAMAGAN, K. A. *A precise determination of the pion beta-decay rate: design and calibration.* Tese de doutorado, Universidade de Virginia, 1995. Disponível em: http://pibeta.phys.virginia.edu/docs/publications/ketevi_diss/node6.html.

BARROW, J. D.; DAVIES, P. C. W.; HARPER Jr., C. L. (eds.). *Science and ultimate reality: quantum theory, cosmology, and complexity.* Reino Unido: Cambridge University Press, 2004.

BASSALO, J. M. F. *Jayme Tiomno, os mésons e a física paraense.* Rio de Janeiro: CBPF – Ciência e Sociedade, 05/87, 1987. Republicado em *Norte Ciência*, v. 2, n. 1, p. 91-103, 2011.

BASSALO, J. M. F. *Mortes de universidades brasileiras: militar (1965) e civil (1998).* Rio de Janeiro: CBPF – Ciência e Sociedade, 24/98, 1998.

BASSALO, J. M. F. *O Instituto Central de Física Pura e Aplicada da Universidade de Brasília em 1965.* Rio de Janeiro: CBPF – Ciência e Sociedade, 10/12, 2012.

BASSALO, J. M. F.; FREIRE JR., O. Wheeler, Tiomno, e a física brasileira. *Revista Brasileira de Ensino de Física*, v. 25, n. 4, p. 426-437, 2003.

BEDIAGA, I.; CARUSO, F. Enrico Predazzi: 25 anos colaborando com o Brasil. *Revista Brasileira de Ensino de Física*, v. 18, n. 1, p. 24-29, 1996.

BETHE, H.; MARSHAK, R. The two-meson paper. *Physical Review*, v. 72, p. 506, 1947.

BHOWMIK, B.; EVANS, D.; FALLA, D.; *et al.* [K- collaboration]: The interaction and decay of K--mesons in photographic emulsions, part I: General characteristics of K- interactions and analysis of events in which a charged π-meson is emitted. *Il Nuovo Cimento*, v. 13, n. 4, p. 690-729, 1959.

BHOWMIK, B.; EVANS, D.; FALLA, D.; *et al.* [K- collaboration]: The Interaction of K--mesons with photographic emulsion nuclei, part II: The emission of hyperons from K- interactions at rest. *Il Nuovo Cimento*, v. 14, n. 2, p. 315-364, 1959.

BIETENHOLZ, W.; PRADO, L. Revolutionary physics in reactionary Argentina. *Physics Today*, v. 67, n. 2, p. 38, 2014.

BLACKWOOD, O. H.; HERRON, W. B.; KELLY, W. C. *Física na escola secundária.* Tradução: José Leite Lopes; Jayme Tiomno. Rio de Janeiro: MEC, 1962.

BOHM, D. *Interview with David Bohm by Maurice Wilkins on Oct. 3rd, 1986.* College Park: Niels Bohr Library & Archives, American Institute of Physics. Disponível em: www.aip.org/history-programs/niels-bohr-library/oral-histories/32977-5.

BORBA, M. (ed.). Elisa Frota-Pessôa, suas pesquisas com emulsões nucleares e a física no Brasil. *Cosmos & Contexto*, n. 11, out. 2012. Disponível em: https://cosmosecontexto.org. br/elisa-frota-pessoa-suas-pesquisas-com-emulsoes-nucleares-e-a-fisica-no-brasil/

BOUGHN, S. Electromagnetic radiation induced by a gravitational wave. *Physical Review D*, v. 11, p. 248-252, 1975.

BROWN, L. M.; DRESDEN, M.; HODDESON, L. (eds.). *From pions to quarks: physics in the 1950's.* Cambridge/New York: Cambridge University Press, 1989.

BROWN, L. M.; HODDESON, L. (eds.). *The birth of particle physics.* Cambridge/ New York: Cambridge University Press, 1983.

BROWN, S.; CLARKE, N.; TIOMNO, J. (eds.). *Why Teach Physics?* Cambridge: IUPAP/MIT Press, 2003.

BUCHWALD, J. Z.; FRANKLIN, A. (eds.). *Wrong for the Right Reasons.* Dordrecht: Springer Archimedes Book Series, v. 11, 2005.

CARUSO, F.; CHRISTOPH, E.; OGURI, V.; RUBINSTEIN, R. (eds.). *Alberto Santoro, a life of achievements.* Rio de Janeiro: Ed. Aiafex, 2011.

CARUSO, F. José Maria Filardo Bassalo aos 80 anos. *Caderno Brasileiro de Ensino de Física*, v. 32, n. 2, p. 297-298, 2015.

CHRISTENSEN, T. M. *John Archibald Wheeler: A Study of Mentoring in Modern Physics.* Tese de doutorado, Oregon State University, 2009. Disponível em: http:// ir.library.oregonstate.edu/concern/graduate_thesis_or_dissertations/3r074x13x.

CIUFOLINI, I.; WHEELER, J. A. *Gravitation and inertia*. Princeton: Princeton University Press, 1995.

CLEMENTE, J. E. F. Ciência e política durante a ditadura militar (1964-1979): o caso da comunidade brasileira de físicos. Dissertação de mestrado, UFBA, 2005.

CLINE, D.; RIEDASCH, G. (eds.). Wingspread Conference on 50 Years of Weak Interactions, Racine, 29 mai. - 6 jun. 1984. *Anais* [...]. Madison: University of Wisconsin, 1984.

CONVERSI, M.; PANCINI, E.; PICCIONI, O. On the desintegration of negative mesons. *Physical Review*, v. 71, p. 209, 1947.

COSTA RIBEIRO, J. O fenômeno termodielétrico (correntes elétricas associadas a mudanças de fase). Tese de cátedra, Universidade do Brasil, 1945.

CRONEMBERGER, C.; GALVÃO, R. M. O.; SHELLARD, R. C.; REIS, M.; BAG, M. (eds.). *Algumas razões para ser um cientista*. Rio de Janeiro: CBPF / Trieste: ICTP, 2005. Disponível em: http://estatico.cnpq.br/portal/premios/2018/pjc/assets/pdf/webaulas/web-01/algumas-razoes-para-ser-um-cientista.pdf.

D'ARAÚJO, M. C. Origens da Fundação Getulio Vargas, *In*: D'Araújo, Maria Celina (org.). *Fundação Getulio Vargas: concretização de um ideal*. Rio de Janeiro: Ed. FGV, p.11-42, 1999.

DRESDEN, M.; YANG, C. N. Phase shift in a rotating neutron or optical interferometer. *Physical Review D*, v. 20, p. 1846, 1979.

FÁVERO, M. L. A. (org.). *Faculdade Nacional de Filosofia, Vol.5 - entrevistas*. Rio de Janeiro: Ed. UFRJ, 1992.

FÁVERO, M. L. A. A Faculdade Nacional de Filosofia: origens, construção e extinção. *Série Estudos – Periódico do Mestrado em Educação da UCDB*, n. 16, p. 107-131, jul./dez 2003.

FAZZINI, T.; FIDECARO, G.; MERRISON, A.W.; PAUL, H.; TOLLESTRUP, A. V. Electron decay of the pion. *Physical Review Letters*, v. 1, p. 247, 1958.

FERMI, E. Tentativo di una teoria dei raggi β'. *Il Nuovo Cimento*, v. 11, n. 1, p. 1-19, 1934.

FERMI, E. Versuch einer Theorie der Beta-Strahlen. *Zeitschrift* für *Physik*, v. 88, p. 161, 1934.

FERREIRA, M. M. Ditadura militar, universidade e ensino de história: da Universidade do Brasil à UFRJ. *Ciência e Cultura*, v. 66, n. 4, São Paulo, out./dez. 2014.

FEYNMAN, R. P. The Problem of teaching Physics in Latin America. *Engineering and Science*, v. 27, p. 21, 1963.

FEYNMAN, R. P.; GELL-MANN, M. Theory of the Fermi Interaction. *Physical Review*, v. 109, p. 193, 1958.

FEYNMAN, R. P.; LEIGHTON, R. B.; SANDS, M. The Feynman Lectures on Physics, 3 vol. Boston: Addison-Wesley, 1964. Disponível em: http://www.feynmanlectures.caltech.edu/.

FIDECARO, G. The discoveries of rare pion decays at the CERN synchrocyclotron. *In*: Schopper, H.; DI Lella, L. (eds.). *60 years of CERN experiments and discoveries*. Singapura: World Scientific, 2015. Disponível em: https://www.worldscientific.com/doi/epdf/10.1142/9789814644150_0016

FINKELSTEIN, R. J. My century of Physics. *arXiv:1612.00079*, 2016. Disponível em: https://conferences.pa.ucla.edu/finkelsteincentennial/biography.pdf.

FOLDY, L. L.; WOUTHUYSEN, S. A. Introducing the 'Foldy-Wouthuysen transformation' (F-W). *Physical Review*, v. 78, p. 29, 1950.

FORNAZIER, K. S. F.; VIDEIRA, A. A. P. *Os anos de formação de um físico teórico brasileiro: Jayme Tiomno entre 1942 e 1950. Ciência e Sociedade*, CBPF, v. 5, n. 1, p. 1-12, 2018.

FRASER, G. *Cosmic anger: Abdus Salam - the first muslim Nobel scientist*. Oxford: Oxford University Press, 2008.

FREIRE JR, O. Science and exile: David Bohm, the hot times of the Cold War, and his struggle for a new interpretation of quantum mechanics. *Historical Studies in the Physical and Biological Sciences*, v. 36, n. 1, p.1-34, sept. 2005.

FREIRE JR., O.; BASSALO, J. M. F. John Archibald Wheeler e a física brasileira. *Física na Escola*, v. 9, n. 1, p. 44-47, 2008.

FREIRE JR., O.; VIDEIRA, A. A. P.; RIBEIRO FILHO, A. Ciência e política durante o regime militar (1964-1984): a percepção dos físicos brasileiros. *Boletim do Museu Paraense Emílio Goeldi – Ciências Humanas*, v. 4, n. 3, p. 479-485, set.-dez. 2009.

FRIEBE, C.; KUHLMANN, M.; LYRE, H.; NÄGER, P. M.; PASSON, O.; STÖCKLER, M. *The philosophy of quantum physics*. Cham: Springer Frontier Series, Springer Nature, 2018.

FRIEDMAN, I.; TELEGDI, V. L. Nuclear emulsion evidence for parity nonconservation in the decay chain $\pi+\rightarrow \mu+\rightarrow$ e+. *Physical Review*, v. 105, p. 1681, 1957 e *Physical Review*, v. 106, p. 1290, 1957.

FROTA-PESSÔA, E.; MARGEM, N. Sobre a desintegração do méson pesado positivo. *Anais da Academia Brasileira de Ciências*, v. 22, p. 371-383, 1950.

FROTA-PESSÔA, R. *Elisa Frota-Pessôa (1921-2018): à frente de seu tempo*. Disponível em: http://portal.cbpf.br/pt-br/ultimas-noticias/filho-depesquisadora-emerita-escreve-sobre-a-vida-e-a-obra-da-mae.

GARDNER, E.; LATTES, C. M. G. Production of mesons by the 184-inch Berkeley cyclotron. *Science*, v. 107, p. 270-271, 1948.

GARWIN, R. L.; LEDERMAN, L. M.; WEINRICH, M. Observations of the failure of conservation of parity and charge conjugation in meson decays: the magnetic moment of the free muon. *Physical Review*, v. 105, p. 1415, 1957.

GIACCONI, R. Seventh Meeting of ICRANet Scientific Committee, Washington DC, 10-11 dez. 2012. *Report* [...], 2012. Disponível em: https://www.icranet.org/documents/signedSCMeeting2012.pdf.

GIAMBIAGI, M. S. O CBPF que eu conheci. Rio de Janeiro: CBPF – *Ciência e Sociedade*, 08/01, 2001.

GILDER, L. *The age of entanglement. When quantum physics was reborn*. New York: Alfred A. Knopf, 2008.

GLASHOW, S. The renormalizability of vector meson interactions. *Nuclear Physics*, v. 10, p. 107, 1959.

GLEICK, J. *Genius: the life and science of Richard Feynman*. New York: Vintage Books, 1992.

GÖDEL, K. An example of a new type of cosmological solutions of Einstein's field equations of gravitation. *Reviews of Modern Physics*, v. 21, p. 447, 1949.

GOLDEMBERG, J. *José Goldemberg (depoimento, 1976)*. Rio de Janeiro: CPDOC, 2010.

GOLDFARB, J. L. *Voar também e com os homens: o pensamento de Mário Schenberg*. São Paulo: EdUSP, 1994.

GRAF-GROSSMANN, C. *Marcel Grossmann – for the love of mathematics*. Cham: Springer Biographies, 2018.

GREENBERGER, D. M.; OVERHAUSER, A.W. Coherence effects in neutron diffraction and gravity experiments. *Reviews of Modern Physics*, v. 51, p. 43, 1979.

GRIBBIN, J.; GRIBBIN, M. *Richard Feynman: a life in science*. New York: Penguin Publishing Group, 1997.

HAGAR, A. Squaring the circle: Gleb Wataghin and the prehistory of quantum gravity. *Studies in the History and the Philosophy of Modern Physics*, v. 46, n. 2, p. 217-227, 2014.

HAMBURGER, A. I. César Lattes, físico brasileiro. *Revista USP*, v. 66, p. 132-138, 2005.

HAMBURGER, A. I. Um experimental no mundo das interações. *Jornal da Unicamp*, v. 281, p. 14, mar./abr. 2005.

HANEL, S. *Lise Meitner – fame without a Nobel Prize*. Lindau Nobel Laureate Meetings, 5 nov. 2015. Disponível em: https://www.lindau-nobel.org/lise-meitner-fame-without-a-nobel-prize/.

HARGITTAL, M. Credit where credit's due? *Physics World*, set. 2012.

HASSELBACH, F.; NICKLAUS, M. Sagnac experiment with electrons: observation of the rotational phase shift of electron waves in vacuum. *Physical Review A*, v. 48, n. 1, p. 143-151, jul. 1993.

INFELD, L.; SCHILD, A. On the motion of test particles in General Relativity. *Reviews of Modern Physics*, v. 21, p. 408, 1949.

KAMEFUCHI, S.; O'RAIFEARTAIGH, L.; SALAM, A. Change of variables and equivalence theorems in quantum field theories. *Nuclear Physics*, v. 28, n. 4, p. 529-549, 1961.

KENNEFICK, D. Not only because of Theory: Dyson, Eddington and the Competing Myths of the 1919 Eclipse Expedition. *In*: LEHNER, C.; RENN, J.; SCHEMMEL, M. (eds.). *Einstein and the Changing Worldview of Physics*. Birkhäuser, p. 201-232, 2012.

KERR, R. P. Gravitational field of a spinning mass as an example of algebraically special metrics. *Physical Review Letters*, 11, p. 237, 1963.

KHURI, N. N. Analyticity of the Schrödinger Scattering Amplitude and Nonrelativistic Dispersion Relations. *Physical Review*, v. 107, p. 1148, 1957.

KINOSHITA, D. L. *Mario Schenberg: o cientista e o político*. Brasília: Fundação Astrogildo Pereira, 2014.

KLAUDER, J. R. (ed.). *Magic without magic: John Archibald Wheeler, a collection of essays in honor of his sixtieth birthday*. San Francisco: Freeman, 1972.

KLEIN, O. Mesons and nucleons. *Nature*, v. 161, p. 897-899, 1948.

KNOBEL, M.; VIEIRA, C. L. (ed.). *50 Anos da SBF, 1966-2016*. São Paulo: SBF, 2016. Disponível em: http://www.sbfisica. org.br/arquivos/SBF-50-anos.pdf.

LATTES, C. M. G.; MUIRHEAD, H.; OCCHIALINI, G. P. S.; POWELL, C. F. Processes involving charged mesons. *Nature*, v. 159, p. 694-697, 1947.

LATTES, C. M. G.; OCCHIALINI, G. P. S.; POWELL, C. F. A determination of the ratio of the masses of pi-meson and mu-meson by the method of grain-counting. *Proceedings of the Physical Society*, v. 61, n. 2, p. 173-183, 1948.

LATTES, C. *Entrevista com César Lattes*, realizada por Micheline Nussenzveig, Cássio Leite Vieira e Fernando de Souza Barros em agosto de 1995. Brasília: *Canal Ciência*, IBICT, 2011.

LATTES, C. *Entrevista*, realizada em 1995. Arquivo MAST.

LAUE, M. Zur Dynamik der Relativitätstheorie. *Annalen der Physik*, v. 340, n. 8, p. 524-542, 1911. Versão em inglês disponível em: https://www.scribd.com/document/131731005/Max-Von-Laue-1911-Artigo-On-the-Dynamics-of-the-Theory-of-Relativity-Wikisource-The-Free-Online-Library.

LEAL FERREIRA, G. F. Há 50 anos: o efeito Costa Ribeiro. *Revista Brasileira de Ensino de Física*, v. 22, n. 3, p. 434-443, set. 2000.

LEE, T. D.; ROSENBLUTH, M.; YANG, C. N. Interactions of mesons with nucleons and light particles. *Physical Review*, v. 75, p. 905, 1949.

LEE, T. D.; YANG, C. N. Question of parity conservation in weak interactions. *Physical Review*, v. 104, p. 254-258, 1956.

LEIGHTON, R.; FEYNMAN, R. P. *Surely you're joking, Mr. Feynman*. New York: W.W. Norton, 1985.

LEIGHTON, R.; FEYNMAN, R. P. *What do you care what other people think?* New York: W.W. Norton, 1988.

LEITE LOPES, J. *José Leite Lopes (depoimento, 1977)*. Rio de Janeiro: CPDOC, 2010.

LEITE LOPES, J. *Richard Feynman in Brazil: Recollections*. Rio de Janeiro: CBPF – Ciência e Sociedade, 13/88, 1988.

LEITE LOPES, J. *Uma história da física no Brasil*. São Paulo: Ed. Livraria da Física, 2004.

LEITE LOPES, J. *Weak interaction physics: from its origin to the electroweak model*. Rio de Janeiro: CBPF - Notas de Física, 16/95, 1995.

LEITE LOPES, J.; TIOMNO, J. O ensino de física no curso secundário. *Ciência e Cultura*, v. 5, p. 45, 1953.

LIMA, C. A. S.; JOFFILY, S.; SALMERON, R. A. Homenagem à Professora Elisa Frota-Pessôa. *Brazilian Journal of Physics*, v. 34, n. 4A, dez. 2004.

LINHARES, M. L. C. *Elisa Frota-Pessôa: a textualização de suas (auto) representações e questões de gênero nas ciências*. Dissertação de mestrado, Universidade de Santa Catarina, Florianópolis, 2018.

LINHARES, M. L. C.; SIVA, H. C. Cientista e mulher: entre discursos e representações de Elisa Frota-Pessôa, *In*: 13º Congresso Mundos de Mulheres (MM) & Fazendo Gênero 11, Universidade Federal de Santa Catarina, Florianópolis, 30 jul. – 4 ago. 2017. *Anais* [...], 2017.

MACDOWELL, S. W.; NUSSENZVEIG, H. M., SALMERON, R. A. (eds.). *Frontier Physics – Essays in honour of Jayme Tiomno*. Singapura: World Scientific, 1991.

MADELUNGA, E. Quantentheorie in hydrodynamischer Form. *Zeitschrift für Physik*, v. 40, n. 3-4, p. 322-326, 1927.

MAHMOUD, H. M.; KONOPINSKI, E. J. The evidence of the once-forbidden spectra for the law of β decay. *Physical Review*, v. 88, p. 1266, 1952.

MANN, A. K.; CLINE, D. B. (eds.). Discovery of weak neutral currents: the weak interaction before and after, 3 – 5 fev. 1993, Santa Monica, California. *AIP Conference Proceedings*, v. 300, 1994.

MARCH, R. H. Ugo Camerini (obituário). *Physics Today*, jul. 2015.

MARINO. E. C. Jorge André Swieca: uma figura ímpar na física brasileira. *Revista Brasileira de Ensino de Física*, v. 37, n. 3, 2015.

MARQUES, A. *CBPF: da descoberta do méson pi aos dez primeiros anos*. Rio de Janeiro: CBPF – Ciência e Sociedade, 31/97, 1997.

MARQUES, A. *César Lattes *1924 – †2005*. Rio de Janeiro: CBPF – Ciência e Sociedade, 01/13, 2013.

MARQUES, A. *Em memória de César Lattes*. Rio de Janeiro: CBPF – Ciência e Sociedade, 04/05, 2005.

MARQUES, A. *Jayme Tiomno*. Rio de Janeiro: CBPF – Ciência e Sociedade, 03/11, 2011.

MARQUES, A. *Neusa Amato dos vinte aos oitenta*. Rio de Janeiro: CBPF – Ciência e Sociedade, 01/07, 2007.

MARSHAK, R. E. The pain and joy of a major scientific discovery. *Zeitschrift für Naturforschung*, v. 52a, p. 3-8, 1997.

MARTINHO, M. P. C.; VIDEIRA, A. A. P.; NOBRE, B. Quando a física vai ao campo: as pesquisas do Pe. Francisco X. Roser SJ sobre radioatividade natural. *In*: 16o Seminário Nacional de História da Ciência e Tecnologia, UFCG e UEPB, Campina Grande, 15 - 18 out. 2018. *Anais* [...]. Rio de Janeiro: SBHC/UFCG, 2018. Disponível em: https://www.16snhct.sbhc.org.br/resources/anais/8/1545158676_ARQUIVO_ArtigoMarcosPauloeVideira-rev.pdf.

MASHHOON, B. Neutron interferometry in a rotating frame of reference. *Physical Review Letters*, v. 61, p. 2639, 1988.

MASSARANI, L.; AZEVEDO, N. *Carlos Chagas Filho: o "cientista-elétrico"*. Rio de Janeiro: Casa de Oswaldo Cruz / FIOCRUZ, 2011.

MATTOS, J. C. V. *Memórias, sonhos e outros incômodos*. São Paulo: Biblioteca24horas, 2015.

MEHRA, J. *The beat of a different drum*. New York: Oxford University Press, 1994.

MISNER, C. W. John Wheeler and the recertification of general relativity as true Physics. *In*: Ciufolini, I.; Matzner, R. A. (eds.). *General Relativity and John Archibald Wheeler*. Dordrecht *et al*: Springer, p. 9-27, 2010.

MISNER, C. W.; THORNE, K. S.; WHEELER, J. A. *Gravitation*. San Francisco: W.H. Freeman and Co., 1973.

MISNER, C. W.; THORNE, K. S.; ZUREK, W. H. John Wheeler, relativity, and quantum information. *Physics Today*, abr. 2009.

MOREIRA, I. C. Feynman e suas conferências sobre o ensino de física no Brasil. *Revista Brasileira de Ensino de Física*, v. 40, n. 4, 2018.

MOREIRA, I. C.; COSTA PAIVA, M. O rei está nu – A palestra de Feynman no Brasil sobre o ensino de ciências na descrição de Oswaldo Frota-Pessôa. *Física na Escola*, v. 14, n. 1, p. 62-63, 2016.

MOTTA, R. P. S. *As universidades e o regime militar*. Rio de Janeiro: Zahar, 2014.

NASCIMENTO, M. L. On the *"missing letter"* to Lattes and the Nobel Prize in Physics. Rio de Janeiro: CBPF – Ciência e Sociedade, 03/15, 2015.

NICO, J. S. Neutron beta decay. *Journal of Physics G: Nuclear & Particle Physics*, v. 36, Article 104001, 2009.

NOBRE, B.; VIDEIRA, A. A. P. "Mas seja tudo pelo bem da física", aspectos da trajetória científica de Francisco Xavier Roser, SJ (1904-1967). *Revista Brasileira de Ensino de Física*, v. 40, n. 2, 2018.

NOGUEIRA, S. CBPF publica tese "inédita" do cientista. *Folha de São Paulo*, São Paulo, 9 mar. 2005. Disponível em: https://www1.folha.uol.com.br/fsp/ciencia/fe0903200505.htm.

NOVELLO, M. *Os cientistas da minha formação*. São Paulo: Ed. Livraria da Física, 2016.

NOVELLO, M.; BERGLIAFFA, S. P.; RUFFINI, R. (eds.). *In:* MG-X: The Tenth Marcel Grossmann Meeting on Recent Developments in Theoretical and Experimental General Relativity, Gravitation and Relativistic Field Theories, CBPF, Rio de Janeiro, 20-26 jul. 2003. *Proceedings* […]. Singapure: World Scientific, 2006.

NUSSENZVEIG, M. Algumas reminiscências pessoais sobre a ótica no Brasil. *In:* Domingues, H. M. B. (org.). *Memória da Física*. Rio de Janeiro: MAST, p. 83-100, 2005.

OPPENHEIMER, J. R.; SNYDER, H. On continued gravitational contraction. *Physical Review*, v. 56, p. 455-459, set. 1939.

OPPENHEIMER, J. R.; VOLKOFF, G. M. On massive neutron cores. *Physical Review*, v. 55, p. 374-381, jan. 1939.

OUCHI, T.; SENBA, K.; YONEZAWA, M. Theory of mass reversal in the quantized field theory. *Progress of Theoretical Physics*, v. 15, n. 5, p. 431-444, 1956.

PAIM, A. *A UDF e a ideia de universidade.* Rio de Janeiro: Biblioteca Tempo Brasileiro, 1981.

PAIS, A. *Abraham Pais (Interview, 1974).* New York: American Institute of Physics, 1974. Disponível em: htpps://www.aip.org/history-programs/niels-bohr-library/oralhistories/5047.

PEAT, F. D. *Infinite potential: the life and times of David Bohm.* Reading: Addison Wesley, 1997.

PECINA-CRUZ, J. N. *Time reversal induces negative mass and charge conjugation,* 2005. Preprint disponível em: https://arxiv.org/pdf/hep-ph/0505188.

PEREIRA, L. G. A construção do saber histórico e projeto social: os historiadores da UFRJ na época da ditadura militar no Brasil (1964-1985). *In: XIII Encontro de História Anpuh-Rio – Identidades,* 4 - 7 ago. 2008, UFF, Niterói. *Anais* [...]. Niterói: UFF, 2008.

PIZA, D. Jayme Tiomno, o físico brasileiro que viu o prêmio Nobel passar. *O Estado de São Paulo*, São Paulo, 19 nov. 2066, p. A30. Disponível em: http://www2.senado.leg.br/bdsf/handle/id/323455.

PIZA, D. Uma lágrima e um escândalo. *O Estado de São Paulo*, São Paulo, 18 jan. 2011. Disponível em: https://www.estadao.com.br/blogs/daniel-piza/uma-lagrima-e-um-escandalo/.

PONTECORVO, B. Nuclear capture of mesons and the meson decay. *Physical Review*, v. 72, p. 246, 1947.

POSTMA, H.; HUISKAMP, W. J.; *et al.* Asymmetry of the positron emission by polarized ^{58}Co nuclei. *Physica*, v. 23, n. 1, p. 259-260, jan. 1957.

PREDAZZI, E. In memory of Jayme Tiomno. *Norte Ciência*, v. 2, n. 1, p. 104–107, 2011. Disponível em: http://aparaciencias.org/vol-2.1/10_In_memory_of_Jayme_Tiomno.pdf.

PUPPI, G. Sui mesoni dei raggi cosmici. *Il Nuovo Cimento*, v. 5, n. 6, p. 587-588, 1948.

RAJASEKARAN, G. Fermi and the theory of weak interactions. *Resonance*, v. 19, n. 1, p. 18-44, jan. 2014.

REES, M.; RUFFINI, R.; WHEELER, J. A. *Black holes, gravitational waves, and cosmology: an introduction to current research.* New York: Gordon and Breach, 1974.

RIBEIRO, D. *UnB: invenção e descaminho.* Rio de Janeiro: Ed. Avenir, 1978.

RINDLER, W. Gödel, Einstein, Mach, Gamow and Lanczos: Gödel's remarkable excursion into cosmology. *American Journal of Physics*, v. 77, p. 498, 2009. Disponível em: https://doi.org/10.1119/1.3086933.

ROCHA, J. A. L. Desmontada a versão da ditadura de 1964 sobre a morte de Anísio Teixeira. *Jornal GGN*, 22 abr. 2018. Disponível em: https://jornalggn.com.br/ditadura/desmontada-a-versao-da-ditadura-de-1964-sobre-a-morte-de-anisio-teixeira-por-joao-augusto-de-lima-rocha/.

ROCHESTER, G. D.; BUTLER, C. C. Evidence for the existence of new unstable elementary particles. *Nature*, v. 160, p. 855-857, 1947.

ROEDERER, J. G. The constant yet ever-changing Abdus Salam International Centre for Theoretical Physics. *Physics Today*, v. 54, n. 9, p. 31, 2001.

RUDERMANN, M.; FINKELSTEIN, R. J. Note on the decay of the π-meson. *Physical Review*, v. 76, p. 1458, 1949.

RUFFINI, R.; WHEELER, J. A. Introducing the black hole. *Physics Today*, p. 30-41, jan. 1971.

SAGNAC, M. G. L'éther lumineur dèmontré par léffet du vent relatif d'éther dans un interfèromètre en rotation uniforme. *Comptes Rendu de l'Académie des Sciences*, t. 157, p. 708-710, 1913.

SAKURAI, J. J. *Invariance principles and elementary particles.* Princeton : Princeton University Press, 2015.

SAKURAI, J. J. Mass reversal and weak interactions. *Il Nuovo Cimento*, v. 7, p. 649-660, 1958.

SALA, O. *Oscar Sala (depoimento, 1977).* Rio de Janeiro, CPDOC, 2010. 102p.

SALAM, A. On Fermi Interactions. *In*: Ali, A.; Isham, C.; Kibble, T.; Riazuddin (eds.). *Selected papers of Abdus Salam.* Singapura: World Scientific, p. 170-174, 1994.

SALAM, A.; WARD, J. C. Weak and electromagnetic interactions. *Il Nuovo Cimento*, v. 11, n. 4, p. 568-577, 1959.

SALMERON, R. A. *A universidade interrompida: Brasília 1964-1965*. Brasília: Ed. UnB, 2012.

SALMERON, R. A. *Depoimento do Professor Roberto Aureliano Salmeron na Comissão Parlamentar de Inquérito sobre a Universidade de Brasília*, Brasília, 10 nov. 1965.

SALMERON, R. A. Entrevista com o Professor Roberto Aureliano Salmeron. *Passages de Paris*, n. 2, 2005. Disponível em: http://www.apebfr.org/passagesdeparis/edition2/p6-salmeron.pdf.

SALMERON, R. A. *Origens da Universidade de Brasília*. *e-Boletim de Física*, Instituto de Física, UnB, nov. 2013.

SCHENBERG, M. *Mario Schenberg (Entrevista, 1978)*. Rio de Janeiro: CPDOC, 2010.

SCHENBERG, M. Mario Schenberg (Entrevista, 1978). *O Estado de São Paulo*, 10 dez. 1978. Disponível em: http://www.sbfisica.org.br/rbef/pdf/vol01a18.pdf.

SCHMIEDECKE, W. G. Costa Ribeiro: ensino, pesquisa e desenvolvimento da física no Brasil. *Revista Brasileira de Ensino de Física*, v. 37, n. 1, 2015.

SCHROER, B. Jorge A. Swieca's contributions to quantum field theory in the 60's and 70's and their relevance in present research. *The European Physical Journal H*, v. 35, n. 1, p. 53-88, 2010.

SILVA FILHO, W. V. *Costa Ribeiro: ensino, pesquisa e desenvolvimento da física no Brasil*. Campina Grande/São Paulo: EDUEPB/Ed. Livraria da Física, 2013.

SIME, R. L. *Lise Meitner, a life in Physics*. Berkeley and Los Angeles: University of California Press, 1996.

SIME, R. L. Marietta Blau in the history of cosmic rays. *Physics Today*, v. 65, n. 10, p. 8, 2012.

SUDARSHAN, E. C. G.; MARSHAK, R. E. Chirality invariance and the Universal Fermi Interaction. *Physical Review*, v. 109, p. 1860, 1958 e Proceedings of Padua-Venice Conference on 'Mesons and Newly Discovered Particles', p. V-14, 1957.

SWIECA, J. A.; VIDEIRA, A. L. L. O Tempo de Plínio. Rio de Janeiro: CBPF – Ciência e Sociedade, 02/13, 2013.

TAVARES, H. D. O Centro Brasileiro de Pesquisas Físicas e o Instituto de Física Teórica sob a ótica militar. *Contemporanea: Historia y problemas del siglo XX*, ano 6, v. 6, p. 67-82, 2015.

TAVARES, O. A. P. *CBPF, 60 anos de física nuclear*. Rio de Janeiro: CBPF – Ciência e Sociedade, 02/09, 2009.

TIOMNO, J. *Memorial Relativo às Atividades Profissionais de Jayme Tiomno*; submetido à FFCL/USP em 1966 como parte do concurso para professor catedrático, 1966.

TIOMNO, J. Ciência, Universidade e Desenvolvimento. *Ciência e Cultura*, v. 20, n. 4, p. 781-790, 1968. Republicado em Rio de Janeiro: CBPF - *Ciência e Sociedade*, 11/85, 1968.

TIOMNO, J. *Jayme Tiomno (depoimento, 1977)*. Rio de Janeiro: CPDOC, 2010.

TIOMNO, J. The early period of the Universal Fermi Interaction. *In:*. Racine Conference on 50 Years of Weak Interactions, University of Wisconsin, Madison/WI, 1984. Cline, D.; Riedasch, G. (eds.). *Proceedings [...], 1984.*

TIOMNO, J. *Experiências de uma vida na Universidade Brasileira*. Rio de Janeiro: CBPF - Ciência e Sociedade, 05/86, 1986.

TIOMNO, J. A física de partículas: o início dos trabalhos de física de partículas no Brasil *In: MAST Colloquia – Memória da Física*, vol. II, Rio de Janeiro: MAST, 2005.

TOLMASQUIM, A. T. *Einstein: o viajante da relatividade na América do Sul*. Rio de Janeiro: Vieira & Lent, 2003.

TOLMASQUIM, A. T. O Centro Brasileiro de Pesquisas Físicas durante a ditadura civil-militar: resistências e acomodações. *Revista Brasileira de Ensino de Física*, 46, 2024.

TOLMASQUIM, S. T. *Histórias de invernos e verões*. Rio de Janeiro: Verve, 2014.

TOUSCHEK, B. Excitation of nuclei by electrons. *Nature*, v. 160, p. 500, out. 1947.

VIDEIRA, A. A. P. Um vienense nos trópicos: a vida e a obra de Guido Beck entre 1943 e 1988, *In:* Videira, A. A. P.; Bibiloni, A. C. (orgs.). *Encontro de história da ciência: análises comparativas das relações científicas no século XX entre os países do Mercosul no campo da física*. Rio de Janeiro: CBPF, p. 146-181, 2001.

VIDEIRA, A. L. L. *Da Relatividade às partículas (ida e volta): quarenta anos de física de Jayme Tiomno*. Rio de Janeiro: CBPF – Ciência e Sociedade, 01/85, 1985.

VIDEIRA, A. L. L. *Leibniz e a Cadeira de Cinema*. Rio de Janeiro: CBPF – Ciência e Sociedade, 18/97, 1997.

VIDEIRA, A. L. L. *Plínio Süssekind Rocha: um mestre "excêntrico"*. *Em Construção*, n. 2, 2017. Disponível em: https://www.e-publicacoes.uerj.br.

VIEIRA, C. L. Dia triste para a história da ciência. *Ciência Hoje*, jan. 2011. Disponível em: https://cienciahoje.org.br/acervo/dia-triste-para-a-historia-da-ciencia/.

VIEIRA, C. L.; VIDEIRA, A. A. P. Carried by history: César Lattes, nuclear emulsions, and the discovery of the Pi-meson. *Physics in Perspective*, v. 16, n. 1, 2014.

WATAGHIN, G. *Gleb Wataghin (Entrevista, 1975)*. Rio de Janeiro: CPDOC/FGV, 2010.

WEINBERG, S. A model of leptons. *Physical Review Letters*, v. 19, p. 1264-1266, 1967.

WERNER, S. A.; STAUDENMANN, J. L.; COLELLA, R. Effect of Earth's rotation on the quantum mechanical phase of the neutron. *Physical Review Letters*, v. 42, p. 1103, 23 abr. 1979.

WHEELER, J. A.; FORD, K. *Geons, black holes, and quantum foam*. New York: W.W. Norton, 1998.

WIGNER, E. P.; SZANTON, A. *The recollections of Eugene P. Wigner*. Heidelberg / New York: Springer, 1992.

WU, C. S. The universal fermi interaction and the conserved vector current in beta decay. *Reviews of Modern Physics*, v. 36, p. 618, 1964.

WU, C. S.; AMBIER, E.; HAYWARD, R.W.; HOPPES, D.D.; HUDSON, R.P. Experimental test of parity conservation in beta decay. *Physical Review*, v. 105, p. 1413-1415, 1957.

YANG, C. N. *Selected papers, 1945-1950*. Singapore: World Scientific, 2005.

YANG, Y-B.; LIANG, J.; BI, Y-J.; CHEN, Y.; DRAPER, T.; LIU, K.-F.; LIU, Z. Proton mass decomposition from the QCD energy momentum tensor. *Physical Review Letters*, v. 121, paper 212001, nov. 2018.

YUKAWA, H. Models and methods in the meson theory. *Reviews of Modern Physics*, v. 21, n. 3, p. 474-479, jul. 1949.

ZICHICHI. A. (ed.). *Subnuclear Phenomena*, part A. New York: Academic Press, 1970.

Índice

Impresso na Prime Graph
em papel offset 75 g/m^2
fonte utilizada adobe caslon pro
julho / 2024